Ostküste USA

Capital Region

Eine Übersichtskarte mit den eingezeichneten Routenvorschlägen finden Sie in der vorderen Umschlagklappe.

Horst Schmidt-Brümmer und Hannah Glaser

Ostküste USA

Capital Region

VISTA POINT

Inhalt

Bodie Island
Light Station

Region mit vielen Gesichtern

Capital Region

Im Städte-Korridor von New York, Philadelphia, Baltimore und Washington lebt mehr als ein Drittel der amerikanischen Bevölkerung, hier konzentrieren sich nicht nur die wirtschaftliche und politische Macht, sondern auch Kunst und Kultur. Südlich davon am James River gingen einst die ersten Siedler an Land – für die Amerikaner heiliger, historischer Boden. Auf den Outer Banks schließlich, den schmalen Inseln vor North Carolina herrscht die Natur, und die Zeit scheint stehengeblieben. All das umfasst unsere Reiseroute – von imponierenden Städten über die Stätten der Geschichte bis zum Sommerglück am Atlantik.

Weil die meisten Urlauber über New York anreisen, beginnt auch unsere Reise dort. Dann übernehmen die Highways die Regie und der erste Turnpike führt gleich durch den bevölkerungsreichsten Staat der USA, New Jersey. Er nennt sich »The Garden State« und bringt ungezählte Blaubeeren hervor, doch die raumfressende Industrialisierung vertreibt die Felder. Und überall wird zur Kasse gebeten. Straßengebühren sind Usus in diesem Landesteil, und das heißt: *Toll*-Töpfe, Münzcontainer, die an Brücken und Parkways die Hand aufhalten – am liebsten für Abgezähltes, EXACT CHANGE, wie man schon von weitem lesen kann.

Über **Princeton**, jenes akademische Arkadien, im dem einst Albert Einstein, Thomas Mann, Hermann Broch und

Philadelphia: Die Brunnenfiguren symbolisieren Delaware, Schuylkill und den Wissahickon Creek

Robert Oppenheimer lehrten, geht die Reise über den Delaware River nach **Philadelphia**. Die Freiheitsglocke läutet zwar nicht mehr, aber ringsumher wurde alles so historisch aufgehübscht, als wolle Benjamin Franklin jedem Besucher heute noch persönlich die Hand schütteln. Doch Philadelphia ist nicht nur eine Historienidylle, sondern eine lebendige Großstadt, längst befreit von jener Verschlafenheit, über die W.C. Fields einst witzelte: »Das Beste an Philadelphia ist der 5-Uhr-Zug nach New York«.

Historie als Entertainment

Lancaster County liegt vor der Haustür und mit ihm auch die Amish, die frommen Nachfahren der deutsch-schweizerischen Glaubensgemeinschaften aus dem 16. Jahrhundert, die ohne Autos und Computer, Jeans oder Reißverschlüsse leben – eine entrückte Welt für sich. Unter den Metropolen des Ostens wartet **Baltimore** mit dem wohl spektakulärsten städtischen Sanierungserfolg auf, mit seinem Inner Harbor, einem Mix aus Restaurants, Geschäften und Museen rund um das zentrale Hafenbecken.

Annapolis, eines der beliebtesten Seglerparadiese des Ostens und vielleicht die attraktivste Provinzstadt auf unserer Route, fasziniert mit einem lebensfrohen, mediterran anmutenden Hafenviertel. Hier kommen (wie überall rund um die Cheasepeake Bay) die köstlichen *Maryland blue crabs* auf den Tisch.

Mächtig stolz feiert sich **Washington DC**, als Regierungssitz auf sumpfigem Terrain am Reißbrett geplant, mit monumentalen Bauten und Alleen. In kaum einer anderen amerikanischen Großstadt liegt das Sehenswerte räumlich so dicht beieinander wie hier – die Museen, die Kongressbibliothek, der hinreißende Bahnhof, das spektakuläre neue Newseum. Stadtteile und Vororte setzen farbige Kontrapunkte zu dem auf Wirkung gebauten Zentrum: das ethnisch gemischte **Adams-Morgan**, das feine, flotte **Georgetown** und der alte Tabakhafen **Alexandria**.

Farmer, Soldat und Staatsmann, das alles vereinte Landesvater George Washington in einer Person. Sein Landhaus auf **Mount Vernon** oberhalb des Potomac River zählt zu den schönsten Villen in Virginia. Wie die Independence Hall in Philadelphia oder das Lincoln Memorial in Washington ist Mount Vernon eine von vielen nationalen Pilgerstätten, mit denen die Mittleren Atlantikstaaten gepflastert sind. Dabei blüht der amerikanische Ahnenkult noch im kleinsten Detail.

Georgetown in Washington DC: Häuser aus dem 18. und 19. Jahrhundert

Mount Vernont, der letzte Wohnsitz von George Washington, der hier auch begraben ist

Original und Fälschung liegen nahe beieinander

Kein Nagel, Federkiel oder Stuhl, keine Apotheke oder Kneipe im Leben der Gründerväter, die nicht unter historische Quarantäne geraten wären. Die meisten Museen und nationalen Besinnungsorte ziehen alle Register moderner Unterhaltungstechnik, um aus Geschichte Entertainment zu zaubern – mit interaktiven Ausstellungen, Videos, Dioramen und Shows. Da wimmelt es von historischen Souvenirs, von Plantation Homes als Stickvorlage bis zur Spielzeugkanone für den Nachttisch. Die alten Schlachten werden beim *reenactment* mit viel kostümiertem Personal und Geballer nachgespielt und in den rekonstruierten historischen Siedlungen erfreuen am Wochenende koloniale Laienspieler die Besucher. Original und Fälschung, Restauration und kreative Ergänzung, Dichtung und Wahrheit sind da oft schwer zu unterscheiden.

Aber so ist das überall in den USA. Der einst wahrlich wilde Westen lebt, dank Hollywood, längst als Mythos weiter, der tiefe Süden dank Werken und Filmen wie »Vom Winde verweht«. Der Osten hingegen, von Romanschriftstellern und Regisseuren eher vernachlässigt, dramatisiert seine Vergangenheit durch Denkmalpflege – mit patriotischem Glanz und Gloria, mal heroisch, mal nostalgisch.

Von Washington nimmt die Route Kurs nach Westen und führt durch **Virginia**, jenen Staat, in dem die Wurzeln des Tabaks ebenso wie die der amerikanischen Nation und insbesondere die des Südens am tiefsten reichen. Der ersten Abnabelung von England folgten die Geburt der Verfassung und Religionsfreiheit und die Schlachten des Bürgerkriegs. Hier fasste die Neue Welt zuerst Fuß, hier warfen die britischen Rotröcke das Handtuch und hier wurden acht Präsidenten geboren.

Koketterie mit der Vergangenheit gehört deshalb in Virginia zum guten Ton und der elitären »Order of First Families of Virginia« darf nur angehören, wer in den ersten Jahren der Kolonialzeit mit dem Schiff gekommen ist. Selbstzweifel oder Zukunftsängste haben im virginischen Seelenhaushalt nichts zu suchen.

Über **Manassas**, dem ersten Schlachtfeld des Bürgerkriegs, geht die Reise weiter ins Appalachen-Gebirge, genauer zum **Shenandoah National Park**, einem Naturschutzgebiet, das sich wie ein schmales Tuch über die Blue Ridge Mountains legt. Die Bergwälder aus Hartholz, deren Blätter im Herbst in einen Farbenrausch verfallen, lassen immer noch ahnen, wie der gesamte Osten der USA früher einmal ausgesehen hat. Ein Eichhörnchen hätte damals, im 17. Jahrhundert, mühelos vom Atlantik bis zum Mississippi hüpfen können, ohne je den Boden zu berühren.

Im gleichnamigen Tal, dem **Shenandoah Valley**, verlief eine von Amerikas großen *Passages West,* wo der größte Pfadfinder aller Zeiten und *frontier hero*, Daniel Boone, die Grenzen zwischen Zivilisation und Wildnis verschob und Wege für neue Siedlungen im Westen auskundschaftete. Viele Siedler aber blieben auch wegen der fruchtbaren Böden, der reichlichen Wasservorräte, des angenehmen Klimas und der herrlichen Szenerie. Im Bürgerkrieg galt das Tal als »Brotkorb der Konföderation«, weil es einige Jahre die Armee von General Robert E. Lee versorgte. Heute nisten hier zierliche Kleinstädte.

Brennpunkte der amerikanischen Geschichte

Charlottesville, die heimliche Hauptstadt von Jefferson Country, gehörte zum engeren Wirkungskreis von Thomas Jefferson, dem großen Generator der amerikanischen Verfassung, der wie kein anderer das Ideal des *Homo universale* verkörperte. Hier hat der »Architekt der amerikanischen Demokratie« sein bauliches Erbe hinterlassen, das elegante Landhaus **Monticello** und die **University of Virginia**, ein geradezu erhabenes Bühnenbild für Forschung und Lehre. Der Ruhm dieses Alleskönners strahlt bis heute. Als John F. Kennedy 1962 die Nobelpreisträger des Jahres zu einem

Shenandoah National Park: Die Skyland Stables bieten geführte Ausritte zu den Wasserfällen

Kostümierte Bewohner von Williamsburg, einst Hauptstadt des kolonialen Virginia

Essen ins Weiße Haus lud, sagte er: »Ich glaube, dies ist die ungewöhnlichste Ansammlung von Talent und Wissen, die je im Weißen Haus zusammengekommen ist – mit einer möglichen Ausnahme: wenn Thomas Jefferson hier allein zu Abend aß.«

Richmond, die Hauptstadt von Virginia, entpuppt sich mit etwas Geduld als eine kleine touristische Wundertüte. US-Geschichte en gros tut sich anschließend im Gebiet des **Tidewater** auf, in jener flachen und sandigen Küstenebene, die sich vom Atlantik ein paar hundert Meilen landeinwärts erstreckt. Dort, zwischen York und James River, wo sich heute Fischerei, Landwirtschaft und hübsche Häuschen auf Stelzen befinden, liegen die legendären Brennpunkte der amerikanischen Geschichte: Jamestown, Yorktown und Williamsburg.

Die amerikanische Besiedlung wurde und wird hier aufs Penibelste rekonstruiert, aus wenig echten Relikten, dafür mit viel patriotischem Willen zum Pathos und immer kompatibel mit der amerikanischen Freude am Entertainment. Das gilt für das historische Freilichtmuseum **Jamestown Settlement** ebenso wie für das Paradebeispiel amerikanisch-patriotischer Selbstbespiegelung, für **Williamsburg**, die einstige Hauptstadt des kolonialen Virginia.

Als bekannt wurde, dass Williamsburg unter der Regie und mit dem Geld Rockefellers wieder aufgebaut werden sollte, brach ein regelrechtes Restaurationsfieber aus, gegen das kein Archiv und keine Bibliothek des Landes immun waren. Architektenbüros, Denkmalvereine und wissenschaftliche Gremien übertrafen sich gegenseitig bei der Forschung nach Vorlagen, historischen Details und archäologischen Daten. Resultat ist eine perfekt rekonstruierte Kleinstadt als Kulisse für unterhaltsamen Geschichtstourismus und doch zugleich auch Vision von Suburbia der oberen Mittelklasse im 20. Jahrhundert.

Das Reich der Delfine, Pelikane und Silberreiher

Ab **Virginia Beach** sind wir endgültig am Atlantik, Wassersport und gepflegtes Nichtstun sind überall ein Thema, bei den wilden Ponys in den stillen Reservaten von **Chincoteague** und **Assateague** und erst recht im quirligen **Ocean City**, Maryland. Die meisten Strände sind als Spielplätze der großen Städte in der Hauptsaison entsprechend bevölkert, doch überall findet man meilenlange stille Paradiese, um die reiche Tierwelt zu beobachten, die ständig dem Prinzip des *all you can eat* hinterher ist. Die Delfine draußen vor der Küste; die Pelikane, die aus der Luft den *catch of the day* ausgucken; die Winzlinge auf fixen Beinchen, die hektisch im Sand des Flutsaums herumstochern; die weißen *egrets* (Silberreiher), die gelegentlich aus den Wattwiesen herüberkommen, um die Fischkarte der Seeseite auszuprobieren, oder die fossilen *horseshoe crabs*, die seit 600 Millionen Jahren in den Ozeanen leben und deren kupferhaltiges Blut sich bei Kontakt mit der Luft blau färbt.

Nach der viktorianisch verspielten Pfefferkuchenwelt von **Cape May** wirkt **Atlantic City** wie ein schriller Schocker. »Unser Begrüßungsteppich ist ein sieben Kilometer langes Stück reine Elektrizität«, tönt die Tourismuswerbung der Glücksspielmetropole und lockt zum Big Business mit Kugel und Karte, Stars und Shows. Zwischen Brandmauern und Brandung verlaufen die harten Verwerfungen, aus denen der soziale Zündstoff der amerikanischen Gesellschaft stammt. Arm und Reich, Hütte und Palast – selten sieht man sie so dicht Wand an Wand. Hier sucht niemand nach den Kolonialmythen oder dem Glück im Winkel. Die täglich per Bus anrollenden Besucher träumen vom plötzlichen Reichtum im Wallfahrtsort der Neuen Welt. Ob Cape May oder Atlantic City, niedliches Fin-de-siècle-Finale oder schräge Jackpot-Welt: Von beiden Orten kann man am nächsten Tag die Abendmaschine in New York erreichen.

In Virginia Beach am Atlantik beginnt die **Extraroute**. Sie führt auf die **Outer Banks**, diese weit ins Meer vorgeschobene Kette schmaler Inseln, die zu den schönsten und unbekanntesten Regionen der amerikanischen Ostküste gehören. Hier wird das Herz so weit wie der Horizont, hier gibt es seltene Pflanzen und Vögel und nur wenige Touristen. Wer rauen Wind und Salz auf der Haut nicht scheut, kann besonders auf den südlichen Inseln wie Ocracoke Island idyllische und naturnahe Tage verleben. Die Outer Banks, das sind kleine Paradiese für Naturfreunde weit draußen im Meer, pur und ohne jeden Schnickschnack, eine Therapie für Geist und Körper. Über **Beaufort** und **New Bern** geht es dann landeinwärts und zurück nach Virginia Beach.

Boardwalk in Atlantic City: Das Zockerparadies am Meer lockt mit Kasinos und Kirmes

Details zur Route – und ein paar Tipps

Unsere Route führt durch die US-Bundesstaaten Pennsylvania, Maryland, Virginia, North Carolina, Delaware und New Jersey und auf dem Weg entdecken wir Großstädte wie Philadelphia, Baltimore, Washington DC, Virginia Beach und Atlantic City. Nur selten sind wir dabei auf Rennstrecken unterwegs, sondern meist auf Nebenstraßen, die allerdings oft mehrspurig sind, denn die Ostküste ist verkehrsmäßig dicht vernetzt. Insgesamt addiert sich die Strecke auf 1728 Kilometer oder 1080 Meilen.

Weil es dabei jede Menge zu sehen gibt, sind die beschriebenen **14 Tage** randvoll mit Programm – da ist jeder zusätzliche Tag ein Gewinn. Wer nur exakt zwei Wochen zur Verfügung hat, sollte die Rundreise deshalb **ab und bis Philadelphia** planen. Mit **drei Wochen** Zeit kann man schon großzügiger wirtschaften, beispielsweise in **New York** starten (da sind die Flugpreise meist günstiger) oder nach Philadelphia fliegen und sich unterwegs auf der Strecke mehr Zeit lassen. Zum Bleiben gibt es überall beste Gründe: Im **Lancaster County** empfiehlt sich ein Extratag für eine Visit-In-Person-Tour zu den Amish (siehe Magic Moment 2. Tag, S. 97), im **Shenandoah National Park** lohnt sich ein Zusatztag für einen Ausritt, für Wanderungen oder die hervorragenden Rangertouren (7. Tag) und **Colonial Virginia**, die Kernzone der

Inner Harbor in Baltimore: Die historischen Schiffe sorgen für nautisches Flair

ersten Besiedlung des amerikanischen Kontinents durch die Briten, bietet mit Jamestown, Williamsburg und Yorktown ohnehin Stoff für mehrere Tage (10. Tag). Ideal wäre zwischendurch auch mal programmfreies Faulenzen, beispielsweise am Strand von Virginia Beach (11. Tag).

Wer noch vier Tage (oder besser noch eine Woche) drauflegen kann, nimmt auch die Extratour mit, die ab/bis Virginia Beach auf die **Outer Banks** (insgesamt 774 km/483 mi) führt. Die langen, schmalen Inseln liegen zwar nur 50 Kilometer vor der Festlandsküste, aber wer mit der Fähre übersetzt, landet in einer anderen Welt. Je weiter man nach Süden fährt, desto beschaulicher wird die Reise, vom bonbonbunten, rummeligen Nags Head bis zum charmant verschlafenen Ocracoke an der südlichen Spitze des Cape Hatteras National Seashore.

Unterwegs warten Naturschutzgebiete und endlose Strände ganz ohne Party und Remmidemmi, eben Natur pur. Das idyllische Ocracoke selbst ist so verschlafen als hätte man das Dörfchen aus den Subtropen des vorletzten Jahrhunderts hergebeamt. Zwar haben die Amerikaner mittlerweile auch die Outer Banks entdeckt, Ferienhäuschen wachsen auf hochwassersicheren Stelzen aus dem Boden, genauso wie Fast-Food-Hütten, Motels und Tankstellen, aber es gibt immer noch jede Menge paradiesische, menschenleere Flecken. Wer den Baderummel liebt mit allen Wassersportarten und regem Kneipenleben, der ist allerdings in Virginia Beach besser aufgehoben.

Die Straßen sind auf der gesamten Route ziemlich perfekt, viele Strecken werden allerdings derzeit ausgebaut, dann steht da ein Construction-Schild, mit dem das eigene GPS-Gerät nicht viel anfangen kann. Deshalb schadet es nichts, wenn man ganz analog die Straßenkarte griffbereit hat, weil einen das

Wilde Ponys: Celebrities der Outer Banks

Navi erstmal wieder auf die gesperrte Route lotsen will. Wichtig und für unsereinen immer wieder irritierend ist die Tatsache, dass man auf den Schnellstraßen und Highways der Ostküste auch rechts überholen darf.

Abenteuerlich, aber problemlos zu fahren ist das Straßen-Spaghetti rund um Virginia Beach und geradezu aberwitzig erweist sich die Streckenführung von Virginia Beach nach Norden durch das Chesapeake Bay Bridge-Tunnel-System, wo man gefühlt ins offene Meer hinausfährt, um dann zu erleben, wie die Schnellstraße quasi mitten auf dem Wasser in einen Tunnel abtaucht.

Dieser Chesapeake Bay Bridge-Tunnel ist mit 37 Kilometern Länge einer der größten Brücken-Tunnel-Bauten der Welt und verbindet den Bereich Hampton Roads, Virginia mit der Delmarva-Halbinsel über die US 13, die Konstruktion besteht aus drei Brückenteilen und zwei Tunneln – die Fahrt ist alternativlos, weil es keine Umgehungsstraße gibt, kostet Gebühren ($ 15) und ist ein einmaliges Erlebnis.

Natürlich muss sich kein Reisender sklavisch an die vorgeschlagenen Programme halten, sie sind nur der rote Faden dieser Route, der helfen soll, nichts Wichtiges zu verpassen und das Reiseziel auch hinter den Kulissen zu entdecken. Alle genannten großen Hits und kleinen Tipps sind als Vorschläge zu

Manhattan: Wegen der günstigen Flugtarife kann die Tour auch in New York beginnen

verstehen, man kann sie spontan nutzen oder auslassen. Ein einziger Programmpunkt braucht allerdings Vorbereitung und ist ohne Vorbuchung nicht machbar: der Rundgang durch das **Kapitol in Washington DC.** Wer daran interessiert ist, muss sich möglichst früh vorab per Internet anmelden. Man muss also in der eigenen Reiseplanung festlegen, an welchem Tag man in Washington sein will und um welche Uhrzeit man am Rundgang, der etwa eine Stunde dauert, teilnehmen möchte. Und bitte mehr Zeit einplanen, denn wegen der Sicherheitsvorkehrungen muss man schon 45 Minuten vor dem Tourbeginn vor Ort sein (Details siehe 6. Tag, S. 157). Online zeigt ein Kalender, an welchen Tagen und zu welchen Uhrzeiten Plätze für geführte Touren frei sind: www.visitthecapitol.gov.

Parken ist nicht nur vor dem U.S. Capitol ein Problem (deshalb wählt man öffentliche Verkehrsmittel), sondern ist in allen Großstädten auf der Strecke speziell über Nacht ein teurer Spaß und kann 35 bis 40 Dollar kosten. Alle großen Hotels bieten einen Valet Parking Service: Man steigt vor dem Hoteleingang aus und entlädt das Gepäck, der Bellboy kümmert sich darum, dass das Auto weggeparkt wird. Sobald man in ländlichere Gebiete und Kleinstädte wie Staunton kommt, ist es damit vorbei und man kann das Auto selbst abstellen, bei allen Motels liegen die Parkplätze ohnehin direkt vor den Zimmern und sind kostenlos.

Wer seine Route in Philadelphia begonnen hat und am Ende gerne eine Stippvisite oder einen Tagesausflug nach New York anhängen möchte, aber möglichst ohne den Stress mit dem Pkw, für den gibt es eine elegante Alternative. Von Atlantic City geht es eine Autostunde hinauf an die Küste, man quartiert sich beispielsweise im Holiday Inn Express in West Long Branch in New Jersey ein und fährt am nächsten Morgen von Atlantic Highlands mit dem superschnellen Katamaran von Seastreak über die Bucht nach Manhattan.

Mit dem Katamaran nach Manhattan

Das Schiff legt sowohl an der Pier 11 als auch an der East 35th Street an. Hin- und Rückfahrt kosten 45 Dollar (Kinder bis 12 Jahre sind frei) und die Fahrt ist ein Vergnügen für sich. Das Auto parkt an der Pier von Atlantic Highlands gratis (auch über Nacht). Der erste Katamaran geht morgens 7 Uhr, die letzte Rückfahrt ab East 35. Straße um 21.45 Uhr. Tickets und Fahrplan: www.seastreak.com.

Für alle, die an Zeit und Geld nicht sparen müssen: Von New York aus lässt sich an die Ostküsten-Rundreise jederzeit die Vista-Point-Tour durch Neuengland anschließen, 14 Tage durch jene Gründungsstaaten, in denen der Kampf um die Unabhängigkeit von der englischen Krone begann und wo Poeten wie Robert Frost, Mark Twain, Hermann Melville und Maler wie Edward Hopper amerikanische Kunst- und Literaturgeschichte schufen.

Capitol in Washington DC: Wer hinein will, muss sich rechtzeitig im Internet anmelden

Ein Tag auf der Überholspur

New York

Auch wenn unsere eigentliche Ostküsten-Tour in Philadelphia beginnt, ist New York doch der Paukenschlag, der die Reise eröffnen könnte. Hier landen die meisten Airlines aus Europa und die Tickets nach New York sind wegen der großen Konkurrenz am günstigsten. Schon auf der Taxifahrt nach Manhattan, wenn die Skyline immer näher kommt und der Wagen endlich in die Straßenschluchten eintaucht, spürt man die Energie, die dieser Ort ausstrahlt. Neulinge sollten sich wenigstens einen Tag für ein intensives Einsteigerprogramm gönnen. Wiederholungstäter finden Extra-Tipps.

Ein Rundgang durch Manhattan

Ankunftsabend Besuch des **Empire State Building**.

Vormittag Mit dem Taxi nach Brooklyn – über den Fußweg *(Walkway)* der **Brooklyn Bridge** – City Hall – St. Paul's Chapel – **One World Trade Center** und **9/11 Memorial** – Lunch im **Winter Garden**.

Nachmittag Mit Subway oder Taxi zum **Grand Central Terminal,** von dort wahlweise auf die **Fifth Avenue,** zum Rockefeller Center mit **Top of the Rock** (vorab online bei der Ticket-Bestellung Tag und Uhrzeit reservieren!) und zum **Central Park** – oder direkt zum **Times Square**.

Abend **Broadway-Show** oder Relaxen im Drehrestaurant **The View** am Times Square.

Für NY-Neulinge ist die Silhouette des **Empire State Building** der zentrale optische Anker in der Skyline, und eigentlich sollte jeder Erstling hier seinen Antrittsbesuch machen. Gerade am Ankunftsabend ist das der beste Auftakt, der sich denken lässt. Wie ein stabiler Mast ragt es aus dem Häusermeer von Midtown empor und zum Sonnenuntergang gibt es kaum einen besseren Platz als die Freiterrasse im 86. Stock, auf der man wie im Mastkorb auf den steinernen Ozean hinabschaut.

Ringsherum blitzen Millionen Lichter auf und tief unten fließen die roten Rücklichter der Fahrzeuge wie Magma durch die Straßenschluchten. Bis 1973 war das Empire State Building der höchste Turm der Welt und seine Superlative beeindrucken immer noch: 60 000 Tonnen Stahl sind hier verbaut, 73 Aufzüge bringen täglich 16 000 Angestellte und 7000 Besucher in 102 Stockwerke, alle zwei Wochen müssen 6500 Fenster geputzt werden.

Mit einmal Umsteigen erreicht man das 102. Stockwerk mit der verglasten Aussichtsterrasse; aber am schönsten, weil mit Open-Air-Plattform ist der Blick von der vergitterten Freiterrasse im 86.

Lincoln Center
Metropolitan Museum of Art, Guggenheim Museum, Metropolitan Opera
Central Park
Zoo
Time Warner Center
W 57th St.
Central Park South
5th Ave/ 59th St
Carnegie Hall
Grand Army Plaza
UPPER EAST SIDE
Park
Third
Second
Avenue
Ave.
Intrepid Sea-Air-Space Museum
Highway
Eleventh
THEATER
DISTRICT
Ninth
Eighth
Ave.
Broadway
MOMA
Trump Tower
East
57th
St.
New Jersey
Lincoln Tunnel (Toll)
495
J.K. Javits Exhibition and Convention Center of New York
Side
West
42nd
Hotel Marriott Marquis
Rocke-feller Center
Avenue of the Americas
St. Patrick's Cathedral
SUTTON
Penn-Central Tunnels
West
Ave.
Tenth
Ninth Ave.
Times Sq.
Times Square
MIDTOWN
Madison
Lexington Avenue
Second Avenue
Plaza
9a
Eleventh
34th
Eighth Ave.
GARMENT DISTRICT
NY Public Library
Met Life Bldg.
Grand Central Terminal
42nd St Grand Central
Third
Trump World Tower
United Nations
CHELSEA PARK
General Post Office
Madison Square Garden
Fifth Ave.
Chrysler Bldg.
42nd St.
United Nations Head-quarters
Hudson River
High Line
West
Seventh Ave.
(6th Ave.)
Empire State Building
MURRAY HILL
23rd St
34th
TUDOR
Queens Midtown Tunnel (Toll)
West Street
Avenue
Tenth
Ninth Avenue
23rd
Avenue of the Americas
Broadway
Madison Square Park
South
Third
Avenue
Heliport
La Guardia, Long Island
Eighth Avenue
St.
Metropolitan Life
Second
First
Avenue
Franklin D.
Fire Boat Station
Whitney Museum of American Art
14th
St.
Fifth Avenue
Park Ave.
East
23rd
Street
Hudson
Street
Avenue
GREENWICH
Union Square Park
GRAMERCY PARK
LOWER WEST SIDE
14th St Union Sq.
VILLAGE
Third Avenue
STUYVE-SANT
Newark, New Jersey City
Seventh
Washington Square Park
Broadway
Fourth Avenue
14th
Avenue
EAST
Street
East River
78
BR 1-9
Holland Tunnel
West St.
Greenwich St.
of the Americas
W. Houston St.
Broadway Lafayette
Second
Avenue A
Avenue B
Avenue C
Avenue D
Tompkins Square
9a
Canal Street
West Broadway
Greene
Broadway
New Museum
First
E. Houston
VILLAGE
Street
Street
LITTLE
Bowery
Street
Grand St.
Kenmare St.
St.
Canal St
Avenue
ITALY
Delancy
Pitt Street
Columbia St.
Franklin D. Roosevelt Drive
Hudson
Greenwich
W. Broadway
Hester St.
Chrystie
Street
J. F. Kennedy, Queens
West Side Highway
River Terr.
Grand St.
Hester St.
Broadway
Worth St.
CHINA-TOWN
LOWER EAST SIDE
Madison Street
One World Trade Center
Williamsburg Bridge (Toll)
Brookfield Place
Park Pl.
City Hall
9/11 Memorial
Madison St.
St. Paul's Chapel
World Trade Center
Franklin D. Roosevelt
(Toll)
Elevated Hwy.
BATTERY PARK CITY
LOWER MANHATTAN
Gold
Trinity Ch.
Place
Manhattan Bridge (Toll)
BROOKLYN
Wallabout Bay
Wall St.
Stock Exchange
South Street Seaport
FINANCIAL DISTRICT
Elevated Hwy.
Brooklyn Bridge
Castle Clinton
Battery Park
South Street Seaport Museum
Navy Yard Basin
N
500 m
South Ferry
Bridge Park
Queens Expwy.
Brooklyn
Staten Island Ferry
Staten Island
Brooklyn
Brooklyn

Main Deck in 86. Stock des Empire State Building: Hier röhrt der Sound der Stadt

Stock. Hier kommen zur Aussicht auch die Sensationen für die anderen Sinne: Der Wind reißt an den Haaren und zerlegt zuverlässig die Frisur, und vor allem hört man den ganz speziellen Sound der Megacity, einen Mix aus dem heiseren Gebrüll der Klimaanlagen, dem Tuten und Röhren der Schiffe, aus hupenden Taxis und jaulenden Polizeisirenen.

Bis Mitternacht ist die Plattform geöffnet, Zeit genug, sich bei einer ersten Orientierung die Geografie Manhattans einzuprägen. Im Norden beherrscht das massive **Rockefeller Center** das Bild, neuer Blickfang sind die aberwitzig schlanken Türme wie **432 Park Avenue**, der mit 426 Metern wie ein Zündholz in den Himmel ragt, der Neubau **One57** mit 306 Metern und der **Central Park Tower**, der noch im Bau ist und mit 472 Metern alles überbieten soll. Dahinter dehnt sich der **Central Park** als großer, dunkler Teppich. Im Westen fließt der Hudson, an dessen Ufer fast auf gleicher Höhe die Türme des neuen Stadtteils Hudson Yards in den Himmel wachsen.

Auf der anderen Seite des Hudson River liegt New Jersey mit Piers und Hafenanlagen; im Osten lassen sich im Hochhausgewirr auf Anhieb zwei Bekannte ausmachen, die man schon tausendmal gesehen hat, auch wenn man noch nie hier war: das flache, schwarze Gebäude der **United Nations** am Ufer des East River und das elegante **Chrysler Building** mit seinem siebenstufig geschwungenen Strahlenkranz.

Nach Süden öffnet sich ein breites Wellental, das die New Yorker »The Valley« nennen: der Flickenteppich der ethnischen *neighborhoods* mit den Vierteln Chelsea und Gramercy, Greenwich Village, Little Italy und Chinatown. Dahinter, fast schon fern am Horizont steigt die letzte Hochhauswelle des **Finanzdistrikts** in den Himmel, mit dem neuen **One World Trade Center** als höchstem Turm.

Zu Fuß über die Brooklyn Bridge

Durch den Jetlag ist man am nächsten Morgen schon früh munter und kann den Tag mit einem Spaziergang beginnen, dem schönsten, den New York zu bieten hat: über den hölzernen Walkway der **Brooklyn Bridge**, der sich hoch über die Fahrbahnen spannt, am besten natürlich von Brooklyn aus nach Manhattan, wo Tausende von Fenstern und Spiegelfassaden im ersten Tageslicht gleißen. Dafür lässt man sich vom Taxi hinüber nach Brooklyn fahren, dorthin wo der Brückenaufgang beginnt. 22 Kilometer stählerne Seile halten die 1883 eröffnete und als Weltwunder gefeierte Hängebrücke mit ihren neugotischen Pfeilern und 530 Metern Spannweite. Diese Stahlseile machen den Weg von Brooklyn hinüber nach Manhattan zum grafischen Ereignis, denn mit jedem Schritt zerlegt das Gitternetz die Skyline zu einem neuen Puzzle.

Am Ende der Brückenrampe geht es nach links durch die Park Row, vorbei an der **City Hall,** dem Sitz des Bürgermeisters, bis zum **Broadway** in die südlichste Spitze Manhattans und die Keimzelle der heutigen Stadt. An der Kreuzung Broadway & Fulton Street steht mit der **St. Paul's Chapel** New Yorks älteste

Kirche aus dem Jahr 1766. George Washington schickte hier ein Dankgebet zum Himmel, als er ins Präsidentenamt eingeführt wurde; im Nordchor ist sein Kirchenstuhl markiert.

Nur wenige Meter weiter westlich ragt das neue **One World Trade Center** in den Himmel, zu seinen Füßen das **9/11 Memorial** mit dem **Memorial Museum**. Die **Memorial Pools,** zwei große Becken mit Wasserfällen, die zehn Meter in die Tiefe stürzen, kann man gratis besuchen. Die schwarzen Becken sind von Granitplatten eingefasst, die die Namen der Opfer tragen, weiße Rosen markieren einen Geburtstag. Das **9/11 Tribute Museum** informiert Besucher mit einer eindrucksvollen Ausstellung. Hier starten auch die täglichen, gut einstündigen Rundgänge, geführt von Zeitzeugen und Angehörigen der Opfer, die den 11. September 2001 aus ihrer Sicht schildern.

Die Aussichtsplattform des One World Trade Center, das **One World Observa-**

One World Trade Center: Fünf Aufzüge bringen die Gäste nach oben

Walkway der Brooklyn Bridge: der schönste Spaziergang, den New Yorks zu bieten hat

Brookfield Place: Im Glas-Foyer sitzt man unter Palmen, draußen lockt die Promenade

tory, wurde 2015 eröffnet und ist eine der größten Touristenattraktionen. Der Besuch nimmt viel Zeit in Anspruch, denn im Innern schieben sich meist endlose Besucherschlangen durch die Gänge, die man von den Ticketschaltern aus nicht sehen kann. Auf langen Wegen wird man durch mehrere Stationen geleitet, fährt schlussendlich irgendwann mit einem der fünf Aufzüge in den 102. Stock, wo es erneut ein Video zu sehen gibt – bis man endlich ins vollverglaste Observatory eingelassen wird.

Remmidemmi wie auf der Kirmes

Dort wird es nicht wirklich besser, denn es herrscht ein Remmidemmi wie auf der Kirmes. Guides mit Mikrofonen stehen vor interaktiven Bilderwänden und preisen New Yorks touristische Attraktionen marktschreierisch an wie Gurkenhobelverkäufer vor dem Kaufhaus. Wohin man sich auch wendet, es gibt keinen Ort, wo man Ruhe hätte um den Blick und die verglaste Aussicht wirken zu lassen. Selbst die Produkte der großen Souvenirstände sind von so ausgesuchter Hässlichkeit, dass man nur noch staunen kann.

In dem lärmigen Getriebe wird man den Eindruck nicht los, die Gäste sollen hier oben möglichst überhaupt nicht zur Besinnung kommen und bloß nicht daran denken, woran man hier oben einfach immer denkt: an die Katastrophe von 9/11 und an die privaten Tragödien, die sich dabei abspielten. In diesem neuen One World Trade Center fehlt alles, was die zerstörten Zwillingstürme für Gäste und Besucher so besonders machte. Im Nordturm im 107. Stock konnte man nobel im (nicht besonders teuren) Restaurant Windows on the World speisen, das den Blick über ganz Manhattan bot. Am schönsten aber war das offene Aussichtsdeck auf dem Südturm, auf dem man im 110. Stock im Freien an der Brüstung stand, auf der höchsten Dachterrasse der Welt, Wind in den Haaren und das ferne Gedröhne der Stadt in den Ohren. Und keine Glasscheibe, die die Fotos verdarb.

Mittags-Snack im Glaspalast

Auch im neuen One World Trade Center gibt es die Möglichkeit, etwas zu essen, aber alle Restaurants liegen offen in der Halle und der Lärmteppich ist überall der gleiche. Erstaunlicherweise wird der phänomenale Ausblick kaum in das Design eingebunden, an den meisten Bars und Tischen sitzt man mit dem Rücken zur Fensterfront.

Für einen Mittagssnack fahren wir mit dem Aufzug (in dem ebenfalls ein Film läuft) wieder nach unten und gehen ein paar Schritte zum **Winter Garden** im ehemaligen World Financial Center, das seit 2014 **Brookfield Place** heißt. Der gigantische gläserne Kuppeldom ist schön wie eh und je. Auch er wurde bei den Anschlägen komplett zerstört, aber nach einjähriger Bauzeit wieder eröffnet. Im grandiosen Foyer sitzt man unter echten kalifornischen Palmen, nebenan gibt es ein Dutzend Restaurants und Delikatessenläden mit köstlichen Snacks to go.

Hier schlägt der Puls der Stadt

Danach wird ein Taxi gestoppt und ab geht die Fahrt durch die Gassen und Straßen von Chinatown und Little Italy nach Norden. Ziel der Fahrt ist das **Grand Central Terminal**, New Yorks schönster Bahnhof, der beinahe dem rasanten Wechsel aus Zerstörung und Neuschöpfung, der in dieser Stadt zum Alltag gehört, zum Opfer gefallen wäre. So sollte dieses architektonische Bravourstück des amerikanischen Jugendstils in den späten 1960er Jahren Platz machen für ein Hochhaus.

Jacqueline Kennedy Onassis kämpfte gemeinsam mit einer Bürgerinitiative zehn Jahre gegen den Abriss, durch alle Instanzen bis zum Supreme Court, dem Obersten Gericht der USA. 1978 entschied die Mehrheit der Richter, dass Städte alte Gebäude zu Baudenkmälern erklären dürfen – das war bis dato nicht so. Damit blieb der Bahnhof erhalten und der Grundstein für ein Denkmalschutzgesetz war gelegt.

Weil die Schienen beim Bau unter die Erde verlegt wurden, entstand der bildschöne Main Concourse, eine Halle, die bis heute jeden Besucher staunen lässt, größer als das Kirchenschiff von Notre-Dame in Paris und voll architektonischer Zitate wie dem doppelten Treppenaufgang nach dem Vorbild der Pariser Oper. Für Drama und tolle Fotos sorgen auch die 23 Meter hohen Bogenfenster, durch die an schönen Tagen die Sonnenstrahlen schräge Bahnen werfen. Die Gewölbedecke ist ein Sternenhimmel: 2500 Lichtpunkte bilden die Tierkreiszeichen, die mit goldenen Bändern verbunden sind. Die Uhr aus Opal, die angeblich 20 Millionen Dollar wert ist und die Zeit in alle vier Himmelsrichtungen anzeigt, ist ein beliebter Treffpunkt.

150 000 Menschen kamen zur Eröffnung, als am 2. Februar 1913 der erste Zug pünktlich den Bahnhof verließ. Heute ist die Zeit der transkontinentalen Reisen im Pullmanwagen vorbei und Grand Central ist ein Drehkreuz im New Yorker Subway-Netz und Bahn-

Grand Central Terminal: Jacqueline Kennedy rettete den Bahnhof vor dem Abriss

St. Patrick's Cathedral: Die größte Kathedrale der USA bietet Stille im Trubel

hof für die Pendler aus den Vororten, die den Main Concourse im Laufschritt durchqueren. 700 000 sind es jeden Tag und wenn man auf dem Westbalkon im Freien sitzt und hinabschaut, meint man in dem Gewimmel der umher eilenden Menschen den Puls der Stadt zu sehen. Als schönste Adresse im Grand Central Terminal gilt die **Oyster Bar** im Untergeschoss, ein Klassiker der New Yorker Gastronomie und eine erste Adresse für Seafood-Fans.

Selfies lieber am Vormittag

Wer auf alle weiteren Highlights verzichten und auf dem schnellsten Weg zum Times Square und den Broadway-Bühnen gelangen will, der bleibt auf der 42. Straße, geht drei Blocks nach Westen und ist am Ziel. Dabei überquert man (zwei Blocks von Grand Central nach Westen) die **Fifth Avenue**, die man bei genügend Zeit und Kondition wahlweise auch nach Norden Richtung Central Park entlangbummeln kann. Rechter Hand passiert man dabei die **St. Patrick's Cathedral,** die größte Kathedrale der USA. Auf der gegenüberliegenden Straßenseite wartet eine weitere touristische Sensation: **Top of the Rock,** die spektakuläre Aussichtsplattform des **Rockefeller Center**, die einen Rundumblick nicht nur auf Midtown Manhattan und Central Park bietet, sondern 80 Kilometer weit. Für die beliebten Selfies mit dem Empire State Building im Hintergrund sind die Lichtverhältnisse am Vormittag am besten.

Auch für die Auffahrt zum Top of the Rock gibt es Wartezeiten und bei starkem Andrang muss man sich an der Kasse eine Uhrzeit sagen lassen, zu der man wiederkommen kann. Am besten vorab online Tickets mit festen Zugangszeiten buchen. Der Blick vom Top of the Rock hat dem vom One World Trade Center viel voraus: Hier ist man mittendrin in der City und vor allem ist man im Freien, auf der 67. und 69. Etage noch durch hohe Glasscheiben vom Wind abgeschirmt, auf der Terrasse im 70. Stock ist der Rundumblick völlig frei und offen, ideal für Fotografen. Für den Besuch auf den drei Terrassen muss man (ohne Anstehzeit) mindestens eine Stunde einplanen, vorher kann man sich von dem Ausblick nicht losreißen.

Das Rockefeller Center ist mit seinen 19 Gebäuden eine eigene Stadt und der gewaltige, goldene **Prometheus**, der über der tiefergelegten, fahnengeschmückten **Sunken Plaza** schwebt, einer der beliebtesten Meeting Points in Midtown. Im Winter kann man hier Eis laufen, im Sommer lockt ein Freiluftcafé. Anfang Dezember wird hier *Christmas* eingeläutet – mit Musikkapellen, Nussknackerparaden und 18 000 Glühbirnchen am größten Weihnachtsbaum New Yorks, der von einem 250 Kilo schweren Swarovski-Stern gekrönt wird.

In der Eingangshalle des Hauptgebäudes liegt die Broschüre »Walking Tour of Rockefeller Center« mit neun Stationen aus. Zum Rockefeller Center gehören der wieder eröffnete, märchenhaft schöne **Rainbow Room** im 65. Stock mit angeschlossener Bar und die **Radio City Music Hall**. Der Art-déco-Tempel, 1999 aufwendig restauriert, ist Heimat der Showtanzgruppe The Rockettes und des »Christmas Spectacular«, einer sehr amerikanischen, sprich hinreißend kitschigen Show, die jeweils von November bis Januar über die Bühne geht und seit 1933 Bestandteil der amerikanischen Weihnachtszeit ist.

Wer der Fifth Avenue weiter folgt, nimmt allen großen Modelabels die Parade ab, dazu Klassikern wie **Tiffany's**, wo es weiterhin teure Juwelen und im neuen Blue Box Café inzwischen sogar tatsächlich Frühstück gibt. Schließlich prangt rechter Hand der **Trump Tower** wo man nach einem Securitycheck den Food Court im Untergeschoss besuchen und einen Blick ins fünfstöckige Foyer werfen kann. Mit Wänden aus orangefarbenem Marmor, stürzenden Wasserfällen und jeder Menge funkelnder Verkleidung der Rolltreppen gilt das Gebäude heute als Symbol des hirnlosen Goldrauschs der 1980er. Der Meister selbst, mittlerweile nicht nur großmäuliger Immobilienmogul sondern auch gewählter Präsident der USA, residiert ab und an in den obersten Etagen – dann ist das Haus für Besucher gesperrt.

Luftschlösser mit Schattenseiten

Die noble **Central Park South** ist die Verlängerung der 59. Straße und die Adresse der teuersten Hotels der Stadt mit Suiten, die nicht selten 3000 Dollar pro Nacht kosten. Noch teurer und dazu größtenteils unbewohnt sind die neuen Hochhäuser, die hier in den Himmel wachsen wie in der 57. Straße die bereits fertiggestellten **One57** (306 m), **432 Park Avenue** (426 m), das wie ein Streichholz in den Midtown-Himmel ragt, und der **Central Park Tower** genannte Nordstrom Tower (217 West 57th St.), der 472 Meter hoch und 2018 eröffnet werden soll. Auch die Neubauten **111 West 57th Street** (438 m) und **107 West 57th Street** sind Symbole einer globalen Elite, die

Prometheus am Rockefeller Center: Der Goldjunge ist ein beliebter Treffpunkt

Times Square: das Herz des Broadway

Residenzen sammelt wie andere Leute Briefmarken. Die meisten Besitzer dieser Luxusdomizile leben im Ausland, von Kanada über Russland bis China und Saudi-Arabien und investieren ihre Millionen als Geldanlage in die neuen Luftschlösser. Was die New Yorker erbost, denn gerade die neuen Skyscraper am Südrand des Central Park werfen lange Schatten in die grüne Oase.

Dagegen wirkt das elegante, im Stil französischer Schlösser gebaute **The Plaza** an der Ecke Fifth Avenue und Central Park South mit seinen Fahnen und den bunten, in der Einfahrt wartenden Kutschen wie ein Versatzstück aus einer Märchenwelt. Bis heute ist der Bau eine Legende der Hotelwelt und eines der Wahrzeichen Manhattans. Hier nehmen wir uns ein Taxi und fahren zum **Times Square,** der lang gestreckten, aus unzähligen Lichtern und Leuchtreklamen flimmernden und flirrenden Kreuzung der Seventh Avenue mit dem Broadway: für Theaterfans und Musical-Lover das Mekka amerikanischer Showkultur.

In den Querstraßen ringsherum konzentrieren sich über 40 Bühnen. Sie sind gemeint, wenn vom **Broadway** die Rede ist. Seit 2009 ist der Broadway zwischen der 47. und 42. Straße für den Verkehr gesperrt und alle sind vom neuen Flanierflair begeistert, denn seither kann man auf dem Times Square abgasfrei in Freien sitzen. Auch der nahe Herald Square wurde begrünt und fußgängerfreundlich umgestaltet.

Wer bereits in Deutschland das Ticket für die Wunschshow am Broadway reserviert hat, kann sich entspannt zum jeweiligen Theater begeben. Restplätze für alle Theater-, Ballett- oder Show-Events des jeweiligen Abends gibt es am Broadway, Ecke 47. Straße am Stand mit den Riesen-Lettern »TKTS« (sprich: Tickets) zum halben Preis. Vor Ort aber auch online und in der Gratis-App kann man das aktuelle Angebot studieren.

Cocktail mit Aussicht

Um den Abend mit einem Cocktail oder einem gepflegten Essen abzuschließen, ist der Times Square keine optimale Adresse, hier dominieren lärmige und immer überfüllte Abfütterstationen wie das Hard Rock Café und Take Aways, bei denen man für ein Stück heißer Pizza auf dem Pappteller ansteht. Aber die Rettung ist nicht weit: Im **Hotel Marriott Marquis** am Broadway 1535 wartet das einzige Drehrestaurant der Stadt. Dort speist man im voll verglasten 47. und 48. Stock wahlweise im Restaurant (drei Gänge nach Wahl für $ 89) oder in der Lounge, wo man auch ohne Reservierung einen Platz bekommt. Hier kann man das Buffet räubern ($ 38) oder zum Drink nur Dessert und Käse bestellen ($ 21) – alles ganz ohne Remmidemmi und mit stilvollem Abschiedsblick auf das nächtliche New York.

Service & Tipps

Official NYC Information Centers

www.nycgo.com, tägl. mindestens 10–17 Uhr
Vor Ort bieten die Infostellen der New-York-Werbung Rabatte und Infomaterial wie den Official Visitor Guide (240 S.), dazu Subway- und Buspläne; auch die MetroCard und die Pässe für die Attraktionen kann man:

– Times Square
Seventh Ave., zwischen 43rd und 44th Sts.

– Macy's Herald Square
Visitor Center, mezzanine level
151 West, 34th St.

– City Hall
Am Südende von City Hall Park

– South Street Seaport
Bei Hornblower Cruises, Pier 15

Hilfreiche Apps, Wi-Fi

Generell gilt: Die Straßenkarte hat ausgedient, es gibt für alles eine App. Für die Subway empfiehlt sich die App der **MTA,** die auch über Baustellen und stillgelegte Strecken informiert und die nächstgelegenen Subway-Station zeigt. Alle Attraktionen, vom **Central Park** bis zum **MET Museum,** haben eine eigene App, die dabei hilft, das Beste aus dem Besuch zu machen.

An **Link-Säule**n sind superschnelles Wi-Fi (WLAN) und USB-Ladestationen verfügbar. Dort kann man außerdem (mit den eigenen Kopfhörern) telefonieren, innerhalb der ganzen USA kostenlos, und auf einem Monitor Serviceangebote nutzen. www.link.nyc.

Taxi

New York hat derzeit exakt 12779 *yellow cabs.* Ein Taxi ist frei, wenn der Mittelteil des Dachlichtes leuchtet und die Seitenteile dunkel sind. Abseits von Sammelpunkten wie Flughafen, Bahnhof und großen Hotels hält man das Taxi mit Winken am Straßenrand an, wie man das aus dem Kino kennt, einen Taxistand wie hierzulande gibt es nicht.

Man sitzt als Gast immer auf der Rückbank, die durch eine Plexiglasscheibe vom Fahrer getrennt ist. Der Tachostand beginnt bei $ 3 und erhöht sich alle 60 Sekunden um 50 Cent, sobald der Wagen schneller als 6 mph fährt. Dazu addieren sich 50 Cent New-York-Steuer, 50 Cent Nachtzuschlag (20–6 Uhr) sowie $ 1 zwischen 16 und 20 Uhr. Zum Endbetrag addiert man 15–20 % Trinkgeld. Alle Taxen nehmen Kreditkarten. Auf der Quittung ist die Taxinummer vermerkt, das ist hilfreich, wenn man im Auto etwas vergessen hat. Verluste hier melden: www1.nyc.gov/nyc-resources/service/1281/yellow-taxi-lost-and-found.

Generell gilt: Die niedrigsten **Übernachtungspreise** gibt es im Januar und Februar sowie generell für die Nacht von Sonntag auf Montag, am teuersten sind die Nächte Donnerstag bis Samstag. Absolute Hochsaison sind die ersten Dezemberwochen sowie Silvester. Wichtig: Zum Zimmerpreis addieren sich auf der Rechnung 14,7 % *City and State Tax*, die örtliche Steuer, sowie $ 3.50 *Occupancy Tax* pro Zimmer und Nacht. Die Auflösung der **$-Symbole** finden Sie im Service von A bis Z, S. 279 und S. 286 sowie auf der hinteren Umschlaginnenseite.

Bus

Einige der Buslinien Manhattans bieten sich für eine Sightseeing-Tour auf eigene Faust an. Ideal sind die Busrouten **M 1** (vom Battery Park im Süden über die Fifth Ave. bis zum Central Park), **M 5** (Washington Sq. über Fifth Ave. bis Riverside Dr.) und **M 104** (United Nations über Times Sq. bis Columbia University und Harlem). Kostenlose Busfahrpläne gibt es im Information Center.

Subway Station Oculus: der teuerste Bahnhof der USA von Santiago Calatrava

Casablanca: ein familiäres Boutiquehotel

U Subway
Das Subway-System ist 840 mi lang mit 468 U-Bahnhöfen und 26 verschiedenen Routen. Die Züge fahren rund um die Uhr, tagsüber im Abstand von zwei bis fünf Minuten, nach Mitternacht auf den Hauptstrecken alle zehn, sonst alle 20 Minuten.

Um die Subway zu benutzen braucht man eine **MetroCard.** Sie hat Kreditkartenformat und einen Magnetstreifen, mit dem man sie zügig durch den Kartenleser zieht. Die Karte selbst kostet $ 1 und kann unterschiedlich geladen werden: *regular* und *unlimited.* Im ersten Fall reduziert sich der Geldwert auf der Karte mit jeder Fahrt um $ 2.75, im zweiten Fall gilt die Karte für unbegrenzt viele Fahrten in einem festgelegten Zeitraum.

Die *pay-per-ride*-Karte kann von bis zu vier Personen gleichzeitig genutzt werden, die nacheinander durch die Sperre gehen. Es gibt keine Tages- oder Wochenendpässe. Die MetroCard kann immer wieder aufgeladen werden und gilt auch für Busse. Man bekommt sie in jeder Station am Verkaufsschalter und am Automaten. Kinder unter 122 cm Körpergröße fahren gratis, unabhängig vom Alter.

Wichtig: Es verkehren zwei verschiedene Zugtypen, *Local Trains* halten an jeder Station, *Express Trains* fahren schneller und machen weniger Stopps. Die Haltestellen der Express-Subway-Bahnen sind in den Subway-Plänen markiert.

Die Routen sind mit Buchstaben (A, B, C etc.) und Zahlen benannt. Die Subway-Stopps Richtung *uptown* (Norden) liegen auf der östlichen Straßenseite, *downtown* (Süden) auf der westlichen. Kostenlose Subway-Pläne gibt es im Information Center. Routendetails erfährt man auch im **Internet**: www.hopstop.com und www.mta.info. Ideal ist die kostenlose **MTA-App** mit dem TripPlanner.

Übernachten

The Standard High Line
848 Washington St., Meatpacking District
Subway: 14th St./8th Ave., Downtown
✆ 1 (212) 645-4646, www.standardhotel.com
Auf Stelzen über die begrünte Hochbahn der High Line gebaut ist das Hotel seit seiner Eröffnung das Wahrzeichen des Meatpacking District. Die 338 Zimmer sind vom Boden bis zur Decke verglast und sorgen für spektakuläre Aussichten über Manhattan oder den Hudson River. Die Einrichtung ist puristisch, die Badewanne steht meist frei im Raum.

Mit Grillrestaurant, deutschem Biergarten, Rooftop-Disco. $$$–$$$$

New York Marriott Marquis
1535 Broadway, Theater District, Midtown
Subway: Times Sq./42nd St.
✆ 1 (212) 398-1900, www.marriott.de
Kleine Zimmer, große Aussicht. Wer hier wohnt, dem liegt der Times Square zu Füßen. Das Hotel hat 2000 Zimmer und Suiten auf 49 Stockwerken, ein Broadway-Theater, Health Club, sechs Restaurants und **The View**, das einzige Drehrestaurant in New York, Hausgäste haben kostenlosen Zutritt. $$–$$$$

Beacon Hotel
2130 Broadway & 75th St., Upper West Side, Uptown, Subway: 72nd St.
✆ 1 (212) 787-1100, www.beaconhotel.com
Ideal für Kulturfans: Die Metropolitan Opera mit Lincoln Center sind in Fußnähe, nahe sind auch Central Park und Columbus Circle; im Beacon Theatre neben dem Hotel gibt es Konzerte. Die Zimmer sind großzügig geschnitten und haben eine Kitchenette für kleine Mahlzeiten, gegenüber ist ein gut sortierter Supermarkt. Toller Blick. $$–$$$

Casablanca Hotel
147 W. 43rd St., Midtown
Subway: Times Sq./42nd St.

✆ 1 (212) 869-1212
www.casablancahotel.com
Ideal für Broadway-Fans, denn das Hotel liegt nur einen Steinwurf vom Times Square entfernt. Das kleine, familiengeführte Boutiquehotel bietet 48 liebevoll ausgestattete, leise Zimmer und feines Frühstück mit frischem Obst, Müsli, Muffins und allen amerikanischen Spezialitäten. Genial ist **Rick's Café** mit tiefen Sesseln und kostenlosen Getränken, ein idealer Rückzugsort; 17–20 Uhr steht dort ein Gratis-Imbiss bereit. $$–$$$

Innside New York NoMad
132 W. 27th St., Chelsea
Subway: West 28th St.
✆ 1 (212) 951-1000, www.melia.com
Besser wird's nicht: Ideal in Chelsea gelegen mit Blick auf Empire State Building, 2016 eröffnet. Die Zimmer sind perfekt durchdacht mit superbequemen Betten, Nespresso-Station und Gratis-Getränken. Auch das Frühstücksbuffet ist top. Große, luftige Lobby mit Bar. $$–$$$

New York Manhattan Hotel (Nyma)
6th W. 32nd St., Garment District, Midtown
Subway: 28th St.
✆ 1 (212) 643-7100, Res. ✆ 1-800-567-7720
www.hotelnyma.com
Top-Lage, nur kurzer Fußweg zur Penn Station und zum Empire State Building, alle 171 Zimmer mit Kaffeemaschine, Kühlschrank, Mikrowelle, Bügelbrett und Bügeleisen. Frühstück inkl., oft günstige Tarife. $–$$

Seafarers & International House
123 E. 15th St., Downtown, Subway: Union Sq.
✆ 1 (212) 677-4800
www.sihnyc.org/guest-house
Die 85 einfachen, sauberen Zimmer mit Einzel- oder Doppelbett haben wahlweise ein eigenes Bad oder teilen sich eins mit den Zimmernachbarn. Die Lage ist optimal, die Preise ab $ 90 für Manhattan sehr günstig. Das Haus wird von der Evangelical Lutheran Church in America betrieben und steht allen Gästen offen. Alle Zimmer mit Aircondition, TV, Telefon und WLAN, Waschmaschinen im Haus. $

Museen und Sehenswürdigkeiten

9/11 Memorial Museum
200 Liberty St., Lower Manhattan
Subway: Chambers St., Fulton St., World Trade Center, Park Pl.
✆ 1 (212) 266-5211
www.911memorial.org/museum
Tägl. 9–21, im Winter nur bis 19 Uhr, letzter Einlass 2 Std. vor Schließung, Eintritt $ 24/15 (7–17 J.), Di ab 17 Uhr frei
Auf sieben unterirdischen Etagen zeigt das Museum Hinterlassenschaften der fast 3000 Menschen, die den Anschlägen vom 11. September 2001 zum Opfer gefallen sind, sowie andere Zeugen der Zerstörung.

9/11 Memorial
200 Liberty St., Lower Manhattan
Subway: Chambers St., Fulton St., World Trade Center, Park Pl.
Zugänge an den Kreuzungen Liberty & Greenwich Sts., Liberty & West Sts. oder West & Fulton Sts.
✆ 1 (212) 266-5211, www.911memorial.org
Tägl. 7.30–21 Uhr, Eintritt frei
Mahnmal zum Gedenken an die Opfer der Anschläge vom 11. September 2001 mit zwei großen Wasserbassins auf dem Grundriss der einstigen Twin Towers, Granitplatten mit den Namen der Opfer und Gedenkräumen. Auf dem Gelände ist auch das 9/11 Memorial Museum.

Central Park: Großstadtoase zum Paddeln, Reiten, Wandern, Skaten und Fischen

9/11 Tribute Museum
92 Greenwich St., Subway R Rector St.
✆ 1-866-737-1184
www.911tributemuseum.org
Mo–Sa 10–18, So 10–17 Uhr, Guided Walking Tours tägl. 11–15 Uhr jede volle Stunde
Eintritt $ 15/5 (8–12 J.), mit Führung $ 25/10
Die Walking Tours sind geführte Rundgänge am Schauplatz der Terroranschläge vom 11. September 2001. Sie starten am 9/11 Tribute Museum. Die Guides sind Zeitzeugen und Angehörige der Opfer. Sehenswert ist auch die Ausstellung, u. a. mit Fundstücken vom Tag der Katastrophe.

Ausgerechnet hier: Stille Stunden Im Kloster

Ein architektonisches Unikum und eine Oase des Friedens: Teile europäischer Kapellen und die Kreuzgänge fünf südfranzösischer Klöster wurden im Norden Manhattans zu einem neuen Museum zusammengefügt. Hier bewahrt das Metropolitan Museum Teile seiner Mittelaltersammlung auf. Sonntags gibt es Konzerte (✆ 1-212-650-2290).
Tipp: Die Busfahrt mit der Linie M4 ab Madison Avenue dauert eine Stunde und führt durch das weiße, hispanische und schwarze New York, Endstation ist Fort Tryon Park, an dem das Kloster liegt.

The Cloisters
Fort Tryon Park, Eingang Margaret Corbin Dr., Bronx
Subway: 190th St., Bus: M4 bis Endstation
✆ 1 (212) 923-3700
www.metmuseum.org/cloisters
Tägl. März–Okt. 10–17, Nov.–Feb. 10–16.45 Uhr, Eintritt $ 25, bis 12 J. frei

The Cloisters: am schönsten mit der Buslinie M4 zu erreichen

Central Park
www.centralparknyc.org
15 Mio. Menschen besuchen jedes Jahr diese Großstadtoase. Die Umgestaltungsarbeiten am ehemaligen Sumpfgebiet, das ca. 4 km lang und 1 km breit ist, begannen 1840. Heute ist der Central Park (sicherer) Tummelplatz für Sonnenanbeter, Sportler und Spaziergänger. Eine Erkundungstour kann z. B. in den **Strawberry Fields** (beim **Gedenkmosaik für John Lennon**) beginnen. Am See entlang erreicht man das **Belvedere Castle** und läuft dann an **Cleopatra's Needle** vorbei zum **Receiving Reservoir**. Kunstliebhaber können diese Tour nutzen, um anschließend auf der **Museumsmeile** (Fifth Avenue entlang dem Central Park) eines der zahlreichen Museen zu besuchen.

Chrysler Building
405 Lexington Ave., Midtown
Subway: 42nd St./Grand Central
Das eleganteste Hochhaus New Yorks mit einem siebenstöckigen Art-déco-Strahlenkranz an der Spitze (1930 von William van Alen erbaut, 319 m). Die Lobby mit den Intarsientüren an den Fahrstühlen ist einen Besuch wert.

Empire State Building
350 Fifth Ave. & 34th St., Garment District
Subway: 34th St./Harold Sq.
✆ 1 (212) 736-3100, www.esbnyc.com
Tägl. 8–2, letzter Aufzug nach oben 1.15 Uhr
Eintritt Main Deck (86. Stock) $ 34/27 (6–12 J.), Express (ohne Anstehen) $ 65 (ab 6 J.), Main Deck und Top Deck (86. und 102. Stock) $ 54/47, Express $ 80
Wahrzeichen New Yorks aus dem Jahr 1931 und berühmtestes aller Hochhäuser (381 m). Schöner Blick vom offenen Main Deck im 86. und der Aussichtsplattform im 102. Stock. Zutritt nur mit Lichtbildausweis und ohne großes Gepäck. Um Wartezeit zu vermeiden, kann man sich das Ticket schon vorab online ausdrucken. Do–Sa spielt oben ein Saxophonspieler von 21–1 Uhr Melodien nach Wunsch. Auf der Webseite kann man die aktuelle Wartezeit bis zur Ankunft im 86. Stock checken, zum Ticket gibts eine Gratis-App, die u. a. ebenfalls die aktuellen Wartezeiten

Staten Island Ferry: Die Fahrt von der Südspitze Manhattans dauert 25 Minuten und ist gratis

anzeigt. Mit einem (teuren) Express-Ticket ist man in garantiert zehn Minuten am Ziel.

Grand Central Terminal
89 E. 42nd St. & Park Ave., Midtown
Subway: 42nd St./Grand Central
www.grandcentralterminal.com
New Yorks schönster Bahnhof, 1903–13 im Beaux-Arts-Stil errichtet. Ein Kuriosum der gigantischen Anlage, deren 32 mi lange Gleise sich über mehrere Ebenen verteilen, ist, dass man keinen einzigen Zug sieht – jedenfalls solange man nicht in den Untergrund gestiegen ist.

New York Public Library
Fifth Ave. & 42nd St., Midtown
Subway: 42nd St./5th Ave., 42nd St./Bryant Park, ✆ 1 (212) 275-6975, www.nypl.org
Tägl. außer So 10–18, Di/Mi bis 20 Uhr
Eine der größten Bibliotheken des Landes mit 6 Mio. Büchern auf 142 km Regalen. Berühmt wurde sie auch als Schauplatz im Film »The Day After Tomorrow«.

One World Observatory
One World Trade Center, Lower Manhattan
285 Fulton St., Eingang West & Vesey Sts.
Subway: World Trade Center, Chambers St., Cortland St., Fulton St.
✆ 1-844-696-1776
www.oneworldobservatory.com
Tägl. Mai–Sept. 9–22, Okt.–April 9–20 Uhr
Eintritt ab $ 34/28 (6–12 J.), bis 5 J. frei, aber Ticket erforderlich
Das dreistöckige Observatory in den obersten Stockwerken des One World Trade Center bietet neben der verglasten Aussicht Restaurants und interaktive Ausstellungen.

Rockefeller Center
Zugang zum Hauptgebäude auf der 50th St. zwischen Fifth & Sixth Aves., Midtown
Subway: 50th St./Rockefeller Center
✆ 1 (212) 698-2000
www.rockefellercenter.com
Top of the Rock: ✆ 1-877-692-7625, www.topoftherocknyc.com, tägl. 8–24 Uhr (letzter Sky-Shuttle-Aufzug 23.15 Uhr) Eingang auf der 50th St. zwischen 5th & 6th Aves.
Eintritt $ 34/28 (6–12 J.), VIP-Ticket $ 65; alles außer VIP muss vorgebucht werden mit Datum und Uhrzeit, dafür kaum Wartezeit
Ein Komplex aus 19 Gebäuden und erste Büroadresse New Yorks, 1931–40 gebaut. Sehenswert: Die verglaste Aussichtsplattform **Top of the Rock** auf den Etagen 67 bis 70 mit mehreren Räumen bietet einen 360-Grad-Panoramablick über Manhattan, an klaren Tagen kann man 80 mi weit sehen. Ein be-

High Line: ein begrünter Park auf den Stelzen der einstigen Hochbahn

Anregende Nachbarschaft: High Line und das neue Whitney

Westlich von Greenwich gilt der **Meatpacking District** als neue, spannende Adresse. Früher bekannt für einen zweifelhaften Mix aus Fleischfabriken, Nachtclubs und Prostitution ist das Viertel seit Jahren im Wandel. Mit der **High Line**, einem Park auf den Stelzen einer stillgelegten Hochbahntrasse, der sich kilometerweit wie eine grüne Ader durch die Häuserschluchten windet, und dem Umzug des **Whitney Museum of American Art** in den spektakulären Neubau in der Gansevoort Street bietet das Quartier Stoff für erlebnisreiche Tage.

High Line
Gansevoort–30th Sts., 10th Ave.
www.thehighline.org

Whitney Museum of American Art
99 Gansevoort St.
✆ 1 (212) 570-3600, www.whitney.org
Tägl. außer Di 10.30–18, Fr/Sa bis 22 Uhr
Eintritt $ 25, unter 18 J. frei

sonderes Erlebnis ist der Besuch im wieder eröffneten Rainbow Room im 65. Stock, z. B. zum Brunch am Wochenende, oder ein abendlicher Cocktail in der SixtyFive-Bar.

Staten Island Ferry
Subway: South Ferry
Abfahrt: Whitehall Terminal, verkehrt halbstündl., zur Rushhour viertelstündl.
www.siferry.com
Einen Blick vom Wasser aus bietet der kurze Trip mit den gelben Fähren der Staten Island Ferry. Die Überfahrt ist kostenlos, dauert 25 Minuten je Strecke und bietet nicht nur einen unschlagbaren Blick auf die Südspitze von Manhattan, sondern auch New Yorker Alltagsleben an Bord, denn die weitaus meisten der täglich 70 000 Passagiere sind Berufspendler.

An der Anlegestelle St. George haben die Bauarbeiten für das **New York Wheel** (www.newyorkwheel.com) begonnen, das mit 192 m höchste Riesenrad der Welt und Herzstück der neuen Waterfront, die dem bislang ungeliebten Stadtteil Staten Island ein neues Image verpassen soll.

Außer dem Rad mit 36 Kapseln für je 40 Besucher entstehen hier die Empire Outlets als Shoppingziel mit mehr als 100 Läden und einem Boutiquehotel sowie Lighthouse Point, eine Promenade am Wasser. Der Komplex soll im Herbst 2018 eröffnet werden.

St. Patrick's Cathedral
Fifth Ave., zwischen 50th & 51st Sts.
Midtown, Subway: 5th Ave./53rd St.
✆ 1 (212) 753-2261
www.saintpatrickscathedral.org
Tägl. 6.30–20.45 Uhr
Eintritt frei
Die größte Kathedrale der USA im Gothic-Revival-Stil und Sitz des Erzbischofs von New York steht gegenüber vom Rockefeller Center und zieht nicht nur Touristen an, auch die New Yorker schalten hier gerne mal von der Hektik der Großstadt ab.

Trump Tower
721 Fifth Ave., zwischen 56th & 57th Sts.
Midtown, Subway: 5th Ave./59th St.
Das protzige Denkmal hat sich New Yorks umstrittener Baulöwe und neuer US-Präsident Donald Trump gesetzt. Im Untergeschoss bietet ein kleiner Gift Shop Trump-Memorabilia, nebenan kann man im Trump Grill Steaks und Burger essen. Es sind immer reichlich Plätze frei. Im oberen Bereich der 68 Stockwerke hat sich alles eingemietet, was Geld hat: Sophia Loren, Steven Spielberg und Martina Navratilova.

United Nations Headquarters
First Ave., zwischen 42nd & 48th Sts.
Midtown, Subway: 42nd St./Grand Central
Besuchereingang an der 46th St.
✆ 1 (212) 963-8687, Infos zu fremdsprachigen Führungen: -7539, www.un.org/tours
Mo–Fr 9.45–16.45 Uhr, halbstündl. Führungen, fremdsprachige Führungen an unterschiedlichen Tagen, Kinder unter 5 J. nicht erlaubt, Eintritt $ 16/9
Beim Kauf eines Tickets wird für die Führung eine bestimmte Zeit festgelegt. Der Besucher erhält Informationen zur Geschichte und Struktur der Organisation, darf verschiedene Sitzungsräume besichtigen und kann, falls eine Tagung stattfindet, dieser beiwohnen.

Broadway
Alle Broadway-Shows können von zu Hause aus online, beim Reiseveranstalter oder im Reisebüro gebucht werden. Aktuelle Hits unter www.broadwaycollection.com, zum Schmökern www.spotlightonbroadway.com.

Lincoln Center for the Performing Arts
10 Lincoln Center Plaza, Upper West Side
Subway: 66th St.
✆ 1 (212) 875-5456, www.lincolncenter.org
Hierher strömen die Fans der klassischen Künste, um Opern, Konzerte der Philharmoniker und Ballettaufführungen zu genießen. Während der Sommerpause findet auf dem Platz vor der Metropolitan Opera das »Summer HD Festival« statt, bei dem Opern gratis auf der Großleinwand übertragen werden.

Unvergesslich: Mit dem Greeter durch New York

Egal, ob man noch nie hier war oder ungezählte Male: Ein Tag mit einem Big Apple Greeter ist immer ein Gewinn. Alles, was man dafür tun muss, ist, sich drei Wochen vorab beim Big Apple Greeter anzumelden. Dann wird man morgens von seinem Guide im Hotel abgeholt und nach einem Tag voller Abenteuer, Insider-Infos und ungewöhnlicher Tipps wieder heimgebracht. Thema und Sprache darf man sich wünschen, das Programm ist gratis, die Greeter sind begeisterte New Yorker und arbeiten ehrenamtlich.

Unvergessliche Stunden garantieren z. B. Joel Weiner oder Fred Alexander, der bei einem Regenschauer sogar Ponchos für seine Gäste aus dem Rucksack zaubert. Anmeldung online www.bigapplegreeter.org.

Metropolitan Opera
Lincoln Center, Upper West Side

Metropolitan Opera: Die Inszenierungen sind meist konservativ, die Sänger immer Weltklasse

Fast Food: schneller Lunch mit Durchblick in Lower Manhattan

Subway: 66th St.
✆ 1 (212) 362-6000
www.metoperafamily.org
Karten können auf der Webseite gebucht und bis zum Aufführungstag an der Kasse abgeholt werden
Die MET gilt mit 3975 Plätzen (3800 Sitzplätze plus 175 Stehplätze) als größtes Opernhaus der Welt. Texte auch in deutscher Sprache zum Mitlesen.

Restaurants, Bars, Dachterrassen

Chez Josephine
414 W. 42nd St., Theater District, Midtown
Subway: 42nd St./Port Authority

Auf die Faust: ein Hotdog im Gehen

✆ 1 (212) 594-1925
www.chezjosephine.com
Tägl. 12–15 und 16–24, So bis 23 Uhr
Jean Claude, eines der 13 Adoptivkinder von Josephine Baker, führt ihr zu Ehren ein französisches Bistro im Stil der 1930er Jahre. Dinner mit Livemusik. $$$

The Oyster Bar
Grand Central Terminal, im UG
89 East 42nd St. & Park Ave., Midtown
Subway: 42nd St./Grand Central
✆ 1 (212) 490-6650
www.oysterbarny.com
Mo–Sa 11.30–21.30 Uhr
Klassische Adresse für feinste Austern. $$$

Peter Luger Steak House
178 Broadway & Driggs Ave., Brooklyn
Subway: Marcy Ave.
✆ 1 (718) 387-7400, www.peterluger.com
Mo–Do 11.45–21.45, Fr/Sa 11.45–22.45, So 12.45–21.45 Uhr
Dafür lohnt sich der Trip nach Brooklyn – seit 24 Jahren gilt Peter Luger als das beste Steakhaus der USA. Das Fleisch ist exquisit, die Details der Zubereitung sind ein Geheimnis. Laut *Zagat*, dem ultimativen Restaurantguide, »würde ein Stier sein Leben dafür geben, hier serviert zu werden«. Möglichst lange im Voraus reservieren. $$$

River Cafe
1 Water St., Brooklyn, Subway: High St.
✆ 1 (718) 522-5200, www.rivercafe.com
Tägl. 17.30–23, Mo–Fr auch 8.30–11.30, Sa/So auch 11.30–14.30 Uhr
Der Postkartenblick über Downtown Manhattan mit der Silhouette der Brooklyn Bridge im Vordergrund ist echt. Man kann auch nur einen Drink an der Bar nehmen oder im Freien über die Holzplanken wandern. Krawatte und Jackett für den Herrn sind im Main Dining Room und an der Bar ab 17 Uhr ein *Must*. $$$

Tavern on the Green
67th St. & Central Park West, Uptown
Subway: Lincoln Square
✆ 1 (212) 877-8684
www.tavernonthegreen.com
Mo–Fr 11–16, Sa/So 9–16, So–Do auch 17–21, Fr/Sa auch 17–23 Uhr
Der Touristenmagnet wurde 2014 nach einer 16-Millionen-Dollar-Renovierung neu eröff-

net. 1870 als Pferch für eine Schafherde gebaut und 1934 zum Restaurant umgewandelt ist das Haus Schauplatz in mehr als zwei Dutzend Kinofilmen. $$$

The View
Im New York Marriott Marquis (vgl. S. 26)
✆ 1 (212) 704-8900, www.theviewnyc.com
Tägl. 17.30–22, Fr/Sa bis 23, So 10–13.30 Uhr
New Yorks einziges Drehrestaurant rotiert über dem Atrium des Marriott Marquis am Times Square. Im 47. und 48. Stock gibt es Lunch und Dinner sowie ein Buffet in der Lounge, beides mit Blick auf Midtown Manhattan, über den Hudson und den East River. Wer kein Hausgast ist, zahlt nach 20 Uhr $ 8 Eintritt. $$–$$$

J. G. Melon
1291 Third Ave. & 74th St., Uptown
Upper East Side, Subway: 77th St.
✆ 1 (212) 744-0585
www.jgmelon-nyc.com, Mo–Mi 11.30–3, Do–Sa 11.30–4, So 11.30–1 Uhr
Seit der Eröffnung 1972 saß hier jeder Bürgermeister und Gouverneur von New York. Was Prominenz, Nachbarn und Touristen anzieht, sind die üppigen Burger. $$

Zabar's
2245 Broadway & 80th St.
Uptown, Upper West Side, Subway: 79th St.
✆ 1 (212) 496-1234, www.zabars.com
Mo–Fr 8–19.30, Sa 8–20, So 9–18 Uhr
Kein Winter ohne Zabar's köstliche Suppen, kein Sommer ohne Zabar's Fingerfood für die Konzerte im Central Park. $–$$

Grimaldi's
1 Front St., Brooklyn, Subway: York St.
✆ 1 (718) 858-4300
www.grimaldis-pizza.com
Mo–Fr 11.30–22.45, Fr 11.30–23.45, Sa 12–23.45, So 12–22.45 Uhr
Eine New Yorker Institution und angeblich die beste Pizza der Stadt. Frank Sinatra hat sie seinerzeit nach Las Vegas einfliegen lassen. Hier wird nur bar bezahlt und man kann auch nicht reservieren, sondern nur anstehen, bis etwas frei wird. Was die New Yorker mit Ausdauer tun. $

Blue Bar at the Algonquin
59 W. 44th St., Midtown
Subway: 42nd. St./Bryant Park

Village Vanguard: New Yorks berühmteste Jazz-Adresse

✆ 1 (212) 840-6800
www.algonquinhotel.com
Tägl. 11.30–1.30 Uhr
In gedämpftem Licht und freundlicher Clubstimmung treffen sich hier seit 1902 Intellektuelle aus der Theater-, Film- und Medienszene.

Rainbow Room
30 Rockefeller Center Plaza, Midtown
Subway: 50th St./Rockefeller Center
✆ 1 (212) 632-5000
www.rainbowroom.com
SixtyFive Bar & Cocktail Lounge Mo–Fr abends geöffnet
Rainbow Room nur mit Reservierung: So Brunch für $ 95/65 (bis 12 J.), Mo Dinner (Fixpreis-Menü ab $ 175)
New Yorks kultigste Location, eine Kombination aus Bar und Restaurant mit sensationellem Ausblick (Dresscode: *business casual*).

Blue Note
131 W. Third St., Greenwich Village
Subway: 4th St.
✆ 1 (212) 475-8592, www.bluenote.net
Mo–Do Shows um 20 und 22.30, Fr–So ab und an auch 0.30 Uhr, Res. bis 30 Min. vor Beginn
Olymp der Jazz-Götter.

Village Vanguard
178 S. Seventh Ave., Greenwich Village
Subway: 14th St., ✆ 1 (212) 255-4037
www.villagevanguard.com
Tägl. Konzerte 20.30 und 22.30 Uhr
Die wohl berühmteste Jazz-Adresse, gegründet 1935: Das ehemalige »Speak Easy« war Heimat für Generationen neuer Talente wie Harry Belafonte.

Crossing the Delaware

Anreise von New York

»Counting the cars
On the New Jersey Turnpike.
They've all come
To look for America.
All Come to look for America.«

Paul Simon, »America«

Route: New York – Princeton – Philadelphia (186 km/116 mi)

km/mi	**Route**
Morgen	
0	**In New York:** von Midtown W. 39th St. durch den Lincoln Tunnel (I-495 West); I-95 South zum New Jersey Turnpike South, Exit 8A, Cranbury South River Road und den Schildern folgen nach
93/58	**Princeton**. Stadtrundgang: Nassau Sq., Nassau St. und Campus der Universität; Lunch. Von Princeton US 206 South (Nassau St.), S 546 rechts Richtung Pennington und den Schildern WASHINGTON CROSSING STATE PARK folgen, S 29 nach Norden bis
Nachmittag	
32/20	**Lambertville** (entweder hier oder in New Hope 1 Std. Pause). An der Hauptkreuzung links Richtung Brücke und New Hope; dort die S 32 links nach Süden, dann S 232 nach Süden bis Rockledge und zur
45/28	Kreuzung mit der US 1 (= Roosevelt Blvd.); dort rechts nach Süden und Ausfahrt bei Broad St., diese links Richtung
16/10	**Downtown Philadelphia** (City Hall).

Einen Stadtplan von Philadelphia finden Sie S. 65.

Im Licht am Ende des Lincoln-Tunnels beginnt die Reise mit der schwindenden Skyline von Manhattan durch New Jersey im stetig fließenden Verkehr und je näher Princeton rückt, umso prächtiger werden die Villen und Alleen, die

Alternative: Kürzester Weg von Princeton nach Philadelphia: US 206 South (Nassau St.), I-95 South hoch über den spektakulären Delaware River und vorbei an der Begrüßung WELCOME TO PENNSYLVANIA. AMERICA STARTS HERE; in Philadelphia Ausfahrt INDEPENDENCE HALL über Callowhill und 2nd Street (1 Std. Fahrzeit für 69 km), dann rechts entweder über Arch oder Walnut Street zum Zentrum (City Hall).

mittlerweile die Fahrt begleiten. **Princeton**, so schrieb schon F. Scott Fitzgerald mit einem Seitenhieb auf New Jersey, erhebe sich wie »ein grüner Phönix aus dem hässlichsten Land der Welt« und bis heute zeigt das stattliche Städtchen viel Grün. Als kleine Quäkersiedlung nahm es 1690 seinen Anfang und nannte sich erst einmal so wie der Bach in seiner Nähe, Stony Brook, dann Prince's Town, schließlich Princeton. Der Ort, schon bald ein Widerstandsnest gegen die britische Kolonialmacht, galt später lange als stilles Universitätsstädtchen. Zahlreiche Firmenverwaltungen und Forschungslabors sorgten für kräftiges Wachstum.

Auf halber Strecke zwischen New York und Philadelphia eine Pause einzulegen hat in Princeton Tradition. Schon im 18. Jahrhundert hielten hier die Postkutschen. Der Kutscher und Postbote avancierte zur allamerikanischen Figur, zu *Yankee Doodle*. Alt und Jung kennt ihn aus dem Lied mit dem Vers:

YANKEE DOODLE CAME TO TOWN
RIDING ON A PONY
STUCK A FEATHER IN HIS HAT
AND CALLED IT MACARONI

Zum Volksgut gehören auch die zahllosen Gemälde von Norman Rockwell, der den pfiffigen Kutscher und folkloristischen Helden im populären Genrestil immer wieder in Öl auf die Leinwand brachte, mitunter auch direkt auf die Wand. Im traditionsreichen **Nassau Inn** am **Palmer Square** prangt so ein Original-Rockwell als Fresko über der Bar.

Yankee Doodle kehrt sogar im Logo des hauseigenen Briefpapiers wieder, schließlich war der Inn die Herberge, in der die Postkutschengesellschaften ihre Pferdegespanne austauschten.

Nur ein Katzensprung über die Nassau Street trennt den hübschen Palmer Square vom Campus der **Universität**, die auf eine lange Geschichte und bedeutende Lehrer zurückblickt und heute (neben Yale und Harvard) zu den Eliteschulen des Landes gehört. Albert Einstein lehrte von Anfang der 1930er Jahre bis zu seinem Tod 1955 am Institute of Advanced Study, auch Thomas Mann war hier 1938–40 Gastprofessor. Princeton gehört zur Ivy League, dem konservativen Verband von US-Top-Hochschulen an der Ostküste. Umfragen bestätigen immer wieder, dass deren Absolventen bessere Jobs bekommen als Kommilitonen anderer Hochschulen.

Was passt dazu besser als die Freiluftplastiken von Henry Moore oder die edlen Mountainbikes vor den Hörsälen, die munteren Eichhörnchen im parkähnlichen Grün und das allgegenwärtige Vogelgezwitscher: Lernen de luxe.

Die dunklen Natursteine der Bauten in der baumbestandenen Lernidylle – **Nassau Hall**, das älteste Unigebäude, ausgenommen – wirken düster und könnten auch als Kulissen in einem englischen Schauerroman herhalten. Doch diese akademischen Steinburgen im Stil des Collegiate Gothic schrecken hier niemanden, im Gegenteil. Studieren ist eins, aber Zurückkommen noch besser, am besten zum Heiraten: in der neugotischen und mit einigem Understatement als *chapel* bezeichneten Kirche auf dem Unigelände. Anschließend bewirtet man die Gäste standesgemäß im **Prospect House**, dem akademischen Clubrestaurant *(faculty only!)*, dessen vorgelagerte blühende Tulpenfelder jeden Mensabeigeschmack vergessen machen.

Und noch etwas lässt die Princetonians stolz auf ihre Stadt blicken: Die berühmten Meinungsumfragen des »Gallup Poll« stammen aus Princeton, wo

Princeton University: Einstein und Thomas Mann lehrten an dieser akademischen Hochburg

Lambertville: An manchen Sonntagen steigt in der Provinz ein Floh- und Antiquitätenmarkt

George Gallup 1935 sein American Institute of Public Opinion eröffnete, um den Vorlieben und Abneigungen seiner Landsleute auf die Spur zu kommen.

Farmland mit weißen Zäunen

Standesgemäß gediegen verabschiedet sich Nassau Street stadtauswärts im Süden. Aus der feinen Wohnkultur erwächst bald eine liebliche Naturszenerie. Im Frühling steht alles im zarten Grün, Ginster und Dogwood-Bäume blühen. Der **Washington Crossing State Park** erinnert an jenes Uferstück am Delaware River, wo George Washington in der eisigen Christnacht von 1776 in Flachbooten übersetzte, um die Engländer in der Schlacht von Trenton anzugreifen. Heute ist ringsum alles friedlich – entenbevölkertes Farmland mit vielen Teichen und weißen Zäunen.

Am **Delaware River** oder genauer an dem parallel verlaufenden Kanal geht es rege zu, man fährt Kanu, wandert, joggt, angelt und picknickt.

Der Floh- und Antiquitätenmarkt macht **Lambertville** zum kunstgewerblichen Zentrum der Region. Die Veranden an den Straßen sind herausgeputzt, und überall locken kleine *guest lodgings* und verspielte Artsy-craftsy-Läden die Touristen an. Die Baptist Church bietet einen Lunch vor der Kirchentür an, die Eisenbahn heult, Luftballons tanzen: Lambertville steht manchmal Kopf am Sonntag.

Die Menge ergießt sich auch über die Brücke, über die Grenze nach Pennsylvania, hinüber nach **New Hope**. Und jetzt hat man unweigerlich das historische Vorbild im Sinn: Wie komfortabel gerät das heutige »Crossing the Delaware« im Vergleich zu den Booten von George Washington im Packeis, in Öl festgehalten von Emanuel Gottlieb Leutze auf jenem Gemälde (siehe S. 54), das aus keinem deutschen Englisch-Lehrbuch mehr wegzudenken ist.

Vom gemütlichen New Hope geht es durch Bucks County am Delaware River entlang zurück nach Süden, dann steil aus dem Tal heraus auf die Höhe, auf der sich Pennsylvania gefällig ausbreitet. Das ändert sich, je näher **Philadelphia** rückt.

Der Cleveland Tower auf dem Gelände der Princeton University

Service & Tipps

Princeton, NJ

Nassau Inn
10 Palmer Sq., Princeton, NJ
✆ (609) 921-7500 und 1-800-862-7728
www.nassauinn.com
Zentral gelegene, historische Herberge (seit 1756) am hübschen Palmer Square gegenüber dem Campus. Im Restaurant Yankee Doodle Tab Room ($$–$$$) befindet sich ein »Yankee Doodle«-Wandbild von Norman Rockwell. $$$$

Princeton University
185 Nassau St., Princeton, NJ
✆ (609) 258-1766, www.princeton.edu
1746 als »College of New Jersey« gegründet; 1756 Umzug nach Princeton in die Nassau Hall; starke Wachstumsphase und entsprechende Bautätigkeit nach dem Bürgerkrieg 1868–88.

1896 hieß das College dann »University« und der spätere Gouverneur von New Jersey und US-Präsident, Woodrow Wilson, wurde 1902 ihr Rektor. Er bezog das Prospect House, wo sich heute der Fakultätsclub trifft. Nassau Hall wurde 1756 fertiggestellt (die *cupola* kam später dazu) und war während der Battle of Princeton im Unabhängigkeitskrieg von den Engländern besetzt. 1783, als sich hier ein halbes Jahr lang der Kontinentalkongress traf, war es U.S. Capitol.

The Alchemist and Barrister
28 Witherspoon St. (Nähe Palmer Sq.)
Princeton, NJ
✆ (609) 924-5555, www.theaandb.com
Mo–Sa 11.30–2, So 11–24 Uhr
Frisch renovierte Bar und Pub für Cocktails, Mi/Do und So Livemusik. $$–$$$

Agricola Eatery
11 Witherspoon St.
Princeton, NJ
✆ (609) 921-2798
www.agricolaeatery.com
Mo/Di und So 11.30–21, Mi–Sa 11.30–22 Uhr
Schön altmodisches Restaurant mit moderner, regionaler, amerikanischer Küche. Lunch und Dinner. $$

Washington Crossing State Park
355 Washington Crossing
Pennington Rd., Titusville, NJ
✆ (609) 737-0616
www.state.nj.us/dep/parksandforests/parks/washcros.html
Tägl. 8–19, Visitor Centre 9–16 Uhr
Im Visitor Center werden die Einzelheiten der Schlacht von Trenton erläutert. Das ehemalige Fährhaus (Ferry House) ist heute ein Museum (Mi–So 9–16 Uhr).

Washington Crossing State Park: Kostümshow

Die Ostküste erleben und genießen

Übernachten

Schlafen wie auf Wolken

Das Reisen entlang der amerikanischen Ostküste könnte kaum bequemer und vergnüglicher sein, denn die touristische Infrastruktur ist perfekt. Je nach Laune und Budget kann man praktisch und preiswert, aber auch fürstlich und nobel übernachten, mit und ohne Vorbuchung. Wer nicht gerne vorplant, wird immer auch kurzfristig und spontan ein Bett für die Nacht finden, denn wie fast überall in den USA säumen auch hier Motels die Highways, die nach Einbruch der Dämmerung mit einem *Vacancy*-Schild in leuchtender Neonschrift melden, dass es noch freie Zimmer gibt. Man sieht also schon im Vorüberfahren ob sich das Anhalten lohnt oder – *No Vacancy* – eben nicht.

Sieht die **Motel**-Anlage nicht schon von außen angeranzt und heruntergekommen aus, darf man überall mit dem üblichen Standard rechnen und bekommt ein sauberes Zimmer mit röhrender Klimaanlage und laufendem TV. Manchmal sitzt tatsächlich auch eine kaugummikauende Lady mit Lockenwicklern hinter der *Reception,* die mit einem freundlichen *»Goodnight, honey«* den Zimmerschlüssel rüberschiebt. Das Motelzimmer kann in der Regel in zwei großen Betten vier Gäste beherbergen. Man zahlt bereits beim Einchecken, morgens zur Weiterfahrt gibt es an der Rezeption mit etwas Glück einen Coffee-to-Go von der Warmhalteplatte und ein klebrigsüßes Kuchenstückchen dazu.

Zucker hoch zehn: Klebrig süße Stückchen zum Frühstück sind in Hotelketten die Regel

Ketten wie Hampton Inn, Holiday Inn Express oder Howard Johnson bieten ihren Gästen schon mehr, nämlich ein *complimentary hot breakfast*, das im Zimmerpreis eingeschlossen ist, konkret ein Frühstück mit Obst (meist Bananen), Cereals (Cornflakes in allen Farben und Formen), irrwitzig fettigen Würstchen und manchmal auch mit Waffelteig zum Selbstbacken. Der Frühstücksraum ist in der Regel zu klein, immer überfüllt und wenn man Pech hat, vergessen die Angestellten zwischendurch mal die Tische sauber zu wischen. Mit einem gepflegten Buffet-Frühstück, wie man es aus europäischen Hotels kennt, hat diese Fast-Food-Abfütterung nichts gemeinsam. Gegessen wird amerikanisch von Plastikgeschirr und auch das Besteck ist aus Plastik. Am Ende wird alles in großen Müllkübeln entsorgt. Die Kettenhotels haben keine Spülmaschine, Wegwerfen ist billiger.

Was dagegen den Schlafkomfort angeht, ist die Skala der angenehmen

Das amerikanische Bett: Die Zudecke wird ringsherum beinhart unter die Matratze geschlagen

Überraschungen nach oben offen. Selbst im billigsten Motel wird man keine Betten im kargen europäischen Format finden. Schlafstätten, die einen Meter oder gar 90 Zentimeter schmal sind, gibt es in den USA höchstens im Knast. Stattdessen hat man selbst im Standardmotel die Wahl zwischen *Queen Size* (1,40 m breit) oder dem fürstlichen *King Size* (2 x 2 m). Unter *Twin Beds* versteht man ein Zimmer mit zwei separaten Betten im Queen-Size-Format.

Amerikaner lieben die monströsen Boxspringbetten, bei denen die dicke Matratze auf einem gefederten Untergestell liegt, in dem oft unterschiedliche Lagen an flexiblem Material verarbeitet sind. Auf der Matratze liegt je nach Qualität der Unterkunft noch ein zusätzlicher Topper – alles in allem ein Schlafsystem, von dem man künftig träumen wird, wenn man es einmal erlebt hat. Speziell in den besseren Häusern wie in den Hampton Inns sinkt man zur Nacht auf einer Liegewiese nieder, die einer Wolke gleicht, von der man sich nie mehr erheben möchte.

Allerdings muss man überall erstmal die Bettdecke aus der Verankerung zerren, denn die Amerikaner schlagen die Zudecke rundherum beinhart unter die Matratze, so dass man eingeengt liegt wie in einem Schlafsack, ohne die Chance sich auch nur umzudrehen. Wenn man also nicht platt auf dem Rücken schlafen will und unbeweglich wie ein Zinnsoldat, muss man vorher das Bettzeug mit Gewalt befreien. Natürlich gibt es auch die Option, sich den Schlafgepflogenheiten des Landes anzupassen und die Nächte ab sofort bewegungslos und wie aufgebahrt in Rückenlage zu durchwachen, ein Experiment, das zuverlässig nach zehn Minuten mit einer kräftigen Beinschere endet, die die Decke aus ihrer beengenden Rundumverankerung reißt. Ein ungelöstes Rätsel übrigens, wieso die amerikanische Bevölkerung unter solch eingeklemmten Bettdecken nicht längst ausgestorben ist.

Viele Motels haben einen *Laundry*-Raum, in dem Waschmaschine und Trockner bereitstehen, die sich mit ein

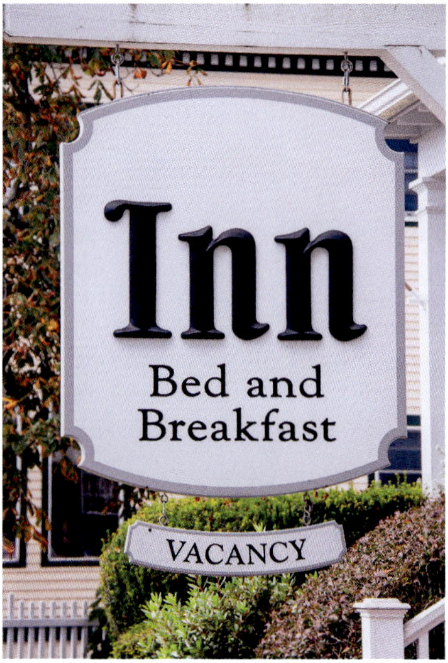

Bed & Breakfast: Gastgeber aus Passion und oft mit Antiquitäten möblierte Zimmer

paar Münzen in Betrieb nehmen lassen, meist in der Nähe der obligatorischen Eismaschine und den Snack- und Getränkeautomaten *(Vending)*. In besseren Häusern findet man Bügelbrett und Bügeleisen im Schrank.

Neben preisgünstigsten **Motelketten** wie Motel 6, Red Roof Inns, Days Inn, Econo Lodge, Quality Inn und Super 8 sind flächendeckend auch die besseren Kategorien vertreten wie Travelodge, Embassy Suites, Best Western, Howard Johnson, Hampton Inn und Holiday Inn Express (oft mit Fitnessraum und kleinem Pool). In den Städten kommen die teuren Marken wie Hyatt, Marriott und Courtyard by Marriott, Hilton und Sheraton dazu, deren Zimmer online oft zu Sonderpreisen angeboten werden.

Auch ultimative Top-Häuser liegen auf unserer Reiseroute. Das **Royal Sonesta Harbor Court Hotel** in Baltimore beispielsweise, mit Hafenblick und Healthclub auf dem Dach, oder das legendäre **Mandarin Oriental** in Washington DC, ein Haus der südostasiatischen Nobelkette, die ausschließlich Fünf-Sterne-Hotels betreibt – der Service ist zu Recht ein Mythos. Aus den 347 Zimmern und 53 Suiten des monumentalen Mandarin Oriental in Washington geht der Blick übers Weiße Haus und die Mall oder auf das elegante, weiß leuchtende Jefferson Memorial und den umliegenden See.

Neben solchen modernen Luxushäusern locken auch Prachtstücke aus der Zeit der Grandhotels wie das **Jefferson Hotel** in Richmond, ein Palasthotel von 1895, dessen bombastische Marmorlounge unbedingt einen Besuch wert ist, auch wenn man nicht im Haus logiert. Im Wasserbecken der Lobby wurden einst Alligatoren als Attraktion für die Gäste gehalten. Der legendäre schwarze Stepptänzer Bill Robinson hat hier gekellnert ehe er als Tanz- und Filmpartner der kleinen Shirley Temple berühmt wurde. Heute trifft man sich in der opulenten Lobby zur Happy Hour beim Cocktail und speist in den hauseigenen Restaurants, zu denen auch das Gourmetrestaurant »Lemaire« gehört.

High Tea am Nachmittag

Einen Abstecher wert ist aber auch das kleine, historische **Hotel Atlantic** im Städtchen Berlin in Maryland, ein viktorianisches Haus mit gerade mal 18 Zimmern und vorzüglicher Küche im verträumten Historic-District. Wieder zum Leben erweckt wurde das Haus von der Fager-Familie, die in der Nähe bei Ocean City mit dem **Lighthouse Club Hotel** und dem romantisch gelegenen Nobelhaus **The Edge** zwei der besten Hotels auf unserer Reiseroute besitzt und kongenial leitet (siehe S. 256).

Bleibt die Spezies **Bed & Breakfast**, eine Spielart, die längst nicht so karg und bescheiden ist, wie sie sich anhört. Während B & B in Großbritannien als

Synonym gilt für ein preiswertes Bett mit Familienanschluss, garantiert es an der amerikanischen Ostküste die individuellste und oft luxuriöse Variante der Übernachtungskultur. Die Besitzer der historischen Villen sind Gastgeber aus Passion, die gerne mit Tipps für Museen, Strände und Restaurants bei der Hand sind. Die nobleren Vertreter der B & B-Liga zelebrieren am späten Nachmittag in britischer Tradition den *High Tea* für die Gäste, oft kombiniert mit einer sündhaften Kuchenauswahl. Diese Extras sind im Übernachtungspreis eingeschlossen, genauso wie das Frühstück, das gerne als dreigängiges Menü serviert wird – vom Blaubeerpfannkuchen mit Ahornsirup bis zu pochierten Eiern mit Kräutern aus dem eigenen Garten.

Das **The Mainstay Bed & Breakfast Inn** in Cape May ist so ein Fall. Der viktorianische Prachtbau, ursprünglich ein Spielkasino und Herrrenclub, besticht heute mit elegantem Interieur und serviert den Gästen der 16 individuell mit Antiquitäten ausgestatteten Zimmer am späten Nachmittag den Afternoon Tea.

Auch das **Beauclaires Bed & Breakfast** aus dem Jahr 1879 gehört dazu, das im Herzen der bunten und lebendigen Downtown von Cape May liegt und keine Kinder unter acht Jahren aufnimmt. Nicht aus Kinderfeindlichkeit, sondern damit die Kleinen nicht im Vorüberflitzen eine Vase aus der Ming-Dynastie vom Sockel räumen.

Kolonialen Charme garantiert auch das **Georgian House B & B** von 1747 in Annapolis mit antiquarischem Ambiente und selbstgemachtem Apfelpfannkuchen zum Frühstück. Im mehrfach preisgekrönten **Thomas Bond House** in Philadelphia wird am frühen Abend Käse und Wein bereitgestellt, so dass man auch als Morgenmuffel, der beim Frühstück nicht reden mag, Gelegenheit hat, die anderen Gäste des Hauses kennenzulernen.

Essen und Trinken
Crab Cakes & more

Gibt es lukullische Spezialitäten, die typisch sind für die Ostküste, südlich von New York bis hinunter auf die Outer Banks? Klar, dass entlang der Küste neben Fleisch und Geflügel das Seafood besonders hoch im Kurs steht. Rund um die Chesapeake Bay heißt der Hit eindeutig **Crab Cakes** – eine Köstlichkeit aus dem Meer, die auf jeder Speisekarte zu finden ist. Und jedes Restaurant hat dafür ein eigenes Geheimrezept.

Crab Cakes haben etwa die Form und Größe der Fleischbällchen, die man in Bayern Fleischpflanzerln und in Berlin Buletten nennt. Außen knackig und zart im Innern müssen sie sein und die dezente Süße des Krabbenfleischs sollte nicht in Remoulade, Senf oder gar Ketchup ertrinken. Ähnlich wie bei den Fleischpflanzerln kommen noch etliche andere Zutaten ans Krabbenfleisch, je

Werbung in Annapolis: Crab Cakes sind rings um die Chesapeake Bay ein Muss

nach Rezeptur eingeweichtes Weißbrot, Milch, Mayonnaise, Eier, Zwiebeln und Gewürze. Manche Köche mengen auch artfremde Zutaten unter wie rote oder grüne Paprika. Die Bällchen werden wahlweise sautiert, gebacken oder gegrillt, manchmal auch paniert und frittiert.

Traditionell nimmt man dafür das köstliche Fleisch der Chesapeake Bay Blue Crabs (Blaue Schwimmkrabbe), es kann aber auch jede andere Krabbenart verwendet werden. Auch die Größe variiert – vom kleinen Keks bis zum Crab Cake in Hamburgerform ist alles möglich. Fast-Food-Buden bieten die Crab Cakes auch im Brötchen an, meist leider mit einer Killerhaube aus Remoulade, Ketchup oder Senf. Maryland und Baltimore gelten als Hochburgen der Crab Cakes, die besten haben wir im Hafen von Annapolis verspeist, in **Carrol's Creek Café** auf der großen Terrasse am Wasser.

Und sonst? Gibt es andere lukullische Hits, die über die Grenzen der Ostküste hinaus bekannt geworden sind? Generell darf man nicht vergessen, dass die ersten Einwanderer nicht nur die Namen ihrer englischen Städte und Dörfer mit in die Neue Welt brachten, sondern eben auch die englische Küche. Und gemäß der asketischen Denkungsart der Puritaner war das Essen nicht zum Vergnügen da, sondern sollte sättigen und die Energie für das Tagwerk liefern – kein idealer Nährboden für eine verfeinerte oder gar opulente Esskultur.

Die kam mit den späteren Generationen der Einwanderer, vorneweg mit den Italienern. Heute ist die Küche der Ostküste vielfältig und vom Feinsten, wenn man bereit ist, einiges dafür auszugeben. Wenn es teuer sein darf – ab 25 Dollar aufwärts für den Hauptgang – dann kann man einen unvergesslichen Abend verbringen und verlässt das Restaurant beschwingt und in bester Lau-

Blue Duck Tavern in Washington DC: Hier kommen die Crab Cakes endlich mal nicht auf den häufig üblichen Plastiktellern, sondern auf weißem Porzellan

ne. Die **Blue Duck Tavern** in Washington ist so ein Fall – mit offener Küche, modernem Design und Retro-Accessoires. Hier zaubern die Köche für jeden sichtbar mit Bio-Zutaten aus der Umgebung erstklassige Gerichte. Die Speisekarte nennt die Herkunft aller Ingredienzien und für jedes Salatblatt wird nachgewiesen, bei welchem Farmer es das Licht der Welt zur Photosynthese genutzt hat. Ex-Präsident Obama und Michelle haben in der Blue Duck Tavern ihren 17. Hochzeitstag gefeiert, Crab Cakes, French Fries und Apple Pie des Hauses wurden vielfach ausgezeichnet.

Die wirklich guten Restaurants erkennt man an simplen Merkmalen: Die Tischdecken sind nicht aus Papier und die Teller nicht aus Plastik. Aus unerfindlichen Gründen ist außerdem die Beleuchtung in den besten Restaurants immer heruntergedimmt, wenig Licht gilt offenbar als Qualitätsfaktor. Wie auch immer: In diesen Häusern sollte man unbedingt vorab einen Tisch reservieren, einfach hereinspazieren funktioniert vielleicht mittags zum Lunch, aber nicht abends zum Dinner.

Meist gilt abends auch eine für uns antiquiert wirkende Kleiderordnung: Krawatte und Jackett sind für Männer obligatorisch, Frauen haben mehr Spielraum, aber Jeans und Turnschuhe sind nicht gerne gesehen. Wer sicher sein will, fragt bei der Reservierung nach dem *dress code*.

Beim Betreten des Restaurants wartet man darauf, dass man einen Tisch zugewiesen bekommt, dadurch wird die Zahl der Gäste möglichst gleich unter den Kellnern aufgeteilt, die von diesem Job leben. Deshalb ist das Trinkgeld hier keine nette Geste, die man auch mal ausfallen lassen kann, sondern ein Muss. Also bitte nicht knausrig sein, nur bei wirklich schlechtem Service lässt man weniger als 15 Prozent vom Endpreis als *tip* auf dem Tisch liegen, im Normalfall

Austern in Baltimore

verdoppelt man den Betrag, der auf der Rechnung als Steuer ausgewiesen ist.

Auch was die Getränke angeht, sind ein paar Extras zu beachten. Der Alkoholkonsum ist wie fast überall in den USA streng reglementiert und wird kontrolliert. Alkohol im Freien ist überall verboten. Das gilt für das Picknick im Grünen genauso wie für die Beach Party am Strand; selbst das Herumtragen geöffneter Bier- oder Weinflaschen in der Öffentlichkeit ist strafbar. Wer in Supermärkten, an Tankstellen und in den staatlichen Liquor Stores Alkoholisches kauft, muss damit rechnen, an der Kasse nach dem Ausweis gefragt zu werden, selbst wenn man deutlich über 21 Jahre alt ist.

Viele Restaurants haben keine Alkohollizenz, dort gilt die BYOB-Regel, was soviel heißt wie *Bring Your Own Bottle*. Man bringt das Getränk der Wahl mit ins Restaurant, der Wirt holt die Gläser dazu, öffnet die Flasche und setzt ein kleines »Korkgeld« auf die Rechnung. Biertrinker meiden am besten die dünnen Produkte der großen Marken und weichen lieber auf die Biere lokaler Brauereien aus *(local brew)*, die meist erfreulicher schmecken.

Biologie live: Spaß, Spannung und Abenteuer in der Natur sind überall inklusive

Mit Kindern unterwegs: Überall willkommen

Amerika ist ein kinderfreundliches Land. Es gibt *family packages, kid's specials* und *children's programs*, in Hotels und Motels ist die Übernachtung von Kinder unter 18 Jahren fast immer kostenlos. Kindermenüs in den Restaurants sind selbstverständlich und statt einer Speisekarte bekommen die Kleinen Stifte, Malblock oder andere Spiele, um die Wartezeit zu überbrücken. Der Bewegungsdrang der Jüngsten gilt hier nicht als Ärgernis, oft sind spezielle Spielelandschaften integriert.

Nirgendwo auf dieser Reise ist man weit vom Meer oder vom nächsten See entfernt, ein paar Stunden Buddeln und Toben am Strand sind immer möglich. In den Städten wie Baltimore oder Annapolis sind **Bootstouren** ein Hit, beispielsweise die kurzweiligen Zwei-Stunden-Törns der Schoner **»Woodwind I«** und **»Woodwind II«** durch die Bay vor Annapolis, bei denen die Kids schon mal selbst ans Steuerrad dürfen. Dazu kommen die **Kindermuseen** wie das **Please Touch Museum** in Philadelphia, wo für die kleinen Besucher Anfassen und Ausprobieren ausdrücklich gewünscht ist.

Das **Port Discovery Children's Museum** in Baltimore gilt als eines der besten Kindermuseen der USA, dort toben sich die Kleinsten ab zwei Jahren im StudioWorkshop als Künstler aus und trainieren ab sieben Jahren bei den Adventure Exhibitions außergewöhnliche Fähigkeiten und lernen z. B. Hieroglyphen zu entziffern.

Aber eigentlich braucht es gar keine speziellen Programme, denn Spaß für Kinder ist überall inklusive. **Beispiel Washington:** Während die Kleinsten am **Re-**

Please Touch Museum in Philadelphia: An Regentagen geht es eben mal ins Kindermuseum

Boardwalk auf den Outer Banks: Nirgendwo ist man weit von Meer und Strand entfernt

flecting Pool oder in den **Constitution Gardens** die Enten füttern, begeistern sich die Größeren an den Filmen und spektakulären Ausstellungsstücken im **Air and Space Museum** und im **Museum of Natural History**. Für die Pause zwischendurch gibt es für alle eine Runde auf dem Karussell auf der Mall. Unvergesslich für jedes Alter ist die Tour im kuriosen Automobil der **DC Ducks Land and Sea Tours,** das nicht nur fahren, sondern auch schwimmen kann, und bei der Passage durch den Potomac River lässt der Guide gerne die Kinder ans Steuer.

Jede größere Stadt hat zudem einen **Zoo** oder ein interaktives **Aquarium**, wo die jüngsten Gäste in Hand-on-Pools Seesterne, Rochen und glibberige Seegurken streicheln und die rauen Barten der Wale betasten können. Museen halten für alle Kinder im Grundschulalter eigene Suchspiele parat, die auf lockere Art das Thema des Hauses vermitteln.

Im **Wilbur Chocolate Museum & Factory Store** in Lititz kann man zuschauen, wie Schokoladenkunstwerke entstehen, und in der **Annapolis Ice Cream Company** in der Main Street von Annapolis können Kinder (und Eltern) nicht nur köstliches Eis essen, sondern weiße Löffel aus Plastik bemalen, die anschließend in die originelle hauseigene Ausstellung wandern. Im **Frontier Culture Museum** in Staunton bei Richmond lernen die Kinder, am Spinnrad lose Fasern durch Verdrehen zu einem Faden zu verarbeiten, und im historischen Bauernhaus des Museums aus Rheinland-Pfalz wartet eine Überraschung der anderen Art: Mit dem kostümierten Guide können sich die Kinder sogar auf Deutsch unterhalten.

Sport und Outdoor
Abtauchen vor den Outer Banks

Eines der attraktivsten Wandergebiete der Ostküste sind die **Appalachen** mit dem **Shenandoah National Park**, dessen indianischer Name »Tochter der Sterne« bedeutet, auch wenn die höchsten Erhebungen dieses Mittelgebirges gerade mal 1200 Meter nicht übertreffen. Die Kette der Appalachen reicht von Kanada bis hinunter nach Alabama und ist eine beliebte Ferienregion der Einheimischen. Unter den Regierungsangestellten in Washington DC soll es etliche

Mit Handicap: Golf gilt als Breitensport und fast jede Gemeinde hat einen Golfplatz

geben, die täglich knapp zwei Stunden in ihr Domizil in den Appalachen fahren – pro Strecke versteht sich. Über 500 Kilometer Wanderwege erschließen die Region, die zur herbstlichen Laubfärbung ihre ganze Schönheit entfaltet.

Ob die **Blue Ridge Mountains** oder der **Shenandoah River**, die **Chesapeake Bay** oder **Ocean City** mit seinen Endlosstränden – die Ostküste bietet einmalige Naturerlebnisse und Outdoor-Abenteuer. Man kann schwimmen, angeln, paddeln, rudern, radfahren, wandern, campen und Tiere beobachten.

Radler finden überall geeignete Touren und sind z. B. auf dem 60 Kilometer langen Rundweg **Mt. Vernon Trail** bestens aufgehoben. Der Weg windet sich auf der zu Virginia gehörenden Seite des Potomac River zwischen Theodore Roosevelt Island und George Washingtons ehemaligem Landsitz Mount Vernon. Neben atemberaubenden Blicken auf historische Landschaften gibt es jede Menge Abschnitte, die zum gemütlichen Verweilen oder Picknicken einladen.

Wer abtauchen will: Die **Outer Banks** gelten als »Friedhof des Atlantiks«, waren der Albtraum jedes Seefahrers und sind heute der Traum jedes Tauchers. An den Küsten der Outer Banks liegen weit über tausend Schiffswracks auf dem Meeresgrund und Tauchtouristen reisen aus der ganzen Welt zu Unterwasser-Expeditionen an. Viele Schiffswracks liegen relativ günstig, so dass sie von fortgeschrittenen Tauchern erkundet werden können.

Berühmtes Tauchziel ist die »Proteus«, ein großes Dampfschiff, das 1918 nach einer Kollision sank und jetzt auf 25 bis 35 Metern Tiefe liegt und ein beliebter Unterschlupf ist für Stachelrochen und Sandtigerhaie.

Ähnlich attraktiv ist die »Papoose«, eines der Opfer der U-Boot-Angriffe von 1942, das 50 Kilometer vor der Küste kopfüber in 35 Metern Tiefe auf dem Meeresgrund liegt, der Torpedoeinschlag, der sie versenkte, ist noch gut zu sehen. Auch dieses Wrack ist eine Attraktion für Sandtigerhaie, in den Buchten und Laderäumen leben Zackenbarsche. Ganz in der Nähe liegt das Wrack der »U-352«, die 1942 versenkt wurde. Das 100 Meter lange Landungsboot »Indra« wurde 1992 absichtlich als Übungsterrain auch für Anfänger auf Grund gesetzt. Tauchbasen gibt es in **Nags Head**, in **Hatteras** und **Morehead City**.

Anders als bei uns in Europa ist **Golf** in den USA ein Breitensport, der von 25 Millionen Amerikanern betrieben wird, entsprechend hat nahezu jede Gemeinde einen öffentlichen Golfplatz. Die Driving Range ist bis 22 Uhr geöffnet, teilweise sogar rund um die Uhr, so dass man sich an heißen Tagen hier auch nachts Bewegung verschaffen kann. Zum Üben bekommt man einen Korb *(bucket)*, wahlweise in den Größen *small* (maximal 50 Bälle), *medium* (50–80 Bälle) oder *large* (80–150 Bälle). Wenn man nicht alle Bälle aufbraucht, spendet man sie für die Juniors. Die Atmosphäre ist viel ungezwungener als auf europäischen Plätzen und man lernt hier in kurzer Zeit jede Menge hilfsbereite und immer gutgelaunte Einheimische kennen.

Mit Schlag: Wassersport und Kajakfahren gehören auf den Inseln der Outer Banks zum Alltag

Chronik

Geschichte der Mittleren Atlantikstaaten

von Siegfried Birle

1524
Giovanni da Verrazano erkundet im französischen Auftrag die Ostküste Nordamerikas. Bei Cape Fear (North Carolina) geht er an Land. Weiter nördlich erkennt er die Lagegunst von New York: Ein »sehr angenehmer Ort, zwischen zwei kleinen, steilen Hügeln gelegen, in deren Mitte sich ein großer Wasserstrom [der Hudson] ins Meer ergoss«.

1564
Jacques le Moyne besucht die Carolinas und zeichnet Indianer bei der Feldarbeit. Er stellt fest: Mais ist ihre wichtigste Nutzpflanze. Außerdem machen sie die Europäer mit Kürbis, Gartenbohnen und Gurken bekannt.

1585
Der englische Seefahrer Sir Walter Raleigh schickt »sieben gut ausgerüstete Schiffe« nach Nordamerika, um eine Kolonie zu gründen. Die Kolonisten landen auf Roanoke Island in North Carolina. Sie geben ein Jahr später auf, doch 1587 siedelt sich eine zweite Gruppe an. Nach drei Jahren findet das Versorgungsschiff keinen der Siedler mehr vor. Das Schicksal der *lost colony* bleibt rätselhaft.

Die »Pilgrims« landen in Amerika

1606
König James I. von England gibt seinen Widerstand gegen die Kolonisierung Nordamerikas auf. Zwei privaten Gesellschaften, der Virginia Company of Plymouth und der von London, gewährt er königliche Freibriefe *(charters)*. Prompt teilen diese den neuen Kontinent unter sich auf. Die Virginia Company of London gibt ihren Kolonisten den Auftrag mit, nach Gold oder Rohstoffen zu suchen und möglichst die Passage nach Indien zu finden.

1607
Auf einer sumpfigen Uferterrasse im Mündungstrichter des James River gründet Captain John Smith die erste dauerhafte englische Kolonie auf amerikanischem Boden: James Towne. Allerdings – der Erfolg der Kolonie wird teuer erkauft: Von den 104 Siedlern der Virginia Company of London, die am 20. Dezember 1606 auf drei winzigen Segelschiffen von London in See stechen, überleben nur die Hälfte das erste Jahr. Im Winter 1609/10 finden 440 von 500 Siedlern den Tod – durch Hunger, Krankheit oder Auseinandersetzungen mit Ureinwohnern. Sichern können die Kolonisten ihr Überleben erst durch Erlernen der heimischen Maiskultur.

1614
Tabak rettet die Kolonie und wird der *cash crop* des ganzen Tidewater. Auf ihn gründen sich die großen Plantagen um Chesapeake Bay und die einmündenden Flüsse.

Karte von John Smith von 1606. Ein Jahr später gründete er Jamestown, verhandelt mit dem Indianerhäuptling Powhatan und freundet sich mit dessen Tochter Pocahontas an

Da die Schiffe an den Plantagen selbst anlegen können, exportieren die Pflanzer direkt nach London. Der Siegeszug des Tabaks beginnt in Virginia und führt nach Maryland und (North) Carolina.

1619

Die ersten »Negersklaven« kommen nach Jamestown, sie besitzen offenbar zunächst den Status von *indentured servants*, den sie mit angeworbenen Europäern teilen: Landeigentümer bezahlen die Kosten der Überfahrt und dafür verpflichten sich die »gepachteten Diener« zu drei bis fünf Jahren harter Arbeit für den Grundherren. Als der Arbeitskräftebedarf so nicht mehr zu decken ist, werden »Negersklaven« ganz gezielt nach Virginia importiert (1659). Schließlich werden Sklaven in Virginia per Gesetz als »Grundeigentum [real estate]« definiert, »das an Erben und Witwen übergeht« (1705). Gestützt auf solche Gesetzgebung, führt die arbeitsintensive Plantagenwirtschaft in Virginia zu einem starken Anwachsen der Sklavenbevölkerung, Ähnliches geschieht in South Carolina und später im Mississippi-Delta.

Auf Berkeley am James River wird das erste amerikanische Thanksgiving gefeiert – ein Jahr bevor die »Pilgerväter« in Massachusetts landen.

1622

In Virginia erheben sich die heimischen Weanock-Indianer gegen die Kolonisten. Fast ein Drittel der Siedler fallen der Verschwörung zum Opfer. Als sich die London Company wegen Misswirtschaft und innerer Streitigkeiten auflöst, wird Virginia 1624 Kronkolonie James' I.

1625

Nachdem Henry Hudson das Land am unteren Hudson River 1609 für die Niederländische Ostindien-Kompanie erkundet hat, errichten die Holländer 1613 einen festen Handelsplatz auf Manhattan Island und gründen 1621 die Kolonie Neu-Niederlande. Dann befestigen sie die Südspitze von Manhattan und gründen Nieuw Amsterdam, das spätere New York.

1632
König Charles I. belehnt Lord Baltimore und seine Erben mit einem »Stück Land« in Amerika, das später den Bundesstaat Maryland bildet. Als Gegenleistung für ihr Lehen finanzieren die (meist adligen) Eigentümer in der Regel Überfahrt und Ausrüstung ihrer Siedler. Maryland ist zunächst eine katholische Kolonie, die später an die Puritaner von Annapolis übergeht. Fortan dürfen Katholiken ihre Religion nicht mehr öffentlich ausüben.

1638
Schwedische Lutheraner gründen Fort Christina am unteren Delaware, später Wilmington. Die größte Stadt von Delaware wird im 18. Jahrhundert Mühlenzentrum und Getreidehafen, bis Monsieur Du Pont dort 1802 eine Schießpulverfabrik.

1640er Jahre
Virginia wird »Kavalierskolonie«, nachdem der Puritaner Oliver Cromwell die Gefolgsleute des Königs *(cavaliers)* besiegt hat. Diese Einwanderer von Stand verstärken die Pflanzeraristokratie des Tidewater, aus der berühmte Präsidenten der frühen Republik hervorgehen sollen: Washington, Jefferson, Madison.

Quäker-Tempel in Philadelphia

1649
Puritaner aus Virginia gründen Annapolis. Nachdem dieses 1694 Hauptstadt von Maryland geworden ist, lässt es Gouverneur Francis Nicholson 1695 im Stil des französischen Barock ausbauen.

1655
Die Holländer unter Peter Stuyvesant erobern die schwedische Kolonie am unteren Delaware und beenden die Hegemonie der Schweden (seit 1638).

1663
Die Kronkolonien South Carolina (1721) und North Carolina (1729) nehmen eine unterschiedliche Entwicklung. Während South Carolina eine sklavenabhängige Plantagenwirtschaft auf Reis und Indigo mit Zentrum Charleston aufbaut, siedeln sich in North Carolina viele kleine Farmer *(yeoman farmers)* an, die eine gemischte Land- und Waldwirtschaft betreiben. Vor allem Deutsche und Iroschotten wandern um die Mitte des 18. Jahrhunderts aus Pennsylvania ins Hinterland des Piedmont. South Carolina wird zum Vorreiter der Sezession, während North Carolina sich nur zögernd von der Union löst.

1664
Zwar haben die Holländer noch 1653 einen Schutzwall entlang der Wall Street gebaut, doch nehmen die Engländer Nieuw Amsterdam kampflos ein und taufen es um: in New York.

1681
Pennsylvania wird als Eigentümerkolonie an den Quäker William Penn vergeben, der hier sein »Heiliges Experiment« reli-

giöser Toleranz verwirklichen will. Zu den Maximen der Mitte des 17. Jahrhunderts von George Fox in England gegründeten Glaubensgemeinschaft der Quäker, auch Society of Friends genannt, zählen Wohltätigkeit, religiöse Toleranz, Kriegsdienstverweigerung und Vertragstreue gegenüber den Indianern.

Sofort wirbt Penn tüchtige Siedler unter deutschen und Schweizer Pietisten an. Nach 1688 werden Pfälzer den Grundstock der Pennsylvania Dutch bilden. Außer ihnen kommen im 18. Jahrhundert verschiedene religiöse Minderheiten und Sekten.

1682
Gründung von Norfolk an der Atlantikküste von Virginia. Von hier verschiffen Pflanzer aus North Carolina ihre Produkte, da sie über keinen geeigneten Hafen verfügen. Als Endpunkt mehrerer Bahnlinien wird es nach dem Bürgerkrieg zu einem führenden Ausfuhrhafen für Kohle, Tabak und Baumwolle.

1683
William Penn lässt Philadelphia planmäßig in großen Rechtecken anlegen, das damit zur ersten Stadt mit »schachbrettförmigem« Grundriss in Amerika wird. Das frische geistige Klima der Stadt lässt Philadelphia wirtschaftlich erblühen. In dieser damals größten Stadt der Kolonien werden die Unabhängigkeitserklärung (1776) und die Verfassung der USA (1787) beraten und beschlossen, danach ist sie für zehn Jahre Hauptstadt der USA (1790–1800).

Deutsche Mennoniten besiedeln Germantown, heute ein Stadtteil von Philadelphia. Sie sind die Vorhut weiterer Mennoniten, besonders der konservativen *Old Order Amish*, die sich vor allem in Lancaster County niederlassen und dort noch heute eine pittoreske Minderheit bilden.

1699
Virginia verlegt seinen Regierungssitz vom sumpfigen Jamestown in die acht Kilometer entfernte ehemalige Middle Plantation,

William Penn, der Gründer der Kolonie Pennsylvania

jetzt Williamsburg. Sechs Jahre zuvor wurde hier das College of William and Mary gegründet, nach Harvard (1636) die älteste Hochschule der Kolonien. Doch die meiste Zeit des Jahres ist Williamsburg verlassen.

1718
Die Auswanderung der Iroschotten nach Pennsylvania beginnt, sie halten sich aber dort nicht lange auf, sondern ziehen in unbesiedelte Gebiete weiter. Auf diese Weise gelangen sie ins obere Shenandoah Valley und in den Piedmont von Virginia und North Carolina.

1729
Relativ spät im Verhältnis zu den anderen großen Städten des Ostens wird Baltimore an einem Arm der Chesapeake Bay gegründet. Die steigende Nachfrage nach Weizen in Europa begünstigt den meteorhaften Aufstieg Baltimores zum Getreidehafen und Mühlenzentrum, denn es liegt ideal zu den Kornkammern von Maryland und Süd-Pennsylvania. Als es mit seiner Baltimore & Ohio Railroad die Kohlevorkommen in West-Maryland anzapfen kann (1842), wird Baltimore zum Kohlehafen und einzigen Standort einer Eisen-und-Stahl-Industrie im Tidewater.

»Washington Crossing the Delaware«, das berühmte Gemälde von Leutze, zeigt den Feldherrn, als er 1776 über den Fluss setzt, um die englischen Truppen bei Trenton anzugreifen

1730
Iroschotten und Deutsche siedeln in Lancaster (Pennsylvania), das in der Kolonialzeit zur größten Stadt des Binnenlands heranwächst. Ohne schiffbaren Fluss wird die Straße nach Philadelphia zur Lebensader und als Lancaster Pike 1791–94 zur ersten Turnpike der USA ausgebaut. Heute zählt Lancaster County mit seiner intensiven, integrierten Landwirtschaft zu den produktivsten Agrarregionen der USA.

1740
Böhmische Brüder (Herrnhuter, Moravian Brethren) gründen in Pennsylvania zunächst Nazareth, dann Bethlehem und in North Carolina Bethabara und Salem.

1754
Es kommt zum French and Indian War, dem in Europa der Siebenjährige Krieg (1756–63) entspricht, als die Franzosen zur Sicherung ihres Handelswegs zwischen St. Lawrence und Mississippi an den Forks of the Ohio 1754 Fort Duquesne (später Fort Pitt, dann Pittsburgh) errichten. Die beiden europäischen Mächte verbünden sich mit jeweils anderen Indianerstämmen. Im Frieden von Paris (1763) verliert Frankreich seinen ganzen Kolonialbesitz in Nordamerika östlich des Mississippi.

1763
Die Ingenieure Charles Mason und Jeremiah Dixon vermessen die Grenze zwischen Pennsylvania und Maryland. Die nach ihnen benannte Mason-Dixon Line (39° 43'18" nördliche Breite) gewinnt im 19. Jahrhundert politische Bedeutung als Demarkationslinie zwischen sklavenfreien (Pennsylvania) und sklavenhaltenden (Maryland) Staaten.

1774
Aus Protest gegen die vom Mutterland verhängten Coercive Acts, die als politische Schikanen empfunden werden, tritt in Philadelphia der First Continental Congress zusammen.

1776
Während der Beratungen des Second Continental Congress in Philadelphia arbeiten Thomas Jefferson und vier andere Delegierte die am 4. Juli angenommene Unabhängigkeitserklärung aus. Sie proklamiert

nicht nur eine neue Nation, sondern auch ein Naturrecht auf Leben, Freiheit und das »Streben nach Glückseligkeit« *(pursuit of happiness).* Philadelphia ist das politische und wirtschaftliche Zentrum der Kolonien. Seine Agrarexporte, Schiffswerften und Eisenschmieden machen es zur bedeutendsten Handelsstadt des britischen Reichs nach London.

1783
Annapolis (Maryland) wird für kurze Zeit Hauptstadt der USA.

1785
Gründung der Patowmack Company durch George Washington mit dem Ziel der Öffnung einer Kanalroute entlang dem Potomac westwärts zum Stromgebiet des Ohio. Erst 1802 – drei Jahre nach Washingtons Tod – gehen die fünf Schleusen bei Great Falls in Betrieb, doch der schwankende Wasserstand und die Konkurrenz der National Road machen die Kanalfahrt unwirtschaftlich. Die Gesellschaft löst sich 1828 auf, ihre Anlagen werden von der Chesapeake & Ohio Canal Company übernommen, die den Kanalbau fortsetzt – auf der anderen Seite des Flusses.

1787
Nach viermonatiger Beratung unterzeichnen die Delegierten der verfassunggebenden Versammlung in Philadelphia die Verfassung der Vereinigten Staaten von Amerika. Sie teilt die Regierungsgewalt in eine legislative, exekutive und richterliche Gewalt und tritt Mitte 1788 in Kraft, nachdem neun von 13 Einzelstaaten sie ratifiziert haben. Sie ist die älteste, ununterbrochen geltende, schriftliche Verfassung der Welt.

1789
George Washington wird zum ersten Präsidenten der USA gewählt und in Federal Hall in New York vereidigt. New York ist kurze Zeit Regierungssitz, dann zieht die Regierung 1790 wieder nach Philadelphia.

1790
Der Kongress bestimmt im Residence Act, dass die künftige Hauptstadt der USA auf einem zehn mal zehn Meilen großen Gelände am Potomac entstehen und ab 1800 bezugsfertig sein soll.

1791
George Washington beauftragt den französischen Architekten Pierre-Charles L'Enfant mit der Planung der Federal City. Der Franzose erarbeitet in sechs Monaten einen Entwurf, der noch heute das Stadtbild von Washington prägt und als Modell für Hauptstadtplanungen in aller Welt gedient hat.

1792
24 Makler und Kaufleute gründen die New Yorker Börse – nicht die älteste Effektenbörse der USA, denn die arbeitet seit 1790 in Philadelphia.

Die New Yorker Händler unterzeichnen die Gründungsurkunde auf dem Rinnstein von Wall Street, wo sie mit US-Staatsanleihen handeln.

1793
Der erste Fugitive Slave Act zementiert die Sklaverei im Süden der USA, das Gesetz wird 1850 weiter verschärft.

1794
Eli Whitney lässt seine Cotton Gin patentieren, eine Maschine, die die Baumwollfasern vom Kern trennt. Jetzt können auch kürzerfaserige Sorten verarbeitet werden, kann sich der Anbau von den Sea Islands auf den Piedmont der Südstaaten ausdehnen. Gleichzeitig steigert die Mechanisierung der britischen Textilindustrie die Nachfrage nach amerikanischer Baumwolle.

1795
Auf die 1789 gegründete University of North Carolina in Chapel Hill, die erste Staatsuniversität der USA, folgen weitere Gründungen.

Thomas Jefferson in einer Darstellung von 1798/99

1800
Nachdem George Washington 1793 den Grundstein gelegt hat, wird die neue Hauptstadt, Washington DC, am 1. Januar proklamiert.

1801
Thomas Jefferson regiert als dritter Präsident der USA.

1802
Direkt in den Ausgang des Brandywine River bei Wilmington (Delaware) baut E. I. Du Pont de Nemours eine Schießpulverfabrik, die sich zum weltbekannten Chemiekonzern entwickeln wird.

1808
Der Import von Sklaven aus Afrika wird gesetzlich verboten, die Sklaverei als solche oder der interne Sklavenhandel jedoch nicht. Virginia wird zum Zentrum der »Sklavenzucht«. Beliefert wird vor allem der Mississippi-Raum, wo der Bedarf an Sklaven mit der Ausbreitung der Baumwolle wächst.

1812
Im Krieg von 1812, auch »Zweiter Unabhängigkeitskrieg gegen England« genannt, kämpfen die USA offiziell für »freien Handel und die Rechte der Seeleute«. Die »Falken« aber streben nach Vernichtung der Indianer, Expansion nach Westen und Süden und Annexion Kanadas. Der Shawnee-Häuptling Tecumseh versucht seit 1806 die Indianerstämme im Old Northwest zu einigen; er fällt 1813 in der Schlacht an der Thames. Die Briten nehmen 1814 Washington ein und brennen Regierungsgebäude nieder, darunter Kapitol und Weißes Haus; sie »vergelten« damit die Brandschatzung von York (heute Toronto) durch amerikanische Truppen.

1825
Nach der Vollendung des Erie-Kanals gewinnt New York gegenüber anderen Häfen der Ostküste einen Vorsprung. In der Kolonialzeit nur drittgrößte nach Philadelphia und Boston, steigt es 1830 mit über 200 000 Einwohnern zur größten Stadt der USA auf.

1829
Die Baltimore & Ohio Railroad, die erste amerikanische Eisenbahn, wird zum Schrittmacher des Eisenbahnbaus in den USA und verfügt 1875 über ein Streckennetz von 22 000 Kilometern. Außerdem wird der Chesapeake & Delaware Canal fertiggestellt.

1838
Präsident Andrew Jackson (1829–37) betreibt eine harte Politik der Indianervertreibung aus dem Südosten; in deren Folge gehen etwa 16 000 Cherokee-Indianer auf ihren Trail of Tears nach Oklahoma; 4000 von ihnen sterben unterwegs an Krankheit, Hunger und Kälte.

1846
Mit Mitteln des englischen Wissenschaftlers James Smithson wird die Smithsonian Institution gegründet, ein Jahr später mit dem Bau des Smithsonian Building auf der Mall von Washington DC begonnen.

1852
Vier Bahnlinien überschreiten die Appalachen, drei davon im Bereich der Mittleren Atlantikstaaten: die New York Central & Hudson River Railroad, die Pennsylvania Railroad und die Baltimore & Ohio Railroad. Um 1870 ist im nordöstlichen Quadranten der USA ein nationales Eisenbahnnetz entwickelt, seine Eckpunkte sind Boston, Baltimore, Kansas City und Minneapolis.

1860
Mit der Kandidatur Abraham Lincolns für die Republikanische Partei beginnt die größte innenpolitische Krise der USA. Lincoln definiert seine politischen Ziele klar: die Union zu bewahren und die Ausbreitung der Sklaverei zu verhindern. Das kann dem agrarisch orientierten Süden mit seinen Exportgütern Baumwolle, Tabak, Reis und Zuckerrohr nicht gefallen. South Carolina verlässt noch 1860 die Union und Anfang 1861 folgen die sechs Staaten des Tiefen Südens.

1861
Der Bürgerkrieg wird zwischen Nord- und Südstaaten erbittert geführt. Nach anfänglichen Erfolgen der Konföderierten unter General Robert Lee wendet sich das Blatt 1863 mit der Schlacht von Gettysburg. Im Raum zwischen Virginia, Maryland und Süd-Pennsylvania liegen die Schlachtfelder besonders dicht: Manassas, Fredericksburg, Antietam, Chancellorsville, Petersburg, Gettysburg. Am Ende kostet der Krieg 800 000 Tote und Verwundete auf beiden Seiten.

Für die Zeit nach dem Krieg sieht Präsident Lincoln eine Politik der Versöhnung vor, doch wird er 1865 von einem Südstaaten-Fanatiker ermordet. Sein Nachfolger kann nicht verhindern, dass im Zuge der Reconstruction (1867–72) der Süden militärisch besetzt und auf Dauer politisch und moralisch gedemütigt wird.

1862
Mit der Emancipation Proclamation erklärt Präsident Lincoln die Sklaven für frei. Dieser Erklärung folgen nach dem Krieg das 13th Amendment (1865), das die Sklaverei abschafft, das 14th Amendment (1867), das den Schwarzen die Bürgerrechte gewährt, und das 15th Amendment (1870),

Ein Hauch von Konstantinopel: Ansicht von Baltimore, Maryland, aus dem Jahre 1840

Gepäck von anno dazumal im Immigration Museum in New York: Zwölf Millionen Menschen wanderten bis 1954 über Ellis Island in die USA ein

das ihnen das Wahlrecht gibt. Nach der erzwungenen Reconstruction schränken konservative Parlamente und weißer Terror im Süden die Bürgerrechte durch »Jim-Crow«-Gesetze wieder ein. Erst mit der Bürgerrechtsbewegung der 1950er und 1960er Jahre wird eine praktische rechtliche Gleichstellung erreicht.

1873
Panik in Wall Street: Die New York Stock Exchange bleibt elf Tage lang geschlossen. Die folgende Wirtschaftskrise dauert fünf Jahre.

1876
Zum 100-jährigen Jubiläum der Unabhängigkeit findet in Philadelphia die Weltausstellung statt. Schwerpunkt ist die neue Industrietechnologie. Gezeigt werden Errungenschaften wie Telefon, Nähmaschine und mechanischer Webstuhl.

1883
Brooklyn Bridge in New York wird vollendet. Sie überbrückt den East River zwischen Manhattan und Brooklyn und gilt mit ihren 487 Metern als technisches Wunderwerk.

1884
In Durham (North Carolina) beginnen die Dukes mit der mechanischen Massenproduktion von Zigaretten. Der Tabakmagnat und Philanthrop James Buchanan Duke gründet 1890 die American Tobacco Company und 1924 Duke University.

1885
Einweihung des Washington Monument in Washington DC Weitere Präsidentendenkmäler, das Lincoln Memorial (1922) und das Jefferson Memorial (1943), runden später das »monumentale Washington« ab.

1886
Im Hafen von New York wird die Freiheitsstatue (eigentlich Liberty Enlightening the World), ein Symbol der französisch-amerikanischen Freundschaft, die auf die Unabhängigkeitszeit zurückgeht, eingeweiht.

1892
Die Einwanderungsstation Ellis Island wird im Hafen von New York eröffnet. Bis 1954 kommen hier zwölf Millionen Einwanderer durch. Der Gipfel wird 1907 mit 1,2 Millionen erreicht. In den 100 Jahren nach 1830 gelangen etwa 32 Millionen Menschen über New York in die USA.

1903
In den Kill Devil Hills der Outer Banks von North Carolina fliegt Orville Wright zwölf

Sekunden lang mit einem Motorflugzeug. Damit bricht das Zeitalter der motorisierten Luftfahrt an.

1904
Die Interborough Rapid Transit Company eröffnet am New Yorker Broadway die erste U-Bahn-Linie der USA.

1913
Fertigstellung der Grand Central Station in New York – des bis dahin größten privat finanzierten Bauprojekts der Geschichte.

1924
Der Immigration Act begrenzt die Einwanderung in die USA; künftig werden jeder Nation bestimmte (geringe) Einwanderungsquoten zugeteilt. Zuvor hatte die Einwanderung über New York Rekordhöhen erreicht.

1929
Am »Schwarzen Freitag« bricht die New Yorker Börse nach einer Phase maßloser Spekulation zusammen. Dem Börsenkrach folgt eine Wirtschaftskrise, die erst nach dem Zweiten Weltkrieg überwunden wird.

1933
Mit dem New Deal, einem Bündel von Gesetzen und staatlichen Maßnahmen, versucht Präsident Franklin Delano Roosevelt die Wirtschaftskrise in den USA zu überwinden.

Dazu gehören gezielte Staatsausgaben *(deficit spending)* zur Ankurbelung der Wirtschaft, Sozialgesetze, Arbeitsbeschaffungsmaßnahmen und Großprojekte zur Regionalentwicklung.

1935
Gründung des Shenandoah National Park in Virginia. Im Gegensatz zu anderen Nationalparks, die der Erhaltung ursprünglicher Natur dienen, will dieser altbesiedeltes Kulturland in die ursprüngliche Naturlandschaft zurückverwandeln.

1955
Gründung des Research Triangle Park in North Carolina – so benannt nach dem »Universitätendreieck« Duke University (Durham), North Carolina State University (Raleigh) und University of North Carolina (Chapel Hill) mit dem Ziel, die traditionellen Industrien North Carolinas – Tabak und Textilien – zu diversifizieren.

1963
Auf dem Höhepunkt der Bürgerrechtsbewegung führt Dr. Martin Luther King jr. einen »Marsch nach Washington«.

1964
Nach sechs Jahren Bauzeit ist der Chesapeake Bay Bridge-Tunnel vollendet. Dieses 28,4 Kilometer lange Bauwerk aus Brücken, Tunnels und künstlichen Inseln verbindet das Gebiet von Norfolk/Hampton Roads mit der Eastern Shore von Virginia. Das einst stille Ocean City (Maryland) wird jetzt von Zehntausenden Wochenendurlaubern heimgesucht.

1967
Rassenunruhen erschüttern die Ghettos der großen Städte. Nach der Ermordung von Dr. Martin Luther King jr. am 4. April 1968 in Memphis kommt es zu spontanen Gewaltaktionen besonders in Baltimore, Chicago und Washington DC.

Franklin D. Roosevelt während einer Fahrt in Washington

1976
New Jersey erlaubt per Volksabstimmung das Glücksspiel. Das Seebad Atlantic City, bis in die 1920er Jahre nobelster Badeort der USA, erlebt daraufhin einen neuen Aufschwung, nachdem es nach dem Zweiten Weltkrieg stark bergab gegangen war.

1979
Auf Three Mile Island bei Harrisburg (Pennsylvania) ereignet sich der schwerste Atomunfall in der Geschichte der Kernindustrie der USA. Aus dem Kernkraftwerk im Susquehanna River entweicht eine kleine Menge radioaktiven Dampfes. Der Unfall bewirkt, dass bis Mitte der 1980er Jahre in den USA keine neuen Reaktoren mehr zugelassen werden.

Ab 1990
In den Kernstädten *(central cities)* der Metropolen der Ostküste New York, Washington DC, Baltimore und Philadelphia nimmt die Bevölkerung seit 1970 kontinuierlich ab, allerdings überproportional unter den Weißen, während der Anteil der schwarzen Bevölkerung von 18 auf 46 Prozent steigt. In den Großräumen bleibt die Einwohnerzahl in etwa konstant. Das heißt: Die Weißen ziehen in die Vororte und andere Regionen, die Schwarzen von dort in die Central Cities.

Andererseits findet eine Aufwertung *(gentrification)* der innerstädtischen Viertel durch den Zuzug wohlhabender Weißer statt. Virginia und North Carolina verzeichnen jedoch einen Bevölkerungszuwachs, und zwar in jeder Dekade um etwa 15 Prozent.

1993
Mit Bill Clinton zieht nach langer Zeit wieder ein Demokrat als Präsident ins Weiße Haus ein.

2001
Nach knappem Wahlausgang und erst nach einer Entscheidung des Obersten Gerichtshofs tritt der Republikaner George W. Bush das Präsidentenamt an.

Philadelphia: Wie überall besetzt auch hier die weiße Oberschicht die attraktive Innenstadt

Das Weiße Haus regenbogenbunt: Seit 2015 ist die gleichgeschlechtliche Ehe per Gesetz erlaubt

Am 11. September entführen Terroristen vier Passagierflugzeuge, von denen zwei die Doppeltürme des World Trade Center zerstören, eines trifft das Pentagon – über 3000 Menschen sterben.

2005
Der Krieg im Irak und seine Folgen führen zu neuen Einreisegesetzen und verschärften Sicherheitskontrollen.

2008
Die Finanzkrise führt in New York zur größten Entlassungswelle seit der Weltwirtschaftskrise in den 1930er Jahren. Banken wie Lehman Brothers existieren nicht mehr, andere wie Fannie Mae und Freddie Mac werden verstaatlicht.

Am 4. November wird der Kandidat der Demokraten, der 47-jährige Afroamerikaner Barack Obama, mit überragender Mehrheit zum ersten schwarzen US-Präsidenten gewählt. Mit 66 Prozent war die Wahlbeteiligung die höchste seit 100 Jahren.

2009
Barack Obama tritt am 20. Januar in den schwierigen Zeiten der weltweiten Finanzkrise sein Amt als 44. Präsident der Vereinigten Staaten an und wird 2012 in seinem Amt bestätigt.

2015
Der Supreme Court legalisiert die Ehe für alle. Damit garantiert die US-Verfassung landesweit das Recht auf gleichgeschlechtliche Eheschließung, die bis dahin geltenden Verbote in 14 Bundesstaaten sind aufgehoben.

2016
Schneesturm»Jonas« bringt das öffentliche Leben an der Ostküste der USA nahezu zum Erliegen.

2017
Donald Trump, exzentrischer New Yorker Milliardär und Immobilien-Mogul, wird als 45. Präsident der USA vereidigt.

2018
Der Trump-Bestseller »Fire und Fury« des New Yorker Journalisten Michael Wolff über das Chaos im Weißen Haus macht weltweite Schlagzeilen. Trump wütet bei Twitter und nennt den Autor einen Lügner.

Rundreise Ostküste USA

Am roten Faden durch die Capital Region

Der Osten der USA vereinigt historische Spuren und Schauplätze der amerikanischen Geschichte mit landschaftlicher Idylle und großer Natur. Hier ballen sich Großstädte wie Philadelphia, Baltimore und Richmond, alle überstrahlt von Washington DC, dem monumentalen, auf Wirkung angelegten Machtzentrum der USA und der westlichen Welt. Nur wenige Kilometer entfernt entdeckt man zauberhafte Provinzstädtchen wie Annapolis mit buntem Hafenleben oder ein ländliches Märchen wie das Lancaster County mit den gänzlich unamerikanischen Amish-Bewohnern. Die Waldeinsamkeit des Shenandoah National Park lockt mit Wanderungen, grandiosen Ausblicken und kernigen Naturerlebnissen – hier sind auch Hunderte Schwarzbären zu Hause. Virginia Beach schließlich bietet nicht nur endlose Atlantikstrände und eine fünf Kilometer lange Strandpromenade, sondern auch ein Naturschutzgebiet von mehr als 7000 Hektar, in dem man fernab von jeder Zivilisation Kajak fahren und im Kanu durch versunkene Zypressenwälder paddeln kann.

Eine Tour durch den zentralen Osten der USA ist aber auch eine Reise durch die Neue Welt dort, wo sie am ältesten ist. Historische Stätten und Schlachtfel-

der des Revolutions- und Bürgerkriegs, Denkmäler und Museen dokumentieren die bewegte Entstehungsgeschichte der USA und lassen sie in etlichen Freilichtmuseen auferstehen. Den Glanz der heutigen USA erlebt man im neugestalteten Inner Harbor von Baltimore mit Geschäften, Restaurants und großartigen Museen, in den angesagten Vierteln von Philadelphia wie rund um den Rittenhouse Square, dem schönsten Park der Stadt, mit trendigen Bars, Restaurants, Bistros und Clubs. Und natürlich auf Schritt und Tritt in Washington, nicht zuletzt mit dem spektakulären Newseum und dem unvergesslichen Blick von der Dachterrasse des W Hotel hinüber zum Weißen Haus.

Route: Philadelphia – Baltimore – Annapolis – Washington DC – Staunton – Richmond – Virginia Beach – Ocean City – Cape May – Atlantic City – Philadelphia
Gesamtstrecke: 1728 km/1080 mi, **4 Extratage:** 863 km/539 mi
Mindestdauer: 14 Tage
Beste Reisezeit: Saison ist zwischen Memorial Day (letzter Montag im Mai) und Labor Day (erster Montag im September). Wer im Atlantik schwimmen will, wählt den Hochsommer, allerdings kann es im Juli und August in der Capital Region rund um Washington DC sehr schwül und dampfig, im Süden bei Virginia Beach extrem warm werden. Die ideale Reisezeit sind Mai/Juni und September/Oktober, wenn sich im Shenandoah National Park die Blätter färben. Im Winter kann der Skyline Drive wegen Schneefall geschlossen sein.

Nags Head auf den Outer Banks: Chillen und Grillen in der Ferienvilla am Strand

1 Heimatkunde

Philadelphia

*»All things considered,
I'd rather be in
Philadelphia.«*

W.C. Fields

1. Tag: Philadelphia

Vormittag	**Independence National Historical Park** mit Liberty Bell Center, Independence Hall oder National Constitution Center, Bummel über die South Street.
Nachmittag	Ein oder zwei **Kunstmuseen** am Benjamin Franklin Parkway, Eastern State Penitentiary (alternativ mit kleinen Kindern Please Touch Museum und Philadelphia Zoo).
Abend	Dinner und Bummel rund um den **Rittenhouse Square**.

Philadelphia präsentiert sich stolz als »Wiege der USA«, tatsächlich gibt es aber viel mehr zu sehen als die historischen Schreine Liberty Bell und Independence Hall: eine moderne, multikulturelle Stadt mit reichem Kulturleben und einer quicklebendigen alternativen Szene, mit idyllischen Parks und Festivals am Wasser. Und »Philly« ist keine Bürostadt, in der abends das Licht ausgeht. Rund um den hippen Rittenhouse Square und in der South Street ist an jedem Abend der Woche mehr los als in München oder Frankfurt an manch helllichtem Tag.

Die Glocke ruft. Nicht irgendeine, sondern eine berühmte, denn mit ihr schlug die Stunde der Unabhängigkeit der Vereinigten Staaten von Amerika. Dass diesem Klang heute noch viele folgen, wird beim Rundgang durch das historische Zentrum von Philadelphia, den **Independence National Historical Park**, klar: Lärmende Schulklassen, Busladungen voller Golden Girls und andächtige Besucher aus allen amerikanischen Bundesstaaten tummeln sich hier auf den Spuren ihrer Geschichte. Dazwischen tun die stets charmanten grüngewandeten Rangerinnen ihren Dienst, klappern Kutschen mit kostümierten Männern auf dem Bock über Kopfsteinpflaster – Heimatkunde mit Stil.

Wie kaum eine andere Stadt dieser Größenordnung hat Philadelphia – immerhin für zehn Jahre (1790–1800) die Hauptstadt des revolutionären Amerika, wichtigste Stadt der Unabhängigkeitsbewegung und Geburtsort der Verfassung – seine bauliche Vergangenheit gepflegt und gehegt. Nicht nur in Enklaven, sondern im Zusammenhang ganzer Viertel wie rund um den hübschen **Washington Square Park** und im südlichen **Society Hill**, dem »Schöner Wohnen«

von Philadelphia, das sich ohne Umbauarbeiten als Kulisse für einen Historienfilm eignen würde; aber auch entlang Market, Chestnut und Walnut Street, den wichtigsten Geschäftsstraßen, die bis zur schaurigschönen City Hall im viktorianischen Zuckerbäckerstil reichen, deren Glockenturm die elf Meter hohe Statue des Stadtgründers William Penn ziert. Prächtig erhalten sind auch die großen alten Gebäude rund um den **Rittenhouse Square** im Westen, die zum Teil im Innern zu Luxushotels und teuren Apartment-Wohnungen umgestaltet wurden; abends schlägt hier das Herz eines vibrierenden Ausgehviertels.

Die Verfassung zum Event hochgejazzt

Unseren Rundgang durchs Zentrum beginnt man am besten beim monumental und bestens ausgestatteten **Independence Visitor Center** im gleichnamigen Historical Park. Hier holt man sich möglichst schon morgens die Gratis-Tickets

Carpenters' Hall: In diesem Hauptquartier der Revolutionäre schlug die Geburtsstunde der USA

für den Besuch der Independence Hall. Die sogenannten Walk-in-Tickets werden täglich ab 8.30 Uhr ausgegeben, zur Hochsaison sind um 11 Uhr oft schon keine mehr zu haben (man kann sie aber vorbestellen, siehe Service & Tipps, S. 77). Das Ticket für die Tour durch die Independence Hall gilt für eine Führung zur fixen Uhrzeit, so dass vielleicht noch Zeit bleibt, sich vorab etwas umzuschauen. Zum Beispiel kann man den ersten Marmor-Portikus der Neuen Welt vis-à-vis an der klassizistischen Fassade der **First Bank of the United States** erkennen, der wahrscheinlich ältesten Bank in den USA, die als Gebäude überlebt hat. Drinnen geht's nicht mehr ums Geld, sondern um heiteres Sommertheaterspiel.

Die backsteinerne **Carpenters' Hall** erinnert an die 1724 gegründete Gilde der Zimmerleute, eine jener ersten Handwerksvereinigungen im Lande, die ihre Kollegen mit architektonischen Grundkenntnissen versorgten. Ihr Stil setzte Maßstäbe, wie man an den repräsentativen Bauten in der unmittelbaren Nachbarschaft ablesen kann (Independence Hall, Old City Hall etc.). Als historische Location ging die Carpenters' Hall in die Geschichtsbücher ein, weil sie das Hauptquartier der Revolutionäre war: Hier wurde die Unabhängigkeitserklärung im Juni 1776 quasi zum letzten Mal redigiert, ehe sie in der **Independence Hall** verabschiedet wurde.

Sie ist auch das eigentliche Kern- und Schmuckstück des Parks, die Independence Hall, die Geburtsstätte der Nation. Hier erklärten die Siedler ihre Unabhängigkeit von der englischen Kolonialmacht und ratifizierten die im wesentlichen bis heute gültige amerikanische Verfassung. Den meisten Tour Guides sind solche trockenen Fakten allerdings zu wenig; ihre Sache ist die anrührende Geschichtsmalerei für Verfassungspatrioten. So schildern sie wortreich die heißen Sommer der Jahre 1775 und 1776, als die Versammelten hinter verriegelten Türen im Schweiße ihres Angesichts (und noch gänzlich ohne Aircondition) der Freiheit entgegen-

Die City of Brotherly Love: Philadelphia

»Die Stadt ist hübsch, aber verzweifelt regelmäßig. Nachdem ich eine oder zwei Stunden darin umherspaziert war, hätte ich weiß Gott was für eine krumme Straße gegeben. Mein Rockkragen schien steifer zu werden und meine Hutkrempe sich auszudehnen in dieser Quäkeratmosphäre«, notierte Charles Dickens im Jahre 1842.

Tatsächlich geht die Stadtanlage auf William Penn zurück, den Quäker, der hier am Zusammenfluss von Delaware und Schuylkill River 1683 den Auftrag vergab, Philadelphia im Stil eines Schachbrettmusters anzulegen. Penn zerlegte das Areal in vier gleiche Teile, in dessen Mitte sich zwei Hauptstraßen kreuzten. Da ihm eine »greene Countrie Towne« vorschwebte, bekam jedes der vier Rechtecke einen quadratischen Platz, der zuerst als Park und öffentlicher Garten, später als Weideland genutzt und danach als Grünfläche für alle hart umkämpft wurde.

So gründete der fromme Mann optimistisch seine »City of Brotherly Love« und bescherte ihr ein hundertjähriges Goldenes Zeitalter. Die Quäker, nicht gerade Praktiker der Landwirtschaft, holten sich erfahrene deutsche Bauern ins Land. Unter dem Krefelder Franz Pastorius gründeten sie Germantown, damals eine eigene Siedlung, heute ein Stadtbezirk von Philadelphia. Der schwedische Reisende Pehr Kalm schrieb Mitte des 18. Jahrhunderts über die Siedlung: »Sechs Meilen entfernt von Philadelphia liegt Germantown. Dieser Ort hat nur eine Straße, ist aber fast zwei englische Meilen lang. Er wird zum größeren Teil von Deutschen bewohnt, die aus ihrer Heimat nach Nordamerika kommen und sich niederlassen, weil sie hier Rechte genießen, die sie sonst nirgends besitzen. Die meisten Einwohner sind Handwerker, die fast alles in solcher Quantität und ausgezeichneter Qualität herstellen, dass diese Provinz in kurzer Zeit nur noch sehr wenig aus England brauchen wird.« Heute wohnen hier überwiegend Afroamerikaner.

Philadelphia wuchs zur Kulturmetropole, nach London zur zweitgrößten englischsprachigen Stadt der Welt. Doch dann begannen die Fundamente des »heiligen Experiments«, das der Religionsfreiheit und Toleranz in der Neuen Welt zum Durchbruch verhelfen sollte, zu bröckeln: Die Bundesregierung zog nach Washington, die Staatsregierung nach Harrisburg, Handel, Finanzen und Kulturszene nach New York.

Zwar bescherten, wie vielerorts, Eisenbahn und industrieller Aufschwung auch Philadelphia so etwas wie ein Eisernes Zeitalter, aber die nachfolgende Dezentralisierung der Bahnen und Korruptionsaffären ließen seine Kraft dahinschmelzen. Erst nach dem Zweiten Weltkrieg, als sich verschiedene *Urban-renewal*-Programme der historischen Stadtviertel annahmen, brachen bessere Zeiten an. »I went to Philadelphia last weekend, but it was closed« oder »I spent a month in Philadelphia last weekend«, dieser Spott über die Provinzialität der Stadt war einmal. Heute pulsiert das urbane Leben rund um die Uhr durch die Millionen-Metropole, doch trotz Verkehrsgetümmel, Abgasen und Lärm gehen die Uhren spürbar geruhsamer als in New York.

Wilma Theater in der South Broad Street: Das städtische Leben brummt bis tief in die Nacht

fieberten; deuten ehrfürchtig auf das silberne Tintenfass, das für die Unterschriften benutzt wurde, und schwärmen vom jungen Jefferson, der bei der Gala im oberen »Long Room« tanzend übers Parkett schwebte.

Im monumentalen, ultramodernen **National Constitution Center** lässt sich studieren, wie aus einem abstrakten Ding wie der Verfassung ein Event zum Anfassen wird. In der Signers Hall sind die 42 Delegierten des Verfassungskonvents als lebensgroße Bronzeskulpturen versammelt, 39 von ihnen unterzeichneten am 17. September 1787 die Verfassung. Besucher können es ihnen gleichtun und dabei ihren Freunden per Webcam zuwinken.

Das Originaldokument liegt allerdings im Archiv in Washington. Man kann sich interaktiv als Präsident der USA einschwören lassen und die echte Robe der ersten weiblichen Richterin des Supreme Court (1981) anlegen. Der American National Tree schließlich zeigt Bilder und Lebensläufe von 100 Menschen, die den Wortlaut der amerikanischen Verfassung mitgestaltet haben.

Das Symbol, das für den Beginn der heutigen USA steht, die Freiheitsglocke, wird denn auch als nationales Heiligtum im **Liberty Bell Center** ausgestellt, einem Schrein, der 2003 extra für sie gebaut wurde – mit spektakulärem Durchblick auf die Independence Hall, in deren Glockenturm sie zu jener geschichtsträchtigen Stunde hing. Die legendäre Glocke mit dem markanten Sprung war 1751 für den Glockenturm des damaligen State House (und der späteren Independence Hall) in Auftrag gegeben worden. Die Freiheitsglocke läutete, als am 8. Juli 1776 die Unabhängigkeitserklärung erstmals öffentlich verlesen wurde, und sie läutete zum letzten Mal zum Geburtstag von George Washington im

Signers Hall: Zwischen Bronze-Delegierten können Besucher die Verfassung unterschreiben

Liberty Bell Center: Früher hing die Glocke im Freien, heute hat sie ihren eigenen Pavillon

Jahr 1846. Jeder Amerikaner muss sie wenigstens einmal im Leben leibhaftig gesehen haben, und das natürlich per Selfie dokumentieren. Selbst nachts sind dem Symbolismus keine Grenzen gesetzt; die Glocke wird angestrahlt.

Die älteste Wohnstraße zeigt den Lebensalltag jener Zeit

Unweit davon bietet sich die Möglichkeit, zwischendurch einen Blick in die kommerzielle Stadtgeschichte zu werfen, in eines der vielen alten Kaufhäuser, auf die man in Philadelphia so stolz ist. **The Bourse** präsentiert sich als ein massiver Altbau mit zentralem Lichthof, dessen kunstvolle Treppen und Umgänge den Eindruck vermitteln, man sei auf einem Ozeandampfer. Die stabile Eleganz der viktorianischen Architektur beherbergt Läden und einen Food Court mit greller Schnellimbisskultur.

Franklin Court steht, wie zu erwarten, ganz im Zeichen von »Big Ben«, Benjamin Franklin, der bekanntlich seiner Zeit stets voraus war. Das Multitalent entdeckte die Elektrizität im Blitz, schrieb an der amerikanischen Unabhängigkeitserklärung mit, erfand einen Ofen, der fortan seinen Namen trug, war Botschafter in England und Frankreich und vermaß den Golfstrom. Auch die University of Pennsylvania, kurz Penn genannt, eine der renommiertesten und ältesten Universitäten der Vereinigten Staaten und größter privater Arbeitgeber der Stadt, deren malerischen Campus heute mehr als 25 000 Studenten bevölkern, wurde von ihm 1740 gegründet. Mit symbolischen Konstruktionen (ein stählernes Häuserskelett) versucht man sein ehemaliges Wohnhaus vorstellbar zu machen und zu seinem Kult beizutragen, im unterirdischen Museum kommt man dem Genie näher.

Jenseits der belebten Market Street ragt die sehenswerte **Christ Church** auf, eine Kirche wie aus dem Bilderbuch der Kolonialarchitektur und Steilvorlage für

Christ Church: Benjamin Franklin und George Washington gehörten zur Kirchengemeinde

viele Kirchenbauten an der Ostküste. Im Norden der Old City gelangt man zur **Elfreth's Alley**, die als älteste Wohnstraße der USA einen Einblick in den Lebensalltag des 18. bis frühen 19. Jahrhundert gewährt. Das schlichte **Quaker Meeting House** ebenso wie das **Free Quaker Meeting House** (Ecke 5th & Arch St.) erinnern an die gottesfürchtigen Stadtgründer, die sich allerdings nicht immer einig waren, beispielsweise wenn es um die Haltung zum Waffengebrauch ging. Die »Freien Quäker« hatten ihre pazifistischen Grundsätze aufgegeben, um den Amerikanern im Krieg gegen die Briten zu helfen.

Auf dem Weg zurück über die 2nd Street passiert man die alte **City Tavern**, in der schon Thomas Jefferson, George Washington und Ben Franklin ihr Ale getrunken haben, bevor es über die Walnut Street zu einem architektonischen Werk von William Strickland geht: zur **Philadelphia** bzw. **Merchant's Exchange** (1832/33), der städtischen Börse, einem verspielt-klassizistischen Bau mit halbrundem, von einer Laterne bekröntem Säulenportikus. 3rd Street führt durch **Society Hill**, ein schattiges Stadtviertel, das seinem Namen alle Ehre macht. An den Eingängen zu den perfekt restaurierten Backsteinbauten aus der Kolonialzeit findet man keine Namen; wer hier wohnt, wird nicht verraten.

Die **South Street** war vor 20 Jahren noch eine durchschnittliche Einkaufsstraße, heute ist sie ein trendiger Szene-Laufsteg. Speziell der östliche Teil der Straße brummt bis tief in die Nacht: Schmuck, Klamotten und Kondom-Boutiquen, Theater, Clubs und Galerien, Bierkneipen und Bars. Erfrischend dazwischen das typische South Philly Water Ice oder Gefrorenes für ein paar Cents auf die Hand. Schon das unscheinbare *hole-in-the-wall*, etwa »Ishkabibble's« in der Hausnummer 337, der hier seit 1979 wunderbare Philly Cheesesteaks und Chicken Cheesesteaks verkauft und heute zwei Tische auf den Bürgersteig gestellt hat, reicht aus, um sofort Vertrauen zum Milieu zu fassen. Stundenlang könnte man hier sitzen und einfach nur schauen. South Street ist eine Neighborhood mit allem, was dazugehört: Friseure, Wäschereien, Nagelpfleger, Schuster und »Philly Delis«.

Domäne der Afroamerikaner

Mittagspause also. Wer danach zum Shopping nach Market Street zurück möchte und dazu die Kurve an der 2nd Street nimmt, kommt am **Head House Square** vorbei, einem überdachten Laubengang, der in den Sommermonaten von Kunsthandwerkern genutzt wird. Die Gegend war anfangs eine Domäne der Afroamerikaner – so wie übrigens auch Washington Square, der einst, weil er ein von freien Sklaven bevorzugter

Die Stadtviertel auf einen Blick

Old City: Historic District & Waterfront
Die historischen Schwergewichte rund um die Independence Hall finden sich im Osten der Stadt, nur wenige Blocks vom Delaware River entfernt. Bei **Penn's Landing** direkt am Wasser werden im Sommer Festivals und Freiluftkonzerte veranstaltet. Am ersten Freitag im Monat lockt die lange Nacht der Kunstgalerien. Zwischen Front und 2nd Street liegt Elfreth's Alley, Amerikas älteste ständig bewohnte Wohnstraße. (www.oldcitydistrict.org)

Die grüne Museumsmeile: Parkway Museum District
Der Benjamin Franklin Parkway ist den Pariser Champs-Élysées nachempfunden, hier schlendert man von einem hochkarätigen Museum zum nächsten. Highlights sind die **Barnes Foundation**, das **Rodin Museum** und das **Philadelphia Museum of Art**. Östlich davon liegt massiv wie eine Festung das **Eastern State Penitentiary**, die Strafanstalt, in der Amerikas berüchtigste Gangster einsaßen. Der **Fairmount Park** im Norden ist die grüne Lunge der Stadt und die größte städtische Grünanlage der USA mit 300 Kilometern Rad- und Wanderwegen (Rad- und Bootsmiete in der Lloyd Hall, 1 Boathouse Row).

Restaurants, Läden und Parks: Center City
Der große Bereich westlich der Altstadt bis zum Schuykill River ist Philadelphias Downtown und Hauptgeschäftsviertel, das sich in mehrere kleine Nachbarschaften unterteilt: Im **Convention Center District** liegen die Academy of Fine Arts und die Lenfest Plaza, ein perfekter Platz, um einen Lunch vom nahen Reading Terminal Market zu genießen. Nebenan locken die vier Blocks von **Chinatown** mit mehr als 50 Restaurants und ebenso vielen Läden.

Der **Washington Square District** beherbergt die Antique Row und Jeweler's Row. Rund um den **Rittenhouse Square**, den schönsten Park der Stadt im Westen von Center City, hat sich ein elegantes Viertel mit Boutiquen und Restaurants entwickelt. Die nahe Walnut Street ist eine beliebte Einkaufsstraße (www.chinatown-pcdc.org, www.rittenhouserow.org).

Auf der South Street in Philadelphia

Multikulturell: South Philadelphia
Jahrhundertelang die erste Adresse für Einwanderer entstand hier ein blühendes, multikulturelles Viertel mit italienischen, irischen, asiatischen und mexikanischen Nachbarschaften. Die Ecke der Passyunk Avenue & 9th Street ist der Ort für ein perfektes Cheesesteak-Sandwich, für das Philadelphia berühmt ist. Der **Passyunk Square** ist ein angesagter Treffpunkt und die **South Street** mit trendigen Designerläden, kleinen Galerien, flippigen Lokalen und Nachtclubs der Laufsteg der alternativen Szene (www.southstreet.com).

Treffpunkt war, »Congo Square« hieß. Philadelphia war eine Hauptstation der sogenannten Underground Railroad, eines Systems von Fluchtwegen und Verstecken für entlaufene Sklaven.

Heute machen Afro-Americans fast 45 Prozent der Bevölkerung aus und ihre Rolle in den 330 Jahren Stadtgeschichte wird immer häufiger als Thema der »African American Heritage« aufgearbeitet, ein Trend, der vielerorts an der Ostküste zu spüren ist. So listet ein eigener Guide für Philadelphia diverse historische Stätten, Kirchen, kulturelle Einrichtungen, Jazzclubs, Restaurants und Geschäfte auf, die in der Geschichte der Afroamerikaner eine Rolle gespielt haben. Eine der ältesten Kirchen in ihrem kontinuierlichen Besitz steht nur ein paar Blocks vom Head House Square entfernt: die aus dem Jahr 1787 stammende **Mother Bethel African Methodist Episcopal Church** (419 S. 6th St.).

Über Market Street zum Rathaus: Das könnte mit ausreichend Zeit leicht ein abwechslungsreicher Spaziergang im Reißverschlussverfahren werden – zwischen Kunst und Kauf, Museen und Märkten: Stadtgeschichte en Detail im gemütlichen **Philadelphia History Museum**, Shopping im **Market Place East**, bei Strawbridge's oder The Gallery, ein kleiner Schlenker durch **Chinatown**, eine Stärkung im quicklebendigen **East Reading Terminal Market** oder im herrschaftlichen Crystal Tea Room des altehrwürdigen Kaufhauses Macy's (ehemals Wanamaker's) gegenüber vom Rathaus. Auch ein paar Shopping-Stopps würden lohnen, weil es in Philadelphia ausnahmsweise keine Steuer *(sales tax)* auf Kleidung gibt.

Barnes Foundation: nur von außen neu

Schatzkammer eines schrulligen Freundes

Wer den Nachmittag den großen Sammlungen der Stadt widmen möchte, der ist im **Philadelphia Museum of Art**, im Rodin Museum oder in der Barnes Foundation bestens aufgehoben. Sie alle liegen am Benjamin Franklin Parkway, der vom Logan Circle zum Fairmount Park und damit zu den grünen Ufern des Schuylkill River führt. Das Philadelphia Museum of Art ist ein Museumstempel von Weltrang mit Schwerpunkt auf europäischer Malerei des 12. bis 19. Jahrhunderts, darunter Meisterwerke von Rubens, Cézanne und van Gogh. Das Museum wurde 1876 zum 100-jährigen Bestehen der Unabhängigkeitserklärung gegründet und gilt als Philadelphias Louvre.

Ein ungewöhnliches und auf seine Art einmaliges Kunsterlebnis bietet dagegen die Gemäldesammlung der **Barnes Foundation**. Die hochkarätige Privatsammlung, die ursprünglich im Wohnhaus des Sammlers in Merion, sieben Meilen außerhalb von Philadelphia nach strengen Besuchsregeln zu erleben war, ist seit 2012 nach Jahren gerichtlicher Auseinandersetzungen an prominentester Stelle präsent. Der schrullige Mediziner Alfred Barnes, 1872 in ärmliche Verhältnisse geboren, machte mit Desinfektionsmitteln ein Vermögen und verfügte per Testament, dass seine auf mehr als 25 Milliarden Dollar geschätzte

Philadelphia: Benjamin Franklin Parkway nach dem Vorbild der Pariser Champs-Élysées

Sammlung nicht angetastet oder verändert werden durfte. Deshalb gab es erst einmal etliche gerichtliche Prozesse.

Schlussendlich fällte der Richter ein salomonisches Urteil: Ein neues Museum dürfe gebaut werden, in dessen Innern die ursprünglichen Galerien aber identisch reproduziert und die Hängung bewahrt werden solle. So geschah es, und heute steht der kühle, supermoderne Neubau aus mattschimmerndem Naturstein an der Top-Adresse der Museumsmeile und überrascht im Innern mit den exakt reproduzierten Merion-Sälen des Privatiers. Selbst die Wandbespannung in Ockergelb wurde übernommen und die Sammlung wurde identisch gehängt. Die Wirkung ist ein Erlebnis: 181 Werke von Renoir, 69 von Cézanne, 59 von Matisse, dazu 46 Picassos, 16 Modiglianis und sieben van Goghs Rahmen an Rahmen mit Rubens, Monet, Tizian, Miró und Hieronymus Bosch.

All das im Ambiente original möblierter Privaträume, so dass man das Gefühl bekommt, die persönliche Schatzkammer eines schrulligen Freundes zu durchstreifen – dazu perfekt ausgeleuchtet, so dass die Bilder in ihrer Farbigkeit und Lebendigkeit optimal und nachgerade saftig zur Geltung kommen.

Cézannes Stillleben: eins von 69 Werken französischer Meister in der Barnes Foundation

Al Capones Zelle im Horrorknast

Wenn Zeit bleibt für ein Kontrastprogramm: Ein paar hundert Meter abseits sitzt unweit der Fairmont Avenue wie eine mittelalterliche Festung die **Eastern State Penitentiary**, eine Strafanstalt wie aus einem Horrorfilm, die seit ihrer Schließung 1971 vor sich hin rottet und dabei eine morbide Attraktivität entwickelt. Als der Riesenknast 1829 eröffnet wurde, war er mit seinen strahlenförmig, wie Speichen in einem Rad um einen Zentralbau angeordneten Zellentrakten eine Sensation. Und sensationell war auch das damalige Vollzugskonzept der Quäker. Die Gefangenen wurden nämlich nicht mehr wie andernorts gezüchtigt und geprügelt. Stattdessen setzte man auf totale Isolation, damit den Insassen nichts anderes übrig blieb, als über ihre Missetaten nachzudenken und diese zu bereuen.

Damit kein Ton von außen in die Einzelzellen dringen konnte, war jede mit zwei massiven Türen verschlossen, eine Stahltür verhinderte die Flucht, eine mächtige Holztür davor schluckte alle Geräusche und machte jede Kommunikation mit anderen Gefangenen unmöglich. Besuche gab es nur vom Anstaltsgeistlichen, Arbeit oder gar Hofgang waren unbekannt. Natürlich saßen hier nicht nur Schwerverbrecher ein, die sich oft – wie Al Capone – Sonderrechte erkauften (seine vergleichsweise komfortable Zelle ist zu besichtigen), sondern auch jede Menge arme Schlucker, deren Geschichte auf Schautafeln beispielhaft erzählt wird, die meisten davon Afroamerikaner.

Nach so viel Kunst und so viel Schrecken soll der Tagesausklang dorthin führen, wo sich die Stadt von ihrer heutigen, ihrer schönsten Seite zeigt. Rund um den **Rittenhouse Square**, den vielleicht schönsten Park der Stadt, hat sich ein feines Ausgehviertel entwickelt mit trendigen Bars, guten Restaurants, Bistros und Clubs. Das Motto unseres Abschiedsabends heißt deshalb Food, Fashion, Arts & Entertainment.

Al Capones Zelle im Eastern State Penitentiary, einer Strafanstalt wie aus dem Horrorfilm

Independence Hall Philadelphia: 1776 wurde hier die Unabhängigkeitserklärung ratifiziert, begleitet vom Geläut der Liberty Bell im Glockenturm

Philadelphia Museum of Art: Weltklassesammlung mit Traumblick über die Skyline der Stadt

MAGIC MOMENT Rocky Steps

Wie ein griechischer Tempel thront das Philadelphia Museum of Art hoch oben auf dem grünen Hügel über der baumbestandenen Allee des Benjamin Franklin Parkway. Eine breite Freitreppe führt zum Museumseingang hinauf. Filmfans könnten bei diesem Anblick leicht ein Déjà-vu-Erlebnis haben: Im Rocky-Boxerepos von 1976 sprintet Sylvester Stallone die 72 Steinstufen des Museums hoch, um dort oben in Jubelschreie auszubrechen. Die typisch amerikanische Geschichte vom Underdog, der durch Zähigkeit, Mut und Naivität die soziale Hierarchie auf den Kopf stellt, bekam seinerzeit etliche Oscars.

Es ist gut möglich, dass Sie die zentrale Filmszene vor Ort mit gänzlich unbekannten Menschen wieder erleben, denn viele suchen das Museum nur auf, um wie Rocky die Stufen hinaufzurennen – wenn auch nicht wie ihr Vorbild Sylvester Stallone in nur zehn Sekunden –, oben die Arme in die Luft zu reißen und sich wie ein Champion zu fühlen. Kein Kunststück bei dem grandiosen Ausblick, der sich von dieser Plattform bietet: über das Eakins Oval, über die grüne Magistrale hinab auf den Rathausturm und die ganze prachtvolle Skyline der Stadt.

Freitreppe vor dem Eingang des Philadelphia Museum of Art
2600 Benjamin Franklin Pkwy.
Philadelphia, PA
✆ (215) 763-8100, www.philamuseum.org

1 Service & Tipps

Philadelphia, PA

Anreise
Die Fahrt vom Philadelphia International Airport bis zum City Center dauert mit dem SEPTA, dem öffentlichen Verkehrssystem von Philadelphia 20, mit dem Taxi 25 Minuten. Die SEPTA Airport Line fährt alle 30 Minuten, eine einfache Fahrt kostet $ 8, www.septa.org. Das Taxi kostet etwa $ 29 plus Trinkgeld. Weitere Infos bei der Hotline der Airport Ground Transportation ✆ +1 (215) 937-6958. Vom Amtrak-Bahnhof 30th Street Station jenseits des Schuykill River gibt es Verbindungen zur U-Bahn und zu SEPTA-Zügen.

Unterwegs in Philadelphia
Philadelphia ist eine der fußgängerfreundlichsten Städte der USA. Dank des Straßenrasters des Stadtgründers William Penn findet man sich leicht und schnell zurecht. Die Flüsse Schuykill und Delaware begrenzen die 25 Häuserblocks von Center City im Westen und Osten. Die Straßen, die (südlich der Market St.) von West nach Ost verlaufen, sind nach Bäumen benannt, während die Straßen von Nord nach Süd durchnummeriert sind.
U-Bahn und Bus: Die beiden U-Bahn-Linien Market-Frankford (West-Ost-Route) und Broad Street (Nord-Süd-Route) sind täglich von 5 Uhr morgens bis Mitternacht in Betrieb, zwischen Mitternacht und 5 Uhr früh fahren Busse entlang der U-Bahn-Strecken. Die Einzelfahrt mit U-Bahn, Straßenbahn (Trolley) und Bus kostet $ 2.50. Ein Tagespass mit acht Fahrten kostet $ 9. Infos: www.septa.org.
Rundfahrten: Tageskarten für den Philly Phlash Tourist Bus, der Mai–Ende Okt. täglich zwischen 10 und 18 Uhr im Rundkurs alle Attraktionen abfährt, aber auch für U-Bahnen und Busse bekommt man für $ 10, Familientageskarten (maximal zwei Erwachsene und drei Kinder) für $ 25, www.phillyphlash.com. **The Big Bus Company** und **Philadelphia Trolley Works** bieten Rundfahrten nach dem Hop-on-Hop-off-Prinzip an, Abfahrt nahe Independence Visitor Center, Rundfahrt 90 Min., 21 Stopps, 24-Stunden-Karte $ 32, ✆ (215) 389-8687, www.phillytour.com.
Fahrrad: Seit Mai 2015 bietet Philadelphia mit Indego ein stadtweites öffentliches Fahrrad-Mietsystem (Bike Share System) mit 70 Stationen an. Wer kein Mitglied ist, zahlt direkt an der Mietsäule mit Kreditkarte, $ 4 für 30 Min., $ 10 für den ganzen Tag. Infos: ✆ 1-844-446-3346, www.rideindego.com.

Infos im Internet
www.phlvisitorcenter.com
www.discoverphl.com/international/de

Independence Visitor Center
6th & Market Sts., Philadelphia, PA 19106
✆ (215) 925-6101 und 1-800-537-7676
www.phlvisitorcenter.com/attraction/independence-visitor-center
Tägl. 8.30–18, Juli–Sept. bis 19 Uhr
Der lang gestreckte, gewaltige Bau, den man im Innern wie eine Rampe emporsteigt, ist die erste Anlaufstelle für Besucher des Independence National Historic Park (denn hier gibt es die **Gratis-Tickets** für den Eintritt in die **Independence Hall**), aber auch die Top-Adresse für alle Philadelphia-Gäste, denn hier werden die Tickets für die Sightseeing-Touren verkauft, hier starten die Rundfahrt-Trolleys und die Ride the Duck-Touren. Alle 30 Minuten ist ein patriotischer Film zur Unabhängigkeit zu sehen.

Hier gibt es auch den **Philadelphia Pass:** Er kostet für einen Tag $ 59/44 (Kinder) und

Big Bus Tours mit Hop-on-Hop-off-Prinzip

gewährt freien Eintritt zu 30 Attraktionen. Der Pass ist auch für drei und fünf aufeinanderfolgende Tage zu haben und kann vorab im Internet gebucht werden (www.philadelphiapass.com).

Weitere Visitor Centers
– City Hall Visitor Center
Broad & Market Sts., Zimmer 121, City Hall (Rathaus)
– Fairmont Park Welcome Center, Love Park
16th St. & John F. Kennedy Blvd.
– Sister Cities Park Visitor Center
18th St. & Benjamin Franklin Pkwy.
Beide im Sommer tägl. bis 17, oft bis 19 Uhr geöffnet
In den Visitor Centers liegen gratis Stadtpläne, Fahrpläne, Veranstaltungskalender und anderes Infomaterial aus.

Unterkünfte

Hyatt at the Bellevue Philadelphia
200 S. Broad St.
Philadelphia, PA
✆ (215) 893-1234 und 1-888-591-1234
www.philadelphia.bellevue.hyatt.com
Luxushotel in den oberen Etagen eines sanierten Gebäudes aus der Eisenbahnzeit (1904). Thomas Edison hat einige der Leuchter konzipiert. 172 Gästezimmer und Suiten, Restaurants, Bar, Sauna, Massage, Fitnessräume, Pool und Squash-Plätze. $$$$

Loews Philadelphia Hotel
1200 Market St.
Philadelphia, PA
✆ (215) 627-1200, www.loewshotels.com
Erstklassiges, zentral gelegenes Hotel in einem ehemaligen Bankgebäude mit 581 komfortablen Zimmern und Suiten, Bar- und Restauranträumen in unterkühltem Design, Fitnesscenter, Sauna. $$$$

Hotel Monaco
433 Chestnut St.
Philadelphia, PA
✆ (215) 925-2111
www.monaco-philadelphia.com
Im Oktober 2013 eröffnetes Kimpton-Hotel direkt am Independence National Historic Park mit Blick auf das Liberty Bell Center, mit Fitnessraum, abendlicher Weinverkostung und Rooftop-Bar. $$$–$$$$

Warwick Hotel Rittenhouse Square
220 S. 17th St.
Philadelphia, PA
✆ (215) 735-6000
www.warwickrittenhouse.com
Dieses 300-Zimmer-Hotel liegt im beliebten Rittenhouse Square District mit seinen Boutiquen, Kneipen, Restaurants und Galerien. Alle Zimmer neu renoviert mit kostenlosem WLAN. Hunde und andere kleine Haustiere sind willkommen und werden mit Extras verwöhnt. $$$–$$$$

Penn's View Hotel
14 N. Front & Market Sts.
Philadelphia, PA ✆ (215) 922-7600 und 1-800-331-7634
www.pennsviewhotel.com
Historisches Hotel mit Chippendale-Mobiliar und Blick auf den Delaware River. Italienisches Restaurant Panorama ($$–$$$) mit bemerkenswerter Wein-Kollektion. Fitnesscenter. Frühstück inkl. $$–$$$$

Thomas Bond House
129 S. 2nd & Walnut Sts.
Philadelphia, PA
✆ (215) 923-8523 und 1-800-845-2663
www.thomasbondhousebandb.com
Historischer B&B in der Nähe des Independence Park. Zwölf Zimmer. Am frühen Abend Käse und Wein im Salon, Frühstück. Mehrfach preisgekrönt. $$–$$$$

Alexander Inn
301 South 12th St.
Philadelphia, PA
✆ (215) 923-3535
www.alexanderinn.com
Gemütliches, sehr freundliches Boutiquehotel mit 48 frisch renovierten Zimmern nahe Washington Square im Zentrum, das amerikanische Buffet-Frühstück ist im Preis eingeschlossen. Die Zimmerpreise sind immer gleich, unabhängig von Saisonzeiten (Einzel ab $ 125, Doppel ab $ 139). 24 Stunden frisches Obst und Snacks gratis, freies WLAN, Fitnesscenter. $$$

Holiday Inn Express Philadelphia Penn's Landing
100 N. Columbus Blvd.
Philadelphia, PA
✆ (215) 627-7900

www.hiepennslanding.com
184 frisch renovierte, blitzsaubere Zimmer mit freiem WLAN und Skyline-Blick über den Delaware River. Gratis-Frühstück (auf Plastik wie in den USA üblich), Lärm von zwei nahen Schnellstraßen, Gratis-Shuttle ins Stadtzentrum. Günstige Preise, oft Sonderangebote. $$–$$$

The Gables Bed & Breakfast
4520 Chester Ave., Philadelphia, PA
✆ (215) 662-1918, www.gablesbb.com
Idealtypisches B & B in einer viktorianischen Villa aus dem Jahr 1889; die zehn Zimmer sind mit Antiquitäten möbliert. Das opulente Frühstück wird zwischen 8 und 9.30 Uhr serviert. Parkplätze kostenlos vor dem Haus, wo auch der Trolley startet, der die Gäste binnen 15 Minuten zu allen Attraktionen der Stadt bringt. Kostenloses WLAN, keine Kinder unter 10 Jahren. $$

Timberlane Campground
117 Timberlane Rd., Clarksboro, NJ
✆ (856) 423-6677
www.timberlanecampground.com
Der Campingplatz, der Philadelphia am nächsten liegt (24 km) – ruhig mit 96 Stellplätzen. Ganzjährig mit Sportanlagen, Waschsalon, Pool.

Anfahrt aus Richtung New York: New Jersey Turnpike Exit 4, 0.5 mi bis I-295 North, Exit 18B, rechts 1 mi bis Friendship Rd., dort rechts, bis man Schilder sieht.

Philadelphia von oben
Für den Blick über die Stadt gibt es zwei erstklassige Adressen:

City Hall – Aussichtsdeck
Broad & Market Sts., Philadelphia, PA
✆ (215) 686-2840
www.phlvisitorcenter.com/tour/city-hall-tower-tour
Mo–Fr 9.30–16.15 Uhr mit Gratis-Ticket (mit Zeitfenster)
Touren in den Turm starten alle 15 Min., das Ticket (mit genauer Zeitangabe) gibt es im City Hall Visitor Center, Mo–Fr 9–16.30 Uhr
Eintritt Turm $ 6, unter 3 J. frei
Mo–Fr 12.30 Uhr zweistündige Führung $ 12
Herrlicher Rundumblick aus 150 m Höhe. 1901 wurde der prunkvolle Bau fertiggestellt und war von Anfang an umstritten. Mehr als 250 Figuren schmücken die Fassade im viktorianischen Stil. Bei der Führung durch das Gebäude sind auch etliche Repräsentationsräume zu sehen.

Skulptur von Robert Indiana im Love Park zur 200-Jahr-Feier der USA 1976 aufgestellt

One Liberty Place Observation Deck
1650 Market St., zwischen 15th & 16th Sts. Philadelphia, PA
Tägl. 10–22 Uhr, Eintritt $ 14/9 (3–11 J.)
www.phillyfromthetop.com
Im Herbst 2015 wurde die lang ersehnte Super-Aussicht im 57. Stock eröffnet.

Museen und Sehenswürdigkeiten

The Barnes Foundation
2025 Benjamin Franklin Pkwy.
Philadelphia, PA ✆ (215) 278-7000
www.barnesfoundation.org
Tägl. außer Di 11–17 Uhr
Eintritt $ 30/5 (13–18 J.)
Die hochkarätige Privatsammlung, die ursprünglich im Wohnhaus des Sammlers 7 mi außerhalb von Philadelphia nur mit Mühe zu besuchen war, ist seit 2012 nach Jahren gerichtlicher Auseinandersetzungen und Intrigen an prominentester Stelle im Herzen der Stadt präsent. Im Neubau sind die Räume des Sammlers nachgebaut und die Bilder iden-

tisch gehängt. Dazu ein intelligenter Shop und das ebenfalls empfehlenswerte Garden Restaurant.

Carpenters' Hall
320 Chestnut St., zwischen 3rd & 4th Sts.
Philadelphia, PA
✆ (215) 925-0167
www.carpentershall.com
Di–So 10–16 Uhr, Jan./Feb. auch Di geschl.
Eintritt frei
Eine Videopräsentation informiert u. a. über die Rolle des Hauses in der amerikanischen Geschichte. 1770 als Hauptsitz der Gilde der einflussreichen Zimmerleute gebaut, wurde das zweigeschossige Gebäude schnell zum Hauptquartier der Revolutionäre. Der erste amerikanische Kongress traf sich hier 1774, um gegen die englischen Repressionen vorzugehen, die die Boston Tea Party ausgelöst hatten. Später wurde der Bau als Lager- und Krankenhaus genutzt.

Franklin Court
Market, Chestnut, 3rd & 4th Sts.
Philadelphia, PA
✆ (215) 965-2305, www.ushistory.org
Tägl. 10–17, im Sommer bis 18 Uhr
Eintritt frei
Hier stand einst das Haus des berühmtesten Bürgers der Stadt. Eine Stahlkonstruktion von Robert Venturi und John Rauch markiert die Umrisse und erinnert symbolisch an die Druckerei und das Haus von Benjamin Franklin, der die letzten fünf Jahre seines Lebens an diesem Ort verbrachte. Mit seiner Druckerei und Zeitung *(The Pennsylvania Gazette)* wurde er so wohlhabend, dass er sich ein Leben als Philosoph und Schriftsteller, Staatsmann und Diplomat leisten konnte.

In einem unterirdischen Museum werden Erinnerungsstücke und ein kurzer Film über Leben und Werk des Multitalents gezeigt.

The Franklin Institute Science Museum
222 N. 20th St. (Logan Circle)
Philadelphia, PA
✆ (215) 448-1220, www.fi.edu
Tägl. 9.30–17 Uhr
Eintritt $ 20/16 (3–11 J.)
Ein interaktives Wissenschaftsmuseum, das jede Menge Spaß macht: Hinterlassenschaften des berühmtesten Bürgers der Stadt und Erfinders des Blitzableiters. Es gibt jede Menge zum Anfassen und Ausprobieren.

Independence Hall
601 Chestnut St., zwischen 5th & 6th Sts.
Philadelphia, PA
✆ (215) 965-2305, www.nps.gov/inde
Tägl. 9–17, im Sommer bis 20 Uhr
Eintritt frei (Gratis-Ticket für den Einlass im Independence Visitor Center abholen)
Touren tägl. 9–17 Uhr alle 15 Min.
Hier unterzeichneten die Siedler aus 13 Kolonien am 4. Juli 1776 die Unabhängigkeitserklärung. Am 17. September 1787 tagte in diesen Räumen die verfassungsgebende Versammlung.

Das Bild des Turms schmückt die Rückseite der 100-Dollar-Note. Der 1732–48 errichtete Backsteinbau diente zunächst als State House von Pennsylvania. 1753 kam der Glockenturm dazu, in dem einst die Liberty Bell hing. Im Westflügel kann man das Tintenfass sehen, das angeblich bei der Unterzeichnung der Unabhängigkeit benutzt wurde. Im eleganten Senatssaal im Obergeschoss wurde George Washington für seine zweite Amtszeit als Präsident vereidigt.

The Liberty Bell Center
Zwischen 6th & Chestnut Sts. (gegenüber von Independence Hall), Philadelphia, PA
✆ (215) 965-2305, www.nps.gov/inde
Tägl. 9–17 Uhr, Eintritt frei
Um das amerikanische Freiheitssymbol im angemessenen Ambiente zu präsentieren, erbaut man 2003 den neuen Pavillon, das moderne Liberty Bell Center. Die begleitende Ausstellung erläutert die Bedeutung dieser Glocke, aber auch die Geschichte der Sklaven und ihrer Befreiung.

National Constitution Center
525 Arch St. (Independence Mall)
Philadelphia, PA
✆ (215) 409-6600
www.constitutioncenter.org
Mo–Sa 9.30–17, So 12–17 Uhr
Eintritt $ 14.50/11 (6–18 J.)
Der spektakuläre 185-Mio.-Dollar-Museumsbau macht aus der amerikanischen Verfassung ein Event zum Anfassen, das Erlebnis kann man per Webcam in der Signers Hall live mit Freunden in aller Welt teilen, wenn man dort die amerikanische Verfassung unterzeichnet: www.constitutioncenter.org/webcam. Museumsmitarbeiter stellen gerne jede der 42 lebensgroßen Bronzeskulpturen vor. Im Eintrittspreis inkl. sind die beiden

recht pathetischen Multimediashows *Freedom Rising* und *The Story of We the People.*

Pennsylvania Academy of the Fine Arts
118 N. Broad & Cherry Sts. (Nähe City Hall)
Philadelphia, PA
✆ (215) 972-7600, www.pafa.org
Di–Sa 10–17, So 11–17 Uhr
Eintritt $ 15/8 (13–18 J.)
Älteste Kunstsammlung und -schule im Land (1805 gegründet) im spektakulären viktorianischen Bau von 1872–76 (Entwurf Frank Furness). Ornamentreiches Treppenhaus, imposante Freitreppe. Ausgestellt wird amerikanische Kunst vom 18. Jh. bis in die Gegenwart, darunter diverse Washington-Porträts sowie Werke von Mary Cassatt, Richard Diebenkorn, Georgia O'Keeffe, dazu Grafik und Plastik.

Philadelphia History Museum at the Atwater Kent
15 S. 7th St., Philadelphia, PA
✆ (215) 685-4830
www.philadelphiahistory.org
Di–Sa 10.30–16.30 Uhr
Eintritt $ 10/6 (13–18 J.)
Stadtmuseum von 1825 im *Greek-Revival*-Stil: Geschichte und Alltagskultur von Philadelphia, von den frühen Kolonialjahren über die erste Nähmaschine 1846 bis zur Ankunft von Radio, Telefon und Automobil. Ein Modell von Elfreth's Alley zeigt mehr als das Original, denn man kann die Straße von vorne, hinten und oben einsehen. Sonderausstellung zur German Society of Pennsylvania und ihrer 250-jährigen Geschichte.

Philadelphia Museum of Art
Benjamin Franklin Pkwy. & 26th St.
Philadelphia, PA
✆ (215) 763-8100, www.philamuseum.org
Di–So 10–17, Mi, Fr bis 20.45 Uhr
Eintritt $ 20/14 (13–18 J.), Ticket gilt an zwei aufeinanderfolgenden Tagen; am 1. So im Monat und Mi ab 17 Uhr zahlt man, was man möchte
Zum 100-jährigen Jubiläum der Unabhängigkeitserklärung gegründet gilt dieser Kunsttempel im griechischen Look als eine erste Adresse unter den US-Museen. Schwerpunkte sind frühe flämische (u. a. Rubens' »Gefesselter Prometheus«), französische (u. a. Nicolas Poussin, Renoir, Rousseau, Cézanne) und italienische Malerei, Duchamp, aber auch Werke von A. Stieglitz, R. Rauschenberg, R. Lichtenstein und C. Oldenburg.
Museumsrestaurant ✆ (215) 684-7990, $–$$.

Please Touch Museum
Memorial Hall, Fairmount Park
4231 Avenue of the Republic
Philadelphia, PA
✆ (215) 581-3181
www.pleasetouchmuseum.org

Liberty Bell: Das Freiheitssymbol ist eine heilige Stätte der US-Patrioten und Besuchermagnet

Mo–Sa 9–17, So 11–17 Uhr
Eintritt $ 19, unter 1 J. frei
Dieses Kindermuseum für Eltern mit Kids unter sieben Jahren garantiert großen Spaß für die Kleinsten mit interaktiven Exponaten, einer ganzen Stadt zum Spielen, Theatervorstellungen und einem 100-jährigen Karussell.

Rodin Museum
Benjamin Franklin Pkwy. (22nd St.)
Philadelphia, PA
✆ (215) 568-6026, www.rodinmuseum.org
Tägl. außer Di 10–17 Uhr
Eintritt frei, um Spenden wird gebeten
Die umfangreichste Rodin-Sammlung außerhalb Frankreichs, 130 Skulpturen, dazu Gipsmodelle und Skizzenbücher.

Arch Street Meeting House
320 Arch St., Philadelphia, PA
✆ (215) 627-2667
www.pym.org/arch-street-meeting-house
Mo–Sa 10–16 Uhr
Eintritt frei, um Spenden wird gebeten
Der schlichte, eingeschossige rote Backsteinbau (1803–05 und 1810/11 von Owen Biddle) diente den orthodoxen Quäkern als Versammlungshaus, heute der Society of Friends.

Bourse
111 S. Independence Mall E., Philadelphia, PA
✆ (215) 625-0300
www.theboursephilly.com
Mo–Sa 10–18, So 11–17 Uhr
Das alte, in den 1980er Jahren restaurierte Finanzzentrum (1893–95) mit schönen Treppenaufgängen und umläufigen Balkonen vereint viele Läden und einen Food-Court unter seinem Dach. Zur Lunchzeit wird daraus ein riesiger summender Speisesaal.

Christ Church
2nd & Market Sts., Philadelphia, PA
✆ (215) 922-1695
www.christchurchphila.org
Mo–Sa 9–17, So 13–17 Uhr, Jan./Feb. Mo/Di geschl.
Mit der politischen Unabhängigkeit löste man sich auch in religiöser Hinsicht vom Mutterland. In der Christ Church wurde die protestantische Episkopalkirche gegründet. Zur Gemeinde gehörten u. a. George Washington und Benjamin Franklin, der auf dem nahe gelegenen Friedhof **Christ Church Burial Ground** begraben ist. An den Sitzplätzen der Kirchenbänke sind Namensplaketten einiger Größen der Unabhängigkeitsbewegung angebracht. Stadtgründer William Penn wurde hier getauft.

Eastern State Penitentiary
2027 Fairmont Ave.

Rodin Museum: die umfangreichste Sammlung des Bildhauers außerhalb Frankreichs

Philadelphia, PA
✆ (215)236-3300, www.easternstate.org
Tägl. 10–17 Uhr
Eintritt $ 14/10 (7–12 J.), kein Einlass unter 7 J.
Zu seiner Zeit eines der berühmtesten Gefängnisse der Welt, hier saßen Gangster wie der Bankräuber »Slick Willie« Sutton und »Scarface« Al Capone, aber auch zahllose Schwarze für minimale Vergehen wie Mundraub. Die Strafanstalt war 1829–1971 in Betrieb und setzte auf das Mittel der totalen Isolation, um die Gefangenen zu zwingen, über ihre Missetaten nachzudenken und Buße – *penitence* – zu tun.

Elfreth's Alley
2nd St., zwischen Arch & Race Sts.
Philadelphia, PA
✆ (215) 627-8680, www.elfrethsalley.org
Die älteste ununterbrochen besiedelte Wohnstraße der USA mit 32 Reihenhäusern aus den Jahren 1728–1836. Wer sehen will, wie es im Innern der pittoresken Häuschen aussah, kann zwei Museumshäuser besuchen (Nr. 124 und 126, April –Okt. Fr–So 12–17 Uhr, Eintritt und Führung $ 5).

First Bank of the United States
116 S. 3rd. St., Philadelphia, PA
Restaurierter Klassizismus von 1795–97 mit dem ersten Marmor-Portikus der Neuen Welt. Nach dem Revolutionskrieg brachte die Regierung eine einheitliche Währung heraus. Die Bank des neuen unabhängigen Staates, von Alexander Hamilton ins Leben gerufen, sollte die Kriegsschulden unter Kontrolle bringen.

Macy's Center City
1300 Market St. (13th St.)
Philadelphia, PA
✆ (215) 241-9000, Mo–Sa 10–20, So 11–19 Uhr
Dieser älteste Department Store in den USA, 1902–11 von Daniel H. Burnham u. a. im Stil des *Renaissance Revival* gebaut und lange Jahre als »John Wanamaker's« bekannt, besitzt die prächtigste Halle der Stadt. Deshalb gibt es auch täglich geführte Touren durchs Haus. Der Bronze-Adler im Grand Court ist eine Handarbeit aus Frankfurt am Main und ein beliebter Treffpunkt: *Meet me at the Eagle.*

Philadelphia als Open-Air-Galerie
Als sich andere Städte über die Sprayer und Graffitikünstler aufregten, ergriff man in Philadelphia 1984 die Initiative und bot den Straßenkünstlern eine Kunstausbildung an. Die einstigen Sprayer bekamen so über Sponsoren Aufträge *Murals* – Wandgemälde – zu gestalten. Heute ist die Stadt mit mehr als 3600 großflächigen Bildern geschmückt und bietet eigene Rundfahrten zum Thema an.

Die Busrundfahrten beginnen am Independence Visitor Center, wo auch die genauen Routen und Daten zu erfahren sind. Natürlich kann man sich auch auf eigene Faust auf den Weg machen und Philadelphias einmalige Bildergalerie entdecken: www.muralarts.org.

»Common Threads« von Meg Saligman: Murals wie dieses gehören zum Stadtbild

Second Bank of the United States
420 Chestnut St., Philadelphia, PA
✆ (215) 597-8974, www.nps.gov
Tägl. außer Mo 9–17 Uhr, Eintritt $ 2
Beim Bau von Repräsentationsgebäuden griff der junge Staat auf die Stilelemente der griechischen Antike zurück, hier besonders schön zu sehen an der Fassade mit acht dorischen Säulen nach dem Vorbild des Parthenons: 1818–24 von William Strickland erbaut, der mit diesem Musterbeispiel des *Greek Revival*-Stils berühmt wurde. Auch hier erfasst der neogriechische Stil nur die Fassade; die Längsseiten des Gebäudes bleiben davon unberührt. Die Marmoroberflächen täuschen: unterlegt sind Ziegelsteine.

Kimmel Center
300 S. Broad St.

Old Town Philadelphia: Ein gestriges Flair herrscht im historischen Viertel am Delaware

Philadelphia, PA
✆ (215) 790-5800
www.kimmelcenter.org
Die Konzerthalle vereint das Philadelphia Orchestra, die Opera Company of Philadelphia und das Pennsylvania Ballett unter einem Dach. Sie wurde 2001 eröffnet und kostete damals 325 Mio. Dollar.

The Philadelphia Zoo
3400 W. Girard Ave., Philadelphia, PA
✆ (215) 243-1100
www.philadelphiazoo.org
März–Nov. tägl. 9.30–17, sonst bis 16 Uhr
Eintritt $ 25/20 (2–11 J.), Winter $ 17 für alle
1874 als erster Zoo des Landes gegründet. Besonders attraktiv sind die Großkatzen- und Affengehege. Beliebt sind auch das für 17,5 Mio. Dollar erbaute McNeil Avian Center mit frei fliegenden tropischen Vögeln und das Reptilienhaus.

Restaurants

Buddakan
325 Chestnut St., Philadelphia, PA
✆ (215) 574-9440
www.buddakan.com
Mo–Fr 11.30–14.30 und 17–23, Fr/Sa bis 24, So 16–22 Uhr
Ein Riesenbuddha thront über den Gästen und eine Wasserfallwand aus Lichteffekten berauscht dieses schicke In-Lokal mit fantastischer fernöstlicher Küche. Gute offene Weine. $$$

City Tavern
138 S. 2nd St. (Walnut St.)
Philadelphia, PA
✆ (215) 413-1443, www.citytavern.com
Tägl. 11.30–22 Uhr
Rekonstruierte Kneipe von 1773 mit langer Geschichte; schon George Washington, Benjamin Franklin und Paul Revere waren hier regelmäßig zu Gast.

Für die historische Korrektheit der »revolutionären« Küche jener Zeit ist heute der aus Deutschland stammende Küchenchef Walter Staib zuständig. Selbst die Bierrezepte sind von anno dazumal – ein passender Rahmen für ein gepflegtes Lunch oder Dinner. Sehr nachgefragt, lieber reservieren. $$–$$$

El Vez
121 S. 13th St., Philadelphia, PA
✆ (215) 928-9800, www.elvezrestaurant.com
Mo–Fr 11.30–15 und 17–23, Fr bis 24, Sa 12–24, So 11–15 (Brunch) und 17–22 Uhr
Designer-Restaurant: mexikanische Küche mit köstlicher Guacamole. $$–$$$

Continental Restaurant & Martini Bar
138 Market St., Philadelphia, PA
✆ (215) 923-6069
www.continentalmartinibar.com
Lunch Mo–Fr 11.30–16, Dinner So 17–22, Mo–Do bis 23, Fr/Sa bis 1, Bar bis 2, Brunch Sa/So 10–16 Uhr
Designerlokal (Konzept: Stephen Starr) mit köstlichen Kleinigkeiten (Tapas), einfachen Gerichten und jeder Menge Martinis. $

Cuba Libre Restaurant & Rum Bar
10 S. 2nd St., Philadelphia, PA
✆ (215) 627-0666
www.cubalibrerestaurant.com
Lunch Mo–Fr 11.30–15, Dinner tägl. 16–22, Do–So bis 23, Brunch Sa/So 10.30–14.30 Uhr
Happy Hour Menu Mo–Fr 17–19 Uhr
Hommage an das alte Havanna: gute Drinks (viele Rumsorten), lateinamerikanische Gerichte, kubanischer Kaffee. $

Ishkabibble's
337 South St., Philadelphia, PA
✆ (215) 923-4337
www.philacheesesteak.com
Tägl. 9–23, Fr/Sa 3 Uhr
Die besten Philly Cheesesteaks und Chicken Cheesesteaks. $

Warmdaddy's
1400 S. Columbus Blvd. (Reed St.)

Philadelphia, PA
✆ (215) 462-2000
www.warmdaddys.com
Di–Do, So 17–23, Fr 17–24, Sa 13–24, So 10.30–15 und 16–23 Uhr
Traditional Southern food und Live-Blues. $

World Café Live
3025 Walnut St., Philadelphia, PA
✆ (215) 222-1400
www.worldcafelive.com
Tägl. je nach Programm, meist ab 19 Uhr
Zwanglose Musikbühne im Bistrostil: zuhören, essen und trinken. Am besten vorher Tickets besorgen! $

Shopping

Fashion District Philadelphia
Market & 9th Sts.
Philadelphia, PA
www.fashiondistrictphiladelphia.com
Mo–Sa 10–19, Mi und Fr bis 20, So 12–17 Uhr
Drei Blocks entlang Market Street (ehemals Gallery at Market East) werden zu einer der nobelsten Shoppingpassagen an der Ostküste umgebaut mit Flagship Stores, Dining und Entertainment, Eröffnung im Herbst 2018.

Italian Market
919 S. 9th St., zwischen Wharton und Fitzwater Sts., Philadelphia, PA
www.italianmarketphilly.org
Di–Sa 8–17, So 8–15 Uhr
Der bunte Markt der italienischen Gemeinde wirbt damit, der älteste Outdoor-Markt der USA zu sein, und zieht sich unter Sonnenschirmen und Markisen die Gehsteige entlang, Feinkostläden verkaufen Trüffel, handgeschabte Pasta und kleine Gerichte. Laut Eigenwerbung gibt es hier alles zu kaufen »von Antilope bis Yak«.

The Mulberry Market
236 Arch St. (gegenüber vom Betsy Ross House)
Philadelphia, PA
✆ (215) 928-9064
Tägl. 7.30–22 Uhr
Simpler Lebensmittelladen *(eat in* oder *take out)* mit ein paar Esstischen: große Auswahl an Sandwiches, Snacks und frischen Salaten, viele Biersorten. Ideal für den Hunger zwischendurch, auch Kaffee und Kuchen, Obst und Gummibärchen. $

Reading Terminal Market
12th St. (zwischen Arch & Filbert Sts.)
Philadelphia, PA
✆ (215) 922-2317
www.readingterminalmarket.org
Tägl. 8–18 Uhr
Feine Markthalle, Früchtekorb und Augenweide im ehemaligen Bahnhof (1891–93). 80 Landwirte aus der Umgebung bieten hier ihre Produkte an, auch Amish-Spezialitäten, von hausgemachten Kuchen bis zu handgenähten Quilts.

Shops at Liberty Place
1625 Chestnut St.
Philadelphia, PA
✆ (215) 851-9055
www.shopsatliberty.com
Mo–Sa 9.30–19, So 1–18 Uhr
Die beiden eleganten Bürotürme (von Murphy und Jahn) auf dem Liberty Place waren bis 2008 die höchsten Skyscraper der Stadt; eine Einkaufspassage mit 60 feinen Läden verbindet die beiden Türme. Im Food-Court versorgen sich Büroangestellte ebenso wie die Besucher mit feinen Häppchen aus der fernöstlichen Küche oder mit Gourmet-Sandwiches.

Walnut Street
Zwischen Rittenhouse Square (18th) und Broad Street hat sich die Walnut Street zu einer der beliebtesten Einkaufsstraßen der Stadt entwickelt. Alles was Rang und Namen hat unterhält hier eine Niederlassung.

Reading Terminal Market: Im ehemaligen Bahnhof gibt es auch Amish-Spezialitäten

2 Wilkum im »Garten Gottes«

Pennsylvania Dutch Country

Die mit Haken und Ösen
wird unser Herr erlösen.
Die mit Knöpfen und Taschen
wird der Teufel erhaschen.

Volksmund der Amische

2. Tag: Philadelphia – Intercourse – Bird-in-Hand – Ephrata – Strasburg – Port Deposit – Baltimore, MD (298 km/186 mi)

km/mi	Route
Vormittag	
0	**Philadelphia:** Walnut St. westl. bis 30th St., dann Richtung Valley Forge auf I-76 West über Exit 26 auf US 202 South, US 30 West, PA-772 (Newport Rd.) bis PA-340 East (= Old Philadelphia Pike) nach
96/60	**Intercourse** und PA-340 West nach **Bird-in-Hand**. US 30 West, PA-272 North am Landis Valley Farm Museum vorbei, die Valley Rd. weiter bis zum Abzweiger S 501 North nach
29/18	**Lititz**. Einfahrt über Broad St., an Main St. rechts dem Schild HISTORIC LITITZ. MAIN STREET SHOPS folgen zum Moravian Church Square (Pause). Main St. (= PA-772) weiter nach Osten über Rothsville und Rothsville Rd. und dem Schild EPHRATA nach links folgen, links über State St., an Main St. in Ephrata wieder links zum
Mittag	
13/8	**Ephrata Cloister** (Besichtigung und Lunch gegenüber, ca. 1,5 Std.). Vom Parkplatz am Kloster links durch die Unterführung und sofort rechts auf die PA-272 South, weiter 772, 340 East, in Intercourse PA-340 West und auf 741 durch Strasburg zum westlich davon gelegenen und ausgeschilderten
35/22	**Hans Herr Haus** (Besichtigung ca. 1 Std.). PA-272 South und US 222 South über Port Deposit, I-95 South zum
Nachmittag	
125/78	**Hafen von Baltimore.**

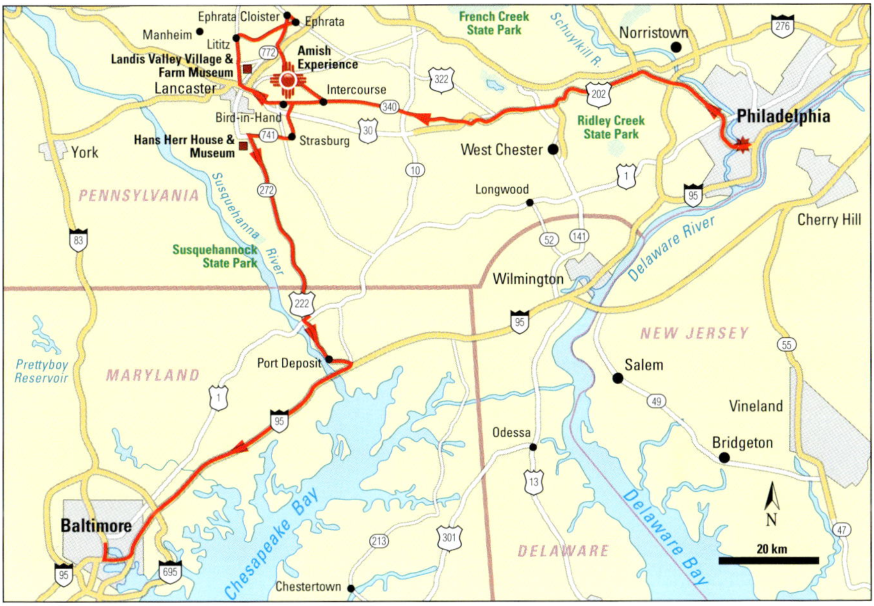

Wer Pfälzisch kann ist heute klar im Vorteil, denn es geht mitten hinein ins Land der Amische. Deren Vorfahren waren Bauern aus der Pfalz, die – angelockt von der Religionsfreiheit und den ertragreichen Böden – in die Region zwischen Delaware und Susquehanna River auswanderten, um ganz nach dem Wort des Evangeliums zu leben. Was sie bis heute tun, und ihre eigene Sprache, das »Pennsylfaanisch«, ein verballhorntes Pfälzisch aus dem 18. Jahrhundert, haben sie ebenfalls behalten. Unser Tag endet in Baltimore, im Inner Harbor, dem spektakulär auferstandenen Hafen.

Sanft rollt der Wagen über den Highway, Philadelphia entschwindet über vielspurige Schnellstraßen und später über Landstraßen, die immer ruhiger werden und die mit jeder Meile die Zeit um Jahre zurückdrehen. Auf der Newport Road sind wir endgültig im ländlichen Idyll angekommen. Szenen wie aus dem Bilderbuch: Schafe am Weiher, frische Eier und Ziegenmilch im Angebot, Wäsche, die im Wind flattert, markante Futtersilos bei den Scheunen. Auf den Äckern wird fleißig gepflügt und gefuhrwerkt, bärtige Bauern stehen hinter Pferdegespannen, dazwischen Mädchen in langen Kleidern und Jungen mit Strohhüten wie Tom Sawyer und Huckleberry Finn. Keine Frage, wir sind in **Lancaster County**, bei den Amish und Mennonites, im Musterland der weiß getünchten Zäune und Häuser, der schwarzen Kühe und der schwarzen Wäsche auf der Leine. Der häufigste Name an den Briefkästen: Stoltzfus. Ansonsten: Holtinger, Gebhard und Wiederrecht.

Knapp 20 000 Menschen leben heute in diesem Landstrich: mennonitische, amische und moravische Gruppen (Böhmische Brüder). Amische und Mennoniten besitzen gemeinsame historische Wurzeln. Ursprünglich gehörten beide zu den sogenannten Wiedertäufern (Anababtisten), jenen Christen, die sich

1525 in Zürich zusammentaten, um die Botschaft des Evangeliums kompromissloser zu leben, als es Reformer wie Zwingli forderten, die sich ihrer Meinung nach nicht eng genug an das Wort der Bibel hielten und die Kindtaufe, die Einheit von Kirche und Staat und den Kriegsdienst mit der Waffe guthießen. Alle nannten sich anfangs Mennoniten – nach Menno Simons, einem ehemaligen katholischen Priester aus Holland und einflussreichen Führer und Gelehrten.

Später (1693) kam der Schweizer Mennonite Jakob Amman zu der Überzeugung, dass seine Sekte die Sünder nicht strikt genug ausschloss. Die Anhänger der neuen Gemeinde, die er deshalb gründete, nannten sich nach ihm: die Amische. Da beide Glaubensgemeinschaften in der Schweiz, in Frankreich und Deutschland von den protestantischen und katholischen Würdenträgern (bis auf den Tod) verfolgt wurden, erschien ihnen die Einladung des Quäkers William Penn in die konfessionelle Freistatt Pennsylvania als Rettung. 1710 kamen die ersten Amische und Mennoniten nach Lancaster County. Da beide die gemeinsame Herkunft teilen, fühlen sich viele Amische heute als die konservativen Verwandten der Mennoniten.

Von sich sprachen sie stets als »deutsch« bzw. »deitsch«. »Aber »deitsch« ist schwierig zu buchstabieren und schwer auszusprechen und wurde daher rasch vereinfacht zu »dutch«, heißt es in James A. Micheners Roman »Dresden, Pennsylvania«, der in dieser Region spielt. Die *Pennsylvania Dutch people*, die sich zwischen Delaware und Susquehanna River niederließen, waren also niemals Niederländer, sondern Deutsche. Ihr »Pennsylfaanisch« klingt wie eine Art tiefgefrorenes (weil historisches) Deutsch der Pfälzer und Rheinländer, durchsetzt von zahlreichen Anglizismen. Sie reden über »Würste und Bretzeln«, »Schmiercase«, »Schnitz« und »Souse«. Sie feiern das »Octoberfest« und haben ihren »Christkindlesmarkt«.

Farmer's Market der Amish: ein gottesfürchtiges Leben nach der Bibel

Amische und Mennoniten

Amish-Outfit: Strohhut und Bart für den Mann, Frauen dürfen ihr Haar nie schneiden

Weder damals noch heute übernahmen sie den *American Way of Life*, sondern blieben bibelfest, bei der Mode ihrer Ahnen und bei ihrer schlichten Lebensweise: Pferdekutschen statt Autos, Esel und Pferde statt landwirtschaftlicher Maschinen und keine Starkstromleitungen über Land. Von Radio und Fernsehen, Telefon, Video, CD, Smartphone und anderer digitaler Hardware ganz zu schweigen.

Kühlschränke werden mit Gas (Flaschen) betrieben. Die Männer tragen meist Hemden ohne Kragen und Voll- oder Kinnbärte. Schnauzbärte sind verboten weil sie ans Militär erinnern, die frommen Farmer sind schließlich überzeugte Pazifisten. Statt Knöpfen und Reißverschlüssen benutzen die Frauen Sicherheitsnadeln. Schmuck und Pullover sind schlicht tabu. Frauen dürfen ihr Haar nie schneiden, es wird geflochten, geknotet und unter weißen bzw. schwarzen Hauben versteckt.

Die kinderreiche Großfamilie bildet den Dreh- und Angelpunkt des sozialen Lebens, so dass sich die Bevölkerung der Amische in den letzten Jahren stark vermehrt hat. Man heiratet weitgehend untereinander, und wer dagegen verstößt, dem kann der Ausschluss aus der sozialen Ordnung blühen.

Da die Amische keine weltliche Ordnung außerhalb ihrer Gemeinschaft anerkennen, zahlen sie keine Steuern und nehmen auch keine staatliche Sozialhilfe in Anspruch. Stattdessen ist prompte Solidarhilfe aller garantiert, wenn ein Gemeindemitglied in Not gerät: Brennen Haus und Hof, baut sie die Gemeinschaft wieder auf. Von Renten und Pflegeheimen wollen die Amische nichts wissen; die Alten bleiben zu Hause und es ist Sache der weiblichen Familienmitglieder, sich um die Pflege zu kümmern. Innerhalb beider Gemeinschaften gibt es zahlreiche Sondergruppen und Glaubensfraktionen mit mehr oder weniger strengen Sitten. Viele Amische und Mennoniten *(plain people)* feiern ihre Gottesdienste abwechselnd in Häusern und Scheunen der Gemeindemitglieder; andere wiederum *(church people)* benutzen Versammlungshäuser wie die Quäker. In der Kirche singt und spricht man sogenanntes Hochdeutsch.

Auch im Alltag zeigen sich Unterschiede. Die Kutschen mit den abgerundeten und grauen Dächern gehören den Familien der Amische; die mit den flachen und schwarzen den Mennoniten. Die Amish, besonders die Kinder, tragen Blau, Violett, Rot und Grün; die Mennoniten bevorzugen Grau und Schwarz. In anderen Bereichen verhält es sich eher umgekehrt: Die Amische leben insgesamt zurückhaltender als die Mennoniten, wenn es um moderne Technologie und um öffentliche und weiterführende Schulen für ihre Kinder geht. Sie halten an den einklassigen Schulen in Eigenregie fest, in der Schüler aller Altersstufen bis 14 Jahren gleichzeitig unterrichtet werden, danach ist Schluss mit Schule. Es folgt die handwerkliche Ausbildung – meist auf dem Gebiet, das schon die Eltern bestreiten. Kulturtechniken neben dem Basiswissen in Lesen, Schreiben und Rechnen, Englisch, Geschichte und Geographie, haben keine Bedeutung; wichtiger ist die praktische Ausbildung für die Landwirtschaft.

Einstieg ins Land der Amische

Kaum eine andere Straße eignet sich besser als Einstieg ins »Land des einzigen Zeugen« als der **Philadelphia Pike**. Zu beiden Seiten des Highways hat man für die Kutschen eine schmale Fahrspur reserviert, was man gut an den Pferdeäpfeln erkennen kann. Ab und zu rollt ein schwarzer Buggy mit schwarz gekleideten Frauen vorbei. Die Pferde gelten bei den Amish übrigens als reine Arbeitstiere und haben nur selten ein beneidenswertes Leben.

In **Intercourse**, 1754 gegründet, reihen sich die bunten Läden an der Main Street entlang, hier gibt es die ersten *country crafts and wears* zu sehen. Der **Old Country Store** verkauft Quilts (der Bestseller unter den kunstgewerblichen Erzeugnissen), Tischdecken und Spielsachen. Zwischen Intercourse und zwei Meilen vor Bird-in-Hand liegt rechter Hand die **Plain & Fancy Farm**, für die man ein paar Stunden einplanen sollte, denn hier gibt es mehrere Möglichkeiten, authentisch und ohne touristischen Schnickschnack in die Alltagskultur der Amish einzutauchen. Da ist zum einen das hölzerne Scheunentheater, in dem der Film »Jacob's Choice« die Vorteile (und Zwänge) vorführt, die solch eine enge Gemeinschaft mit sich bringt. Als Zuschauer spürt man auf den harten Holzbänken am eigenen Leib wie *basic* der Amish-Komfort in der Praxis daherkommt. Bei der Homestead-Tour lernt man das Schulsystem kennen, sieht ein Klassenzimmer, erfährt alles über die sonntägliche Messe und wird durch ein Original-Amish-Haus geführt, wo auch die kargen Outfits der Familienmitglieder zu sehen sind, je nach Geschlecht und Lebensalter sind die vorgeschriebenen Kleidungsstücke ausgestellt. Zusätzlich kann man über Land fahren und an einem privaten Besuchsprogramm teilnehmen (siehe Magic Moment, S. 97).

Der seltsame Name **Bird-in-Hand** stammt vom Schild eines Gasthauses, auf dem im Jahre 1734 eine Hand zu sehen war, die einen Vogel hält. Eine lokale Legende berichtet, dass zwei Straßenplaner einst hier vorbeikamen und den Eindruck hatten, dass »ein Vogel in der Hand besser sei als zwei im Gebüsch« – und hier übernachteten. Heute gibt's vor Ort allerlei zu kaufen, zu futtern und zu erleben, z. B. die *buggy rides*, für Kinder *die* Attraktion schlechthin.

Die älteste Brezel der USA

Ruhiger geht es im abgelegenen **Landis Valley Farm Museum** zu, wo Möbel und Geräte aus der frühen Siedlungszeit zu sehen sind. Die Brüder George und Henry Landis, die das Museum ins Leben riefen, waren deutscher Abstammung und sammelten Objekte der pennsylvanisch-deutschen Kultur des 18. und 19. Jahrhunderts. Draußen stellen einige historische Gebäude, die man aus der Umgebung hierher verfrachtet hat, das ländliche Leben nach, unfreundliche freilaufende Gänse inklusive.

In der Remise parkt der »Conestoga Wagon«, jenes Gefährt, das von den Pennsylvania Dutch erfunden wurde und das vor dem Bau der Kanäle und Eisenbahnen zum Transport der Farmprodukte diente, bevor es als Planwagen auf den Trails und Trecks gen Westen Karriere machte. Lancaster County trug im 18. Jahrhundert noch den Namen »Conestoga« wie die hier ansässigen Indianer.

Den schönsten kleinstädtischen Platz weit und breit besitzt die Landgemeinde **Lititz:** den **Moravian Church Square 1813** – eine Augenweide! Umstanden und gerahmt wird er von der schlichten Kirche und ihrem hübschen Glockenturm nebst einem »Leichenkapellchen« und einigen anderen historische Bauten sowie von der **Linden Hall**, einem Mäd-

Amish-Laden in Bird-in-Hand: Drinnen gibt es Reisigbesen, Waschbretter und bemalte Kürbisse

chenpensionat, dem ältesten in den USA. Außer in Nazareth und Bethlehem, Pennsylvania, siedelten die Böhmischen Brüder in den USA zuerst in Lititz, bevor sie nach Salem, North Carolina, weiterzogen. Zur Ortsgründung kam es 1757, nachdem schon Jahre zuvor eine Schule und eine Kirchengemeinde bestanden hatten. Namensgeber war das Landgut Lititz östlich von Prag, wo sich 1457 die Mährische Kirche konstitutierte, deren schriftsprachliche Grundlage später die in Tschechisch verfasste Kralice-Bibel wurde. Ein Jahrhundert lang gehörte ganz Lititz der Kirche und nur Moravier durften hier wohnen. Erst um die Mitte des 19. Jahrhunderts lockerten die Kirchenväter die Vorschriften.

Die Führung durch das gegenüberliegende kleine **Johannes Mueller House** ist ein aufschlussreiches Vergnügen, denn der historisch kostümierte Guide lässt die alten Zeiten ganz praktisch und humorvoll aufleben. Nicht weit davon liegt die führende Bäckerei am Platz, die **Julius Sturgis Pretzel Bakery**, selbstredend die älteste Brezelbäckerei der USA. Der Mann im Laden gibt sich große Mühe zu erklären, dass der Ursprung der Bäckerei nicht schweizerisch ist, sondern deutsch. Fairerweise kaufe ich ihm dafür eine *pretzel* ab, die allesamt als *soft 'n' sweet* gepriesen werden. Zumindest diese eine ist ein Missgriff, sie schmeckt wie Spachtelpulver.

Der Klosterchor sang im Falsett

Der dritte touristische Hit dieses beschaulichen Städtchens ist dafür umso köstlicher: Die **Wilbur Chocolate Factory**, die sich auch ein kleines Americana Candy-Museum zugelegt hat. Im Laden sind viele duftende Spezialitäten zu kaufen, bei deren Herstellung in Handarbeit man zuschauen kann.

Das **Kloster von Ephrata** (gesprochen: ef'REdda) gewährt einen Blick in das frühe religiöse Gemeindeleben von Pennsylvania. Gegründet wurde es vom pietistischen Pfälzer Johann Konrad Beißel, der wegen seiner un-

Ephrata: asketische Enthaltsamkeit

orthodoxen Ansichten 1720 vom Rhein vertrieben wurde und zunächst nach Germantown auswanderte, um hier als Klausner seinen mystischen Neigungen nachzugehen.

Doch der »Aussteiger« blieb nicht lange allein, im Gegenteil, sein Charisma machte ihn äußerst einflussreich: Schon während der junge Ben Franklin Beißels Traktate druckte, zog dieser nach Conestoga und scharte in Ephrata seine Glaubensbrüder um sich. Er schuf mit ihnen eine der ersten religiösen Kommunen in den USA, aus der bald ein international angesehenes Kunst-, Musik- und Druckereizentrum wurde. Selbst Voltaire rühmte Ephrata in seinem »Dictionnaire philosophique«.

Verwinkelte Räume und kleine Zellen

Der Gang durchs Kloster gerät zur Spurenlese. Die Fremdenführerin (mit strenger Strickjacke) zeigt der kleinen Gruppe staunender Amerikaner die altdeutschen Fachwerkgebäude mit den steilen Dächern und charakteristischen Mansardenfenstern, die verwinkelten Räume und Zellen, die das asketische Leben der Mönche und Schwestern verraten. Mitte des 18. Jahrhunderts lebten hier 300 Männer und Frauen, die meisten getrennt und in striktem Zölibat. Die Verheirateten waren mit haushälterischen Aufgaben betraut.

Die Brüder arbeiteten als Farmer und Obstbauern, Müller und Schreiner zum Zwecke karger Selbstversorgung und mit freigebiger Hilfsbereitschaft nach außen. Man unterstützte die Armen auf dem Land, versorgte Durchreisende und Besucher (unter ihnen Graf Zinzendorf, August Gottlieb Spangenberg und der amerikanische Mathematiker, Astronom und Philosoph David Rittenhouse) und pflegte während des Unabhängigkeitskriegs Verwundete beider Seiten.

Von Anfang an aber war das Kloster ebenso ein Ort der Erziehung und Wissenschaft wie ein Hort der Künste. Man komponierte, dichtete, übersetzte und druckte. Die exzellente Bibliothek verfügt über zahlreiche Originale – musikalische Kompositionen, religiöse Erbauungsliteratur, Frakturschriften und illuminierte Manuskripte. Auf der Titelseite eines Hymnenbuchs steht: »Zionistischer Rosengarten. Von der geistlichen Ritterschaft in der Kirchen Gottes gepflanzet und erbauet. Bestehend in allerley angenehmen Melodien und Weisen. Zum nützlichen Gebrauch in der Kirchen Gottes. Ephrata 1744.« Viele dieser Hymnen wurden vom Klosterchor im Falsett und a cappella gesungen. Es heißt, die Sänger hätten sich zuvor einer Diät unterzogen, um die Reinheit ihrer Stimmen zu vervollkommnen.

1768 stirbt Konrad Beißel, der sich im Kloster Vater Friedsam Gottrecht nennen ließ. Sein Grab liegt auf dem dortigen Friedhof. Mit seinem Tod zerfällt die Gemeinde. Um 1800 wird das Zölibat aufgehoben, deutsche Baptisten (die »Seventh Day German Baptist Church«) übernehmen die Anlagen und bleiben hier bis in die 1930er Jahre. Dann wird das Kloster geschlossen.

»Wenn Sie durch Pennsylvania fahren, verstehen Sie auch, warum die Deutschen hier gesiedelt haben«, erzählt die sachliche Dame in der Strickjacke. Zum Abschied schlägt sie lyrische Töne an:

»Ja, die Ähnlichkeit der Landschaften! Das Mittelgebirgische!« Im Herbst jeden Jahres fährt sie zu Besuch nach Baden. Die Kulturen bleiben in Kontakt.

Einspänner und Kinder mit Hut

Sicher ist der **Highway 772** eine der schönsten Pisten durch den fruchtbaren Garten Gottes der Amische – *heavy farming*, soweit das Auge reicht. Feldarbeit bei sengender Hitze: ganz so, wie es schon in der Bibel steht. Die rund 5000 musterhaften Farmbetriebe auf den reichen Kalksteinböden von Pennsylvania zählen zu den ertragreichsten Ackerbaugebieten in den USA. Dieselbe Spitzenstellung hält die Viehwirtschaft.

Lancaster ist das ökonomische Zentrum der Region. Hier donnern die meisten Trucks durch, die Milch und Eier, Steaks und Geflügel nach New York, Philadelphia und Baltimore bringen. Spätestens jetzt merkt jeder, dass nicht alles ringsum so abläuft wie zu Großmutters Zeiten. Keineswegs nur Rechtgläubige und Zeitentrückte bestellen ihre Äcker; in Sichtweite siedeln auch US-Bürger mit Drittwagen in der Garage, Rasenmähern und anderen Segnungen der Neuzeit. Ganz abgesehen von den Enklaven des Tourismus, den Wachsmuseen, Minigolfplätzen, Spaßbädern und Vergnügungsparks. Andernorts folgt der Betriebsamkeit wieder die Idylle. Dann tauchen plötzlich jene malerischen Holzbrücken *(covered bridges)* auf und flotte Einspänner, Kinder mit Hüten auf Rollschuhen. Und ab und zu ein kleines Mädchen mit weißem Häubchen wie aus Andersens Märchen. Beim Fotografieren sollte man sich zurückhalten und unbedingt Aufnahmen vermeiden, auf denen man Gesichter erkennen kann, denn auch in dieser Beziehung nehmen die Amische die Gebote der Bibel ernst.

Westlich von **Strasburg** und seinem ansprechenden Allerlei aus Kunst und Küche der Region bietet das **Hans Herr House** noch einmal Gelegenheit, die traditionelle Bauernkultur der Mennoniten kennenzulernen: Alles hier ist originalgetreu erhalten, d. h. *restored to its original medieval Germanic charm*. Das Haus stammt von 1719 – in Amerika dauert das Mittelalter eben ein bisschen länger.

Mason-Dixon-Linie

Nach Süden hin wechselt das Tempo auf den Straßen und das sanfte Auf und Ab des *rolling terrain* zieht rasch vorbei. Die folgende Grenze von Pennsylvania und Maryland ist in die Geschichte eingegangen – als sogenannte **Mason-Dixon Line**. 1767 gezogen gewinnt sie ein Jahrhundert später Bedeutung als Demarkationslinie zwischen den sklavenhaltenden Staaten im Süden und den sklavenfreien im Norden, den Konföderierten und den Yankees. Sobald sich Highway und **Susquehanna River**

Amish-Kutsche: Wer sich für die moderne Welt entscheidet, bricht mit seiner Gemeinde

Mähmaschine mit vier PS und aufgestelltem Mähwerk: ein Leben ohne technischen Fortschritt im Pennsylvania Dutch Country

Baltimore: bedeutende Hafenstadt

näherkommen, sorgt der schäumende und mächtige Fluss für Abwechslung. Erst zischt er über die Staumauer und dann blinkt er durch die lichten waldigen Flussauen. **Port Deposit** endlich, zwischen Eisenbahnlinie und steil aufsteigendem Granit eingeklemmt, serviert ein bauliches Kontrastprogramm aus stabilen Steinhäusern und ziselierten Viktorianern.

Das glitzernde Hafenviertel und seine Kehrseite

An der ersten Ampel in **Baltimore**, gleich nach Verlassen der Ringautobahn, haben sich zwei schwarze Kids am Straßenrand postiert, um den Leuten bei Rot für ein paar Cent die Windschutzscheibe zu putzen. Zu Baltimore stellen sich gemischte Assoziationen ein. Mehr als 60 Prozent der Einwohner sind Afroamerikaner und Fans amerikanischer TV-Serien kennen die Stadt als Schauplatz der Fernsehserie »The Wire«, Thema ist der Drogenkrieg in den USA und seine Auswirkungen auf die schwarze Unterschicht.

Wer die Nachrichten verfolgt, erinnert sich vielleicht auch an den Tod des 25-jährigen Schwarzen Freddie Gray, der im Frühjahr 2015 nach einer brutalen Festnahme durch weiße Polizisten an seinen Verletzungen starb. Er war das jüngste Opfer einer Serie tödlicher Polizeigewalt gegen Schwarze und nach seiner Beerdigung lieferten sich in Baltimore Afroamerikaner Straßenschlachten mit der Polizei.

Für US-Sozialwissenschaftler gehört beides zusammen und »The Wire« wird als ernstzunehmende Gesellschaftsstudie, als quasi dokumentarische Darstellung der Realität diskutiert. Baltimore liefert dafür nicht zufällig die Folie, die Stadt hat laut Statistik der Bundespolizei aufgrund der Bandenkriege unter den Drogenkartellen die achthöchste Kriminalitätsrate von allen amerikanischen Städten. David Simon, Drehbuchautor der Serie »The Wire« und früherer Polizeireporter bestätigt diese Sicht, demnach verhält sich Baltimores Polizei »wie eine Besatzungsarmee« und betrachtet die schwarzen Armenviertel der Stadt »als Jagdgründe«. Die Diskussion darüber hält an.

Jene Viertel mit der größten Armut und den häufigsten Schießereien sind von Downtown und unserem Tagesziel, dem glitzernden, ultramodernen Hafenviertel meilenweit entfernt und eine andere Welt; trotzdem sieht man selbst bei einem Kurzbesuch die Schauseite einer Stadt mit anderen Augen, wenn man auch von ihrer Kehrseite weiß.

Jede Einfahrt nach Baltimore endet im urbanen Herzen der Stadt, am **Inner Harbor**. Genaugenommen ist dieser Hafen ein Hauptarm der zerklüfteten und tief ins Land hineinragenden Chesapeake Bay. An Sommerwochenenden treten hier Orchester, Bands und Entertainer auf und an jeder Ecke werden Snacks verkauft. Ein willkommenes Terrain nach diesem ereignisreichen Tag, um sich noch etwas die Beine zu vertreten und die spektakuläre Kulisse am Wasser zu genießen. Wer immer noch unternehmungslustig ist, fährt mit dem Wassertaxi nach Fells Point, dem beliebtesten Nightlife-Viertel der Stadt mit Kneipen, Boutiquen, Kunstgalerien und Livemusik.

MAGIC MOMENT Amish Paradise

Vor Jahren machte die Parodie »Amish Paradise« des amerikanischen Sängers und Satirikers Alfred Matthew »Weird Al« Yankovic Furore und ist immer noch auf dem Videoportal You Tube zu sehen. Wer den realen Alltag der Amish für ein paar Stunden hautnah erleben will, für den gibt es die Visit-In-Person Tour, bei der man Amish-Familien im Stall beim abendlichen Kühemelken besucht (deshalb beginnt die Tour immer um 17 Uhr), Handwerkern zuschaut, die Kutschen oder ein Möbelstück bauen, Seife sieden oder Käse herstellen. Manchmal besucht man auch Amish-Frauen, die die Kunst des Quiltens beherrschen und die traditionellen Patchwork-Steppdecken nähen. Jede Tour ist anders und führt zu anderen Familien. Zum Abschluss geht es auf eine dritte Farm, wo man gemeinsam mit den Gastgebern im Wohnzimmer sitzt und plaudert – ganz unamerikanisch ohne plärrendes TV im Hintergrund und ohne summendes oder quäkendes Smartphone auf dem Tisch.

Wie heißt es bei »Weird Al« Yankovic:
»If you come to visit, you'll be bored to tears
We haven't even paid the phone bill in 300 years
But we ain't really quaint, so please don't point and stare
We're just technologically impaired/
There's no phone, no lights, no motorcar
Not a single luxury … On my knees day and night scorin' points for the afterlife
So don't be vain and don't be whiny
Or else, my brother, I might just have to get medieval on your heinie.«

Zu Deutsch: Wenn du uns besuchen kommst, wirst du dich zu Tode langweilen. Wir haben seit 300 Jahren noch nicht mal eine Telefonrechnung gezahlt. Aber wir sind gar nicht so wunderlich, also bitte, starrt uns nicht an und zeigt mit dem Finger auf uns, wir sind nur technologisch behindert. Kein Telefon, kein Licht, keine Autos. Nicht ein einziger Luxus … Tag und Nacht auf den Knien, Punkte sammelnd für das Leben nach dem Tod. Also, sei nicht eingebildet und nicht weinerlich. Sonst, mein Bruder, könnte ich deinen Hintern mittelalterlich behandeln.«

The Amish Experience Visit-In-Person Tour
3121 Old Philadelphia Pike
Bird-in-Hand, PA
Reservierung © (717) 768-8400, Ext. 210, www.amishexperience.com/vip-tour
April–Okt. Mo–Sa jeweils 17 Uhr, Nov. nur Sa, Juli/Aug. auch 10.30 und 14.30 Uhr
Abfahrt der VIP-Tour am Amish Experience Theater Box Office (Check-in 20 Min. vor dem Start)
Maximal 14 Teilnehmer pro Tour, keine Kinder unter 6 J., Tickets $ 60/40 (6–16 J.)

2 Service & Tipps

Lancaster County, PA

Kitchen Kettle Village
Old Philadelphia Pike (PA-340)
Intercourse, PA
✆ (717) 768-8261 und 1-800-732-3538
www.kitchenkettle.com
www.innatkitchenkettle.com
Mo–Sa 9–17 Uhr
40 Läden, Geschäfte und Restaurants, dazu 16 De-luxe-Zimmer und Suiten mit Quilts auf den Betten, Frühstück inkl. $$–$$$

Aaron and Jessica's Amish Buggy Rides
3121 Old Philadelphia Pike, Bird-In-Hand, PA
✆ (717)768-8828
www.amishbuggyrides.com
Mo–Sa 9.30–17, So 10–16 Uhr
20–60 Min. für $ 10–22/6–8 (3–12 J.)
Sieben verschiedene Routen führen im typischen, von Pferden gezogenen Buggy durch das private Farmland der Anbieter, aber auch zu Läden mit Amish-Produkten wie Quilts, Möbeln oder Schuhen. Keine Reservierung nötig.

Plain & Fancy Farm
3121 Old Philadelphia Pike (PA-340), zwischen Intercourse und Bird-in-Hand auf der rechten Seite
www.plainandfancyfarm.com
www.amishexperience.com
www.AmishViewInn.com
Mai–Okt. tägl. 10–17 Uhr, sonst nur Sa/So
Theater und Hausführung jeweils $ 12.50/8.50 (4–12 J.), Farmland-Tour $ 29/16, Kombiticket für alles $ 45/23
Farm mit Restaurant, in der Scheune wird ab 10 Uhr zu jeder vollen Stunde ein 40-minütiger Film über die Amish gezeigt. Bei der geführten Tour durch das Farmhaus *Fisher Family Homestead & Schoolhouse* lernt man das Leben einer Amish-Familie kennen: den Schulunterricht für die Kinder, den Haushalt, die Möbel, Kleidung und alle Vorschriften.

Bei der 90-minütigen Rundfahrt über das Land, der *Amish Farmlands Tour*, (viermal tägl. ab 10 Uhr) erfährt man alles über die Bewirtschaftung der Felder. Im Plain & Fancy Farm Restaurant wird Amish-Küche serviert. Im Amish View Inn & Suites kann man höchst komfortabel und mit eigener Kitchenette übernachten (✆ 1-866-735-1600). Siehe auch Magic Moment, S. 97.

Discover Lancaster
501 Greenfield Rd., Lancaster, PA 17601
✆ (717) 299-8901 und 1-800-723-8824
www.discoverlancaster.com
Tägl. 9–16.30 Uhr, im Sommer länger

Landis Valley Village & Farm Museum
2451 Kissel Hill Rd. (Oregon Pike/PA-272,

Kitchen Kettle Village präsentiert in 40 Läden und Restaurants alles, was das Lancaster County zu bieten hat

4 km nordöstl. von Lancaster)
Lancaster, PA 17601
✆ (717) 569-0401
www.landisvalleymuseum.org
Mo–Sa 9–17, So 12–17 Uhr, Jan./Feb. Mo/Di geschl., Eintritt $ 12/8 (3–11 J.)
Weitläufiges Freilichtmuseum mit Bauernhäusern, Schule und Scheune, Taverne und Ladenlokalen: deutsches Landleben in Pennsylvania zwischen 1750 und 1940.

Lititz Welcome Center
North Broad St., Lititz, PA 17543
✆ (717) 626-6332, www.lititzpa.com
Im ehemaligen Bahnhof ist die Tourist Information untergebracht.

The General Sutter Inn
14 E. Main St., Lititz, PA
✆ (717) 626-2115, www.atthesutter.com
Wohnhaus des Schweizer Generals und Siedlungsführers, bei dessen Mühle am American River in Kalifornien 1848 Gold gefunden wurde, das ihn selbst jedoch ruinierte. Bereits 1852 war er pleite und zog sich 1871 nach Lititz zurück. Auf dem moravischen Friedhof hinter der Kirche liegt er begraben. Heute ein Bed & Breakfast Inn mit modernen, sehr attraktiven Zimmern, Bierkneipe und Restaurant. $$

Lititz Moravian Church Congregation
8 Church Sq., Lititz, PA
www.lititzmoravian.org
Die Kirche von 1787 für die heute rund 1200 Mitglieder der böhmisch-mährischen Gemeinde der Stadt. Rund um den Kirchplatz sind etliche historische Gebäude der damaligen böhmischen Gemeinde zu besuchen wie das Lititz Moravian Archives & Museum (Mai–Okt. Fr/Sa 11–14 Uhr) und der Moravian Mission Gift Shop (März–Dez. Fr/Sa 10–16 Uhr).

Lititz Museum and Johannes Mueller House
137–145 E. Main St., Lititz, PA
✆ (717) 627-4636
www.lititzhistoricalfoundation.com
Juni–Okt. Mo–Sa 10–16, Lititz Museum Nov./Dez., Mai Fr/Sa 10–16 Uhr, Eintritt $ 5
Auch das 1792 Johannes Mueller House und das 1793 Christian Schropp House an der Nordseite des Kirchplatzes gehören zu dem historischen Ensemble und beide dienen heute als Museum. Hier hat die Lititz Historical

Amerikas älteste Brezel-Bäckerei in Lititz: Hier gibt's die Pretzel auch mit Schokolade

Foundation ihren Sitz. Durch das zeitgenössisch eingerichtete Mueller House führen historisch kostümierte Guides.

Julius Sturgis Pretzel Bakery
219 E. Main St. (PA-772), Lititz, PA
✆ (717) 626-4354
www.juliussturgis.com
Mo–Sa 9–17 Uhr, Touren 9.30–16.30 Uhr, Anfang–Mitte Jan. geschl.
Tourticket $ 3.75/2.75 (4–12 J.)
Amerikas älteste Brezel-Bäckerei backt seit 1784 hier in alten Öfen das salzige Backwerk. Die Führungen bringen Aufschluss über den Zusammenhang von Gebäck und Gebet: die Form der Brezel erinnere an die beim Beten verschränkten Arme!

Wilbur Chocolate Museum & Factory Store
48 North Broad St., Lititz, PA
✆ (717) 626-3249
www.wilburbuds.com
Mo–Sa 10–17, jeden 2. Fr im Monat bis 20 Uhr
Historischer Schokoladenladen, in dem man bei der Herstellung (von Hand) zuschauen kann. Natürlich gibt es alle Köstlichkeiten (inkl. schokoüberzogener Salzbrezeln) auch zu kaufen.

Ephrata Cloister
632 West Main St., Ephrata, PA
✆ (717) 733-6600
www.ephratacloister.org
Do–Sa 9–17, So 12–17 Uhr, Eintritt $ 10/6

(3–11 J.), Führungen im Ticketpreis inkl. Zentrum der 1732 von Johann Konrad Beißel aus Ebersbach (Pfalz), dem »Wiedertäufer des Siebenten Tags«, gegründeten religiösen Kommune. Weder amisch noch mennonitisch, sondern adventistisch.

Streng trennte Beißel seine Glaubensgenossen in zwei Gruppen (Alleinstehende/Verheiratete) und wachte darüber mit eiserner Faust. Das Kloster, das wegen seiner Schrift- (Fraktur) und Druckerkunst, Übersetzungen und Chormusik berühmt war und bis 1934 existierte, wurde 1941 von der Pennsylvania Historical & Museum Commission übernommen und restauriert. Zwölf Gebäude sind zu besichtigen.

Cloister Restaurant
607 W. Main St., Ephrata, PA
✆ (717) 233-2361
Genau das Richtige für ein *local lunch*. $

1719 Hans Herr House and Museum
1849 Hans Herr Dr., Willow Street, PA
✆ (717) 464-4438, www.hansherr.org
April–Nov. Mo–Sa 9–16, Führung 9–15 Uhr zu jeder vollen Stunde, Eintritt $ 8/4 (7–12 J.)
Im Jahr 1710 verließ eine Gruppe Mennoniten unter Führung von Hans Herr die Pfalz und siedelte sich hier an. Weil das Bauernhaus von 1719 auch als Gemeindetreff der bald auf 50 Familien angewachsenen Gruppe diente, und weil Vater und Sohn Herr darin predigten, gilt es heute als die älteste Mennonitenkirche in den USA.

Baltimore, MD

Visitor Center
401 Light St., Baltimore, MD 21202
✆ 1-877-225-8466 (Mo–Fr 8.30–17.30 Uhr)
www.baltimore.org
Tägl. Mai–Sept. 9–18, Okt. 9–17, Anfang Nov. 10–16, Mitte Nov.–April Mi–So 10–16 Uhr
Neu und effizient: Stadtpläne, Hotelinfos, Reservierungen, Tickets.

The Inn at Henderson's Wharf
1000 Fell St. (Fells Point)
Baltimore, MD
✆ (410) 522-7777 und 1-800-522-2088
www.hendersonswharf.com
Umgebautes Lagerhaus für Tabak. Gediegenes, ruhiges Hotel abseits des Tavernentrubels an der Promenade am Wasser und der Marina. Fitnessstudio. Mit Frühstück. $$$$

Royal Sonesta Harbor Court Hotel
550 Light St., Baltimore, MD 21202-6099

Royal Sonesta Harbor Court Hotel im Inner Harbor: königlicher Blick aus den Zimmern inklusive

✆ (410) 234-0550 und 1-800-824-0076
www.sonesta.com
Top-Hotel mit Hafenblick: 202 Zimmer und Suiten, Restaurant Explorers, Rooftop Health Club mit Pool, Sauna, Whirlpool, Tennisplatz. $$$$

Admiral Fell Inn
888 S. Broadway (Fells Point)
Baltimore, MD
✆ (410) 522-7380
www.admiralfell.com
Erst Seemannsheim, dann Essigfabrik, heute intimer Gasthof mit 80 Zimmern und Restaurants. Kleines Frühstück im Zimmerpreis inkl. $$$–$$$$

Biltmore Suites
205 W. Madison St. (Mount Vernon)
Baltimore, MD 21201
✆ (410) 728-6550 und 1-800-868-5064
www.biltmoresuites.com
Historisches B & B (1880) mit 25 Zimmern in einer stilleren Straße von Mount Vernon mit Frühstück. Ein Erlebnis ist allein schon der eiserne Vogelkäfig, der hier noch als Aufzug dient. $$–$$$$

Holiday Inn Baltimore Inner Harbor
302 W. Lombard St.
Baltimore, MD
✆ (410) 685-3500
www.innerharborhi.com
Amerikanisches Kettenhotel mit den üblichen Standards, alle Zimmer mit großem Schreibtisch, freiem WLAN, Mikrowelle, Kühlschrank und Kaffeemaschine; kostenpflichtige Parkplätze, oft Sonderpreise. $$$

Hotel Brexton
868 Park Ave. (Mount Vernon)
Baltimore, MD
✆ (410) 578-2100
www.hotelbrexton.com
Schlossähnliches, komfortables Boutiquehotel mit prächtiger Wendeltreppe im historischen Mount-Vernon-Viertel mit langer Geschichte. $$–$$$

Akbar Restaurant
823 N. Charles St. (Mount Vernon)
Baltimore, MD
✆ (410) 539-0944
www.akbar-restaurant.com
Mo–Fr 11.30–14.30, Sa/So 12–15, tägl. 17–23 Uhr
Nordindische Gerichte in exotischem Dekor, berühmt für sein Lamm-Curry. $–$$

Amicci's
231 S. High St. (Little Italy)
Baltimore, MD
✆ (410) 528-1096, www.amiccis.com
Tägl. 11–22, Fr/Sa bis 23, Bar bis 24 Uhr
Unkompliziertes italienisches Restaurant; große Portionen, zu empfehlen: Chicken Lorenzo. $–$$

Black Olive
814 S. Bond St. (Fells Point)
Baltimore, MD
✆ (410) 276-7141, www.theblackolive.com
Tägl. 12–22 Uhr
Nettes, kleines Lokal mit guter Küche und griechischem Touch. Viele gesunde Sachen, Fisch im Tagesangebot. Lunch ($) und Dinner. $–$$

The Abbey Burger Bistro
1041 Marshall St. (Federal Hill)
Baltimore, MD 21230
✆ (443) 453-9698
www.abbeyburgerbistro.com
Di–So 11.30–24, Mo 17–24 Uhr
In dieser Sportbar mit zwölf Monitoren auf zwei Stockwerken gibt es die besten Burger, aber auch Vegetarisches. Alles mit lokalen Zutaten. $

Bubba Gump Shrimp Co.
301 Light St. (Inner Harbor)
Baltimore, MD
✆ (410) 244-0838, www.bubbagump.com
Tägl. 11–22, Fr/Sa bis 23 Uhr
Seafood und freundlicher Service im Herzen des Inner Harbor. $

Ed Kane's Water Taxi
1735 Lancaster St. (Fells Point)
Baltimore, MD
✆ (410) 563-3901
www.baltimorewatertaxi.com
Tagesticket $ 16/9 (3–12 J.)
Shuttle-Fähren zwischen Inner Harbor und Fells Point.

Einen Stadtplan von Baltimore und weitere Informationen finden Sie beim 3. Tag, S. 103 bzw. 110 ff.

3 Urbaner Neubeginn am Hafen

Baltimore

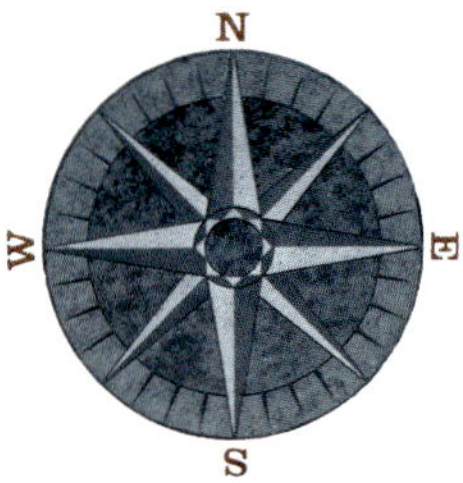

3. Tag: Baltimore

Vormittag	**Inner Harbor** (World Trade Center und National Aquarium); eventuell **Old Otterbein Church** und Umgebung.
Mittag	Lunch Harborplace oder Cross Street Market.
Nachmittag	**Mount Vernon** mit Peabody Library, Walters Art Museum oder/und Baltimore Museum of Art oder Evergreen Museum & Library.
Abend	**Little Italy** und/oder **Fells Point**.

Baltimore hat einige Probleme, aber auch etliche Trümpfe. Der Inner Harbor ist ein Prachtexemplar städtebaulicher Sanierung und Renaissance, die beiden Kunstmuseen und die Peabody-Bibliothek spielen in der obersten Liga, und das Washington Monument im noblen Viertel Mount Vernon stand hier bereits, als man in Washington DC noch nicht mal davon träumte. Fort McHenry schließlich, die im Süden der Stadt an der Hafeneinfahrt gelegene Festung, ist ein historisches Kronjuwel der USA, denn hier entstand der Text zur amerikanischen Nationalhymne.

Der Hafen war schon immer – seit der Gründung 1729 – der wirtschaftliche Motor Baltimores. Die erste Eisenbahn, die Baltimore & Ohio Railroad (B&O), setzte 1829 die Erfolgsgeschichte als Handelsplatz fort, weil sie zwei Jahre nach der Fertigstellung des Erie-Kanals einen sensationell neuen Transportweg in den Westen eröffnete.

So überflügelte Baltimore schon bald den damals größeren Konkurrenten Annapolis. Tabak und Weizen wurden nach England geliefert, später Kaffee, Ananas und Kohle. Die großen Frachtensegler, die berühmten Baltimore Clipper, blieben lange Zeit die Garanten für einen lukrativen Überseehandel. Doch dann änderten sich die Zeiten. In den 1950er sah es ganz so aus, als würde der *inner city blues* anderer US-Großstädte auch Baltimore befallen. Der allamerikanische Exodus der Mittelklasse nach Suburbia entzog Downtown die wirtschaftliche Basis.

Wer heute am **Inner Harbor** steht, kann sich diese urbane Schwindsucht schwer vorstellen, denn rund um die windige Waterfront pulsiert reges Leben, verbinden Promenaden Hotels und Shoppingcenter, historische Schiffe, hypermoderne Glasarchitektur und luftige Pavillons. Das offene Ensemble zeugt von einer städtebaulichen Renaissance, die nicht nur die Stadt selbst auf Trab gebracht hat, sondern auch viele andere Städte im Land zu einem Neubeginn motivierte.

Stadtverwaltung, Geschäftsleute und eine clevere Entwicklungsfirma krempelten den ehemaligen Ankerplatz der Schiffsindustrie gründlich um und machten daraus eine Bühne für die Bürger –

Baltimore
Pennsylvania Station
Baltimore Mus. of Art / John Hopkins University
Greenmount Cemetery
The Mt. Royal Ave.
The Mount Royal
E Preston St.
Joseph Meyerhoff Symphony Hall
Cathedral St.
Charles St.
St. Paul St.
Greenmount Ave.
Hartford Ave.
Central Ave.
Broadway
North Wolfe St.
North Washington St.
E Biddle St.
E Chase St.
E Eager St.
Ensor St.
Antique Row
MOUNT VERNON
Read St.
Howard St.
The Fallsway
E Madison St.
E Monument St.
Washington Monument
Walters Art Museum
Peabody Library
East Centre St.
Franklin St.
Park
Calvert St.
Orleans St.
Orleans St.
East Fayette St.
Edgar Allan Poe House
Lexington Market
Mulberry St.
Saratoga St.
Liberty St.
Lexington St.
Holiday St.
Jones Falls Expressway
East Fayette St.
Fayette St.
City Hall
East Baltimore Street
Edgar Allan Poe Grave
Baltimore St.
E Lombard St.
E Lombard St.
Power Plant Live!
Albemarle
Paca St.
Hopkins
E Pratt St.
E Pratt St.
Patterson Park
Lombard St.
Pratt St.
Harborplace
Stiles
High St.
Exeter
Gough St.
Gough St.
Camden St.
Old Otterbein Methodist Church
National Aquarium
Fawn St.
Trinity
Sharp
Top of the World
Eastern Ave.
Eastern Ave.
Oriole Park at Camden Yards
Conway St.
Marine Mammal Pavilion
LITTLE ITALY
FELLS POINT
Fleet St.
Fleet St.
Camden Station
Barre St.
Inner Harbor
Broadway Market
Aliceanna St.
Aliceanna St.
OTTERBEIN
E Welcome St.
E Lee St.
Light St.
Lancaster St.
Robert Long House
Boston St.
E York St.
Maryland Science Center
E Hill St.
Wills St.
Thames St.
395
E Hughes St.
Federal Hill
Philpot St.
Brown's Wharf
Charles St.
Key Highway
Patapsco River
E Cross St.
Cross St. Market
SOUTH BALTIMORE
West Ostend St.
South Charles St.
Hanover St.
East Fort Avenue
E Randall St.
Beason St.
Lowman St.
E Heath St.
Riverside Park
E Heath St.
Key Highway
Haubert
Hull
E Clement St.
Andre St.
East Fort Avenue
E Wells St.
95
Andre St.
East Fort Avenue
Fort McHenry National Monument and Historic Shrine
N
95
Fort McHenry
300 m
Fort McHenry Tunnel

Inner Harbor: Die windige Waterfront wurde zur Bühne für Freizeit und Entertainment

für Freizeit und Entertainment mit den Restaurant- und Shopping-Arkaden von **Harborplace**, einem World Trade Center und originellen Aquarien und Museen; etliche Top-Hotels sicherten sich rund ums Wasser die besten Plätze. Baltimores neugestaltete Hafenlandschaft ist auch deshalb so attraktiv, weil sie zum Schlendern einlädt, zum Hinsetzen, Schauen und Eis essen. Im Frühling, wenn die pinkfarbenen Blüten der Kirschbäume die Promenaden garnieren, lassen sich hier perfekte Postkartentage erleben.

Eiswannen voller Bierdosen

Einen Panoramablick über Stadt und Hafen bietet das Observation Deck im 27. Stock des **World Trade Center** und nicht weit davon kann man im **National Aquarium** auf Tauchstation gehen. Es zählt zu den besten in den USA: Im Gebäude Pier 4 lassen sich außer den quirligen Delfinen auch die erstaunlich klugen Belugawale bewundern; im Glas Pavilion wandert man durch Australien und im fünfstöckigen Blue Wonders warten u. a. ein Regenwald und ganz unten im Dunkeln das neue Blacktip Reef.

Auch die zweite Reihe des Hafenrunds hat viel zu bieten wie das idyllische Geviert ein paar Schritte westlich rund um die ansehnliche **Old Otterbein Church**. Das Viertel **Federal Hill**, das sich im Süden anschließt, zeigt hübsche Stadtwohnungen im Klinker-Look in engen Gässchen und kopfsteingepflasterte Straßen mit Gärten und Bänken, auf denen schwarze Nannys gutgenährte weiße Kleinkinder betreuen. Und überall die *marble-stooped rowhouses*, Häuser, zu deren Türen jene drei weißen Marmorstufen führen, die für viele Wohnviertel in Baltimore typisch sind.

Schon Gottfried Duden, dessen Berichte von seinem Aufenthalt in Amerika Anfang des 19. Jahrhunderts viele auswanderungswillige Deutsche bestärkte, lobte in einem Brief von 1824 die Wohnkultur in Baltimore, weil »die Gasbeleuchtung in den vorzüglichsten Theilen der Stadt, der weiße Marmor an so vielen Wohnungen, der allgemeine Gebrauch der Teppiche, so wie überhaupt der Aufwand in den Möbeln, dem Ankömmlinge aus Europa die Gedanken an Wildnisse so ziemlich vertreiben können ...«

Wie in diesem Quartier um Hanover, Barre, Lee, Hill Street und Welcome Avenue sieht es überall dort aus, wo seit den 1970er Jahren das Prinzip des *urban homesteading* die Speerspitze der städtischen Erneuerungspolitik wurde. In vielen, lange Zeit heruntergekommenen Gegenden verkaufte die Stadt die Häuser für einen Dollar an solche Bürger, die sich verpflichteten, sie wieder instand zu setzen und mindestens drei Jahre darin zu wohnen. Das zahlte sich aus.

Charles Street für Feinschmecker

Nur einen Baseballwurf von Otterbein entfernt, erhebt sich die gewaltige Sportkulisse des **Oriole Park**, Tummelplatz der berühmten »Baltimore Orioles«, die, vor allem bei Siegen, das kommunale Selbstwertgefühl päppeln. Hier lohnt es sich schon herumzuspazieren, wenn die Vorbereitungen zum Spiel auf vollen Touren laufen und bei den Verkaufsbuden die Eiswannen für die Bierdosen gefüllt, die BBQ-Öfen angeworfen und die Brötchenhaufen aufgetürmt werden. Baseball wirkt auf die meisten Europäer wie das Langweiligste, was Sport zu bieten hat. Es ist aber eben auch gerade deshalb ein dickes Geschäft, weil sich das Spiel unter Umständen endlos in die Länge zieht und jede Menge Werbezeit bietet.

Wer den Weg – zu Fuß, mit dem Auto oder dem Taxi – ein paar Blocks nach Süden nicht scheut, auf den wartet im **Cross Street Market** ein vorzügliches Tischleindeckdich, ein Lunch, das man sich nach Herzenslust selbst zusammenstellen kann. Unter den Straßenmärkten der Hafenstadt gilt er als der authentischste, als bessere Alternative zum bekannteren, älteren und sehr viel größeren Lexington Market. An der Raw Bar stehen die Honoratioren der Stadt Schlips an Schlips und genießen Austern und Sushi-Häppchen. Hier kungelt die politische Elite gern wie sonst auf dem Golfplatz, während sich die Normalos an preiswertere Combos mit Ketchup halten. Das Publikum ist bunt gemischt, alt und jung, schwarz und weiß. Außerdem liest sich der Markt wie eine illustrierte Speisekarte, denn Fische, Obst- und Gemüsesorten tragen kleine Namensschildchen. Spätestens hier lernt man, wie z. B. *squash, mustard greens, yams, squid, sea trout, red snapper, asparagus* oder *egg plant* aussehen.

Stadteinwärts steigt vom Inner Harbor die **Charles Street** langsam nach Norden an – zum **Mount Vernon**, jenem Ort, auf den die Baltimoreans mit gutem Grund besonders stolz sind. Schon bald nach seiner Gründung 1831 avancierte die Parkanlage zu einer begehrten Adresse. Elegante Stadthäuser, Brunnen und Statuen machen Mount Vernon – wie Henry James schreibt – zum »Salon« von Baltimore. Auch die Feinschmecker sind hier glücklich, denn Charles Street durchzieht Parks und Paläste wie eine muntere Restaurant Row, wo man dem Völkermix auf den Geschmack kommt,

Charles Street Baltimore: Elegante Stadthäuser säumen den Weg zum Mount Vernon

Washington Monument am Mount Vernon: Die Nummer zwei steht in der Hauptstadt

weil indische, thailändische, chinesische oder marokkanische Düfte und Dekors locken.

Über allem erhebt sich das **Washington Monument**, das Wahrzeichen der Stadt, 1814 von Robert Mills entworfen, dem man nachsagt, der erste in Amerika gebürtige und ausgebildete Architekt gewesen zu sein. Er hatte Zugang zur Architekturbibliothek von Thomas Jefferson und arbeitete am Ausbau des Weißen Hauses in Washington mit. Die schlanke, 60 Meter hohe Säule in Baltimore war die erste große Hommage an George Washington und beflügelte seine nationale Anerkennung, Jahrzehnte bevor ihm Mills in der Hauptstadt erneut ein Denkmal setzte. Das Washington Monument vom Mount Vernon – darauf ist man in Baltimore besonders stolz – ist also das Original, jenes in Washington DC ist zwar mit 169 Metern weitaus höher, aber eben doch nur die Nummer zwei.

Ein anderes lokales Schmuckstück lässt auch europäischen Schöngeistern das Herz höher schlagen: die **Peabody Bibliothek** des ehemals ebenso berühmten wie spendablen Bankers Peabody, deren überwältigender Lesesaal sich verständlicherweise schnell den Ruf einer »Kathedrale der Bücher« einhandelte. Eine siebengeschossige Kombination aus Klassizismus und Eisenkonstruktion, ein moderner Tempel der Bildung, von oben durch ein Glasdach beleuchtet – grandios und eine hochästhetische Alternative zum Speicherchip.

Das **Walters Art Museum** birgt Schätze der darstellenden Kunst: Miniaturen und Manuskripte, mittelalterliche Elfenbeinschnitzereien, liturgische Objekte (Reliquiare, Kruzifixe, Monstranzen); italienische Malerei des Mittelalters, der Renaissance und des Barock; französische Malerei des 19. Jahrhunderts, Kunst aus Asien und Ägypten – das Spektrum ist weit gefächert. Ein besonders sehenswertes Objekt ist das »Porträt einer jungen Frau« (mit erstaunlichen Mandelaugen) von Lucas Cranach d. Ä. vom Anfang des 16. Jahrhunderts.

Theaterbühne als Wunderwerk

Charles Street zeigt sich auch in ihrem nördlichen Teil (bis Mt. Royal) reizvoll, und ebenso bleiben ihr die Straßencafés und Restaurants treu. In der Nähe liegt der elliptische Bau der **Joseph Meyerhoff Symphony Hall**, des Stammhauses des angesehenen Baltimore Symphony Orchestra, das zwischen September und Juni Saison hat. Dann folgen **Pennsylvania Station**, der aufwändig sanierte Bahnhof in prächtigem Beaux-Arts-Stil, und schließlich der Prestige-Campus und das renommierte Klinikum der 1876 gegründeten **Johns-Hopkins-Universität**. Neben den Kunstsammlungen und der *Baltimore Sun*, einer der besten Tageszeitungen in den USA, gehören beide zu den tragenden Kultursäulen der Stadt.

Ihre Fundamente verdankt die Uni vor allem Gönnern und Philanthropen: neben Johns Hopkins, George Peabody und Henry Walters unter anderen auch Enoch Pratt, dessen Erbe in einer bedeutenden öffentlichen Bibliothek weiterlebt. Und wenn schon stadtbekannte Namen fallen, dann gehört auch der von Henry L. Mencken dazu, der scharfzüngige Journalist, der in den 1920er und 1930er Jahren die *Sun* zu seinem Forum machte; aber auch der sozialkritische Schriftsteller Upton Sinclair, der Komponist und Bürgerschreck Frank Zappa und natürlich der Meister des Makabren, Edgar Allan Poe. Sein Haus steht in der Amity Street, sein Epitaph und Grabstein auf dem Kirchhof der Westminster Church.

Wer das **Baltimore Museum of Art** besucht, findet unweigerlich noch zwei weitere Namen für die Liste der lokalen Kunstmäzene: Etta und Claribel Cone, das Geschwisterpaar, deren Nachlass das eigentliche Rückgrat der Sammlungen und Stiftungen dieses Museums bildet. Die Schwestern hatten in der ersten Hälfte des 20. Jahrhunderts einen wahren Berg impressionistischer Werke zusammengetragen. Die Freundschaft mit der in Paris lebenden Gertrude Stein eröffnete ihnen den Zugang zu den bildenden Künstlern in Europa, besonders zu Matisse. Ergebnis: Dutzende Gemälde, Drucke, Zeichnungen und Plastiken fügen sich zu einer der umfangreichsten Matisse-Sammlungen der Welt. Und die Cafeteria ist sehr einladend, vor allem die Terrasse im Skulpturengarten.

Noch weiter nördlich streift Charles Street durch schöne Villenviertel, aus denen vor allem ein Kleinod herausragt. Inmitten großzügiger Parkanlagen leuchtet der korinthische Säulenportikus des gelben **Evergreen Mansion** – auf den ersten Blick ein Stückchen stattliches 19. Jahrhundert. Drinnen freilich geht ein anderer Zeitgeist um, der zwar aus den 1920er und 1930er Jahren stammt, aber frischer, moderner und faszinierender ist als vieles Zeitgenössische heutzutage.

Evergreen entsprang Ende des letzten Jahrhunderts dem Vermögen der Garrett-Familie, die ihr Geld mit der Eisenbahn gemacht hatte und deren Enkel John und Alice das Anwesen 1920 übernahmen. Alice Warder Garrett brachte 1922 den russisch-französischen Maler und Bühnenbildner Léon Bakst in die herrschaftliche Villa, der sie

Peabody-Bibliothek: Der Lesesaal ist wohl der schönste öffentliche Raum in Baltimore

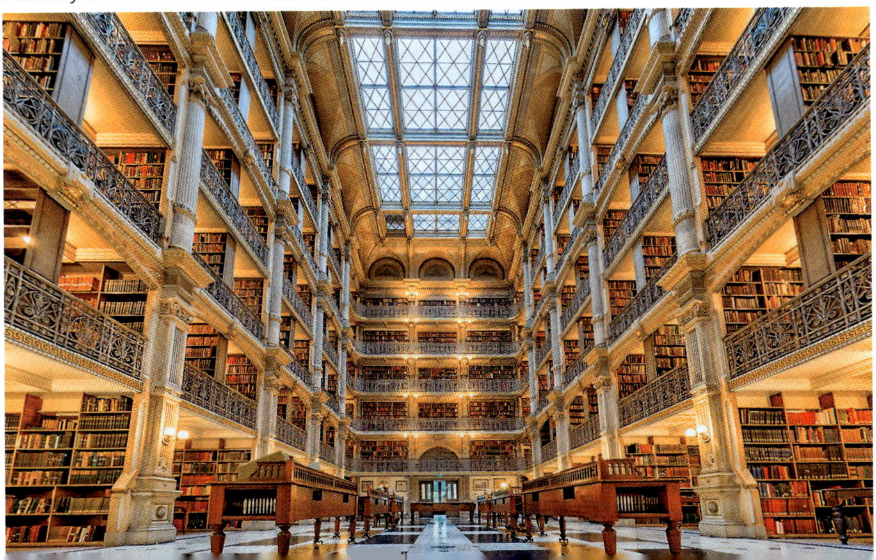

komplett neu ausstattete. Unter anderem verwandelte Bakst den ehemaligen Gymnastikraum in die modernste und ungewöhnlichste Theaterbühne der Stadt. Evergreen wurde schnell zum Treffpunkt einer internationalen und intellektuellen Crème de la Crème, hier trafen sich Künstler, Kreative und Freigeister in einem autonomen gesellschaftlichen Raum. Der alte Glanz herrscht heute noch in der Bibliothek, dem Holzkunstwerk eines Möbelschreiners aus Baltimore von 1928, und vor allem in der Seele des Hauses, dem nach dem legendären Designer und Maler der Moderne benannten Bakst Theater, in dem heute noch ab und an hochkarätige Musiker Konzerte geben.

Alte Pubs mit Livemusik in Fells Point

Little Italy heißt der Stadtteil, der zwischen Inner Harbor und Fells Point liegt und der als eine kulinarische Festung unter italienischem Oberbefehl ausgebaut ist, obwohl mehrheitlich Afroamerikaner hier wohnen – ein Viertel mit ungewöhnlich reichem Ethnic Mix. Little Italy oder Little Lithuania sind nur zwei Beispiele. Ein Transfer mit dem Wassertaxi verschafft frische Luft und nach der Landung an Brown's Wharf in **Fells Point** frische Eindrücke von Baltimores Vergangenheit als Hochburg des Schiffsbaus. 1730 vom Quäker William Fell gekauft und erschlossen entwickelten sich die Werften zu den effektivsten Baustellen im Lande, auf denen Schoner und vor allem die *Baltimore Clipper* entstanden – flotte Segler, die von Kaufleuten ebenso geschätzt wurden wie von Piraten. Die Seefahrt hat seitdem Tradition.

Fells Point mit seinen vielen kleinen bunten Häuschen gehört zu den attraktivsten Vierteln der Stadt, die hier ihre Schifffahrtsgeschichte schrieb. Liefen hier nicht die Skateboard-Freaks im Schlabberlook, sondern noch Damen im Reifrock und Herren in gewürfelten Hosen herum, dann könnten Bilder von Fells Point gut und gern einen Dickens'schen Roman illustrieren. Zumindest tagsüber. Dickens hat übrigens 1868 in Baltimore aus seinen Werken gelesen. Rund um die Markthallen am Broadway kommt schließlich alles zusammen, was dem Entertainment und dem Bar-Hopping dient: alte Pubs mit Livemusik, Theaterbühnen und jede Menge Restaurants.

Fells Point: Baltimores buntes Bummelquartier mit Kneipen, Boutiquen und Antikläden

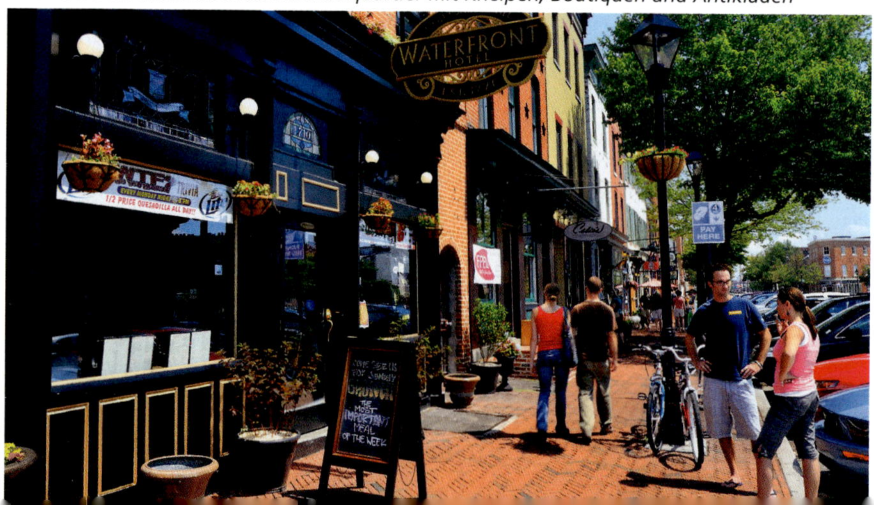

Fort McHenry: And the star-sprangled banner in triumph shall wave over the land of the free …

MAGIC MOMENT The Star-Sprangled Banner

Im September 1814 stand das Schicksal des jungen Amerika auf dem Spiel. Nachdem die britischen Truppen die Regierungsgebäude der Hauptstadt Washington in Brand gesetzt hatten, zogen sie die Chesapeake Bay hinauf, um mit der Zerstörung der Hafenstadt Baltimore den Krieg endgültig zu gewinnen. Am 13. September begann ein 25-stündiges Bombardement von Fort McHenry. Den ganzen Tag über und die nächste Nacht verfolgte der junge Rechtsanwalt Francis Scott Key den Angriff vom Deck eines anderen Seglers. Als die Sonne am Morgen des 14. September aufging, konnte Key die amerikanische Fahne im Dunst noch immer über den Mauern des Forts wehen sehen. Das Fort war also nicht gefallen, die Briten waren abgezogen und der Krieg gewonnen.

Key schrieb am selben Tag den Text, der 1931 zur Nationalhymne werden sollte: »O say can you see by the dawn's early light/ What so proudly we hailed at the twilight's last gleaming?« mit den Schlusszeilen »And the star-sprangled banner in triumph shall wave/O'er the land of the free and the home of the brave!«

Die Originalflagge liegt m National Museum of American History in Washington DC und steht dort auf unserem Programm. Hier im Visitor Center ist der handschriftliche Text zu sehen und eine Videopräsentation sorgt für Gänsehaut. Im Anschluss daran kann man das Fort mit seinen Mannschaftsbaracken und Kanonen besichtigen.

Fort McHenry National Monument and Historic Shrine
Orientation Film im Visitor Center
2400 E. Fort Ave., Baltimore, MD
✆ (410) 962-4290, www.nps.gov/fomc
Ende Mai–Ende Aug. tägl. 9–17.45, sonst bis 16.45 Uhr
Eintritt in den historischen Park $ 10, Kinder bis 15 J. frei
Anfahrt zum Fort McHenry (April–Sept.) mit dem Wassertaxi ab Harborplace, umsteigen in Fells Point.

Baltimore, MD

Baltimore Museum of Art
10 Art Museum Dr. (N. Charles & 31st Sts.)
Baltimore, MD
✆ (443) 573-1700
www.artbma.org
Mi–So 10–17 Uhr
Eintritt frei
Marylands größtes Kunstmuseum liegt im Wyman Park. Neu: der Contemporary Wing mit 16 renovierten und kuratierten Galerien mit zeitgenössischen Werken der Malerei, Skulpturen, Fotos, Videos und interaktiven Modulen; u. a. Werke von Andy Warhol und Jasper Johns. Die ständige Sammlung reicht von antiken Mosaiken bis zu zeitgenössischer Kunst.

Die Cone Collection umfasst die französischen Impressionisten (vor allem Matisse, aber auch Renoir, van Gogh, Gaugin und Cézanne) und Picasso. Das 20. Jh. ist u. a. mit Jackson Pollack, Max Ernst und Wassily Kandinsky vertreten. Die amerikanische Abteilung zeigt angewandte Kunst (Möbel, Bestecke, Textilien) und historische Miniaturräume. Museumsladen, Cafeteria im Skulpturengarten.

Degas-Skulptur im Baltimore Museum of Art: Marylands bestes Kunstmuseum

Edgar Allen Poe Museum
203 N. Amity St., Baltimore, MD
✆ (410) 344-5705
www.poeinbaltimore.org
Do–So 11–16 Uhr
Eintritt $ 8, bis 11 J. frei
Edgar Allan Poe lebte 1832–35 in diesem Haus mit seinen fünf Zimmern zusammen mit seiner Tante und späteren Schwiegermutter Maria Clemm, deren alter Mutter und der damals 10-jährigen Tochter Virginia Eliza Clemm, seiner späteren Frau. Das Haus stand damals an gleicher Stelle, aber draußen auf dem Land, die Gegend gehörte noch nicht zum heutigen Stadtgebiet.

Evergreen Museum & Library
4545 N. Charles St.
Baltimore, MD
✆ (410) 516-0341
http://evergreenevents.library.jhu.edu
Führungen zur vollen Stunde Di–Fr 11–16, Sa/So 12–16, letzte Führung 15 Uhr
Eintritt $ 8/5 (6–17 J.)
Edle Villa mit 48 Zimmern und Bibliothek aus der Mitte des 19. Jh., lange im Besitz von Kunstsammlern, nur mit Führung zu besuchen. Im hauseigenen Theater, entworfen vom russisch-französischen Bühnenbildner Léon Bakst, finden ab und an Konzerte mit hochkarätigen Musikern statt – ein echter Geheimtipp.

Maryland Science Center
601 Light St., Baltimore, MD
✆ (410) 685-5225, www.mdsci.org
Ende März–Juni Mo–Fr 10–17, Sa 10–18, So 11–17 Uhr, sonst Mo geschl.
Eintritt $ 25/19 (3–12 J.), mit IMAX $ 29/23
Drei Stockwerke beste Familienunterhaltung: Planetarium, Shows, IMAX-Kino – Naturwissenschaft zum Anfassen. Café.

The Walters Art Museum
600 N. Charles & Center Sts.
Baltimore, MD
✆ (410) 547-9000
www.thewalters.org
Mi–So 10–17, Do bis 21 Uhr

Eintritt frei
Vorzügliches städtisches Museum in einem italienisierenden Palazzo von 1904 im Herzen des Mount Vernon Cultural District – mit schönem Innenhof und Renaissance-Plastiken, u.a. Pietro Francavillas »Apollo« von 1591. Die asiatische Sammlung füllt das angrenzende Hackerman House, eine helle elegante viktorianische Villa von 1851. Museumsladen und Café.

George Peabody Library
17 E. Mt. Vernon Pl.
Baltimore, MD
✆ (410) 234-4943
www.peabodyevents.library.jhu.edu
Di–Do 9–17, Fr 9–15 Uhr, Mo nach Absprache
Eintritt frei
Spektakulär eindrucksvolles Büchermagazin von 1857, heute Teil der Hopkins-Universität. Präsenzbibliothek mit 283 000 Bänden, hauptsächlich (britische) Geschichte, Technik und Wissenschaften des 19. Jh., Genealogie und seltene Periodika.

Grab von Edgar Allan Poe
Fayette & Greene Sts.
Baltimore, MD
✆ (410) 328-2070
Die Grabstätte ist passend gewählt, sie liegt auf dem Friedhof der Westminster Church, die über Katakomben voll offener Särge mit Gebeinen errichtet wurde. Auf Poes Grab liegen fast immer frische Blumen und es versteht sich von selbst, dass es nachts hier spukt.

Old Otterbein United Methodist Church
Conway & Sharp Sts. (westl. vom Hafen)
Baltimore, MD
✆ (410) 685-4703
www.oldotterbeinumc.org
Von deutschen Immigranten erbaut, steht die hübsche Kirche heute ziemlich verloren da, getrennt von ihrer Gemeinde, aber dafür umzingelt vom Kongresszentrum.

Top of the World
World Trade Center, Observation Deck
401 E. Pratt St.
Baltimore, MD
✆ (410) 837-8439
www.viewbaltimore.org
Mi/Do 10–18, Fr/Sa 10–19, So 11–18 Uhr
Eintritt $ 6/4 (3–12 J.)

Poe auf dem Westminster-Church-Friedhof

Panoramablicke über Stadt und Hafen aus dem verglasten 27. Stockwerk des fünfeckigen Turmbaus (1977, Architekt I. M. Pei) .

National Aquarium
501 E. Pratt St. (Pier 3, Inner Harbor)
Baltimore, MD
✆ (410) 576-3800, www.aqua.org
Tägl. 9–17, Fr bis 20 Uhr
Eintritt $ 40/25 (3–11 J.)
Top-Aqua-Zoo über sechs Stockwerke und eines der schönsten Aquarien aller Zeiten: Fische, Vögel, Reptilien und Meeressäuger. Außerdem: Simulation eines südamerikanischen Regenwalds und eines atlantischen Korallenriffs, Blacktip Reef, Animal Planet Australia im Glass Pavilion, Jellies Invasion (Spezialausstellung über Quallen) und Delfinshows an Pier 4; Gesprächsrunden mit Tauchern, Fütterung der Puffins (Papageientaucher).

The Prime Rib
1101 N. Calvert St., Baltimore, MD
✆ (410) 539-1804
www.theprimerib.com/baltimore-md
Mo–Sa 17–22, So 16–21 Uhr
Eines der populärsten und vielleicht das beste Steakhaus der Stadt, außer den legendären Steaks steht auch Seafood auf der Karte, gute Weine. Bereits auf der Webseite werden die Herren gebeten, zumindest samstags Jacket zu tragen. $$–$$$

Thames Street Oyster House
1728 Thames St., Baltimore, MD
✆ (443) 449-7726

Thames Street Oyster House: Perfekte Seafood-Küche mit Blick aufs Wasser

www.thamesstreetoysterhouse.com
Lunch Mi–So 11.30–14.30, Dinner tägl. 17–21.30, Fr/Sa bis 22.30 Uhr
Küchenchef Eric Houseknecht garantiert täglich mindestens zehn unterschiedliche Austernarten der West- und Ostküste an der durchgehend geöffneten Raw Bar, die Karte bietet beste Neuenglandküche sowie lokale Seafood-Spezialitäten. $$–$$$

Indigma
801 N. Charles St., Suite 120 (Mount Vernon, Washington Sq.)
Baltimore, MD
✆ (443) 449-6483
www.indigmarestaurant.com
Di–Fr 11.30–14.30 und 17–21.30, Fr bis 22.30, Sa/So 12–15 und 17–22.30 bzw. 21.30 Uhr
Beste südindische Küche in einer herrschaftlichen viktorianischen Villa unweit vom Washington Square, edles Ambiente. Die Speisen schmecken nicht nur hervorragend, sondern werden auch schön fürs Auge serviert. Nichts ist zu scharf, vermutlich der beste Inder der Stadt. $$

Blu Bambu
621 E. Pratt St., Suite 120
Baltimore, MD
✆ (410) 637-3398
www.blubambumd.com
Mo–Sa 11–20, So 11–19 Uhr
Frische asiatische Gerichte – von Sushi bis mongolischem BBQ. Fast Food mit Pfiff. $

Power Plant Live!
34 Market Pl., Baltimore, MD
✆ (410) 752-5444
www.powerplantlive.com
Baltimore's *hot spot* fürs Entertainment und Touristenmagnet, nur einen Block entfernt vom Inner Harbor: Musik, Buchhandlung, Cafés, Nachtclubs und Restaurants bevölkern den massiven Bau des ehemaligen Kraftwerks, darunter auch ein Buchladen der Kette Barnes & Noble und ein Hard Rock Café.

Cross Street Market
Cross & Light Sts., Baltimore, MD
www.crossstmarket.com
Mo–Sa 7–19 Uhr
Sehenswerte historische Markthalle, ideal zum *local lunch*: Baltimore live. Abends und nachts wird die westliche Seite der Markthalle zur hippen Barszene.

Antique Row
800 N. Howard St. (zwischen Madison & Read Sts.), Baltimore, MD 21201
✆ (410) 728-6363 (für Öffnungszeiten)
In der Regel Mo–Sa 10–17, So 12–17 Uhr
Vom preiswerten Schnäppchen bis zum teuren Stück: Antiquitätenläden am laufenden Band.

Arundel Mills
7000 Arundel Mills Cir
Hanover, MD 21076
✆ (410) 540-5110
www.simon.com/mall/arundel-mills
Tägl. 10–21.30, So 11–19 Uhr
15 Autominuten südlich von Baltimore bietet die Outlet Mall 80 Markengeschäfte, dazu Restaurants, Kinos und das Kasino Maryland

Live! mit mehr als 4000 daddelnden Spielautomaten.

Harborplace
200 E. Pratt & Calvert Sts.
Baltimore, MD
✆ (410) 332-4191
www.harborplace.com
Mo–Sa 10–21, So 12–18 Uhr
Belebter Shoppingkomplex am Hafen, in dem man auch Kleinigkeiten essen kann.

Lexington Market
400 W. Lexington St. (Eutaw St.)
Baltimore, MD
✆ (410) 685-6169
www.lexingtonmarket.com
Mo–Sa 8.30–18 Uhr
Seit 1782 kulinarisches Potpourri mit bunten Ständen, teilweise auch Junk Food. Soul Food, Delis und Speisen aus dem Wok zum Gleichessen und zum Mitnehmen. Portioniertes Obst.

Seven Foot Knoll Lighthouse: einer der ältesten Leuchttürme der Chesapeake Region

Inner Harbor: Hier starten auch die Boote ins quirlige Fells Point und weiter zum Fort McHenry

4 Segel setzen in Crabtown
Annapolis

4. Tag: Baltimore – Annapolis (42 km/26 mi)

km/mi	Route/Programm
Morgen	
0	Abfahrt in **Baltimore** und auf MD-2 South (Ritchie Hwy.) Richtung Annapolis; kurz vor der Stadt auf US 50 West (= S 2) bis Ausfahrt 24A (STATE CAPITAL HISTORICAL DISTRICT), d. h. US 70 South über Roscoe Rowe Blvd. zum State House von
42/26	**Annapolis**. Einchecken im Hotel, Auto parken; zu Fuß zum **Visitors Center** (evtl. Segeltour für den frühen Abend reservieren),
Vormittag	Guided Trolley Tour mit **Discover Annapolis Tours** (Start und Ende am Visitors Center), anschließend zu Fuß zum **Maryland State House** und Rundgang durchs Gebäude (Pass oder Lichtbildausweis mitbringen).
Mittag	Lunch entweder im nahen **Galway Irish Pub** oder im **Market House** am City Dock.
Nachmittag	Vom Pub zu Fuß zur **United States Naval Academy** und Führung, später Erfrischungspause in der **Annapolis Ice Cream Company**, die gerade zum 12. Jahr in Folge zur Nummer eins in Maryland gekürt wurde.
	Gegen 17.30 Uhr bei **Annapolis Sailing Cruises** am Marriott Waterfront Hotel die Tickets abholen, dort legt auch der Segler »Woodwind« ab zum zweistündigen Segeltörn durch die Chesapeake Bay.
Abend	Water Taxi zum **Carroll's Creek Café** an der Waterfront und Dinner auf der Terrasse.

Weil das nahe Washington DC als Machtzentrale der westlichen Welt alles anzieht wie ein gewaltiger Magnet, wird das kleine, feine Annapolis oft übersehen. Sehr zu Unrecht, denn das segelverrückte Städtchen an den Ufern der Chesapeake Bay hat jede Menge Charme und verströmt ein so lässiges Easy Going, dass man versucht ist, alle Pläne über den Haufen zu werfen und einfach dazubleiben. Eine große Geschichte hat die kleine Stadt am Wasser außerdem – für ein paar Monate war sie sogar Hauptstadt der USA.

Von Baltimore nach Annapolis ist es nur ein Katzensprung. Wir verlassen die Stadt auf beiden Seiten flankiert von einer losen Folge dekorierter Schuppen mit Reklame für Teppich- und Autoläden, *commercial strips* wie sie uns die ganze Reise über immer wieder begleiten, weil sie zu jeder örtlichen Ein- und Ausfahrt gehören. Wenige Meilen später taucht auch schon der Severn River

Der Hafen von Annapolis: Mit ihren bunten Holzhäusern, malerischen Sträßchen und historischen Villen macht die Kleinstadt ganz einfach gute Laune

auf. Kurz darauf öffnet sich der Blick – und man ist in einer anderen Welt. Segelboote, soweit das Auge reicht, dazu ein reizendes und reizvoll geschlossenes Ortsbild, das »Museum ohne Wände«, wie der Werbeslogan der Stadt ganz zu Recht verspricht, ein top gepflegtes Kleinod aus der Kolonialzeit: **Annapolis**.

Nachdem ein paar Puritaner 1649 an der Mündung des Severn River ihre Zelte aufgeschlagen hatten, nahm die Siedlung schnell Gestalt an. Der radiale Stadtplan siedelte Kirche und Staat auf den höchsten Hügeln an und machte Annapolis zu einer englischen Musterstadt in der Neuen Welt. In dieser frühen Kolonialzeit eröffnete die Chesapeake Bay den englischen Seefahrern noch leichten Zugang zu den Tabakplantagen.

Später, in den Jahren 1783/84, residierte hier sogar die Regierung und

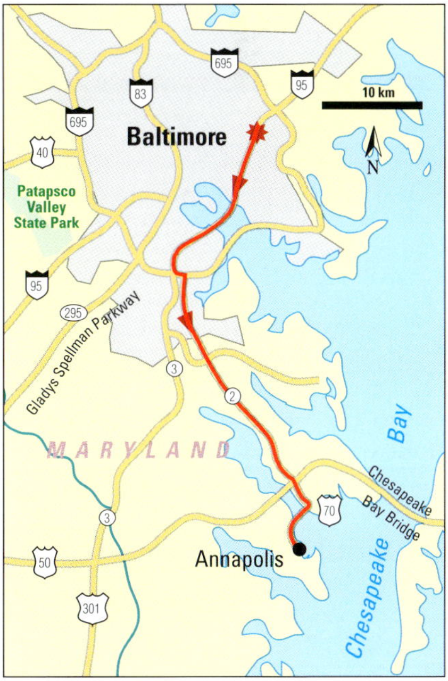

Annapolis wurde für ein paar Monate zur Hauptstadt.

Seither, das zeigt die Trolley-Rundfahrt, die am **Visitors Center** beginnt, scheint die Zeit stehen geblieben zu sein. Die Tour geht vorbei an frisch und bunt getünchten Holzhäuschen und über Kopfsteinpflaster, durch aufgeräumte Sträßchen und vorbei an prächtigen historischen Villen mit Ziegelfassaden – die Kleinstadt mit ihren 36 000 Einwohnern könnte problemlos als Filmset des kolonialen Amerika dienen.

Der Reichtum, von dem diese gepflegte und gehegte Heimatliebe zeugt, stammt größtenteils von den Einwohnern des betuchten Bezirks von Anne Arundel County, wo nicht nur viele erfolgreiche High-Tech-Firmen ansässig sind, sondern auch solvente Regierungs-

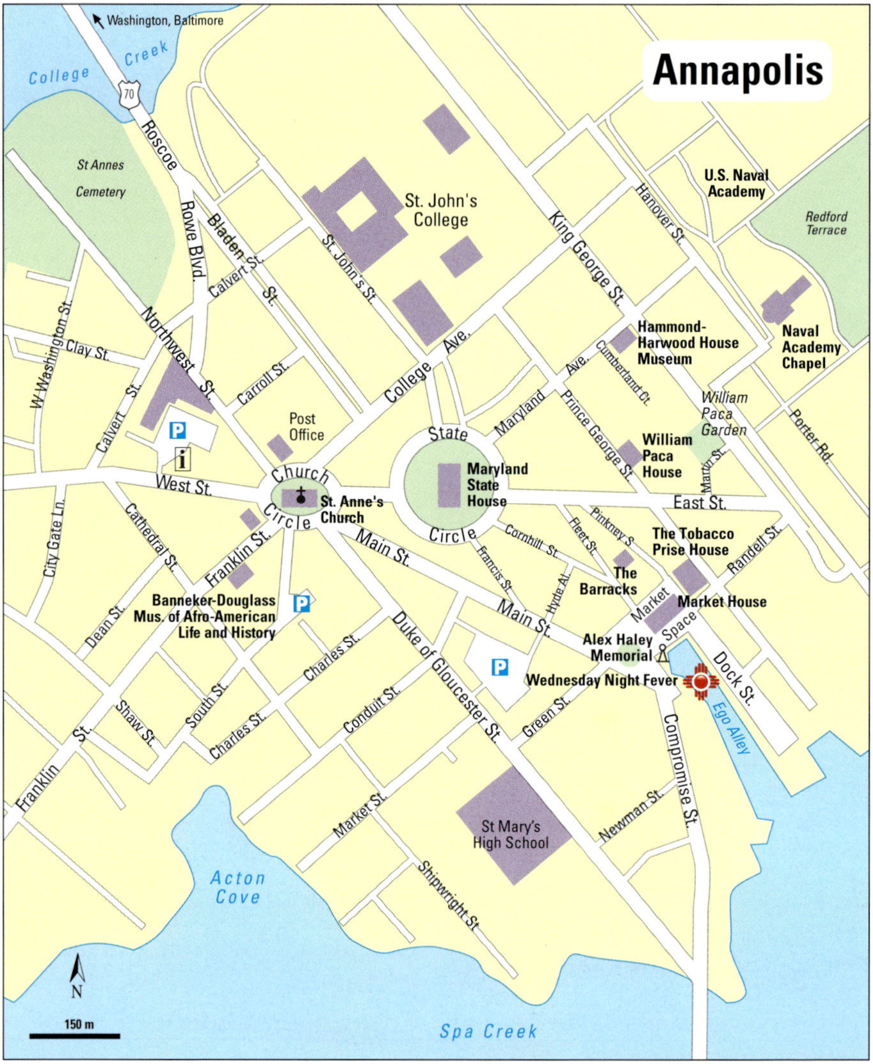

angestellte, die ein Drittel der Gesamtbevölkerung ausmachen; Washington DC ist eben nicht weit.

Die Wellenflitzer der Ego Alley

Die lokale Denkmalpflege, Attraktion für Zuwanderer und Besucher, hat auch die *gentrification* gefördert, die Sanierung auf Kosten der sozial Schwächeren. Vor allem die Afroamerikaner wurden aus vielen Straßen der Innenstadt verdrängt, weil sie die Mieten für die hübschen aber vergleichsweise simplen Holzhäuser nicht mehr bezahlen konnten. Die Bars und Kneipen im Hafenviertel waren früher fest in der Hand der Afroamerikaner; heute wohnen die meisten von ihnen in Sozialbauten am Rande der Stadt. Vielen weißen Arbeitern, Fischern und Krabbenfängern ist es nicht besser ergangen.

Die Zeit, als Annapolis Regierungssitz war, prägt die Stadt bis heute. Das schmucke **Maryland State House** von 1772, das länger als jedes andere Parlament in den USA ständig genutzt wurde, steht auf einer Anhöhe und

Main Street: Hier ist man am besten zu Fuß unterwegs, das Auto wird weggeparkt

diente vom November 1783 bis August 1784 als Kapitol. Heute ist es Sitz der Regierung von Maryland und für Besucher geöffnet (Ausweis mitbringen!). Die Abgeordneten tagen bis heute in dem historischen Sitzungssaal The Old Senate Chamber, wie ihn schon George Washington kannte. Im Jahr 1783 trat er

Sitzungssaal im Maryland State House: 1783 residierte hier kurzzeitig die US-Regierung

Rotunda der US Naval Academy: Der noble Treppenaufgang führt zu den Schlafräumen

hier als Oberkommandierender der Unionstruppen zurück. Ein Jahr später ratifizierte an gleicher Stelle der Kongress die Treaty of Paris, die Pariser Verträge, mit denen der Unabhängigkeitskampf auch offiziell beendet wurde. Neben George Washington gingen auch Berühmtheiten wie Benjamin Franklin und Thomas Jefferson ein und aus. Der Blitzableiter auf der Spitze des State House soll von Franklin stammen.

Die Main Street führt hinab zur **Waterfront** an der Chesapeake Bay. Wo einst Frachtensegler mit exotischen Waren anlegten, ankern heute schicke Wellenflitzer, weshalb die Region rund um City Dock vor Ort nur Ego Alley genannt wird. Im 18. Jahrhundert entluden hier die Sklavenschiffe aus Afrika ihre Fracht. Einer der Unglücklichen war Kunta Kinte, dessen Schicksal sein Nachkomme **Alex Haley** in seinem Roman »Roots« verewigte – in den 1970er Jahren war Haleys Buch ein Megaseller. Der Autor selbst sitzt in Bronze gegossen am Dock, die Bronze-Kinder ringsherum lauschen der Geschichte seiner versklavten Vorfahren.

Eliteadresse der Kriegsmarine

Am Hafen geht es oft turbulent, aber immer entspannt zu. Im neuen **Market House** sind kulinarische Leckereien Trumpf und jeder, der die typischen *Soft Shell Crabs* aus der Chesapeake Bay bisher noch nicht probiert hat, kann hier damit anfangen.

Auch deren Derivate, das *Crab Bread* oder der *Crab Cake* zum Beispiel, lohnen einen Versuch – kein Wunder, dass Annapolis früher einmal *Crabtown* hieß. Auch die preiswerten Austern (natürlich mit Ketchup) sind nicht zu verachten. Diese *East Coast Oysters*, die gleich nebenan in der Bay geerntet werden, gelten als besonders wohlschmeckend und würzig.

Wem das Sortiment der Meerestiere nicht zusagt, der kann sich an den Backwaren und Delikatessen, an Obst, Gemüse oder Kaffee schadlos halten. Beim Publikum dieser Markthalle geht ebenfalls alles drunter und drüber. Einheimische, Stammgäste und Touristen, Junge, Alte und diverse Hautfarben – hierher kommen alle, weil es schmeckt.

Annapolis an der Chesapeake Bay und Newport, 400 Meilen weiter nördlich in Rhode Island an der ebenso wild zerklüfteten Naragansett Bay, wetteifern von jeher um die Krone als Amerikas Segelhauptstadt. Newport punktet als Austragungsort des America's Cup, Annapolis hält als Heimatstadt der **United States Naval Academy** dagegen, der Eliteadresse der US-Kriegsmarine. Vier Jahre dauert die Ausbildung der jungen Offiziere, die sich nach Abschluss des Studiums für fünf weitere Jahre Militärdienst verpflichten.

Berühmte Ehemalige wie Ex-Präsident Jimmy Carter und Präsidentschaftskandidat Ross Perot sind auf Fotos in den Fluren zu sehen, andere Akademie-Abgänger wechselten das Element und wurden Astronauten. Dreimal im Semester treten die ganz in Weiß gewandeten Kadetten zur Parade an und auch sonst sind die 4400 jungen Männer als Dauergäste aus Annapolis nicht wegzudenken. Dass sie bei den Abschlussfeiern am Ende des Jahrgangs stets ihre Mützen in die Luft zu werfen pflegen, der sogenannte *cap toss,* ist der einzige Bruch mit der Kleiderordnung, ansonsten kreuzen sie stets wie aus dem Ei gepellt durch die Gassen der Stadt: GO NAVY eben.

Ehrenwache am Sarkophag

Bei dem Rundgang durch den Yard, wie der Navy-Campus offiziell bezeichnet wird, spazieren Besucher durch herrschaftliche Räume und blitzblanke Gänge, durch die **Lejeune Hall**, die Sportler-Ruhmeshalle mit dem olympischen Schwimmbad, durch die **Dahlgren Hall**, ein ehemaliges Waffenlager, das heute eine Nachbildung des B-1-Flugzeugs der Wright-Brüder hütet, und durch das zweitgrößte Studentenwohnheim der Welt mit allein acht Kilometern Fluren; ein Vorzeigezimmer macht anschaulich, mit wie wenig privatem Raum die Kadetten auskommen müssen. Der Eingangsbereich des Studentenwohnheims, die prächtige **Bancroft Rotunda**, sieht dafür so nobel aus, als ginge es in die Privaträume des Präsidenten. Die **Main Chapel** mit ihrer weithin sichtbaren Kuppel ist ein Wahrzeichen der Stadt und zierte zum 150-jährigen Jubiläum der Akademie eine amerikanische Briefmarke.

In der **Krypta** halten Marinesoldaten seit mehr als 100 Jahren rund um die Uhr Wache am Bronzesarkophag von **John Paul Jones**, einer Ikone des amerikanischen Unabhängigkeitskriegs, der durch seine Waghalsigkeit zur Legende wurde. Jones maritime Karriere begann mit zwölf Jahren, wenig später war er schon Steuermann auf Sklavenschiffen und bereits mit 21 Jahren Kapitän. Bei diversen Seeschlachten brachte er etliche feindliche Schiffe auf und wurde mit einer tolldreisten Aktion zur Legende: Obwohl sein eigenes Schiff bereits im Sinken begriffen war, gelang es ihm mit

John Paul Jones in der Krypta: der geistige Vater der US-Marine

seiner Mannschaft das Kriegsschiff des britischen Gegners zu kapern. »I have not yet begun to fight!« – »Ich habe noch gar nicht begonnen zu kämpfen«, soll er dem feindlichen Kommandeur entgegnet haben, als der ihn aufforderte, sich zu ergeben. Heldengeschichten wie diese haben Jones zum geistigen Vater der Navy gemacht. Den Sommer über sind die Kadetten übrigens zur Ausbildung auf See.

Sunset-Segeltörn mit der »Woodwind«

Wenn man jetzt am Hafen steht und über das schimmernde Wasser der Chesapeake Bay schaut, das bei jedem Blick Myriaden silberner Schuppen wirft, kann man die vielen hundert Großstadtflüchtigen aus den nahen Ballungsgebieten von Baltimore und Washington nur beneiden, die in Annapolis ihr Boot geparkt haben und so oft wie möglich in diesem maritimen Märchenland die Batterien für den Alltag aufladen. *Get Out on the Water* ist hier einfach das oberste Gebot. Zum Glück gibt es den Schoner **»Woodwind«** und das Schwesterschiff »Woodwind II«, die beide vor dem Annapolis Marriott Waterfront Hotel zu zweistündigen Segeltörns durch die Chesapeake Bay starten.

Die Sunset Tour hat jeden Tag der Woche ein anderes Motto (siehe auch Magic Moment). Donnerstags ist ein Musiker mit Gitarre an Bord, der mit entspannter Professionalität und den Frohsinn-Songs der Beach Boys kalifornischen Sommer in die Bay zaubert. Wer mag, kann sich eines der anderen Instrumente greifen, die er in einem Plastikeimer mitgebracht hat, kann die Rassel schütteln, das Tamburin schlagen oder Luft durch die Mundharmonika ziehen.

Im Heck knattert die amerikanische Fahne, vom Bug fliegt weiß und zischend die aufstiebende Gischt und die »Woodwind« gleitet elegant und fast schwebend durch die Bay, so leichthin wie ein heißes Messer durch die Butter. Natürlich darf jeder, der mag, auch mal ans Steuer. Ob es an der Musik liegt, an der vollen Dröhnung Frischluft oder daran, dass der Abendhimmel inzwischen aussieht wie ein Gemälde von Jackson Pollock – an Bord gibt es nur noch Strahlgesichter.

Segeltour mit der »Woodwind«: Wer mag, darf mit Tipps vom Käpitän gerne mal ans Steuer

Jeden Mittwoch liefern sich bei der »Wednesday Night Sailboat Race« um die 130 Segelteams einen heißen Wettkampf in der Chesapeake Bay

MAGIC MOMENT Wednesday Night Fever

Von Ende April bis Mitte September ist in Annapolis der Mittwoch der wichtigste Tag der Woche, jedenfalls für alle, die das Segeln lieben: Dann steigt am Abend die *Wednesday Night Sailboat Race (WNR),* bei der um die 130 Segelboote gegeneinander antreten. Startschuss ist meist um 18.05 Uhr vor dem Annapolis Yacht Club. Wer das Rennen live erleben will, hat drei Möglichkeiten. Man kann das Spektakel landgestützt verfolgen, zum Beispiel bei einem Dinner auf der Terrasse des Carrol's Creek Café. Man kann aber auch für 44 Dollar den Abendtörn auf der »Woodwind« oder »Woodwind II« buchen, die beide bei der WNR mitsegeln und dabei auch noch gegeneinander antreten – Vater und Tochter als konkurrierende Kapitäne.

Die dritte Variante verlangt vollen Einsatz: Wer vorab im Annapolis Yacht Club die Aushänge studiert, findet immer Teams, die Mitsegler suchen. Nicht weil die etwas vom Segeln verstehen, sondern quasi als mobile Fracht, sie werden als Gewicht gebraucht. Man muss also während des Rennens des öfteren zwischen Luv und Lee wechseln, immer dorthin wo Ausbalancieren angesagt ist – dafür ist man hautnah und gratis mit dabei. Danach wird gefeiert: Im Boatyard Bar & Grill läuft das Rennen nochmal auf dem Monitor und wird lautstark kommentiert, der erste Rumpunsch ist für alle Teilnehmer gratis.

i www.schoonerwoodwind.com
www.annapolisyc.com
www.boatyardbarandgrill.com/events/wednesday-night-races

Annapolis, MD

Annapolis Visitors Center
26 West St. (Nähe St. Anne's Church)
Annapolis, MD 21401
✆ (410) 280-0445 und 1-888-302-2852
www.visitannapolis.org, tägl. 9–17 Uhr
Hier gibt es jede Menge Infos, Veranstaltungskalender, den offiziellen Visitors Guide, Karten der Region und von Historic Annapolis, Trolley-Fahrpläne, Hilfe bei Tour-Buchungen und bei der Hotel- oder Zimmersuche.

Park & Ride
In Annapolis wird das Auto geparkt, weil es überflüssig ist. Der **City Circulator** (✆ 410-263-7964, www.annapolis.gov) bringt Besucher für $ 1 von den Parkgaragen Noah Hillman (150 Gorman St.), Gotts Court (25 Northwest St.), Knighton (1A Colonial Ave.) und Park Place (5 Park Pl.) zwischen 7.30 und 23 Uhr zu Shops und Restaurants und zurück.

Weitere Infos: https://annapolisparking.com/parking-locations/garages-and-lots.

In Downtown Annapolis sind zahlreiche **Elektro-Shuttles** unterwegs, diese eCruiser sehen aus wie Golfwagen und halten wie ein Taxi nach Wunsch. Infos: ✆ 443-510-1348, www.urbaneventours.

Besonders romantisch sind natürlich die **Wassertaxen** des Watermark's Water Taxi Service (✆ 410-263-0033, www.cruisesonthebay.com/annapolis-water-taxi), die flachen, überdachten Boote verbinden das City Dock mit den Eastport Restaurants und etlichen anderen Attraktionen im Hafengebiet. Die Fahrt kostet je nach Ziel $ 3–8.

Loews Annapolis Hotel: erstes Haus am Platz

1747 Georgian House B&B
170 Duke of Gloucester St.
Annapolis, MD
✆ (410) 263-5618
www.georgianhouse.com
Perfekte historische Unterkunft im Herzen der Altstadt, vier Zimmer, herzliche Gastgeber und ein perfektes, serviertes Frühstück (auf Porzellan). Für das Parkhaus um die Ecke gibt es Rabatt. $$$–$$$$

Loews Annapolis Hotel
126 West St.
Annapolis, MD
✆ (410) 263-7777 und 1-800-526-2593
www.loewsannapolis.com
Das erste Haus am Platz unweit vom Visitors Center und der Historic Old Town, 215 Zimmer auf sechs Etagen, modern und komfortabel, Bügeleisen und Kaffeemaschine, Spa, Fitnesscenter, Restaurant, Cocktail-Lounge, Coffeeshop. $$–$$$$

Maryland Inn
58 State Circle (Main St.)
Annapolis, MD
✆ (410) 263-2641 und 1-800-847-8882
www.historicinnsofannapolis.com
Hübsches altes Hotel mit historischen Zimmern und allem Komfort. Breakfast, Lunch und Dinner im noblen Gourmetrestaurant **Treaty of Paris**. Montagnacht Jazz.

Restaurant-Reservierung ✆ (410) 216-6340. Zusammen mit dem **Governor Calvert House** und **Robert Johnson House** bildet das Maryland Inn die Historic Inns of Annapolis, alle drei liegen nebeneinander und haben gemeinsam 124 Zimmer, in denen zahllose Berühmtheiten genächtigt haben. $$$

Flag House Inn
26 Randall St., Annapolis, MD
✆ (419) 280-2721
www.flaghouseinn.com
Fünf komfortable Gästezimmer mit Bad in einem viktorianischen Haus von 1878, amerikanisches Frühstück inkl., Parken auf dem Grundstück gratis. $$–$$$

Scotlaur Inn Bed & Breakfast
165 Main St., Annapolis, MD
✆ (410) 268-5665
www.ScotlaurInn.com
Ted und Beth Levitt servieren nicht nur jeden Tag im **Chick & Ruth's Delly** Frühstück, Lunch und Dinner, sie vermieten auch zehn altmodische Gästezimmer im Scotlaur Inn im selben Haus, alle mit eigenem Bad, Bügeleisen, WLAN und Aircondition. Das Frühstück im Delly ist im Preis eingeschlossen. $$–$$$

Hammond-Harwood House Museum
19 Maryland Ave. (King George St.)
Annapolis, MD
✆ (410) 269-1714
www.hammondharwoodhouse.org
Di–So 12–17 Uhr, Eintritt $ 10/5
Kolonialvilla im georgianischen Stil, 1774 entworfen, das letzte Werk des berühmten Architekten William Buckland. Zeitgenössische Einrichtung. Führungen.

William Paca House & Garden
186 Prince George St.
Annapolis, MD
✆ (410) 263-5553, www.annapolis.org
Führungen Mo–Sa 10–17, So 12–17 Uhr
Eintritt mit Führung $ 10
Die schönste historische Villa der Stadt, die öffentlich zugänglich ist. 1765–69 erbaut von William Paca, einem der Unterzeichner der Unabhängigkeitserklärung und mehrfacher Gouverneur von Maryland.

Chippendale-Mobiliar vor Wänden in Preußischblau. Sehenswert: der Pleasure Garden, nach den Plänen aus den 1760er Jahren angelegt.

Maryland State House
99 State Circle, Annapolis, MD
✆ (410) 974-3400, http://msa.maryland.gov/msa/mdstatehouse/html/home.html
Tägl. 9–17 Uhr, Führungen Mo–Fr
Eintritt und Führungen kostenlos, Pass oder Foto-ID mitbringen
Ältestes Kapitol der USA (1772–79); zwischen 1783 und 1784 war Annapolis die Hauptstadt der USA, hier wurden die Pariser Verträge unterzeichnet.

City Dock and Alex Haley Memorial
Annapolis, MD, www.kintehaley.org
Seit über 300 Jahren ist City Dock das Herz des maritimen Lebens der Stadt. Am Ende des

Stolz der Stadt: Kadetten der US Naval Academy

Docks erinnert eine Figurengruppe an den afroamerikanischen US-Autor Alex Haley, der die Geschichte seiner Familie zurück bis zum Urahn Kunta Kinte verfolgte, der 1767 als Sklave aus Afrika hierher verschleppt worden war. Haleys Roman »Roots« wurde 1976 in den USA ein Superbestseller und hielt sich fast 50 Wochen auf der Bestsellerliste der New York Times, die Fernseh-Verfilmung war einer der größten TV-Erfolge.

United States Naval Academy
Armel-Leftwich Visitor Center
52 King George St., Annapolis, MD
Besuchereingang zwischen Prince George & Craig Sts., hinter dem Büro des Hafenmeisters am City Dock
✆ (410) 293-8111
www.usnabsd.com/for-visitors/group-tours
Führungen Juli/Aug. Mo–Sa 9.30–15, So 12–15, April–Juni und Sept.–Nov. Mo–Fr 10–15, Sa 9.30–15, So 12–15, Dez.–März Mo–Sa 10–14.30, So 12.30–14.30 Uhr, Ticket $ 11/9 (bis 12 J.)
Die traditionsreiche Ausbildungsstätte der US-Kriegsmarine kann besichtigt werden, Pass oder anderen Lichtbildausweis mitbringen. Im Shop gibt es Kleidung und Socken mit dem berühmten Emblem.

Kunta Kinte Memorial im Hafen Annapolis: Hier entluden einst Sklavenschiffe ihre Fracht

Discover Annapolis Tours
26 West St., Annapolis, MD
✆ (410) 626-6000
www.discover-annapolis.com
April–Nov. tägl. stündl., Ticket 40 Min. $ 12/7, 60 Min. $ 15/8, bis 4 J. frei
Die Rundfahrten im Trolley beginnen am Visitors Bureau und führen durch die schönsten kolonialen Gassen, vorbei an der Naval Academy und entlang der Waterfront.

Chart House
300 Second St.
Annapolis, MD
✆ (410) 268-7166
www.chart-house.com/locations/annapolis
Mo–Sa 16.30–21, Fr/Sa 16.30–22, So 10–21, Happy Hour tägl. außer Sa 16.30–19 Uhr
Alle Restaurants der Chart-House-Kette empfehlen sich durch ihre besondere Lage. In Annapolis speist man in einem luxusrenovierten Bootshaus im Hafen (möglichst Tisch am Fenster reservieren) mit sehr guter Salatbar und bestem Seafood. $$–$$$

Osteria 177
177 Main St., Annapolis, MD
✆ (410) 267-7700, www.osteria177.com
Lunch Di–Fr 11.30–14.30, Dinner Mo–Do 17–22, Fr/Sa bis 23, So bis 21, So 17–21 Uhr
Der beste Italiener am Platz, elegantes Ambiente, lässiges Dolce-Vita-Feeling, hier macht man zu Pizza und Pasta *bella figura*. Große Weinliste, gute Fischgerichte. $$–$$$

Carrol's Creek Café
410 Severn Ave., Annapolis, MD
✆ (410) 263-8102
www.carrolscreek.com, Mo–Do 11.30–21, Fr/Sa 11.30–22, So 10–20.30 Uhr
Das beste Outdoor-Dining-Erlebnis in Annapolis, mit großer Terrasse am Wasser, Cocktails, Weinkarte, beste Crab Cakes der Stadt. $–$$

Restaurierte Holzhäuser in Annapolis: Auch der Name der Stadt stammt aus der Kolonialzeit, Namensgeberin war Prinzessin Anne, die spätere Königin von England

Galway Bay Irish Pub
61–63 Maryland Ave.
Annapolis, MD
✆ (410) 263-8333
www.galwaybaymd.com
Tägl. 11–24, So Brunch ab 10 Uhr
Irisches Bier und irisch-amerikanische Küche, Irish Stew, Reuben mit Corned Beef, Fish & Chips, natürlich auch Burger, oft Livemusik, herzlicher Service. $

Market House
25 Market Space, Annapolis, MD
www.markethousemerchants.com
Tägl. 11–19, Fr/Sa bis 21 bzw. 22 Uhr
Seit 1788 hatte Annapolis ein Market House am Wasser. Nachdem das letzte 2003 nach einer Überschwemmung geschlossen werden musste, setzt das neue Gebäude die Tradition fort – mit Klimaanlage und einer Galerie von 24 Barhockern mit freier Sicht aufs Wasser.

Im **Hard Bean Café** gibt es außer Coffee to go auch New York Style Delis, Sandwiches und Suppen, an der angeschlossenen **Midship Fresh Bar** kann man sich ein komplettes Lunch oder einen Salat zusammenstellen.

Der **Annapolis Organic Market** verkauft Gourmetsnacks in Bio-Qualität und der Seafood-Spezialist **Yellowtail.Seafood.Sushi.Oyster Bar** hat frische Meeresfrüchte in allen Variantionen. **Firenze Gelateria** lockt mit selbstgemachtem Eis und Sorbets, an der Espresso Bar gibt es italienische Süßigkeiten. Der **Amsterdam Falafelshop** schließlich ist in Washington, DC eine Kultadresse und jetzt also auch in Annapolis präsent.

Annapolis Ice Cream Company
196 Main St., Annapolis, MD
✆ 443-428-3895
www.annapolisicecream.com
Tägl. 11–21.30, Fr/Sa bis 23 Uhr
Seit zwölf Jahren in Folge zum besten Eisladen der Stadt gewählt, alles selbstgemacht mit Bio-Zutaten. Im Fenster lauter Pinguine, drinnen Tausende bemalter Plastiklöffel an der Wand. Die Inhaber Nancy und Walter Giera sind großzügige Sponsoren und beliefern z. B. das jährliche Uni-Fest mit Gratis-Leckereien. Beide haben einen einzigen freien Tag im Jahr: Am 24. Dezember ist der Laden geschlossen.

Historic Annapolis
77 Main St., Annapolis, MD
✆ (410) 267-6656
www.annapolis.org
Mo–Sa 10–17, So 11–17 Uhr
Historic Annapolis veranstaltet nicht nur geführte Touren, sondern bietet im eigenen Museumsladen sinnvolle und schöne Souvenirs für Küche und Garten, z. B. Schürzen und Tischwäsche mit nautischen Motiven.

Schoner »Woodwind« und »Woodwind II«
Annapolis Sailing Cruises
Annapolis Marriott Dock
80 Compromise St., Annapolis, MD
✆ (410) 263-7837
www.schoonerwoodwind.com
April–Okt. Tagestour $ 43/29 (bis 11 J.), Sa/So $ 46/29, Mai–Sept. auch Sunset Sail $ 46/29
Tägl. vier Tagestörns à zwei Stunden durch die Chesapeake Bay, Start am Annapolis Marriott Hotel. Sunset Sails mit unterschiedlichen Themen, z. B. Di Bierproben lokaler Mikrobrauereien, Mi Wednesday Night Race (vgl. Magic Moment, S. 121), Do Livemusik.

Watermark Cruises
1 Dock St., Annapolis, MD
✆ (410) 268-7601
www.watermarkjourney.com
Mai–Sept. tägl. Rundfahrten durch die Bay oder zu den Leuchttürmen, wahlweise 40 oder 90 Min. Die Wassertaxen von Watermark fahren alle Destinationen im Hafen und im Eastport und Back Creek an.

Annapolis Ice Cream Company: Nancy Giera zaubert das beste Eis und stellt die bemalten Löffel ihrer Kunden aus

5 Ins Zentrum der Macht

Washington DC

»I pledge Allegiance to the flag of the United States of America and to the Republic for which it stands, one nation under God, indivisible, with Liberty and Justice for all.«

»Ich gelobe Treue auf die Fahne der Vereinigten Staaten von Amerika und auf die Republik, für die sie steht, eine Nation unter Gott, vereinigt durch Freiheit und Gerechtigkeit für alle.« Jeden Morgen im Chick & Ruth's Delly in Annapolis live zu erleben.

5. Tag: Annapolis – Washington DC (83 km/52 mi)

km/mi	**Programm/Route**
Morgen	Frühstück mit »Pledge of Allegiance« im **Chick & Ruth's Delly**.
Vormittag	
0	Vom Hafen in **Annapolis** Abfahrt nach Washington DC über Main St. bis Church Circle, auf Bladen St. und dem Schild US 50 East folgen nach
83/52	**Washington DC,** US 50 wird erst New York, dann Pennsylvania Ave.
Nachmittag	**National Mall** mit mehr als zehn Museen zur Auswahl (siehe Service & Tipps S. 139 f.). Im **American History Museum** ist das Star-Sprangled Banner ausgestellt, das Francis Scott Key zum Text der US-Hymne inspirierte. Populärstes Museum ist das **Air and Space** mit 50 000 Objekten der Luft- und Raumfahrt, darunter die Originale der Weltraumprogramme.
Abend	**Dupont Circle** und/oder **Adams-Morgan**.

Einen Stadtplan von Washington DC finden Sie beim 6. Tag, S. 145.

Die Regierungs- und Schaltzentrale der Weltmacht USA erinnert mit ihren breiten Boulevards und Parks, mit den klassizistischen Bauten, Monumenten und Museen eher an europäische Großstädte. Skyline und Hochhäuser fehlen völlig, kein Gebäude darf höher sein als die Kuppel des Kapitols. Washington hat in jeder Hinsicht einen Sonderstatus, den man nicht nur dann spürt, wenn die Motorcade des Präsidenten mit ihrer Blaulicht-Karawane durch die Straßen rauscht.

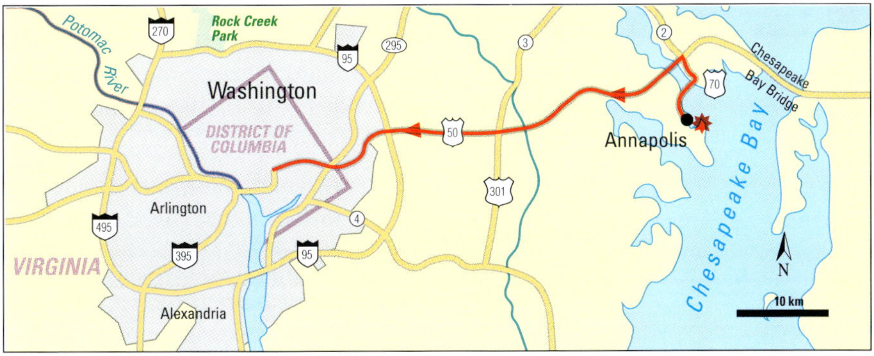

Heute beginnt der Tag recht früh, und der Grund ist nicht (nur), dass wir möglichst bald in Washington sein wollen, wo uns jede Menge Programm erwartet. Der wahre Grund ist, dass wir bei **Chick & Ruth's** frühstücken und dabei einen Blick in die amerikanische Seele werfen. Denn in dieser handtuchschmalen Kneipe ist man nicht nur stolz auf den größten Milchshake von Maryland und den Three Pound Super Duper Colossal Burger, sondern auch auf einen Patriotismus im Superlarge-Format.

Inhaber und Chef Ted Levitt hat schon als Kind hier bedient und von seinem Vater auch das wichtigste Ritual übernommen: Jeden Wochentag morgens um 8.30 Uhr (am Wochenende um 9.30 Uhr) greift er zum Mikrofon und lädt seine Gäste zum »Pledge of Allegiance« ein.

Dann stehen alle auf wie ein Mann, legen die Hand aufs Herz und sprechen das Treue-Gelöbnis auf die Nation und die amerikanische Fahne, die groß wie ein Tischtuch von der Decke hängt. Das Ganze dauert nur wenige Sekunden, dann setzt das Geschirrgeklapper hinter der Theke wieder ein, an den Tischen wendet man sich erneut den Pancakes with homemade Banana Walnut zu oder dem gewaltigen Western Omelet, und der Lautstärkepegel der Gespräche erreicht binnen Sekunden wieder das Niveau einer Großbaustelle.

Als Europäer muss man natürlich auf gar nichts schwören, höflicherweise steht man mit den anderen auf und achtet darauf, dass einem die Gesichtszüge nicht völlig entgleiten. Die amerikanischen Gäste ahnen ohnehin nichts von dem Kulturschock, den unsereiner durchlebt, schließlich fängt bei ihnen jeder Schultag mit dieser Formel an. Wir lassen uns jedenfalls die *Delly Eggs Benedict* und den *endless Coffee* aus den dickwandigen Tassen schmecken und verabschieden uns pappsatt und patriotisch eingestimmt von Annapolis.

Chick & Ruth's Delly: Hier gibt's den größten Milchshake und Patriotismus in XXL

Nichts darf das Kapitol überragen

Die Fahrt in die Hauptstadt vergeht im Flug, weil wirklich nur ein paar Meilen dazwischen liegen. Kaum hat man einen Blick auf die Countryside von Maryland geworfen, vielleicht zwischen den Bäumen eine Farm mit weißen Zäunen und wiederkäuendem Vieh erspäht, da kommt auch schon das Spitzen-Trio in den Blick, mit dem sich **Washington** ankündigt: die Kuppel des Kapitols, der Obelisk des Washington Monument und die Silhouette der National Cathedral.

Die hiesigen Baugesetze lassen diese Wahrzeichen so überragend erscheinen: Höher als das Kapitol darf nämlich niemand bauen. Die Folge – keine Wolkenkratzer, keine Skyline – macht Washington deshalb zu einer ganz unamerikanischen Stadt. Auch sonst spiegeln ihre großzügigen und weitläufigen Avenues und Boulevards, Parks und Plätze eher europäische Feudalmaße als das in den USA übliche Rastersystem, in dem die Straßen stur senkrecht oder parallel zur Main Street verlaufen.

Überhaupt ist die Bundeshauptstadt in vieler Hinsicht ganz untypisch für das Land, das sie regiert. Abgesehen davon, dass viele Amerikaner der zentralen Bürokratie in Washington nicht über den Weg trauen, ist die Stadt am Potomac River das genaue Gegenbild zum ländlichen Amerika. Sie gehört auch zu keinem Bundesstaat, sondern liegt in »D.C.«, dem »District of Columbia«, einer künstlichen Raute mit vier abstrakten Quadranten. Durch diesen Sonderstatus sollten die Institutionen des Bundes aus der Verwaltung von Einzelstaaten ausgeklammert werden.

Von den rund 650 000 Einwohnern (Großraum: 5,8 Mio.) sind etwa 70 Prozent Afroamerikaner, auch das ist untypisch für die USA und stammt aus der Zeit nach 1870, als Washington durch den Zuzug Zehntausender befreiter Sklaven nach Ende des Bürgerkriegs massiv an Bevölkerung zulegte.

Das Kapitol in Washington DC: die Stadt lebt vom Weltmachtflair und einer einzigartigen Museumskultur

Und noch etwas: Die Hauptstadt hat keine Schwerindustrie, sie lebt vom Weltmachtflair der vielköpfigen Bundesregierung und einer einzigartigen Kunst- und Museumskultur, die mehr als 20 Millionen Besucher jährlich anzieht. Die Tourismusindustrie ist, gleich nach der Regierung, der zweitgrößte Wirtschaftsfaktor der Stadt.

Die großzügige Anlage verdankt Washington dem französischen Ingenieur und Freund von Thomas Jefferson, Pierre-Charles L'Enfant, der im Auftrag von George Washington 1791 am Reißbrett in den sumpfigen und mückenverseuchten Niederungen des Potomac River eine Stadt nach dem Vorbild von Rom und Athen erschaffen sollte. L'Enfant führte seinen Job allerdings nicht zu Ende, weil er gefeuert wurde. Der Quäker Andrew Ellicott und der schwarze Mathematiker und Astronom Benjamin Banneker, übernahmen die Nachfolge. Das Ergebnis war der »District of Columbia«, ein rautenförmiges Filetstück, sauber herausgelöst aus Landesteilen von Virginia und Maryland.

Rundgang mit Blick in die Kuppel des Kapitols: Vorbild war der Petersdom

Das Weiße Haus als südstaatliches Erbe

Washington, nach Philadelphia die Hauptstadt der Union, war anfangs eine Stadt des amerikanischen Südens. In den ersten 40 Jahren nach der Gründung bildeten reiche Pflanzer aus Virginia noch die Crème der Washingtonians. Die heutigen Vororte Rock Creek, Chevy Chase oder Bethesda waren ursprünglich südstaatliche Plantagen. Als Abraham Lincoln zum Präsidenten gewählt wurde, verhängten die Südstaatler ihre Häuser mit schwarzen Tüchern. Selbst die heutige Universität von Georgetown begann vor 200 Jahren als eine Farm mit schwarzen Sklaven. Lincoln drohte, diese *secessionist school* zu schließen. Entsprechend unbeliebt war Washington bei den Kongressabgeordneten aus dem Norden. Sie waren an das Leben von Boston und Philadelphia gewöhnt und rümpften die Nase über die sumpfige Hauptstadt und die bisweilen ungehobelten Manieren der Südstaatler.

Die Ära des südstaatlichen Washington endete mit dem Bürgerkrieg. Schon in seinem Vorfeld polarisierten sich die Bewohner derart, dass man von einer gespaltenen Stadt sprechen konnte. Nach dem Krieg überfluteten Northerners und Europäer die Stadt und mit dem Einfluss der südstaatlichen Abgeordneten war es vorbei; sie überlebten allenfalls als Subkultur. »Die alte provinzielle Südstaatenstadt gibt es nicht mehr«, schrieb 1873 eine Korrespondentin aus Washington: »Auf ihren Grundmauern ist eine andere Stadt entstanden, weder nordstaatlich noch südstaatlich, sondern national und kosmopolitisch.«

Washingtons südstaatliches Erbe erkennt man am ältesten öffentlichen

Gebäude, am Weißen Haus. Von James Hoban, einem Architekten aus Charleston, South Carolina, entworfen, sieht der Bau einer Plantagenvilla ähnlich, die auch am Mississippi stehen könnte. Das gilt auch für einige andere Häuser aus dem Fundus klassizistischer Bauformen, ganz abgesehen davon, dass das alte Rathaus, Old City Hall, einst ein Sklavenmarkt war.

Noch 1991 sprach die damalige Bürgermeisterin Sharon Pratt Dixon in ihrer Antrittsrede von Washington als einer »verschlafenen Südstaaten-Stadt«. Liegt es daran, dass hier die Schreibtischarbeit dominiert und nicht die Schwerindustrie, die das Rückgrat der Städte des Nordens bildet? Liegt es an der hohen Luftfeuchtigkeit?

Wie auch immer, eine Zwitterstellung bleibt der Metropole am Potomac erhalten – einer Stadt, die das New York Steak ebenso liebt wie den Schinken aus Virginia, wo man schnell zur Sache kommt, aber dabei die gemütliche Anrede des Südens (»y'all« statt »you«) verwendet, wo Schneeflocken ebenso treiben wie weiße Dogwood-Blüten. John F. Kennedy hat dieses städtische Doppelgesicht elegant umschrieben. Washington, meinte er, vereine *Southern efficiency and Northern charm* – seitenverkehrt werden die alten Zuschreibungen zu einer neuen Qualität.

Dieser sympathische Mix stellte sich nicht über Nacht ein. Noch Charles Dickens spöttelte als Besucher: »Washington wird zuweilen die 'Stadt der großartigen Entfernungen' genannt, doch könnte sie passender die 'Stadt der großartigen Absichten' heißen; denn nur wenn man sie von der Spitze des Kapitols aus der Vogelperspektive betrachtet, kann man die hohen Ideen ihres Gründers, eines hochstrebenden Franzosen, verstehen. Breite Avenuen, die im Nichts beginnen und nirgends hinführen, meilenlange Straßen, denen bloß die Häuser, Fahrwege und Einwohner fehlen …«, notierte er 1842 in seinen »Aufzeichnungen aus Amerika«. Dickens würde heute seinen Augen nicht

The White House: Seit 1800 Wohn- und Amtssitz der amerikanischen Präsidenten

National Mall: Drei Häuserblocks ist die Prachtmeile breit, auf der zwischen Capitol und Lincoln Memorial das politische und kulturelle Herz der amerikanischen Nation schlägt

Gratis-Attraktionen entlang der grünen Hauptachse der Stadt

Die 3,2 Kilometer lange und 500 Meter breite National Mall ist die Hauptachse der Stadt und ihre Prachtmeile, begrenzt vom US-Kapitol am östlichen und dem Lincoln Memorial am westlichen Ende. Ursprünglich war diese Magistrale als Erholungsraum geplant und beherbergt heute über 25 Monumente, Gedenkstätten und Museen. Die 14th Street N.W. teilt die Mall etwa in der Mitte. Östlich davon flankieren zehn Museen und Galerien die Grünflächen, westlich davon sind die Memorials und Gedenkstätten diverser Kriege zu finden. Generell: Die Entfernungen sind enorm, besser ein Taxi rufen, wenn man sich z. B. zwei Museen ausgewählt hat – mehr ist an einem halben Tag ohnehin nicht zu schaffen.

trauen, denn Oasen und Grün, Plätze und Avenues sind längst beliebte Flanierreviere.

Doch weder Staatsapparat noch Fremdenverkehr haben Washington, das architektonisch gern seine monumentale weiße Weste zeigt, vor internen Konflikten schützen können. Während nur rund 600 000 Einwohner in D.C. leben, kommen aus dem Großraum Washington, aus Maryland und Virginia bald drei Millionen hinzu, die täglich in die Stadt pendeln – die meisten von ihnen gehören der weißen Mittelklasse an.

Soziale Gegensätze bestimmen zumindest hinter den Kulissen immer noch den Alltag der Hauptstadt, immer noch gibt es Stadtviertel, in die kein Weißer seinen Fuß setzt. Leider fehlen Untersuchungen darüber, inwieweit nach Obamas Zeit als Präsident ein neues Selbstbewusstsein der schwarzen Bevölkerung auch konkret dazu geführt hat, dass sich Afroamerikaner in den benachteiligten Vierteln von Drogen und Kriminalität abwenden und eher eine bürgerliche Existenz anstreben. Immerhin hat sich der Einzug des ersten

National Gallery of Art: Meisterwerke von da Vinci und Rembrandt bis Picasso und Moore

schwarzen US-Präsidenten und seiner Familie ins Weiße Haus massiv auf die Atmosphäre der Stadt ausgewirkt, aber eben nur dort, wo Obama – um Kontakt zum Volk zu halten – unangekündigt zum Sport oder zum Essen auftauchte.

Diese Entwicklung gibt es auch in traditionellen Schwarzenvierteln, wie sein Ausflug zu »Ben's Chili Bowl« belegt, einer alteingesessenen Imbissbude auf der U-Street. Dort besuchte Obama

Am besten zu Fuß: Parkplätze gibt es keine an der Mall

auch das benachbarte Lincoln Theatre. Die Gegend galt als das Washingtoner Harlem – und versteht sich seit Obamas Besuch nicht mehr als Ghetto. Rings um die hauptsächlich von Afroamerikanern besuchte Howard-Universität mausert sich das Viertel seither mit kuriosen Shops und Boutiquen, mit Cafés und Jazzclubs zu einem neuen kulturellen Zentrum von Washington.

Michelles Kleid und Lincolns Hut

Mit der **National Mall** zu beginnen wäre keine schlechte Idee für den heutigen Nachmittag in der Hauptstadt. Hier könnte man mühelos Tage zubringen, denn die Museen der **Smithsonian Institution** sind unerschöpflich und machen die Wahl zur Qual. Dieses Mega-Institut verdanken wir dem englischen Chemiker und Mineralogen James Smithson, der 1829 ohne Erben starb und sein Vermögen der amerikanischen Regierung vermachte – mit der Auflage, damit eine Stiftung zur Volksaufklärung zu gründen. 1847 schuf James Renwick jenen rötlichen Bau, der schnell den Spitznamen »The Castle« weghatte und in dem die anfängliche Sammlung Platz fand. Inzwischen ist die Smithsonian Institution auf 15 Museen, Galerien und einen Zoo angewachsen; im Castle wird dieser Museumskomplex heute nur noch verwaltet.

In der Palette hochkarätiger Museen auf beiden Seiten der Mall bildet die **National Gallery of Art** auch wegen des vom Architekten I. M. Pei entworfenen Ostflügels einen Glanzpunkt. Er ist mit dem Hauptgebäude ober- wie auch unterirdisch verbunden und wegen seiner Sonderausstellungen interessant. Die historischen Glanzstücke sind als ständige Sammlung im klassizistischen Hauptgebäude zu sehen: europäische und amerikanische Malerei und Skulpturen aus acht Jahrhunderten, übersichtlich gruppiert und großzügig gehängt – darunter Großmeister wie Giotto, El Greco und Fragonard. Die Rotunda im Hauptgebäude ließ Simone de Beauvoir einst spotten, dass sie im Innern bestätigt fand, »was die Fassade bereits androhte«: »Mit seinen enormen, marmorisierten Säulen, seinen Stufen, seinen Fliesen und grünen Pflanzen ist dieses Museum ein Mittelding zwischen Mausoleum und türkischem Bad«, notiert sie 1947 in ihr Reisetagebuch.

Der Besuch in den Museen entlang der Mall ist überall kostenlos. Wer allerdings mit dem Auto vorfährt, wird das gesparte Geld schnell wieder los, denn wenn man überhaupt einen Parkplatz findet, ahnden erbarmungslose Parkwächter jede kleine Überziehung der Parkzeit rigoros mit Strafzetteln *(tickets)*. Besser man kommt gleich mit der Metro (siehe Service & Tipps) oder mit dem Taxi, das in Washington selten mehr kostet als acht Dollar.

Wer die Ausstellungshallen des **National Air & Space Museum** gegenüber der National Gallery zum ersten Mal betritt, der versteht sofort, warum dieses Museum eines der populärsten der Welt ist. Die Fluggeräte, Raketentriebwerke und Raumkapseln sind überwältigend inszeniert, denn man darf sie hier nicht nur aus nächster Nähe betrachten, sondern auch anfassen und betreten. Anfassen darf man auch eine Probe des Mondge-

National Air and Space Museum: Vom »Flyer« der Gebrüder Wright über Lindberghs »Spirit of St. Louis« bis zur Apollo-Raumkapsel sind Attraktionen der Luft- und Raumfahrt versammelt

steins. Auf der *How Things Fly Gallery* gibt es täglich mehrere Demonstrationen. Und auch die Nostalgie kommt nicht zu kurz. Ballons, frühes Fluggerät und Mr. Spock lassen ebenfalls grüßen.

Im **National Museum of American History**, dem westlichsten Bau auf der Nordseite der Mall, liegt im Second Floor unter magischer Beleuchtung die leicht ramponierte riesige Fahne, jenes Star-Sprangled Banner, das nicht nur den Puls der Frühstücksgäste bei Chick & Ruth's schneller schlagen lässt. Dieses Mammut-Exemplar wehte 1814 über Fort McHenry und inspirierte Francis Scott Key zu jenem Text, der später die Nationalhymne werden sollte. Mehr als 800 Kleidungsstücke und Accessoires diverser First Ladies sind ebenfalls im 2. Stock zu sehen, darunter auch das Inaugurations-Outfit von Michelle Obama. Anrührend auch die roten Schuhe, die Judy Garland in ihrer Rolle als Dorothy in »Wizard of Oz« trug. Im 1. Stock hat man ein historisches Post Office bis ins Detail wieder aufgebaut und im 3. Stock ist Lincolns Hut ausgestellt, den er trug, als er am 14. April 1865 im Ford's Theatre von einem Attentäter erschossen wurde.

Residenzen im Stadtteil Kalorama: Hier herrschen nobles Flair und vornehme Stille

Jedes Frühjahr schafft es die Mall aufs Neue in alle amerikanischen TV-Sender, denn dann blühen rund um das Tidal Basin und im East Potomac Park die Japanischen Kirschbäume, und die Blütenpracht dieser *flowering cherry trees* ist immer wieder eine Wucht. 1912 kamen die ersten der heute 3750 Bäume als ein Geschenk aus Tokio – die Geste sollte für die Verbesserung des politischen Klimas sorgen, denn kurz zuvor hatte die Massenimmigration von Japanern nach Kalifornien eine derartige Verärgerung in den USA ausgelöst, dass es beinah zum Krieg gekommen wäre. Seit den 1930er Jahren entwickelte sich aus der Blütenpracht das wichtigste Fest von Washington: das »National Cherry Blossom Festival«, das von Ende März bis Mitte April in ganz Washington gefeiert wird und Hunderttausende Besucher in die Stadt lockt.

Bioküche und Vollwertkost

Ausgangspunkt für einen Abendbummel könnte der **Dupont Circle** auf der Connecticut Avenue sein, benannt nach einem Admiral der US-Armee. Die Gegend mit ihren sehenswerten Villen der Jahrhundertwende war in den 1960er Jahren häufig Zentrum des politischen Protests. Heute ist hier der Prenzlauer Berg von Washington zu Hause, mit Bioküche und Vollwertkost, aber auch mit Bluegrass, Folk und Punk. Abends um halb neun herrscht bei den Friseuren noch Hochbetrieb, Leser stöbern in den Buchhandlungen und Zeitungsläden, an den Hauswänden rappeln Bettler mit Pappbechern um Almosen, während die Kunden von Kramerbooks leutselig und besonders munter wirken, denn hier gibt's nicht nur Lesefutter, sondern auch etwas Richtiges zu essen und einen guten Tropfen – *afterwords*, aber auch vorher und währenddessen.

Zugeknöpft und exklusiv

Wer von hier aus weiter nach Norden wandert, findet ein Washington wieder, das so gar nicht zu den monumentalen Postkartenansichten der Hauptstadt passt – **Adams-Morgan**. In einigen der feudalen Stadtresidenzen und Apartmenthäuser lebten einst prominente Mieter, Generäle, Admirale und die Präsidenten Taft, Eisenhower und Johnson. Diese Wohnkultur spiegelt eine wichtige Phase der Stadtentwicklung im 19. Jahrhundert in Richtung Norden und Westen wider, den Drang vieler, in die baumbestandenen Hügel des Piedmont zu ziehen, um möglichst weit weg von den sumpfigen Niederungen des Zentrums mit seinen malariaverseuchten Abwässern zu sein. Das verstärkte die Ausdehnung von Georgetown, Adams-Morgan, Kalorama und Le Droit Park.

Während heute die alte Eleganz im exklusiven und reichlich zugeknöpften Viertel Kalorama weiterlebt, liegen die Dinge in Adams-Morgan erfrischend anders. Wer bis zur Ecke Columbia Road und 18th Street vorstößt, trifft auf quirliges Leben. Sprachen, Klänge und Küchen sind hier ebenso bunt gemischt wie das Sortiment der Verkaufsstände und das Programm der Musiker auf der Straße – es duftet und klingt in diesem kosmopolitischen Basar. Mit seiner multikulturellen Mischung ist Adams-Morgan zugleich das Zentrum der hispanischen Gemeinde der Stadt. Das öffentliche Leben wirkt hier ungezwungener und gastlicher, in den Straßencafés genauso wie bei herzhaften Hamburgern oder bei raffinierten Genüssen äthiopischer Kochkunst.

Obelisk des Washington Monument: jedes Frühjahr gut für eine Kitschpostkarte im Kirschblütenrausch

Lobby des W Hotel: Diese Bar im Erdgeschoss ist durchaus gelungen, aber richtig prickelnd wird es auf der Dachterrasse, wo man zum Cocktail hinüberschauen kann aufs Weiße Haus

MAGIC MOMENT Here's to You

Höher als zwölf Stockwerke darf kein Gebäude in Washington sein, weil es sonst das Kapitol überragen würde. Das W Hotel – 1918 im Beaux-Arts-Stil erbaut, das älteste Hotel der Stadt und unter Denkmalschutz – ist elf Stockwerke hoch und so nah am Weißen Haus wie kein anderes Hotel. Lobby und Zimmer sind extrem cool ausgestattet, aber noch cooler ist es auf der POV genannten Dachterrasse, wo man bis 23 Uhr kleine *Bites* ordern kann wie *Roasted Chicken Lettuce Wraps.* An der Rooftop-Bar gibt es köstliche Cocktails, mit denen man den fernrohrbewehrten Männern der Security auf dem Dach des White House zuprosten kann.

Überhaupt ist der Blick einmalig: Auf der linken Seite sticht der Obelisk des Washinton Monument in den Abendhimmel, dahinter spiegelt sich die weiße Kuppel des Jefferson Memorial im Wasser des Tidal Basin. In der Ferne sieht man den Heldenfriedhof Arlington, daneben liegt das Pentagon; lehnt man sich über die Brüstung auf der rechten Seite der Terrasse, steht da das Lincoln Memorial. Und genau geradeaus liegt das Weiße Haus, so nah dass man gut sehen kann, wie der Helikopter des Präsidenten aufsteigt.

POV Rooftop Terrace Bar W Hotel
515 15th St. N.W., Washington DC
© (202) 661-2400, www.wwashingtondc.com
Tägl. 11–24 Fr/Sa bis 2, warme Küche bis 21, Snacks bis 23 Uhr
Dresscode: *Casual Sophistication,* also kein Sport-Outfit, weder Tank Tops noch Baseball-Kappen oder Flipflops. $–$$

5 Service & Tipps

Chick & Ruth's Delly
165 Main St., Annapolis, MD
✆ (410) 269-6737
www.chickandruths.com
Tägl. 6.30–23.30, Fr/Sa bis 0.30 Uhr
Eine Institution. Viele der Gäste sind quasi hier aufgewachsen und treffen sich täglich bei Breakfast, Lunch oder Dinner, entsprechend rappelvoll ist es meistens. Der Milchshake ist Legende, Speisekarte und Ambiente sind so oldfashioned amerikanisch, dass eigentlich nur John Wayne fehlt.

Europäischen Besuchern kann morgens um 8.30 Uhr (Sa/So 9.30 Uhr) kurzfristig das Gesicht entgleisen, denn dann ist *Pledge of Allegiance* – der amerikanische Treueschwur – angesagt. $

Washington DC

Tourist Information Center
506 9th St. N.W., Washington, DC 20005
Metro: Green, Yellow und Red Line bis Gallery Place
✆ (202) 347-7201, www.dcchamber.org
www.washington.org
Im Sommer Mo–Fr 9–17 Uhr
Info und Tickets für Touren.

Metrorail, Metrobus
600 5th St., Washington DC
✆ (202) 637-7000, www.wmata.com
Mo–Do 5–24, Fr 5–3, Sa 7–3, So 7–12 Uhr
In Washington heißt es niemals Subway wie in New York sondern immer **Metro**. Um die Metro zu nutzen braucht man eine kreditkartengroße SmarTrip Card. Man kann sie an jeder Station kaufen, auch am Automaten. Sie kostet $ 10, davon kann man $ 8 abfahren. Es gibt keine Festpreise pro Fahrt, der Tarif wechselt je nach Strecke und Uhrzeit, die teuersten Zeiten sind werktags früh bis 9.30 und 15–19 Uhr; im Stadtgebiet macht der Unterschied $ 1 aus, die Fahrt kostet $ 3 zur Rushhour, sonst $ 2. Die SmarTrip Card kann immer wieder aufgeladen werden. Ein Tagespass kostet $ 14.75, Kinder unter 5 Jahren fahren generell gratis.

Die **Busse** erweitern das öffentliche Verkehrsnetz. Man bezahlt beim Fahrer. Auskunft über Strecken und Haltestellen gibt es telefonisch.

DC Circulator
Washington DC
✆ (202) 962-1423, www.dccirculator.com
Pendelbus zwischen Union Station und Convention Center bis nach Georgetown zu allen touristischen Highlights. Die Haltestellen erkennt man an den roten Zeichen, aktueller Fahrplan online; Fahrpreis $ 1 unbedingt passend bereithalten.

Taxis
Sie sind in Washington auch an der Straße leicht anzuhalten und vergleichsweise preiswert. Man bezahlt pauschal nach Zonen und nicht nach Zeit und gefahrener Strecke. Für ca. $ 8 kommt man im Zentrum überall hin.

Unterkünfte

The Graham
1075 Thomas Jefferson St., N.W. (Georgetown), Washington DC
✆ (202) 337-0900
www.thegrahamgeorgetown.com
Boutiquehotel unweit des Waterfront Park am Potomac River, benannt nach Alexander Graham Bell, dem Erfinder des Telefons, der in Georgetown lebte. 57 Zimmer und Suiten mit Gratis-WLAN, Fitnesscenter, Cocktailbar und **The Observatory**, eine Open-Air-Rooftop-Lounge, optimal für das Feuerwerk am 4. Juli. $$$$

The Hamilton
1001 14th St., N.W. (K St.), Washington DC

Ins hübsche Georgetown geht es nur mit dem Bus

Metro: McPherson Square
✆ (202) 682-0111 und 1-800-263-9802
www.hamiltonhoteldc.com
Luxuriöses Hotel aus den 1920er Jahren in zentraler Lage: 318 Zimmer und Suiten, Restaurant, Sauna, Fitnesscenter. $$$$

Mandarin Oriental Washington DC
1330 Maryland Ave., S.W., Washington DC
Metro: Smithsonian
✆ (202) 554-8588
www.mandarinoriental.com/washington
Jüngeres Hotel der legendären Luxuskette mit 220 Zimmern und unschlagbarem Service. Mehrere Restaurants, Spa und Wellness. Das Jefferson Memorial ist fünf Fußminuten entfernt. (Garantierter Online-Zimmerpreis $ 265.) $$$$

Rosewood Washington DC
1050 31st St., N.W. (Georgetown)
Washington DC
✆ (202) 617-2400 und 1-888-767-3966
www.rosewoodhotels.com/en/washington-dc
Neu eröffnetes, luxuriöses 49-Zimmer-Hotel im Herzen von Georgetown mit Restaurant, Bar, Fitness, Spa und privater Rooftop Bar & Lounge. In der **Rye Bar** kann man sich in Clubatmosphäre mit Freunden zum Tee oder auf einen Drink treffen. $$$$

The Willard
1401 Pennsylvania Ave., N.W. (14th St.)
Washington DC, Metro: Center
✆ (202) 628-9100
www.washington.intercontinental.com
Schon Charles Dickens soll sich hier wohlgefühlt haben. Im opulenten **Willard Room** lässt sich fein speisen (amerikanische Küche Mo–Sa, $$$), in der eleganten Round Robin Bar die Happy Hour genießen. Angeblich soll hier der Senator Henry Clay den südstaatlichen *Mint Julep*-Drink in Washington eingeführt haben. Fitnessraum. $$$$

Hotel Lombardy
2019 Pennsylvania Ave., N.W.
Washington DC
Metro: Farragut West
✆ (202) 828-2600 und 1-800-424-5486
www.hotellombardy.com
Kleineres Hotel mit europäischem Flair, zentral gelegen; Zimmer und Suiten mit Küche. Französisch-italienisches Restaurant. $$$–$$$$

The Georgetown Inn
1310 Wisconsin Ave., N.W.
Washington DC
✆ (202) 333-8900, www.georgetowninn.com
Gediegen und mitten in Georgetown. 96 Zimmer und Suiten, Restaurant und Bar. Gratis-WLAN, Wasserflasche und Kaffeemaschine auf dem Zimmer, täglich die *Washington Post*. $$$

Hampton Inn Washington DC/White House
1729 H St., N.W., Washington DC
Metro: Farragut West

Smithsonian Castle an der Mall: geht auf die fette Spende eines britischen Gelehrten zurück

✆ (202) 296-1006
http://hamptoninn3.hilton.com
Im Sommer 2013 in einem denkmalgeschützten Haus eröffnet und nur einen kurzen Fußweg vom Weißen Haus entfernt, bietet es die typischen Vorteile dieser Kette, angefangen von den erstklassigen Betten über Gratis-WLAN bis zum Frühstück (auf Plastik), das im Preis eingeschlossen ist. 116 Zimmer, Indoor-Pool. Die Metrostation ist nur einen Block entfernt. Wer zwei Nächte und länger bleibt, parkt das Auto gratis, ansonsten kostet Valet Parking $ 45. $$–$$$

Adam's Inn Bed & Breakfast
1746 Lanier Pl., N.W., Washington DC
✆ (202) 745-3600 und 1-800-578-6807
www.adamsinn.com
Drei historische Häuser nebeneinander mit 25 Zimmern mit Aircondition, freundlich und preiswert im Viertel Adams-Morgan. Manche Zimmer haben das Bad auf dem Flur. $$

Cherry Hill Park
9800 Cherry Hill Rd.
College Park, MD
✆ (301) 937-7116 und 1-800-801-6449
www.cherryhillpark.com
Nächstgelegener Campingplatz, nordöstlich von Washington (zw. US 1 und I-495 bzw. an der Kreuzung von I-95 und Capitol Beltway). 400 Stellplätze, Imbiss, Pool, Sauna, Waschsalon, Spielplatz, Metrobus und Grayline-Bus in die Stadt. Ganzjährig.

Museen an der Mall

Smithsonian Castle
1000 Jefferson Dr., N.W.
Washington DC
✆ (202) 633-1000, www.si.edu
Tägl. 8.30–17.30 Uhr
In dem zentral gelegenen, auffälligen roten Sandsteinbau mit seinen Türmchen, dem ältesten Gebäude an der Mall, bekommt man ausführliche Informationen und einen ersten Überblick. Die Smithsonian Institution unterhält insgesamt 19 Museen und Galerien sowie den National Zoo. Elf Smithsonian Museen und Galerien befinden sich auf der National Mall zwischen dem Washington Monument und dem Kapitol. Sechs Museen und der Zoo liegen nicht weit davon im Großraum Washington, zwei weitere befinden sich in New York City.

Hier die elf Smithsonian Museen und Galerien entlang der Mall, die alle kostenlos besucht werden können:

Arthur M. Sackler Gallery
1050 Independence Ave., S.W.
Washington DC
✆ (202) 633-1000
www.si.edu/Museums/sackler-gallery
Tägl. 10–17.30 Uhr
Permanente und temporäre Ausstellungen asiatischer Kunst von der Antike bis zur Gegenwart, darunter südasiatische Skulpturen, Jade und Bronze aus China, moderne japanische Keramiken.

Freer Gallery of Art
Jefferson Dr., S.W. (12th St.)
Washington DC
✆ (202) 633-1000, www.asia.si.edu
Tägl. 10–17.30 Uhr
Eine der besten Sammlungen asiatischer Kunst in den USA, chinesische Gemälde, indische Skulpturen, islamische Gemälde und Metallwaren, japanische Lackarbeiten, koreanische Keramik, das von Maler James McNeill Whistler gestaltete Pfauenzimmer.

Hirshhorn Museum and Sculpture Garden
7th & Independence Ave., S.W.
Washington DC
✆ (202) 633-1000
www.hirshhorn.si.edu
Tägl. 10–17.30, Skulpturengarten 7.30 Uhr bis Sonnenuntergang, Gratis-Führung tägl. 12.30 Uhr, Treffpunkt Lobby
Die zeitgenössischen Schätze dieses zylindrischen Gebäudes *(Doughnut on the Mall)* basieren auf der Privatsammlung von Joseph Hirshhorn, einem Börsenspekulanten und Uran-Mogul. Umfassende Kollektion moderner Meister, topaktuelle Filme, Skulpturen von Daumier, Matisse, Rodin, Picasso, de Kooning, Moore, Giacometti und Brancusi auf der Plaza und im Garten. Museumsshop.

National Air and Space Museum
601 Independence Ave., S.W.
Washington DC
✆ (202) 633-1000, www.nasm.si.edu
Tägl. 10–17.30 Uhr
Gratis-Führungen (90 Min.) zu den Highlights täglich um 10.30 und 13 Uhr, Start im Welcome Center

Hirshhorn Museum: Im Skulpturengarten steht außer Kunst auch ein Wunschbaum

Mit jährlich 10 Mio. Gästen eins der meistbesuchten Museen der Welt. 23 Galerien, in denen Hunderte von Flugzeugen, Flugkörpern, Raketen und ähnliche Artefakte ausgestellt sind. Fans der Fliegerei brauchen mehrere Besuche, um die Geschichte der Fluggeräte vom »1903 Flyer« der Brüder Wright über Lindberghs »Spirit of St. Louis« bis zur Kommandokapsel der »Apollo 11« nachzuvollziehen. Planetarium (2. Stock) und IMAX-Filmtheater mit Superleinwand (1. Stock). Food Court hinter dem Apollo Lunar Module.

National Gallery of Art
Constitution Ave., N.W., zwischen 3rd & 9th Sts., Washington DC
Metro: Archives (Yellow/Green), Judiciary Square (Red), Smithsonian (Blue/Orange)
✆ (202) 737-4215, www.nga.gov
Mo–Sa 10–17, So 11–18 Uhr
Der amerikanische Sammler Andrew Mellon stiftete seine Kunstkollektion 1936 der Stadt und ließ auch gleich ein Museum dafür bauen: die National Gallery of Art, ein neoklassizistischer Bau des Architekten John Russell Pope, der 1941 eröffnet wurde.

Andere Sammler folgten Mellons Beispiel, so dass das West Building bald zu klein wurde. Der neue Bau von I.M. Pei wurde 1978 eröffnet und von den beiden Kindern des Gründers Mellon bezahlt. Das **West Building** beherbergt europäische und amerikanische Malerei und Plastik vom 13. Jh. bis heute, das **East Building** ist der modernen Kunst gewidmet.

Zu den Highlights des West Building zählen u.a. Leonardo da Vincis »Ginevra da Benci«, ein Selbstporträt Rembrandts, Raphaels »Alba Madonna« sowie Werke von Giotto, Tizian, Botticelli, El Greco und Dürer und nicht zuletzt Cézannes »Knabe mit der roten Weste«. Im East Building hängen u.a. Bilder von Picasso und Matisse, Jasper Johns, Roy Lichtenstein, Robert Rauschenberg und Mark Rothko.

Für eine stilvolle Pause bietet sich das **Garden Café** im West Building an. Auf die Schnelle: Cafeteria mit Selbstbedienung im *underground concourse*, der beide Häuser verbindet.

National Museum of African American History & Culture
1400 Constitution Ave., N.W.
Washington, DC
✆ 844-750-3012, https://nmaahc.si.edu
Tägl. 10–17.30 Uhr, nur mit online vorab gebuchtem Zeitfensterticket
Eintritt frei
Der Bau in dunkler Bronze ist der neue Blickfang an der Museumsmall und setzt einen scharfen Kontrast zur hellen, neoklassizistischen Architektur ringsherum: Das erste afroamerikanische Museum der USA behandelt von der Sklaverei über die Bürgerrechtsbewegung bis zum ersten schwarzen US-Präsidenten alle zentralen Themen der afroamerikanischen Geschichte.

540 Mio. $ kostete der fünfstöckige Bau, die Hälfte zahlte der Staat, 270 Mio. kamen aus privaten Spenden, Oprah Winfrey gab allein 20 Mio. $. Der ghanaisch-britische Architekt David Ajaye baute das spektakuläre Haus, das Obama gegen Ende seiner zweiten Amtszeit 2016 eröffnete.

37 000 Ausstellungsstücke wurden gesammelt, von rostigen Sklavenketten und einer weißen Haube des Ku-Klux-Klans bis zu den über 2000 Namen von Schwarzen auf den Wänden der Galerie, die nach dem Ende der Sklaverei, zwischen 1882 und 1930, gelyncht wurden. Die Ausstellung bildet aber auch den Reichtum ab, den Afroamerikaner zu Kunst, Kultur und Sport beigetragen haben, von Sportheroen wie Michael Jordan über Musik-Genies wie Louis Armstrong bis zur Autorin und Nobelpreisträgerin Toni Morrison.

National Museum of African Art
950 Independence Ave., S.W., Washington DC
✆ (202) 633-4600, www.nmafa.si.edu
Tägl. 10–17.30 Uhr
Das erste Museum der USA, das sich mit af-

rikanischer Kunst und Kultur befasste. Die Sammlung mit 7000 Werken traditioneller und zeitgenössischer Kunst des gesamten afrikanischen Kontinents ist seit 1987 in den (zum großen Teil unterirdischen) Räumen zu sehen. Viele Masken und das Fotoarchiv von Eliot Elisofon, dem legendären Fotografen des Life-Magazins mit 300 000 Bildern. Die Bibliothek mit 25 000 Büchern zum Thema ist nur mit Voranmeldung zu besuchen.

National Museum of American History
14th & Constitution Ave., N.W.
Washington DC
✆ (202) 633-1000
www.americanhistory.si.edu
Tägl. 10–17.30 Uhr
Drei Millionen Ausstellungsstücke, die amerikanische Geschichte und Alltagskultur lebendig werden lassen, von Henry Fords »Model T« über die Pfeife von Albert Einstein bis zu den Boxhandschuhen von Cassius Clay. Prominentestes Stück neben der Uniform von George Washington und dem Schreibtisch von Jefferson: *The Star-Sprangled Banner* aus dem Fort McHenry von 1814.

National Museum of the American Indian
4th St. & Independence Ave., S.W.
Washington DC
✆ (202) 633-1000, http://nmai.si.edu
Tägl. 10–17.30 Uhr
Heimat einer der größten und vielfältigsten Sammlungen indianischer Kunst sowie historischer und kultureller Objekte in einem wuchtigen, 2004 eröffneten Kalksteingebäude ohne Ecken und Kanten. Einführungsfilm »Who We Are« alle 15 Min. im Lelawi-Theater (4. Stock), Geronimos Gewehr in der Galerie *Our Peoples*. Schönes Atrium, erlesener Museumsshop und indianisch inspirierte Gerichte im **Mitsitam Cafe**.

National Museum of Natural History
10th St. & Constitution Ave., Washington DC
✆ (202) 633-1000, https://naturalhistory.si.edu
Tägl. 10–17.30 Uhr
Ein mächtiger afrikanischer Buschelefant begrüßt die Besucher in der Rotunde der Eingangshalle. Höhepunkte der gewaltigen naturkundlichen Sammlung sind u. a. das Skelett eines Dinosauriers, ein lebendes Korallenriff und in der Schmucksammlung der blaue Hope-Diamant (45.5 Karat), der einmal Mary Pickford gehörte.

Unbedingt sehenswert sind auch Geschichte und Kultur von Afrika, Family Hall of Mammals, Hall of Human Origins und Butterfly Pavilion. Kurios: die größte Küchenschabe der Nation, ein Beitrag von Houston, Texas, zum Insektenzoo. Animationsfilme für Kinder.

S. Dillon Ripley Center
1100 Jefferson Dr., S.W., Washington DC
✆ (202) 633-1000
www.si.edu/Museums/ripley-center
www.discoverytheater.org
Tägl. 10–17.30 Uhr
Wechselausstellungen mit Themen aus der Naturwissenschaft, Geschichte, Kunst und Kultur von Smithsonian Museen und anderen Organisationen. Im **Discovery Theater** gibt es Livevorstellungen mit Musik, Theater, Märchenerzählern, Marionetten für Kinder zwischen zwei und 16 Jahren, Programm online.

John F. Kennedy Center for the Performing Arts
2700 F St., N.W., Washington DC
✆ (202) 467-4600 und 1-800-444-1234
www.kennedy-center.org
Führungen Mo–Fr 10–17, Sa/So 10–13 Uhr
Am Ufer des Potomac: National Opera House, National Symphony Orchestra, The Suzanne Farrell Ballet; Broadway Musicals, Oper, Orchesterwerke, Ballett.

National Museum of Natural History

TicketPlace
407 7th St., N.W., Washington DC
www.cultural-alliance.org
Di–Fr 11–18, Sa 10–17 Uhr
Am Aufführungstag zum halben Preis gegen bar; ansonsten auch auf Kreditkarte. Außerdem gibt es Tickets vorab bei Ticket Master, ✆ (202) 397-7328 (Verkaufsstellen in der Stadt telefonisch erfragen.)

Restaurants

Muze
1330 Maryland Ave., S.W.
Im Hotel Mandarin Oriental
Washington DC
✆ (202) 787-6148, www.mandarinoriental.com/washington/fine-dining
Tägl. Frühstück 6.30–10.30, Sa/So ab 11, Lunch 11.30–14.30, Dinner 17.30–22 Uhr
Eines der besten Restaurants der Stadt mit stilvollem Ambiente. Hier kocht der Chef de Cuisine Mark McDonnell moderne amerikanisch-asiatische Küche auf höchstem Niveau – auch preislich. Achtung: Dresscode, keine Turnschuhe, Jeans möglichst nur in der Bar. $$$

The Oceanaire
1201 F St., N.W., Washington DC
✆ (202) 347-2277
www.theoceanaire.com
Mo–Do 17–22, Fr/Sa bis 23, So bis 21 Uhr
Exzellenter Fisch, Hummer, Steaks und Weine. *Valet-parking* $ 9; reservieren. $$–$$$

Bistrot Lepic & Wine Bar
1736 Wisconsin Ave., N.W.
Washington DC
✆ (202) 333-0111, www.bistrotlepic.com
Mo–Fr 11.30–14.30 und 17.30–22, Fr/Sa bis 22.30, Brunch Sa/So 11–15 Uhr
Kleines, beliebtes Nachbarschaftsbistro und Lounge (1. Etage) mit guter französischer Küche und reicher Weinauswahl. $$

Blue Duck Tavern at Park Hyatt
24th & M Sts., N.W., Washington DC
✆ (202) 419-6755
www.blueducktavern.com
Tägl. 6.30–22, So bis 23 Uhr
Nobles Restaurant mit entspannter Atmosphäre, offene Küche, tolles Design, Frühstück, Lunch und Dinner. Ex-Präsident Obama und Michelle haben hier ihren Hochzeitstag gefeiert. Crab Cakes, French Fries und Apple Pie wurden vielfach ausgezeichnet. $$

Old Ebbitt Grill
675 15th St., N.W., Washington DC
✆ (202) 347-4800, www.ebbitt.com
Mo–Fr 7.30–2, Sa/So 8.30–3 Uhr
Eine Institution am Metropolitan Square gegenüber vom Finanzministerium. Es gibt Herzhaftes vom Grill, Kenner schwärmen vom Frühstück. Old Ebbitt ist die älteste Bar in der Stadt. $$

Rosa Mexicano
7th St., N.W. (F St., Penn Quarter)
Washington DC
✆ (202) 783-5522
www.rosamexicano.com
Mo–Sa 11.30–22.30, Fr/Sa bis 23.30, Brunch Sa/So 11.30–15 Uhr
Mexikanische Küche vom Feinsten, köstliche Guacamole. $$

Cactus Cantina
3300 Wisconsin Ave., N.W. (Macomb St.)
Washington DC 20016
✆ (202) 686-7222
www.cactuscantina.com
Tägl. 11–22, Do–Sa bis 23 Uhr
Beliebter Mexikaner, vorzüglicher Geschmack, reichliche TexMex-Portionen. $–$$

Kramerbooks & Afterwords Cafe
1517 Connecticut Ave.
Washington DC
✆ (202) 387-1400, www.kramers.com
Tägl. 7.30–1, Fr/Sa bis 3 Uhr
Für Bücherwürmer mit Appetit: Lesen, Essen und Trinken. Mi–Sa Livemusik. $

Georgetown Cupcake
3301 M St., N.W., Washington DC
✆ (202) 333-8448
www.georgetowncupcake.com
Mo–Sa 10–21, So bis 20 Uhr
Wie der Name sagt sind Cupcakes Kuchen, die so klein sind, dass sie in eine Tasse passen. Diese Bäckerei hat es darin zur Perfektion gebracht: eine Institution in Georgetown, die sogar eine eigene Reality-TV-Show hat.

Fast immer stehen die Kunden in langen Schlangen an. Von *Chocolate Coconut* über *Salted Caramel* bis zu *Gluten Free Peanut Butter Fudge* fehlt keine Sünde, täglich werden außer den Klassikern diverse andere Geschmacksrichtungen hergestellt, pro Stück $ 3.

Bike and Roll
Bike and Roll-Station National Mall
955 L'Enfant Plaza, S.W., Washington DC
Metro: L'Enfant Plaza (Blue, Orange, Yellow und Green Line) oder Smithsonian (Blue und Orange Line)
✆ (202) 842-2453
www.bikeandrolldc.com
Hier kann man Räder leihen und etliche geführte Touren mit unterschiedlichen Themen per Rad oder Segway buchen, z. B. »Sites by Segway« entlang der Mall zum Kapitol mit Pausen und Erklärungen, März–Okt. dreimal tägl., Start 9.30, 13.30 und 18 Uhr, 6 mi, 2,5 Std., Preis $ 64 (Teilnahme ab 16 J.).

Oder dreistündige geführte Radtour tägl. 10 Uhr, $ 40/30. Beide Touren beginnen und enden an der Station.

Radfahren
Washington DC hat 100 mi Radwege und ein Capital Bikeshare-Programm mit 440 Stationen, bei dem man Mitglied werden und einen eintägigen oder dreitägigen Pass kaufen kann: www.capitalbikeshare.com.

Fletcher's Boat House
4940 Canal Rd., N.W. (Georgetown)
Washington DC
✆ (202) 244-0461, www.boatingindc.com/boathouses/fletchers-boathouse
Verleih von Kanus und Ruderbooten für den Kanal und den Potomac, auch Ausrüstung und Lizenz zum Angeln. Kajak $ 16 pro Std., $ 64 pro Tag, Kanu $ 25 pro Std., Ruderboot $ 16 pro Std. und $ 30 pro Tag.

Old Town Trolley Tours
Start: Union Station, Newseum, Air and Space Museum, Capitol
Washington DC
✆ 1-844-356-2603, www.trolleytours.com
Ticket $ 39/29 (4–12 J.)
Zweistündige Rundfahrten mit kleinen Bussen bieten Einsteigern einen unterhaltsamen Überblick der Stadt. Man kann überall zu- und aussteigen, z. B. bei den Smithsonian Institutions, bei National Geographic, am Lincoln Memorial, Vietnam Memorial, White House, Capitol, an der Embassy Row, National Cathedral oder in Georgetown. Tickets sind online etwas billiger.

DC Ducks Land and Sea Tours
50 Massachusetts Ave., N.E.
Washington DC
Start an der Union Station
✆ 1-866-754-5039, www.dcducks.com
April–Okt. Touren tägl. 10–16 Uhr jede volle Stunde, Dauer 90 Min.
Ticket $ 42/32 (0–12 J.), online günstiger
Das kuriose Entenmobil hat Räder und kann schwimmen. Nachdem man die Museen und Monumente der Mall passiert hat, dreht die Ente noch ein paar Runden im Potomac River, da dürfen meist die Kinder mal ans Steuer. Reservierung empfehlenswert.

Potomac Spirit Cruises
Pier 4, 6th & Water Sts.
Washington DC
✆ 1-866-302-2469
www.spiritcruises.com/washington-dc
Lunch Cruise tägl. 11 Uhr ab $ 52, Dinner Cruise Mo–Do 18 Uhr, Fr–So Abfahrt vgl. Webseite, ab $ 92
Lunch oder Dinner an Bord der »Spirit of Washington« mit Live-Entertainment auf dem Potomac River. Reservierung erforderlich. Auch Fahrten nach Alexandria.

Weitere Informationen zu Washington DC finden Sie beim 6. Tag, S. 154 ff.

Stadtteil Georgetown: älter als der Rest der Stadt mit Alleen und Kopfsteinpflastergassen

6 Klassisch und Grün

Ein Tag in Washington DC

6. Tag: Washington DC

Vormittag	Lafayette Park, White House, **National Mall**, Newseum oder Capitol und Library of Congress.
Nachmittag	Union Station, über F Street zum National Building Museum, Pennsylvania Avenue, Old Post Office.
Abend	**Georgetown**.

Heute heißt es auswählen. Das Weiße Haus bleibt für einen spontanen Besuch seit 9/11 tabu, für den geführten Rundgang im Capitol braucht man einen Pass, der vorab reserviert werden muss. Wer den nicht hat – kein Problem: Washington bietet genügend andere Hits, vom spektakulären neuen Newseum mit 15 Galerien und filmreifem Blick von der Terrasse über die unzähligen Monumente und Memorials, bis zur grandiosen Union Station, wo man leicht einen halben Tag verbummelt.

Unter den vielen Plätzen in Washington zählt der **Lafayette Park** zu den schönsten: eine grüne Oase, ein Ort zum Sitzen und Schauen. Ringsum stehen die Statuen einiger europäischer Helden, die zur Unterstützung der amerikanischen Sache Hilfe in den Revolutionskrieg geschickt haben, allen voran der Marquis de Lafayette, aber auch der preußische Baron und spätere amerikanische General Friedrich Wilhelm von Steuben.

Die zitronengelbe **St. John's Episcopal Church** gilt als Church of the Presidents, weil seit dem 4. Präsidenten James Madison alle Regierungschefs während ihrer Amtszeit hier den Gottesdienst besuchen. Für sie wird die President's Pew, freigehalten, die mit der Platznummer 54 beginnt. Der Gottesdienst ist öffentlich und an den hohen Kirchenfeiertagen wie Ostern oder Weihnachten kann man fast sicher sein, dass der amtierende Präsident mit seiner Familie daran teilnimmt. Weil dann auch jede Menge Security unterwegs ist, sollte man möglichst frühzeitig zur Kirche kommen.

Der Kirche gegenüber liegt das noble **Hay-Adams Hotel**, dessen Lobby und Lounge für alle Sorten der Geheimdiplomatie wie geschaffen sind. Überhaupt spielen Hotels in Washingtons politischem Alltag eine führende Rolle – diverse Skandale und Schlagzeilen eingeschlossen. Bürgermeister Marion Barry ertappte das FBI beim Kokain-Konsum im Vista International Hotel, Ronald Reagan traf die Kugel eines Attentäters bei der Einfahrt des Washington Hilton and Towers und das Watergate Hotel schrieb sich als Skandal-Adresse unter Richard Nixon in die Geschichtsbücher.

Mehr Geschichte als Geschichten hat das ansehnliche **Decatur House** an der Ecke von H Street und Jackson Place zu erzählen. Nach dem Tod des ursprünglichen Hausherrn, Commodore Stephen Decatur, der Anfang des 19. Jahrhunderts durch seinen Kampf gegen Piraten und Briten zum Marinehelden aufstieg, zogen die Botschafter Frankreichs, Russlands und Englands ein, danach diverse US-Außenminister, Kongressmitglieder und auch Edward F. Beale, ein Offizier, Abenteurer und Entdecker, der zusammen mit Kit Carson kämpfte und Kamele aus dem Nahen Osten importieren

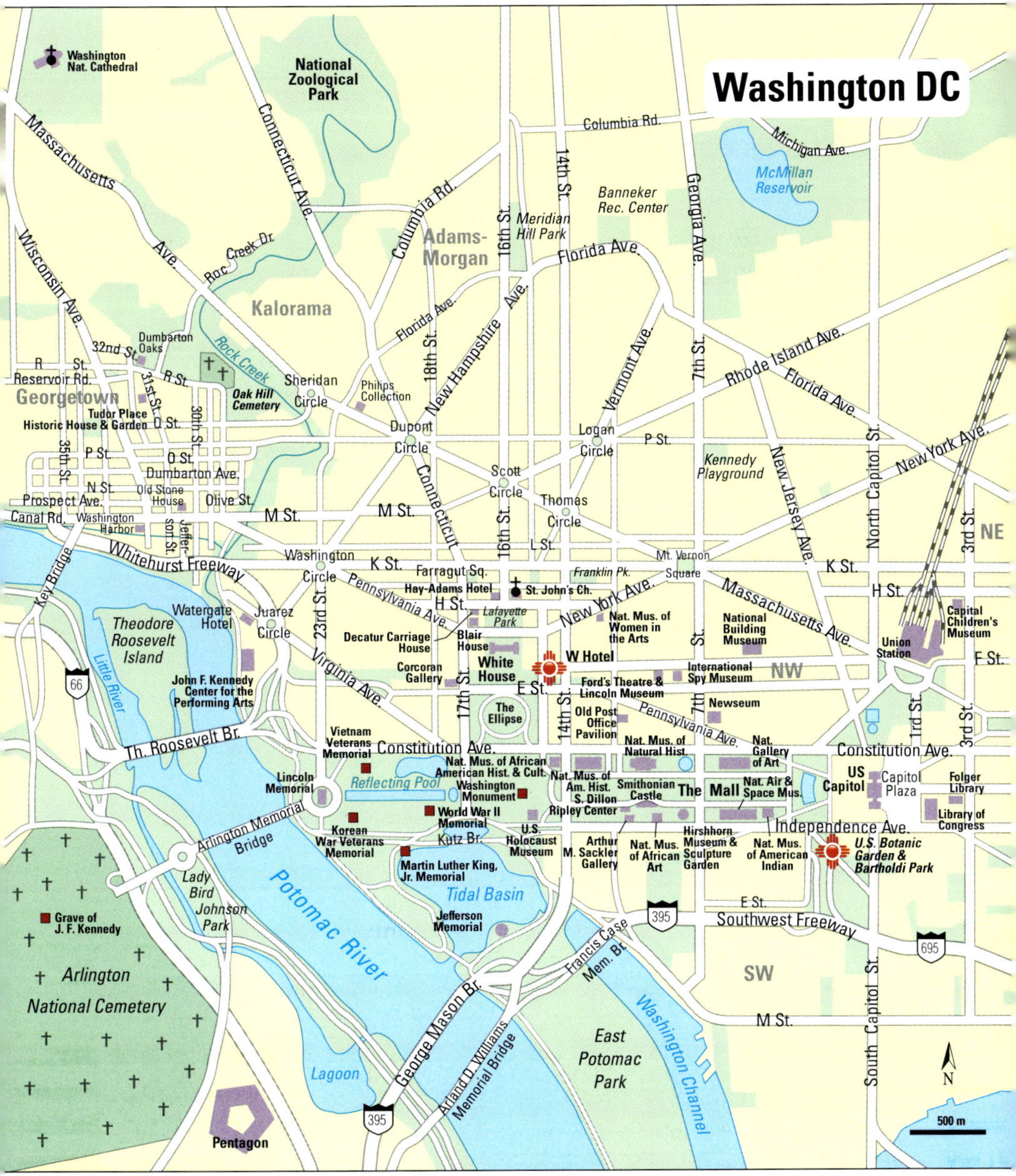

wollte, um in den Wüstenregionen des US-Südwestens die Packesel zu ersetzen.

Decatur House war übrigens das erste Privathaus am Lafayette Square und wie St. John's von Latrobe gebaut, der zur gleichen Zeit die Aufsicht über die Wiedererrichtung des Kapitols hatte, nachdem dieses ebenso wie das Weiße Haus von britischen Truppen in Brand gesetzt worden war. Zu den weiteren historischen Adressen in Sichtweite zählt das **Blair House** an der nächsten Ecke, das seit seiner Fertigstellung 1824 als feines Gästehaus der Regierung dient, wann immer ausländische Würdenträger zu Besuch beim Präsidenten sind.

Ein Selfie vor dem Zaun

Zum **White House** sind es nur wenige Schritte, was den Lafayette Park von jeher für Demonstrationen attraktiv macht. Während sich die Protestler nur gelegentlich vor dem Gitter der Nordseite des Hauses sammeln, verewigen sich die Touristen aus aller Welt an dieser Stelle quasi sekündlich per Selfie. Viel mehr ist auch nicht möglich, denn seit den Anschlägen vom 11. September 2001 muss man sich für eine geführte Tour durchs Weiße Haus bewerben, und das ist für Nicht-Amerikaner eine extrem langwierige Angelegenheit. Die Einheimischen müssen das OK dafür bei ihrem Kongressabgeordneten erfragen – was bis zu einem halben Jahr dauern kann. Nicht-Amerikaner dürfen ihren Antrag bei der Botschaft ihres Landes in Washington einreichen, was mindestens ebenso lange dauert und nicht immer zum Erfolg führt.

Bleibt das große Infozentrum, der **White House Visitor Pavilion** an der Nordost-Ecke des Weißen Hauses mit Shop, Videos und Souvenirs. Multimedial kann man sich da einige der 132 Räume und die repräsentativen Säle im Unter- und im Hauptgeschoss, dem State Floor, anschauen. Die oberste Etage ist ohnehin tabu, denn sie umfasst die privaten Wohnräume der Familie.

Obwohl George Washington 1792 den Grundstein für den Präsidentensitz gelegt hatte, wohnte er nie hier; erst sein Amtsnachfolger, John Adams, zog ins Weiße Haus ein. Die Lage des Weißen Hauses wurde von George Washington und dem Stadtplaner Pierre L'Enfant ausgesucht, Architekt war der irische Baumeister James Hoban, der sich das Leinster House in Dublin, heute Sitz des irischen Parlaments, zum Vorbild nahm.

Im August 1814 besetzten die Briten Washington und brannten den Sitz des Präsidenten nieder. 1815 begann der Wiederaufbau (ebenfalls unter Hobans Leitung) und weil man die Außenmauern weiß strich, hatte das Gebäude von nun an seinen Namen. Im Herbst 1817 konnte Präsident James Monroe wieder einziehen. 1902 wurde umgebaut und erweitert und unter Harry Truman 1948 bis 1952 großflächig saniert und renoviert.

John F. Kennedy und seine Frau Jackie modernisierten 1961 bis 1963 die Inneneinrichtung. Das Anwesen verfügt über 132 Räume, 35 Badezimmer, 412 Türen, 147 Fenster, acht Treppenhäuser, drei Aufzüge, einen Swimmingpool, einen Tennisplatz, einen Kinosaal sowie eine unter Präsident Richard Nixon eingerichtete Kegelbahn. Barack Obamas ließ das Basketballfeld besser ausstatten.

In der Sichtachse des Weißen Hauses liegt das **Washington Memorial** und (von uns aus gesehen) rechts davon versammeln sich alle übrigen Memorials der vergangenen Kriege. Wer Zeit hat, kann den Tag damit verbringen sich anzuschauen, wie die Künstler das Gedenken in Stein und Skulpturen gefasst haben (alle Memorials unter Service & Tipps). Das mächtige **Lincoln Memorial** am westlichen Ende ist längst zum traditionellen Treffpunkt der Bürgerrechtler geworden. Am 28. August 1963 versammelten sich hier 250 000 Menschen beim »Marsch auf Washington« und lauschten Martin Luther King jr. und seiner Rede »I Have a Dream«, die inzwischen als die bedeutendste in der US-Geschichte des 20. Jahrhunderts gilt. Mahalia Jackson und Bob Dylan traten damals auf, Joan Baez sang »Oh Freedom«. Unter den Zuhörern waren auch 60 000 Weiße. Marlon Brando und andere Hollywoodstars standen in der Menge und 150 Kongressmitglieder – alle versammelt unter dem Denkmal jenes Mannes, der bereits vor damals 100 Jahren gleiche Rechte für alle versprach.

Auf der anderen Seite des Tidal Bassin wartet mit dem **Holocaust Museum** ein intensives Erlebnis, für das man sich mindestens vier Stunden Zeit nehmen sollte. Weil die Ungeheuerlichkeit der Vernichtungsaktion der Nazis angesichts der schieren Masse abstrakt bleibt, durchbricht die Präsentation diese Anonymität: Jeder bekommt am Eingang den Ausweis eines Opfers, dessen Lebens- und Leidensweg er während des Rundgangs verfolgt.

Anschließend könnte man durch die Mall schlendern, vorbei an allen Museen Richtung Kapitol. Für die Einheimischen ist die superbreite Chaussee Spielplatz und Schaubühne: Sonnenanbeter, Busladungen voller High School Kids, Picknick- und Theatergruppen tummeln sich hier ebenso wie Touristen, Aktenkofferträger und Protestierer. Ein buntes Karussell vor dem Smithsonian Castle lockt die Kinder und nur ab und zu wird es kurz einmal politisch. Dann schaukelt ein Polizeiauto über den Rasen beim

Korean War Veterans Memorial: Hier sind Bronze-Soldaten auf Patrouille

Lincoln Memorial: Die 58 Stufen bis zum Standbild stehen für sein Alter, als er ermordet wurde

Obelisken und fordert eine Gruppe auf, die Leinen ihrer Papierdrachen einzuziehen, weil in wenigen Minuten der Präsident mit dem Helikopter einschwebe.

Unweit der Mall, auf der Höhe des Westgebäudes der National Gallery of Art steht an der Pennsylvania Avenue das **Newseum**, ein Prestigeobjekt, mit dem nahezu alle großen Medienkonzerne der USA ihrer Branche ein Denkmal gesetzt haben. Das spektakuläre Haus, vom Star-Architektenteam Polshek Partners für 278 Millionen Euro erbaut, wurde 2008 eröffnet und ist seither ein Publikumsmagnet.

Fantastisch ist schon der Blick von der großen Greenspun Terrace auf Level 6, wo der Rundgang durch das Gebäude beginnt. Auf 640 000 Quadratmetern zeigt das Museum mehr als hundert Videoproduktionen, beherbergt 15 Ausstellungsräume mit insgesamt rund 3800 Bildern und 6200 Artefakten zur Geschichte und Praxis des Journalismus;

Newseum: Diese Wand mit den Porträts im Dienst getöteter Journalisten wächst stetig

darunter auch Teile der Berliner Mauer im untersten, dem Concourse Level. Eine eigene Galerie ist 9/11 und der Berichterstattung darüber gewidmet. Auch architektonisch gilt das Newseum als Sensation: Polshek Partners schufen eine lichte Komposition aus geometrischen Teilstücken, ein »Wunderwerk aus Glas, Metall und Marmor«, wie die Washington Post zur Eröffnung jubilierte.

Fast immer ausgebucht

Die Führung durch das Kapitol ist kostenlos, aber man braucht dafür eine Reservierung, einen Besucherpass, den man rechtzeitig vorher beantragen muss. Selbst zur Off-Season sind die Touren fast immer ausgebucht und die wenigen Tickets für einen Tagespass sind meist schon am frühen Morgen verteilt (vgl. Service & Tipps, S. 157).

Das **U.S. Capitol**, Sitz des amerikanischen Parlaments, ist übrigens auch geographisch das Zentrum des Washingtoner Straßennetzes. In seinem Stadtplan setzte Pierre-Charles L'Enfant das Kapitol an das eine Ende der Pennsylvania Avenue und das Haus des Präsidenten ans andere, um die Trennung von Legislative und Exekutive auch optisch deutlich sichtbar zu machen. Capitol Hill (zu seiner Zeit noch Jenkins Hill genannt) erschien ihm als natürlicher »Sockel, der auf ein Monument wartet«.

Doch bis dieses nach der Grundsteinlegung durch George Washington 1793 seine heutige Gestalt erreichte, sollten über 70 Jahre vergehen. Zuerst entstand der Nordflügel unter William Thornton, einem Arzt, Maler und Amateurarchitekten aus Philadelphia, danach bis 1807 der Südflügel unter Benjamin Latrobe, dann kamen die zündelnden Briten, der Wiederaufbau und die erste Fertigstellung im Jahre 1829 – durch Latrobe und Charles Bulfinch. Die Architekten wechselten ebenso wie die Bauaufga-

Great Hall der Library of Congress: angeblich die größte Bibliothek der Welt mit über 100 Millionen Bänden, in jedem Fall eine der schönsten und unterirdisch mit dem Kapitol verbunden

ben, denn mit der Nation selbst erweiterten sich auch die Arbeitsräume der Abgeordneten. Die kleine Holzkuppel wurde erst 1863 durch eine große, gusseiserne ersetzt.

Jeffersons Privatbibliothek

Herz und Zentrum des Kapitols ist die **Rotunda**, mit 30 Metern Durchmesser und der 55 Meter hohen Kuppel der Schauplatz großer Zeremonien, hier werden Staatsbegräbnisse zelebriert und wichtige Staatsgäste empfangen. Die Deckengemälde von Constantino Brumidi zeigen George Washington, umgeben von Symbolen der Demokratie und des technologischen Fortschritts. Über den vier großen Durchgängen, die von dem Kuppelsaal in die anderen Räumlichkeiten führen, sieht man die Ankunft der Pilgerväter mit der »Mayflower«, William Penn, den Gründer von Philadelphia, Pocahontas als Retterin von John Smith und den Pionier und Gründer von Kentucky, Daniel Boone im Kampf gegen die Indianer.

Im **Old Senat Chamber**, dem Alten Senat, konnte nur bis 1859 getagt werden, weil der halbrunde Plenarsaal mit Rembrandt Peales berühmtem Porträt von George Washington an der Stirnseite, nur die Vertreter der bis dahin 32 Mitgliedsstaaten fassen konnte. In der ehemaligen Old Hall, die einst als Sitzungssaal des Repräsentantenhauses diente, ist heute eine Kollektion von Statuen berühmter Persönlichkeiten zu sehen; sie heißt jetzt National Statuary Hall.

Durch einen langen unterirdischen Gang geht es vom Capitol Visitor Center hinüber zur **Library of Congress**. Sie ist eine Multimedia-Enzyklopädie für jeden, verteilt auf drei stattliche Gebäude, die unterirdisch durch Tunnel zusammenhängen. Seit seiner Gründung ist dieses Dokumenten-Imperium durch Schenkungen und Ankäufe auf über 120 Millionen Bücher angewachsen, unter ihnen so einmalige Ausgaben wie eine der drei noch existierenden Gutenberg-Bibeln von 1455 und das illuminierte Manuskript der Großen Bibel von Mainz (1452/53).

Der Höhepunkt jedes Besuchs ist der große Lesesaal im **Thomas Jefferson Building**, einer Basilika der Bücherwürmer, die an ihren Arbeitstischen studieren, während sich hoch über ihnen die Kuppel wölbt, verziert mit Statuen und Figurenprogrammen. Seinen Namen erhielt der Bau von Thomas Jefferson, der seine zumeist auf Reisen in Europa erworbene Privatbibliothek, die damals im Jahr 1815 als die beste im ganzen Lande galt, dem Staat verkaufte: 6487 Bücher für 23 950 Dollar.

Bahnhof im Stil eines Badehauses

Von der grandiosen Bücherstube zum ebenso grandiosen Bahnhof: **Union Station**. Den ganzen Tag könnte man in den hinreißenden Kuppelgewölben, Ladenlokalen, Restaurants und Bars zubringen, umgeben von eiligen Reisenden. Die Ausstattung des 1988 aufwändig renovierten und wieder eröffneten Baus aus dem Jahr 1907 ist vom Feinsten. In der Eingangshalle strahlt italienischer Marmor, in den rote Rauten mit Steinen aus Vermont eingelegt sind.

Unter vergoldeten Kuppeln und edlen Stuckdecken haben sich beachtliche Restaurants eingenistet – im ehemaligen Präsidentenflügel oder nebenan in geräumigen Nischen, in einer beschwingten Melange aus High-Tech-Design und Jahrhundertwendearchitektur, überwölbt von Deckenfresken mit funkelndem Sternenhimmel. In der Great Hall finden Konzerte und Aufführungen statt und bereits fünfmal gab es hier einen Inauguration Ball für den neu ge-

Union Station: Der prachtvolle Hauptbahnhof wurde 1907 im Stil des Neoklassizismus gebaut

wählten Präsidenten. Union Station ist aber auch immer noch ein Bahnhof mit etwa 100 täglichen Zugverbindungen.

Die 36 Statuen römischer Legionäre in der Haupthalle wurden übrigens ursprünglich nackt aus Italien angeliefert, aber weil die Eisenbahner rufschädigendes Aufsehen befürchteten, wurden keusche Schutzschilde vor die steinernen Gäste platziert. Christoph Kolumbus, sonst meist heroisch als Entdecker Amerikas dargestellt, zeigt sich hier ausnahmsweise im legeren Freizeit-Outfit, genauer im Bademantel, denn der Bahnhof wurde im Stil eines römischen Badehauses konzipiert.

Wer jetzt noch genügend Ausdauer hat, geht über F Street zum **National Building Museum**, einem der erstaunlichsten historischen Bauwerke in Washington und touristisch gesehen ein weißer Fleck. Hier lässt sich die Raumwirkung eines perfekt restaurierten Innenhofs genießen. Der schmale cremefarbene Terrakottafries mit Unionsveteranen, der wie eine unendliche Prozession den gesamten Baukörper umläuft, verrät die ursprüngliche Bestimmung: Hier sollte eine Rentenanstalt (Pension Building) für Bürgerkriegsveteranen entstehen.

Museum für Baukunst

Der Mammutbau gefiel nicht allen. »Meigs' alte rote Scheune«, hieß er anfangs nach seinem Architekten. Unionsgeneral Sherman, dessen gnadenlosen Brandstiftungen ganze Südstaaten-Städte nichts entgegenzustellen hatten, fand es »zu dumm, dass das verdammte Ding feuerfest ist«. Ab 1885 diente das lichte Atrium der Great Hall als Kulisse für die Inauguration diverser Präsidenten, in den 1920er Jahren wurde die gesamte Grundfläche des prachtvollen Innenhofs mit Bürozellen überzogen.

Erst Richard Nixon ließ die Gala-Tradition wieder aufleben und in den 1980er Jahren entschloss sich der Kongress zu einer Sanierung und Umwandlung des Gebäudes in ein Museum, das sich Themen der Baukunst und des Designs widmen sollte – und das vor allem selbst als gutes Beispiel voranging.

Metro – nein danke

Danach bleibt genügend Zeit für einen Abend in **Georgetown**, was nicht heißt, dass man dort nicht mühelos einen weiteren Tag verbringen könnte. Die Geschichte des Stadtteils am Potomac River begann als kleiner Tabakhafen – 40 Jahre bevor es Washington überhaupt gab – denn exakt bis hierher war der Fluss schiffbar.

1871 wurde Georgetown, das damals noch zu Maryland gehörte, in den neu geschaffenen District of Columbia integriert und heute findet man hier nicht nur die teuersten Adressen, sondern auch eine saturierte Bürgerschaft, die sich gegen Washington ihre Eigenständigkeit erhalten hat. So verhinderte man bis heute jede U-Bahn-Anbindung und seit Ende der 1960er Jahre steht Georgetown als Gesamtensemble unter Denkmalschutz.

Populär wurde Georgetown nicht zuletzt durch die – meist demokratische – Prominenz, die es hierher zog. Kissinger wohnte hier, John F. Kennedy vor seiner Präsidentschaft, sein Bruder Robert und auch Elisabeth Taylor.

Bis heute findet man traumhafte und ruhige Stadthäuser für höchste Ansprüche, etwa an der P Street oder im Umkreis des wunderschönen **Oak Hill Cemetery**. Hier oben lässt sich gut erkennen, wie das sanft hügelige Piedmont in Georgetown für diverse Aufs und Abs sorgt und ein *rolling landscape* schafft – geradezu ideal für Landsitze in der Stadt, unter denen Dumbarton Oaks und Tudor Place zu den bekanntesten gehören. Hier könnte gut ein Spaziergang durch Georgetown beginnen: von den lichten Höhen hinunter zum Fluss.

Hinter dem filigranen, schmiedeeisernen Eingangstor öffnen sich die Gärten von **Dumbarton Oaks** mit zahlreichen Wasserbecken, Brunnen und Skulpturen. Als Mr. und Mrs. Bliss das Anwesen 1920 kauften, waren Geduld, Phantasie und viel Geld erforderlich, um alte Scheunen und Trampelpfade in ein Gartenparadies zu verwandeln, in eine Kunstlandschaft, in der es ganzjährig blüht und die möglichst die typischen Merkmale des traditionellen italienischen, französischen und englischen Gartens vereinen sollte.

All das bietet Dumbarton Oaks heute – zum Beispiel Azaleen, Oleander, Chrysanthemen (also Frühling, Sommer und Herbst), eine geschickte Terrassierung der Anlagen über verschiedene Ebenen, die, je weiter sie abfallen und sich vom Herrenhaus entfernen, umso formloser werden, und dazu den französisch-strengen **Pebble Garden**, die vielleicht schönste Augenweide des Parks, ein absolutes Must für Gartenfreunde.

Auf dem Weg zum Fluss liegt an einer der vielen ansehnlichen Wohnstraßen (31st St.), hinter Bäumen und Hecken versteckt, **Tudor Place**, auch eine Art Landsitz im Stadtmilieu. An der Architektur des klassizistischen Hauses, geschaffen von William Thornton, dem Architekten des Kapitols und Freund des Hausherrn, fällt besonders der von dorischen Säulen gestützte Pavillon ins Auge, der halb im Salon und halb außerhalb von ihm steht und sich von außen dementsprechend als ein halbrunder Säulenportikus zeigt. Sehenswert ist auch der Garten mit altem Baumbestand.

Old Stone House aus dem Jahr 1765 ist das älteste unveränderte Gebäude der Stadt

Inoffizielles Washington

Auf den Straßen vermitteln Efeuranken, wilder Wein, altes Grün und frische Blüten den Gesamteindruck von einem ganz inoffiziellen Washington. Schon Simone de Beauvoir wunderte sich bei ihrem Besuch an dieser Stelle: »Diese kleinen Fenster, die spitzen Giebel, die Freitreppen und die schmiedeeisernen Tore erinnern mich an die Häuschen in den Dörfern an der Zuidersee ... Keineswegs hatte ich erwartet, rund um Washington das Pittoreske des alten Europa wiederzufinden.« Heute fände sie zusätzlich alarmgesicherte Jaguars.

Über M Street gelangt man am **Old Stone House** vorbei zum Kanal (Jefferson St. südlich von M, zwischen 31st und 30th St.), den man entlangwandern kann: teils schattig, auf jeden Fall ohne Autolärm, dafür mit Joggern, Leuten, die ihre Hunde ausführen, und Radfahrern – ein hübscher Weg, der meilenweit in Richtung Westen, also stadtauswärts führt. Romantische Gärten, Bilderbuchstraßen und nostalgische Kähne sind auf **Wisconsin Avenue** und **M Street** nicht gefragt. Tagsüber herrscht hier der flotte Zeitgeist: Boutiquen und Sortimente, Nasen- und Ohrstecker und andere Hardware. Nach Büroschluss wird Georgetown zum bevorzugten Jagdrevier der betuchten Jugendlichen, Aufsteiger und Amüsier-Freaks.

Bartholdi Park: Unweit vom Capitol bieten der Botanische Garten mit seinem Gewächshaus und der benachbarte Park stille, touristenfreie Oasen

MAGIC MOMENT Secret Garden

Während der lautstarke Besucherstrom vor der Kuppel des Kapitols den ganzen Tag nicht abreißt, bleiben der Botanische Garten und der Bartholdi Park wenige Meter daneben ein stiller Geheimtipp. 1820 als Lehrgarten vom Kongress gegründet wachsen im Botanischen Garten neben Rosen und anderen heimischen Gewächsen mehrere hundert Orchideenarten, Wüstenbewohner und Kakteen, Heilkräuter und bedrohte Arten.

Und überall ist man fast allein, ob im Schmetterlingsgarten oder im First Ladies Water Garden mit den Fauna-Favoriten einstiger Präsidentenfamilien. Der zauberhafte benachbarte Bartholdi Park hat seinen Namen von Frédéric Bartholdi, der nicht nur die Freiheitsstatue entwarf, sondern auch den eleganten, gusseisernen Brunnen dieses Parks. Drumherum sind Miniaturgärten angelegt, um Hobbygärtner zu inspirieren. – Nirgendwo ein Souvenirshop, kein Brezelstand, kein Restaurant, nur Blumen und lauschige Bänke im Grün. Dazu plätschert das Wasser und im Hintergrund leuchtet die Kuppel des Kapitols.

US Botanic Garden & Bartholdi Park
1st St. & Maryland Ave., S.W.
Washington DC
✆ (202) 225-8333, www.usbg.gov
www.usbg.gov/bartholdi-park
Tägl. 10–17 Uhr, Bartholdi Park von Sonnenaufgang bis nach Sonnenuntergang
Eintritt frei

Washington DC

Museen und Sehenswürdigkeiten

Dumbarton Oaks
1703 32nd St., N.W. (Georgetown)
Washington DC
✆ (202) 339-6401, www.doaks.org
Museum tägl. 11.30–17.30 Uhr
Gärten März–Okt. Di–So 14–16 Uhr
Eintritt Museum frei, Gärten $ 10/6
Der noble Landsitz entstand 1801, die Orangerie folgte später. Die Sammlung war das Werk der Eigentümer Mildred und Robert Woods Bliss. Heute gehört das Haus zur Havard University und beherbergt eine bedeutende Sammlung byzantinischer Kunst.

Die Präsentation der präkolumbischen Kunst in den von Philip Johnson Anfang der 1960er Jahre entworfenen zylindrischen Glasdomen ist ein Erlebnis. Sehenswert auch der eklektische »Music Room« mit einem späten El Greco, in dem u.a. Igor Strawinsky sein »Dumbarton Oaks Concerto« aufführte.

International Spy Museum
800 F St., N.W., Washington DC
✆ (212) 393-7798, www.spymuseum.org
Öffnungszeiten wechseln, Kernzeit tägl. 10–17 Uhr, Eintritt $ 22/15 (7–11 J.)
Unweit vom Hauptquartier des FBI gibt es hier in zwei Dutzend Räumen Einblicke in die Geschichte und Arbeitsweise der Geheimdienste, von unsichtbarer Tinte bis zu schießenden Lippenstiften und vergifteten Gaspistolen in zusammengerollten Zeitungen. Gezeigt wird u.a. auch ein »Rectal Toolkit« aus den 1960er Jahren, das zehn Ausbruchswerkzeuge enthielt. Spezialisten von CIA, FBI und KGB sollen mit Exponaten geholfen haben.

Holocaust Museum: Das Ticket ist gratis, muss aber vorab online reserviert werden

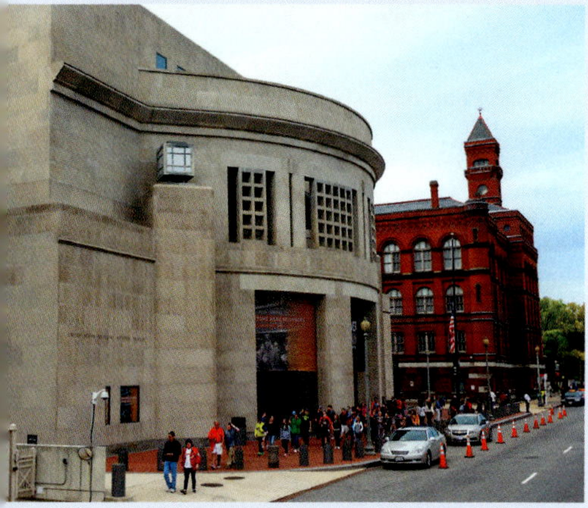

National Building Museum
401 F St. (zwischen 4th & 5th Sts.)
Washington DC
✆ (202) 272-2448, www.nbm.org
Mo–Sa 10–17, So 11–17, Führungen tägl. 11.30, 12.30 und 13.30 Uhr
Eintritt $ 10/7 (3–17 J.)
1881 entworfen von Montgomery C. Meigs, der zuvor das Washington-Aquädukt und einige Forts rund um die Stadt gebaut hatte. Sehenswert ist vor allem der prachtvolle Innenhof, die Great Hall, mit acht gewaltigen korinthischen Säulen, dazu plätschert ein Brunnen. Außen umschließt ein nur 90 cm hoher, 400 m langer Fries mit Kriegsveteranen den Ziegelbau. 1980–85 zum Museum gemodelt und aufwendig restauriert. Wechselnde Ausstellungen zu den Themen Architektur und Design. Museumscafé.

Newseum
555 Pennsylvania Ave., N.W.
Washington DC
✆ (202) 292-6100, www.newseum.org
Mo–Sa. 9–17, So 10–17 Uhr
Eintritt $ 25/15 (7–18 J.), gilt an zwei aufeinanderfolgenden Tagen)
Nur wenige Schritte von Mall und Kapitol entfernt ist dieses neue Museum zur Geschichte und Gegenwart des Nachrichtenwesens ein absolutes Must-See. Vom Concourse Level geht es im gläsernen Aufzug auf den Level 6 mit der Greenspun-Terrasse und einem spektakulären Blick auf Kapitol, Pennsylvania Avenue und Mall. Von hier aus wandert man durch 15 Galerien und Showräume nach unten.

Unbedingt sehenswert: *Oswald Possessions* in der Ausstellung »JFK: Three Shots Were Fired« auf Level 6, das *Smith Big Screen Theater* auf Level 5, die *9/11 Gallery* auf Level 4, das *Journalists Memorial* mit den persönlichen Geschichten der über 2000 Reporter und Fotografen, die bei ihrer Arbeit ums Leben kamen, auf Level 3 und die mit dem

Pulitzer-Preis prämierten Bilder der größten Fotografen auf Level 1. Spannend außerdem der NBC Interactive Newsroom auf Level 2 und das 4-D-Movie auf Level 1.

Old Stone House
3051 M St., N.W. (Georgetown)
Washington DC
www.nps.gov/olst, tägl. 11–18 Uhr
Das simple Steinhaus von 1764, 1767 und 1770 erweitert, 1950 vom National Park Service restauriert, ist das älteste Haus in Georgetown und gewährt Einblicke in das häusliche Leben des 18. Jh. Manchmal werden alte Handwerkskünste vorgeführt.

United States Holocaust Memorial Museum
100 Raoul Wallenberg Pl., S.W., Zugang 14th St., S.W., Washington DC
✆ (202) 488-0400, www.ushmm.org
Tägl. 10–17.20, April–Mitte Juni Mo–Fr 10–18.30, Sa/So 10–17.30 Uhr
Dauerausstellung März–Aug. nur mit Zeitfensterticket, Eintritt frei
Auf fünf Etagen des 1993 eröffneten außergewöhnlichen Museumsbaus (Architekt war der deutschstämmige Amerikaner James Ingo Freed) werden die Verbrechen Nazideutschlands von 1933–45 an Juden, Sinti und Roma durch Bilder des Grauens dokumentiert, denen sich der Besucher unvermittelt ausgesetzt sieht, wenn er aus dem Aufzug in die Ebene des 5. Stocks hinaustritt.

Der Rundgang durch die abgedunkelte Dokumentenebene wird begleitet von Filmen, Großfotos, Texten, Gefangenenjacken, Bergen von Schuhen und Brillen und anderen historischen Objekten. Die Haupteingangshalle ähnelt einer Art postmoderner Fabrik aus Backstein und Stahl, wie überhaupt die ungewöhnlichen Bauelemente – Wachtürme, Rampen und Fabrikanlagen – an das Vernichtungslager Auschwitz erinnern.

Arlington National Cemetery
Am Ende der Arlington Memorial Bridge
Arlington, VA
✆ (703) 607-8000
www.arlingtoncemetery.org
Riesiges Gräberfeld mit 200 000 weißen Grabsteinen für Männer und Frauen, die im Dienst ihres Landes standen. Das von Soldaten der dritten US-Infanterie bewachte Grabmal des Unbekannten Soldaten steht für die Toten

Franklin D. Roosevelt Memorial: Unter dem Umhang verbirgt sich der Rollstuhl, Hund Fala ist auch dabei

aus vielen Kriegen, vom Revolutionskrieg über den Spanisch-Amerikanischen Krieg und die beiden Weltkriege bis zu Korea-, Vietnam- und Golfkrieg. Am meisten besucht sind die Grabstätten von John F. Kennedy und Robert Kennedy, die beide Attentaten zum Opfer fielen.

Franklin Delano Roosevelt Memorial
National Mall, Washington DC
✆ (202) 426-6841, tägl. 8 Uhr bis Mitternacht
Open-Air-Skulpturenpark von 1997 zum Gedenken an die Präsidentschaft von FDR (1933–45); Szenen aus der Great Depression und dem Zweiten Weltkrieg. In rötlichem Granit aus Dakota gemeißelt auch Roosevelts Motto »I HATE WAR«.

Korean War Veterans Memorial
Daniel French Dr. (Independence Ave.), S.W.
Washington DC
✆ (202) 426-6841, www.nps.gov/kowa
Tägl. 8–24 Uhr
Die Skulpturen von 19 amerikanischen Soldaten auf Patrouille in einem Minenfeld wirkt wie eine eingefrorene Filmszene. Der Koreakrieg 1950–53 kostete auf US-Seite 54 000 Soldaten das Leben.

Library of Congress
101 Independence Ave., S.E.
Washington DC
✆ (202) 707-8000, www.loc.gov
Führungen Mo–Sa 8.30–16.30 Uhr
Angeblich die größte Präsenzbibliothek der Welt, die jeder benutzen kann und die sich auf mehrere Gebäude verteilt: 120 Mio. Bücher, Manuskripte, Fotos, Grafiken, Karten in 500 Sprachen, dazu Zeitungen, Zeitschriften

Lincoln Memorial: Der pompöse Tempel ist auf dem 5-Dollar-Schein abgebildet

und Musikinstrumente, auch komplett elektronisch zugänglich. Die Sammlung seltener Bücher besteht aus 6000 Exemplaren. Kerngebäude ist das Thomas Jefferson Building mit dem fantastischen Lesesaal der Great Hall, Grundstock der Sammlung war die Privatbibliothek von Thomas Jefferson.

Lincoln Memorial
National Mall (23rd St.)
Washington DC
✆ (202) 426-6841, www.nps.gov/linc
Rund um die Uhr geöffnet
Pompöser Tempel mit kolossaler Marmorstatue des 16. US-Präsidenten am Westende der Mall, umringt von 36 dorischen Säulen aus unterschiedlichem Marmor (je eine pro Unionsstaat zur Zeit, als Lincoln lebte) von Henry Bacon 1914–22 errichtet.

Hinauf zum Bau führen 58 Stufen, symbolisch für Lincolns Alter. Die über 6 m hohe Statue stammt von Daniel Chester French. Das Lincoln Memorial ist auf der 5-Dollar-Note und auf dem 1-Cent-Stück abgebildet.

Martin Luther King, Jr. Memorial
1964 Independence Ave., S.W.
Washington DC
✆ (202) 426-6841, www.nps.gov/mlkm
Als jüngstes Denkmal wurde das Martin Luther King, Jr. Memorial eingeweiht, das an den 1968 ermordeten Führer der schwarzen Bürgerrechtsbewegung erinnert. Er ist der erste Afroamerikaner, dem an der National Mall ein Denkmal errichtet wurde. Am 16. Oktober 2011 wurde es vor ca. 50 000 Zuschauern von Barack Obama und dem damaligen Vizepräsidenten Joe Biden eingeweiht. Bei der Zeremonie traten die Sänger Aretha Franklin und Stevie Wonder und Bürgerrechtler wie Jesse Jackson auf. Bei vielen Afroamerikanern ist das Denkmal umstritten, weil der ausführende Bildhauer ein chinesischer Künstler in China war und weil die Skulptur eher weiß aussieht als schwarz.

National World War II Memorial
1750 Independence Ave., S.W.
Washington DC
www.wwiimemorial.com
Die 2004 eingeweihte, gewaltige Gedenkstätte wurde von dem österreichischen Architekten Friedrich St. Florian entworfen. Es besteht aus einer kreisförmigen Wasserfläche von 100 m Durchmesser, die von Säulen eingefasst wird und erinnert an die 400 000 US-Soldaten, die im Zweiten Weltkrieg in Europa und im Pazifik getötet wurden.

Old Post Office Clock Tower
1100 Pennsylvania Ave., N.W.
Washington DC
✆ (202) 289-4224, www.nps.gov/opot
Tägl. 9–17, letzte Auffahrt 16.30 Uhr
Donald Trump baute den gewaltigen Komplex des einstigen Postamtes von 1899 mit seiner riesigen Halle um zur rundherum golden ausgestatteten Luxusbleibe »Trump International Hotel« mit 270 Zimmern und Suiten, Restaurants, Bücherei und Fitnesscenter mit Spa im Atrium. Die Präsidentensuite kostet 10 000 Dollar die Nacht.

Der 96 m hohe historische Glockenturm mit seinem Observation Deck wird weiterhin vom National Park Service gemanagt und ist für Besucher geöffnet. Zugang zum Turm über den Südeingang des Gebäudes südlich der Pennsylvania Ave. nahe Starbucks bei 12th St. N.W.

Saint John's Episcopal Church
Lafayette Sq., Washington DC
✆ (202) 347-8766, tägl. 9–15 Uhr
Leuchtend gelb mit goldenen Häubchen, 1816 von Benjamin H. Latrobe, dem ersten »professionellen« Architekten der USA, gebaut, der die Baugeschichte seiner Zeit fast so geprägt hat wie Thomas Jefferson.

Thomas Jefferson Memorial
14th St. & East Basin Dr.

Washington DC
✆ (202) 426-6841, www.nps.gov/thje
Führungen tägl. 8 Uhr bis Mitternacht
Der von John Russell Pope 1942 entworfene weiße Marmorbau am Wasser des Tidal Basin bildet mit dem Lincoln Memorial und dem Weißen Haus ein gleichschenkliges Dreieck und erinnert an Monticello, das Wohnhaus von Thomas Jefferson (das er selbst entworfen hat) bei Charlottesville, Virginia. Der Präsident, der 1801–09 im Amt war, galt als geniales Multitalent, war hauptsächlicher Verfasser der amerikanischen Unabhängigkeitserklärung und ein starker Verfechter der Aufklärung sowie der Trennung von Staat und Kirche. Von ihm stammt der Ausspruch, dass »die breite Masse der Menschheit nicht mit Sätteln auf ihren Rücken geboren sind, noch einige wenige gestiefelt und gespornt, bereit, rechtmäßig, durch die Gnade Gottes, auf ihnen zu reiten«. Im Jefferson Memorial steht er als überlebensgroße Bronzestatue auf einem schwarzen Granitsockel.

Union Station
40 Massachusetts Ave., N.E., Washington DC
✆ (202) 289-1908
www.unionstationdc.com
Läden Mo–Sa 10–21, So 12–18 Uhr
Bildschöner Palazzo der Eisenbahn-Ära, den AMTRAK für Städteschnellverbindungen nutzt. Entworfen 1903 vom Architekten der Beaux-Arts-Bewegung, Daniel Burnham. Nach der Eröffnung 1907 blieb der Bahnhof 50 Jahre lang wichtigstes Verkehrsterminal der Stadt; Auto und Flugzeug liefen der Bahn nach dem Zweiten Weltkrieg den Rang ab.

In Hitchcocks »Strangers on a Train« spielte er eine Statistenrolle und entkam in den 1960er Jahren nur knapp dem Abriss. Heute gilt er als Musterbeispiel einer gelungenen Restaurierung mit Shoppingcenter, Kinos und Food Circle.

U.S. Capitol
Capitol Hill, National Mall
Washington DC
✆ (202) 226-8000, www.aoc.gov
www.house.gov, www.senate.gov
www.visitthecapitol.gov/plan-visit/getting-the-capitol
Visitor Center Mo–Sa 8.30–16.30, kostenlose Führungen 8.45–15.30 Uhr (nur mit Tour Pass) Touren können vorab online oder telefonisch gebucht werden. Unbedingt rechtzeitig reservieren, speziell im Sommer. Wer nicht reserviert hat: Eine beschränkte Anzahl von Pässen gibt es jeden Morgen an den Information Desks in der Emancipation Hall im Untergeschoss des Capitol Visitor Center.

Das Visitor Center ist der einzige öffentliche Eingang zum U.S. Capitol und liegt unter der East Plaza des Kapitols zwischen Constitution und Independence Ave. Die 45-minütigen Führungen beginnen im Orientation Theater im Untergeschoss des Visitor Center mit dem 13-minütigen Film »Out of Many, One«.

Das Kapitol ist der Sitz des Parlaments, das aus Senat und Repräsentantenhaus besteht. Der mächtige Kuppelbau erinnert nicht zufällig an den Petersdom in Rom und diente später vielen State Houses der einzelnen Bundesstaaten als architektonisches Vorbild. Grundsteinlegung war 1793, erst 1863 war die über 50 m hohe Kuppel fertig und wurde mit der 6 m hohen allegorischen Freiheitsfigur geschmückt. Das Originalmodell dieser *Statue of Freedom* ist heute in der Emancipation Hall im Capitol Visitor Center zu sehen.

Linker Hand hinter dem Kapitol liegt der **Supreme Court**, der über die Verfassung wachen soll und ähnlich wie der Deutsche Bundesgerichtshof über aktuelle gesellschaftliche Fragen wie Abtreibung und Sterbehilfe urteilen muss (Besichtigung auf eigene Faust, wenn das Gericht nicht tagt, www.supremecourtus.gov). Rechter Hand hinter dem Kapi-

Jefferson Memorial: ein beliebtes Motiv

Vietnam Memorial: 75 Meter lange Granitplatten tragen 58 000 Namen toter US-Bürger

tol liegt die **Library of Congress**, die unterirdisch mit dem Capitol verbunden ist und nach dem Rundgang durchs Kapitol auch auf eigene Faust besichtigt werden kann.

Vietnam Veterans Memorial
Constitution Ave., N.W.
Washington DC
✆ (202) 426-6841, www.nps.gov/vive
Rund um die Uhr zugänglich

National Cathedral: Das ist nicht Notre-Dame, sondern ein gotischer Nachbau von 1991

1982 errichtetes, eindrucksvolles Denkmal der Künstlerin Maya Lin aus schwarzen Granitplatten, die eine 75 m lange, sanft geschwungene Mauer bilden, auf der über 58 000 Namen von im Vietnamkrieg gefallenen oder vermissten US-Soldaten eingraviert sind. Damit das gewaltige Memorial nicht die Sichtachse zwischen Kongress und Lincoln Memorial zerschneidet, wurde es tiefer gelegt.

Washington Harbor
3000 K St., N.W., Washington DC
www.thewashingtonharbour.com
Multikomplex von 1986 an der Georgetown Waterfront aus Wohnungen, Hotels, Geschäften, Büros, einer Eislaufbahn und zahlreichen Restaurants mit einer Promenade direkt am Fluss, wo man im Sommer herrlich draußen sitzen und im Winter auf einer großen Eisbahn Schlittschuh laufen kann.

Washington Monument
National Mall (15th St.)
Washington DC
✆ (202) 426-6841 und 1-877-444-6777
www.nps.gov/wamo
Tägl. 9–17 Uhr, bis Frühjahr 2019 geschl.
Der Obelisk aus weißem Maryland-Marmor ist 169 m hoch und hat 897 Stufen, Baumeister war Robert Mills. 1848 war Grundsteinlegung, doch kurz danach ging durch den Bürgerkrieg das Geld für den Weiterbau aus, 1884 war er endlich fertig. 2011 richtete ein Erdbeben größere Schäden an, so dass das Monument zwei Jahre eingerüstet war.

Inzwischen kann man wieder (nach dem Security-Screening) gemeinsam mit einem Ranger mit dem Aufzug in 70 Sekunden nach oben fahren – für einen lohnenden Rundblick über die Stadt. (Gratis-Zeittickets am Kiosk in der Washington Monument Lodge, 15th & Jefferson Sts., ab 8.30 Uhr; gegen Gebühr kann man Tickets auch vorbestellen.)

Washington National Cathedral
3101 Wisconsin Ave. N.W., Washington DC
✆ (202) 537-6200, www.cathedral.org
Mo–Fr 10–17, Sa 10–16, So 12.45–16 Uhr, Gottesdienst So 8, mit Chor 16 Uhr
Eintritt $12/8, inkl. Highlight-Tour alle 30 Min., weitere Führungen $ 10/6 (5–12 J.), So Eintritt frei
Perfekte Nachbildung einer gotischen Kathedrale aus Kalkstein aus dem 14. Jh., Bau-

zeit: 1907–91. Theodore Roosevelt legte den Grundstein dieser privat finanzierten Kirche. Ringsum einladende Grünanlagen, Zier- und Kräutergärten; die Pilgrim's Observation Gallery (Aufzug) bietet Ausblick auf die Stadt, Maryland und Virginia.

The White House
1600 Pennsylvania Ave., N.W.
Washington DC
✆ (202) 456-7041, www.whitehouse.gov
Seit 1800 Wohn- und Amtssitz des Präsidenten, in dem fünf der 132 Räume bei Führungen zugänglich sind. Ausländische Besucher müssen sich ein halbes Jahr vorab bei ihrer Botschaft um die Teilnahme an einer Führung bewerben.

White House Visitor Center
1450 Pennsylvania Ave., 15th & E. Sts., N.W.
Washington DC
www.nps.gov/whho/planyourvisit/hours.htm
www.whitehouse.gov, tägl. 7.30–16 Uhr
Bis 2014 wurde das Center komplett renoviert, jetzt versucht man mit multimedialen Ausstellungen eine möglichst originalgetreue Atmosphäre zu schaffen, 90 Originale aus dem Weißen Haus wurden ins Visitor Center gebracht. Natürlich gibt es auch Souvenirs und Andenken.

Ford's Theatre & Lincoln Museum
511 10th St., N.W., Washington DC
✆ (202) 347-4833, www.fords.org
Tägl. 9–17 Uhr, Führung $ 3, vgl. Webseite
150 Jahre ist es her, dass Abraham Lincoln, der 16. Präsident der USA, in diesem Theater erschossen wurde, ein Ereignis, dass das Haus bis heute beschäftigt. Nach dem Anschlag am 14. April 1865 wurde das Theater, das gerade mal zwei Jahre in Betrieb war, geschlossen und verfiel, bis es 1968 renoviert und wiedereröffnet wurde. Gespielt werden meist Komödien und Broadway-Musicals. Wenn nicht gerade Probe ist, kann man das Theater besichtigen, in dem auch die Waffe des Attentäters und Südstaaten-Fanatikers John Wilkes Booth ausgestellt ist. Die Präsidentenloge Nr. 7 wurde restauriert.

Restaurants

Filomena Ristorante
1063 Wisconsin Ave., N.W.
Washington DC
✆ (202) 338-8800, www.filomena.com
Tägl. 11.30 –21.30 Uhr
Beliebter Gourmet-Italiener. Unbedingt reservieren! $$$

1789 Restaurant
1226 36th St., N.W. (Georgetown)
Washington DC
✆ (202) 965-1789
www.1789restaurant.com
Mo–Do 18–22, Fr 18–23, Sa 17.30–23, So 17.30–22 Uhr
Es war einmal in Amerika ... Französisch angehauchtes *fine dining* in einer Villa des 18. Jh. *Dinner only*. Menü drei Gänge $ 48. Möglichst reservieren. $$–$$$

Clyde's of Georgetown
3236 M St., N.W., Washington DC
✆ (202) 333-9180
www.clydes.com/georgetown
Mo–Do 11–24, Fr 11–1, Sa 10–1, So 9–24 Uhr
Typisch für Georgetown: frische Meeresfrüchte (u. a. Soft Shell Crabs), Steaks, Lamm und preisgekrönte Chili-Gerichte. Lunch und Dinner. $$

Blues Alley
1073 Wisconsin Ave., N.W. (Georgetown)
Washington DC
✆ (202) 337-4141, www.bluesalley.com
Tägl bis 0.30, Shows 20 und 22 Uhr
Jazz Supper Club mit Südstaatenküche. Reservierung empfohlen. $$

Weitere Informationen zu Washington DC finden Sie beim 5. Tag, S. 137 ff.

Georgetown: Chillen unterm Sonnenschirm

E Koloniale Idylle am Fluss

Alexandria, Mount Vernon und Gunston Hall

Extratag: Washington DC – Alexandria – Mount Vernon – Gunston Hall – Washington DC (89 km/56 mi)

km/mi	Route
Vormittag	
0	In **Washington** über Independence Ave. auf I-395 South, Washington Memorial Pkwy. und Schildern MOUNT VERNON folgen nach
14/9	**Alexandria** (Parken in der Tiefgarage unter dem Market Sq., schräg gegenüber vom Visitors Center). Rundgang und Lunch (ca. 3 Std.). Weiter über Washington St. nach Süden bis
Früher Nachmittag	
16/10	**Mount Vernon** (Besichtigung ca. 2 Std.). Von dort S 235 South, US 1 South, S 242 East nach
19/12	**Gunston Hall** (Haus und Garten ca. 1 1/2 Std.). Zurück zur US 1, dort rechts nach Norden und dem Schild zur I-395 North folgen. Auf der Memorial Bridge über den Potomac links halten und auf die US 1-North-Spur einordnen für
Abend	
40/25	**Washington DC.**

Old Town Alexandria setzt alles daran, so zu erscheinen, als hätte sich seit den Tagen, als sich schottische Kaufleute hier niederließen – Namenspatron John Alexander war einer von ihnen –, eigentlich nichts geändert. Alles soll genau so aussehen wie zur Gründerzeit im Jahr 1749, als die heutige Stadt als kleiner Tabakhafen am Fluss begann: Kopfsteinpflaster, schmucke restaurierte Häuschen und Kunstgewerbeläden geben den nostalgischen Ton an. Antiquitäten statt Tabak, Kunst statt Weizen bestimmen das Warenangebot für die Besucher der 144 000 Einwohner zählenden Gemeinde im Schatten der Bundeshauptstadt.

Im **Visitors Center** im historischen **Ramsay House** bekommt man die nötigen Informationen mit auf den Weg, den man schräg gegenüber bei der alten Apotheke beginnen kann. Das schlichte **Carlyle House** (etwas zurückgesetzt von der Straße) wirkt sehr ansehnlich. Vom Stadtgründer und Banker John Carlyle errichtet galt es einmal als das schönste Haus in Alexandria.

Gadsby's Tavern Museum, am Ende des 18. Jahrhunderts noch ein vitaler Prominententreff, überlebt heute als eine Art Speisemuseum, in dem Kostüme und Dekor für Zeitgeschmack zu den Gaumenfreuden auf der Karte sorgen. Es ist überhaupt ein Merkmal der ame-

rikanischen Ostküste, die sich als Wiege der Nation stilisiert, die alten Kolonial-, Gründungs- und Kriegszeiten mit den Mitteln des historischen Romans wieder aufleben zu lassen. Das gilt für die Indianersiedlungen am James River in Virginia ebenso wie für die Schlachtfelder des Bürgerkriegs, für die ersten Farmen im Shenandoah Valley ebenso wie für das koloniale Williamsburg.

Beim Bummel durch Alexandria markiert die **Christ Church** einen architektonischen Höhepunkt. Im schlicht weiß gehaltenen Innenraum wird die zentrale Kanzel von siebenarmigen Leuchtern flankiert. Auch der Hintergrund der Texttafeln zu beiden Seiten der weinglasförmigen Kanzel war ursprünglich weiß und hat sich erst im Lauf der Zeit golden gefärbt. Der Friedhof diente bis 1809 allen Alexandrinern; viele Gräber

Old Town Alexandria: Die alte Hafenstadt am Potomac River wurde 1730 von schottischen Kaufleuten gegründet und ist damit älter als Washington DC

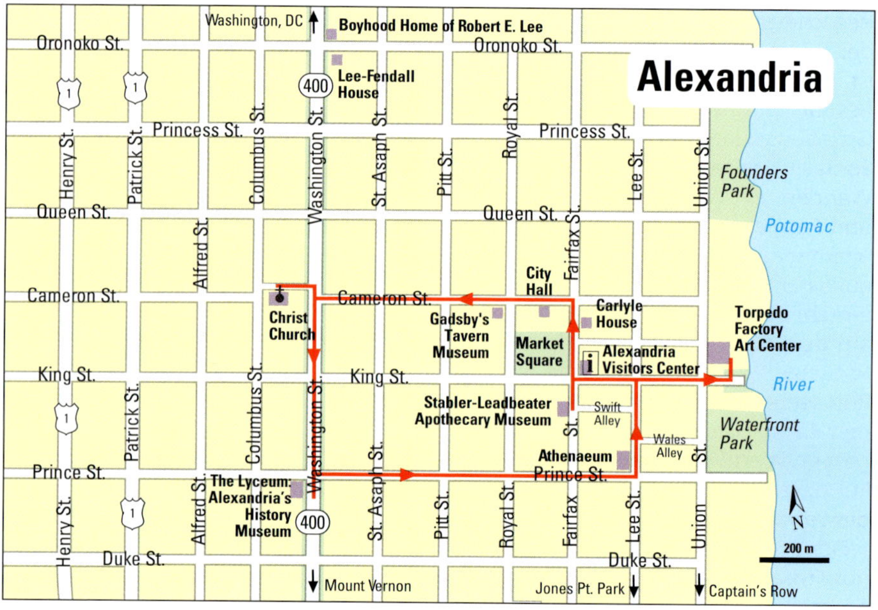

gehörten zur Lee- und Mason-Familie, Namen, die aus der amerikanischen Bürgerkriegs- und Präsidentengeschichte nicht wegzudenken sind.

An der Washington Street steht das **Lyceum**, ein *Greek Revival*-Bau von 1839, in dem heute das Stadtmuseum residiert. Die Prince Street wird zum Fluss hin immer attraktiver, wo die kopfsteingepflasterte **Captain's Row** (zwischen Lee und Union St.) von kleinen, individuell gestalteten Reihenhäuschen gesäumt wird, die einst von Kapitänen bewohnt waren.

Erschaffen, ausstellen und verkaufen lautet die Devise der meisten Künstler im **Torpedo Factory Art Center**, einem 1974 zu diesem Zweck umfunktionierten Industriebau, in dem zwischen den beiden Weltkriegen Torpedos und andere Waffen produziert wurden. Die Kulturfabrik präsentiert sich als eine abwechslungsreiche Sammlung aus Werkstätten, schicken Glas-Wellblech-Studios und Shops bildender Künstler; Druckerzeugnisse, Keramik, Glas- und Emaille-Arbeiten, Schmuck, Malerei, Grafik, Skulpturen und Fotos gibt es hier zu sehen.

Die Washington Street führt nach Süden aus Alexandria heraus und als George Washington Memorial Parkway am Potomac River entlang und an Marschtümpeln – *swampy grounds* – vorbei, die einen Hauch von Südstaaten vermitteln und ahnen lassen, wie Washington vor seiner Gründung einmal ausgesehen haben muss. Der Highway ist eigentlich eine erholsame Parkstraße – landschaftlich geschützt – mit dem Dyke Marsh Wildlife Preserve, Parkplätzen, Radwegen und Joggern.

Der Staatsmann privat

Für die Besichtigung von **George Washington's Mount Vernon Estate** muss man Geduld und Zeit mitbringen. Schließlich zählt der Landsitz des früheren Präsidenten zu den Top Ten unter den nationalen Gedenkstätten. Entsprechend langsam rückt denn auch oft die

Besucherschlange vor, speziell, wenn der Parkplatz von Reisebussen belegt ist. Eine Million Amerikaner kommt jedes Jahr hierher, um zu sehen, wie der Gründungsvater der Nation, der große Soldat und Staatsmann in seinen vier Wänden als Privatmensch, Gentleman und Farmer gelebt hat. Nebenbei gewinnt man auch Einblicke in das Leben auf einer Plantage des 18. Jahrhunderts, einschließlich der herrlichen Aussicht auf den inzwischen schon sehr breiten Potomac River von der Piazza auf der Rückseite des insgesamt eher bescheidenen Hauses. Die Schlichtheit seines Interieurs, das auf jede überladene Wohnkultur verzichtet, entspricht dem Image des Landesvaters als Pflanzer.

Der österreichische Schriftsteller Sándor Friedrich Rosenfeld, alias Roda Roda, schrieb dazu 1923 in »Ein Frühling in Amerika«: »Ein hübsches Schlösschen, außen holzgetäfelt, mit einem niedlichen kleinen Turm auf dem Dach, innen altväterlich einfach und doch so weiträumig, behaglich-wohlhabend, dass man meint, bei Goethe am Frankfurter Hirschgraben zu weilen.«

In den Parkanlagen von Mount Vernon

Mehr als 45 Jahre lang hat George Washington an diesem hübschen Fleck auf dem Hügel gehangen, obwohl er die weitaus meiste Zeit unterwegs war – auf Kriegspfaden oder in politischen Ämtern. Ob Kommandeur der Miliz von Virginia, Oberbefehlshaber der Kontinentalarmee oder Präsident, stets kümmerte er sich auf Kurzbesuchen oder aus

Mount Vernon: Auf seinem Grundstück wurde George Washington 1799 auch begraben

der Ferne um den alten Familienbesitz, erweiterte das Haus, kultivierte die Gärten und sorgte für den Betrieb der Plantage. Zunächst baute er Tabak, später Weizen an. Als er sich endlich nach zwei Präsidentschaften ins ersehnte Privatglück auf Mount Vernon zurückziehen konnte, blieben ihm gerade noch zwei Lebensjahre.

Nach seinem Tod 1799 verfiel das Anwesen. Doch wie an vielen Orten von historischer und nationaler Bedeutung in den USA fand sich auch hier eine Gruppe von Patrioten – konkret hauptsächlich Damen – mit viel Engagement und Mut. In einer Sammelaktion machten sie genügend Geld locker und aus dem ramponierten Schlösschen ein Nationalheiligtum.

Seither zeigt Mount Vernon architektonisch die für das 18. Jahrhundert typische Anpassung europäischer Bauformen an die lokalen Verhältnisse in Virginia: Piazza, Holzbauweise, transparente Arkaden, die das Haupthaus mit den Nebentrakten verbinden. So hat Mount Vernon als Prototyp bisher jede Renaissance des Kolonialstils begleitet und wachgehalten.

Das nächste gründerväterliche Anwesen heißt **Gunston Hall**, ein bescheidener Backsteinbau am Ende einer Magnolienallee. Die Dogwood-Bäume blühen weiß und ihre vierblättrigen Blüten tragen, so sagt der Volksmund, jeweils in der Mitte die Abdrücke von Jesus' Fingernägeln.

Gunston Hall: Hier ging George Washington mit seinen Gästen gerne auf die Jagd

Tabak war das wichtigste Produkt von Gunston Hall. 30 Nebengebäude hatte die Plantage in ihrer Blütezeit, Sklavenunterkünfte und Workshops für Künstler eingeschlossen. Vom Garten aus blickt man auf die Rückfront der von William Buckland entworfenen Veranda, während in den kunstvollen Buchsbaumskulpturen die Vögel zwitschern und die Spechte klopfen.

Vorn, in Richtung Potomac River, wo einst die Segler die Tabak- und Weizenernte nach Europa verschifften, lagen auch die Jagdgründe, in denen der Gutsherr mit seinen Gästen hinter dem Wild her war, wenn er nicht gerade philosophischen und staatspolitischen Aufgaben nachging oder als Hobbygärtner Hecken im Garten hochzog.

Wer kennt George Mason

Der Guide, artig ausstaffiert in lindgrünem Jackett, zeigt der kleinen Besuchergruppe das senfgelbe Wohnzimmer und die in Preußischblau gehaltenen Wände des kleinen Landhauses. Im Grunde aber ist er auf seine Landsleute sauer, denn kein Mensch kennt diesen George Mason, dessentwegen schließlich der ganze Aufwand betrieben wird, weil er doch als ein erwiesenermaßen wichtiger Gründungspatriot einer der geistigen Väter der »Bill of Rights« war und großen Einfluss auf Washington und Jefferson hatte. Kein Wunder also, dass der lindgrüne Mann jede Gelegenheit nutzt, um vom Thema abzukommen und von den Passionsspielen in Oberammergau zu schwärmen. Eigentlich hätten er und seine Frau ja damals in Germany bleiben wollen. Aber die Army!

Service & Tipps

Alexandria, VA

Anreise
Alexandria ist von Washington DC auch schnell mit der Metro (King St.-Old Town) zu erreichen: www.visitalexandriava.com/planning-tools/maps-transportation/metro
Auf der Hauptstraße, der Old Town's King St., fährt ein Gratis-Trolley zwischen der Metrostation und der Waterfront, mit etlichen Stopps auf der 1,5 mi langen Route mit zahllosen Boutiquen und Restaurants. Wer mit dem Auto kommt, kann beim Visitors Center Gratis-Parkscheine für 24 Stunden bekommen, die man einmal erneuern kann.

Alexandria Visitors Center
221 King St. (S. Fairfax St.)
Alexandria, VA 22314
✆ (703) 746-3301 und 1-800-388-9119
www.visitalexandriava.com
Mai–Okt. tägl. 10–18, Do–Sa bis 20, Nov.–April tägl. 10–17 Uhr
In dem Gebäude wohnte einst der Stadtgründer William Ramsay. Hier gibt es Broschüren, Straßenkarten, Veranstaltungskalender, Tickets, Gratis-Parkscheine für den Pkw und natürlich Hilfe bei der Zimmersuche.

The Alexandrian
480 King St., Alexandria, VA
✆ (703) 549-6080
www.thealexandrian.com
241 individuell – mit feinen Reminiszenzen an den Civil War – eingerichtete Zimmer im Herzen der Altstadt, fußläufig zu allen Attraktionen. Ein charmantes Boutiquehotel der Marriott-Gruppe mit wahlweise Familienzimmern und kleinen Geschenken für den Nachwuchs. $$$–$$$$

Stabler-Leadbeater Apothecary Museum
105–107 S. Fairfax St. (schräg gegenüber vom Visitors Center)
Alexandria, VA
✆ (703) 838-3852
www.alexandriava.gov/Apothecary
April–Okt. Di–Sa 10–17, So/Mo 13–17, Nov.–März Mi–Sa 11–16, So 13–16 Uhr
Führung $ 5/3 (5–12 J.)
Die Apotheke war 1792–1933 in Betrieb und

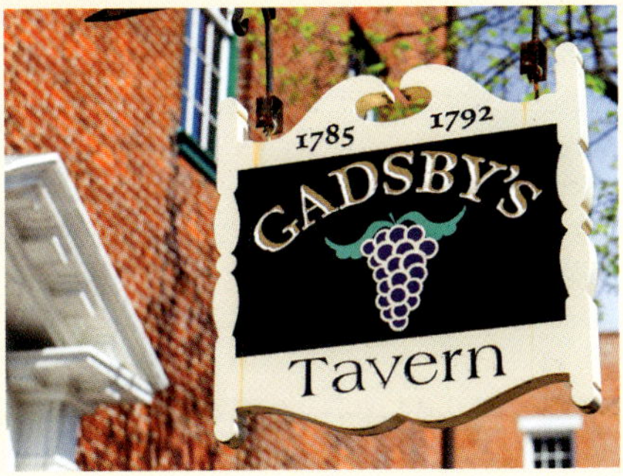

Gadsby's Tavern: Speisen wie einst George Washington und Thomas Jefferson

wurde unlängst in den Zustand des Jahres 1900 versetzt. Alte Gläser, hübsche Döschen und historische Heilmittel.

Carlyle House Historic Park
121 N. Fairfax St.
Alexandria, VA
✆ (703) 549-2997, www.carlylehouse.org
Führungen Di–Sa 10–16, So 12–16 Uhr jede halbe Std., Eintritt $ 5/3 (5–12 J.)

Alexandria: In viele der historischen Gebäude sind Galerien und Restaurants eingezogen

Lageplan von Mount Vernon: Im Sommer kommen die Busse im Minutentakt

Georgian style-Villa von 1753, in der auch politische Entscheidungen getroffen wurden. Ausstellungen und Führungen mit kostümierten Guides zum Leben im 18. Jh.

Gadsby's Tavern Museum
134 N. Royal St., Alexandria, VA
© (703) 838-4242
www.alexandriava.gov/GadsbysTavern
April–Okt. Di–Sa 10–17, So/Mo 13–17, Nov.–März Mi–Sa 11–16, So 13–16 Uhr
Führung $ 5/3 (5–12 J.)
George Washington war hier ein häufiger Gast, nicht zuletzt deshalb, weil sein eigenes Haus in der Carmeron St. keine Küche hatte; auch Thomas Jefferson ging hier ein und aus. Die Taverne war Dreh- und Angelpunkt des sozialen, wirtschaftlichen und politischen Lebens des frühen Alexandria (1770–1810); später auch Stagecoach-Stopp. Lunch ($) und Dinner. $$

Turm der Christ Church in Alexandria

The Lyceum: Alexandria's History Museum
201 S. Washington St. (Prince St.)
Alexandria, VA
© (703) 746-4994
www.alexandriava.gov/Lyceum
Mo–Sa 10–17, So 13–17 Uhr, Eintritt $ 2
Der Greek Revival-Bau von 1839, mal Bibliothek und gesellschaftliches Zentrum, mal Truppenlazarett, beherbergt heute das Stadtmuseum und erzählt die Geschichte des einstmals wichtigsten Hafens.

Christ Church
118 N. Washington St. (Cameron St.)
Alexandria, VA
© (703) 549-1450
www.historicchristchurch.org
Führungen Mo–Sa 9–16, So 14–16.30 Uhr
Wohlproportioniert, im *Georgian style* errichtet (1767–73). Schon George Washington und Robert E. Lee haben hier gebetet. Ungewöhnlich für Virginia ist die zentrale Stellung der Kanzel, den Predigten kann man über die Webseite auch online lauschen. Auf dem Friedhof Konföderierten-Gräber unter alten Magnolien, Eichen und Zedern.

Torpedo Factory Art Center und Food Pavilion
105 N. Union St. (King St.)
Alexandria, VA
© (703) 838-4565, www.torpedofactory.org
Tägl. 10–16, Do bis 21 Uhr
In der ehemaligen Munitionsfabrik am Fluss findet man Galerien, Studios, Künstler bei der Arbeit, eine Kunstschule und ein Archäologisches Institut unter einem Dach.

Gegenüber der Torpedo Factory am Potomac gibt es in einer luftigen Fabrikhalle und auch draußen Snacks.

Fish Market
105 King St. (Union St.), Alexandria, VA
© (703) 836-5676
www.fishmarketva.com
Tägl. 11.30–22, Fr/Sa bis 23 Uhr
Populäres Wahrzeichen der Stadt, bekannt

für seine *Clam Chowder* und Crab Cakes; Lunch und Dinner. Abends oft Ragtime. $–$$

Two Nineteen Restaurant
219 King St. (neben Visitors Center)
Alexandria, VA 22314-3209
✆ (703) 549-1141, www.219restaurant.com
Mo–Do 11–22.30, Fr 11–23, Sa 16–23, So 16-22.30 Uhr
Ideal für ein *lunch al fresco* mit kreolischem Geschmack im Bayou Room. Lunch ($) und Dinner. Abends Livemusik, Fr/Sa DJ und Tanz. $–$$

George Washington's Mount Vernon Estate & Garden
3200 Mount Vernon Memorial Hwy.
Mount Vernon, VA
✆ (703) 780-2000 und 1-800-429-1520
www.mountvernon.org
Tägl. April–Okt. 9–17, Nov.–März 9–16 Uhr
Eintritt $ 20/12 (6–11 J.), online günstiger
Das Familiengrundstück aus dem 17. Jh. wurde 1743 Domizil und Plantage von George Washington, der hier auch gemeinsam mit seiner Frau begraben liegt.

Um das Herrenhaus gruppiert sich ein Ensemble mit Küche, Whiskey-Destille, Schmiede, Kornmühle und anderen Dienstgebäuden, Gärten und Sklavenquartieren. Seit 1752 sollen hier etwa 300 Sklaven gearbeitet haben, die Washington nach dem Unabhängigkeitskrieg freiließ.

1858 kauften die Mitglieder der »Mount Vernon Ladies' Association« das Anwesen und retteten es als nationales und historisches Eigentum vor dem Verfall. Neben Hunderten persönlichen Gegenständen ist auch das Bett zu sehen, in dem Washington starb. Ein interessantes Detail: Der Schlüssel zur Bastille, der hier seit 1790 hängt, ist ein Geschenk des Marquis de Lafayette an Washington.

Woodlawn Plantation & Pope-Leighey House
9000 Richmond Hwy. (Kreuzung US 1 & Mount Vernon Hwy.), Alexandria, VA
✆ (703) 780-4000
www.woodlawnpopeleighey.org
April–Dez. Fr–Mo 12–16 Uhr
Eintritt Woodlawn $ 10/6 (5–12 J.), Pope-Leighey House $ 15/7.50, Kombiticket $ 20/11
Washington schenkte dieses Anwesen seiner adoptierten Enkelin und seinem Neffen zur Hochzeit.

Architekt war William Thornton, der erste Baumeister des Kapitols und des Tudor Place in Georgetown. Vom eleganten Portikus kann man in der Ferne die Bäume von Mount Vernon sehen.

In der Nähe liegt das aus Falls Church, VA, an diese Stelle versetzte **Pope-Leighey House** von Frank Lloyd Wright (1940) – Prototyp der sogenannten Usonian-Bauweise mit Ziegeln, Zypressenholz und Glas: gutes Design für den bescheidenen Geldbeutel und ein interessanter Kontrast zum symmetrischen Herrenhaus. Museumsshop (u. a. mit Wright-Literatur).

Gunston Hall Plantation
10709 Gunston Rd. (S 242), Lorton, VA
✆ (703) 550-9220, www.gunstonhall.org
Tägl. 9.30–18, Führungen 9.30–16.30 Uhr alle halbe Stunde
Eintritt $ 10/5 (6–18 J.)
Plantagenhaus von 1755 von George Mason (1725–92), Staatsmann, politisch-philosophischer Kopf und Autor der »Virginia Declaration of Rights« von 1776 und Mitbegründer der »Bill of Rights«, der hier mit seiner Familie lebte. Entworfen wurde der Kolonialbau vom englischen Baumeister William Buckland, der später auch das Kapitol baute.

Zum schlichten Haus am Fluss gehört ein parkähnlicher Garten; das Interieur beeindruckt durch Möblierung und Holzschnitzarbeiten. Wer nur die Ländereien, Friedhof, Garten, Trails und Picknickplätze am Fluss nutzen will, zahlt $ 5 für den Ground Pass.

Informationen zu Washington DC finden Sie beim 5. und 6. Tag, S. 137 ff. und 154 ff.

Woodlawn Plantation: ein Hochzeitsgeschenk

7 Waldeinsamkeit und ein deutscher Bauernhof

Manassas Battlefield, Shenandoah Skyline Drive und Staunton

7. Tag: Washington DC – Manassas – Front Royal – Big Meadow Rockfish Gap – Frontier Culture Museum – Staunton, VA (357 km/223 mi)

km/mi	Route
Morgen	
0	In **Washington DC** auf Constitution Ave., die zur I-66 wird, nach Westen, eventuell Ausfahrt 47 B zum
50/31	**Manassas National Battlefield Park**. Kurzer Stopp im Visitor Center (Wer sich ausführlicher umschauen will, muss 2 Std. einplanen.) oder gleich auf der I-66 West dem Schild SKYLINE DRIVE folgen, zur
67/42	**Front Royal Entrance Station** auf den **Skyline Drive** im **Shenandoah National Park** evtl. mit Info-Stopp beim
6/4	**Dickey Ridge Visitor Center** und Rangerprogramm.
	Wer alternativ dazu die Tropfsteinhöhlen der **Luray Caverns** besichtigen will, verlässt den Skyline Drive nach weiteren 47 km/29 mi über die US 211 nach Luray (siehe Kasten S. 180/181), ansonsten Weiterfahrt auf dem Skyline Drive.
Mittag	
61/38	Lunch im **Skyland Resort**, evtl. Ausritt.

Nachmittag

15/9	Stopp im **Harry F. Byrd Visitor Center** bei **Big Meadows**, dem höchsten Punkt des Skyline Drive, Infos und Ranger-Aktivitäten. Weiterfahrt bis Mile 105, dem Ende des Skyline Drive am
88/55	**Rockfish Gap Entrance Station**. Auf US 250 und I-64 zum
43/27	**Frontier Culture Museum** mit Rundgang (wahlweise auch morgen Vormittag statt der Virginia University). Weiter nach
5/3	**Staunton** mit Bummel und Dinner in Downtown zwischen New und Lewis Street.

Der Skyline Drive folgt dem Rückgrat des Shenandoah-Nationalparks und damit den Blue Ridge Mountains. Einst war hier gerodetes Ackerland, 1926 wurde die Region zum Nationalpark erklärt. Heute leben hier in dichten Wäldern und auf weiten Wiesen Rehe, Bären und Luchse. Im Frühjahr blüht ein Wildblumenmeer und zahllose Wasserfälle rauschen, im Herbst wird man vom Farbrausch der Blätter überwältigt. Etliche Dutzend ausgeschilderte Trails, lehrreiche Rangerprogramme und 75 Aussichtspunkte machen diesen Tag für Naturfreunde perfekt.

Wegen seiner Lage an mehreren Flüssen und als Eisenbahnknotenpunkt hatte Manassas im Bürgerkrieg eine große strategische Bedeutung. Am 21. Juli 1861 trafen hier zum ersten Mal Unions- und konföderierte Truppen aufeinander. Heute ist das **Manassas National Battlefield** eine nationale Gedenkstätte, auf der jeden Sommer die erste und auch die zweite Schlacht, The First and Second Battle of Manassas, von den Nordstaaten übrigens *Battles of Bull Run* genannt, nachgestellt werden. Trails, Inschriften und Rekonstruktionen informieren die Besucher über die Gemetzel, aus denen die Südstaaten beide Male erfolgreich hervorgingen. Speziell bei der ersten Schlacht hatten sich die Nordstaatler als sichere Gewinner gefühlt und sogar Zuschauer zu den Kämpfen eingeladen. Die strategische Glanzleistung von Thomas J. Jackson führte die Wende herbei: »There stands Jackson like a stonewall«, hieß der Kampfruf der Südstaatler. Der spätere General, der wegen seiner mit eiserner Disziplin durchgeführten Verteidigungsgefechte von da an nur noch »Stonewall Jackson« genannt wurde, hielt die Unionstruppen auch in der zweiten Schlacht 1862 in Schach und schrieb so binnen zwei Jahren Militärgeschichte.

»Der alte Süden ist voller Schlachtfelder«, notiert Henry Miller 1945 in seiner Essaysammlung »Der klimatisierte Alptraum« und fährt fort, »das ist eines der ersten Dinge, die einem auffallen … In

Manassas National Battlefied: Jeden Sommer werden die beiden Schlachten nachgestellt

Gettysburg, in Bull Run, in Manassas, in Fredericksburg … versuchte ich mir den schrecklichen Todeskampf zu vergegenwärtigen, in den diese große Republik vier Jahre lang hindurch verstrickt war. Ich habe in verschiedenen Teilen der Welt auf vielen Schlachtfeldern gestanden, aber wenn ich vor den Gräbern der Toten in unserem eigenen Süden stehe, übermannt mich der Schrecken des Krieges mit trostloser Deutlichkeit. Ich sehe keine Ergebnisse dieses großen Kampfes, die das gewaltige Opfer rechtfertigen, das man uns als Nation abverlangte.« – Wer sich das Battlefield genauer ansehen will, muss mindestens zwei Stunden Zeit einplanen.

Fußwege zu neun Wasserfällen

Zurück auf der Interstate nach Westen sprenkeln schwarze und weiße Tupfer jetzt das grüne Hügelland: Kühe und blühende Dogwood-Bäume. Immer deutlicher erhebt sich der Waldrücken des **Shenandoah National Park** in den Appalachen, jenem Riesengebirge, das von Neufundland bis Alabama reicht. Das Gebiet des Nationalparks umfasst nur den schmalen Gipfelbereich (zwischen drei und 20 Kilometern in der Breite) der **Blue Ridge Mountains,** die ein Teil der Appalachen sind und ihren Namen von dem blauen Dunstschleier bekamen, der fast immer über den Bergen hängt.

Die größte Besucherattraktion im Park ist die Fahrt auf dem **Skyline Drive**, einer 170 Kilometer langen *scenic road*, die auf dem Kamm entlangführt und auf etlichen Aussichtspunkten das weite Tal des Shenandoah Valley wie ein riesiges Bilderbuch aufschlägt. Geduld beim Blättern gehört dazu, denn die Straße erweist sich als krumme Tour, voller Kurven und Windungen, die an den *overlooks* und *vista points* zart kolorierte Postkarten von Virginia zeigen. Ohnehin ist das Tempolimit auf der gesamten Strecke mit *35 miles per hour*, etwa 55 Stundenkilometern, zum stressfreien Schauen geeignet.

Die Siedlungsgeschichte des Shenandoah River Valley reicht etwa 9000 Jahre zurück. Die ersten Kundschafter sprachen vom »Großen Tal«, ja sogar vom »Euphrat«, aber schließlich setzte sich die Bezeichnung der Shawnee-Indianer durch, die in diesem Gebiet bis zum Anfang des 18. Jahrhunderts lebten und die das Tal zwischen den Blue Ridge Mountains im Osten und den Allegheny Mountains im Westen *Shenandoah* nannten, Tochter der Sterne.

Zu den ersten weißen Siedlern um 1720 gehörten Engländer, Iroschotten und Deutsche. 30 Jahre später nahm auch Daniel Boone, dem wir bereits im Kapitol begegnet sind, wo er in der Rotunde über einem der vier markanten Durchgänge im Kampf mit den Indianern verewigt ist, diesen Weg. Hier war er auf der Suche nach dem Cumberland Gap, jenem südlicher gelegenen Durchschlupf, der die verstärkte Besiedlung des Mississippi-Tals möglich machte.

Der Nationalpark bildet das bisher letzte Glied in der Entwicklung dieser Landschaft, denn er bewirkte seit seiner Gründung 1935, dass dort wieder aufgeforstet wurde, wo die Bergbauern früherer Zeiten lange gerodet hatten.

Die Jahreszeiten spielen in diesem schmalen, lang gestreckten Park eine wichtige Rolle. Im Winter dominieren Grau und Weiß durch Schnee und Frost – und die Stille. Blätter rascheln keine, die Bären schlafen und die meisten Vögel sind verreist. Im Frühjahr steigt das neue Leben mit neonhellem, frischen Grün langsam die Hänge hinauf und entfaltet in den nächsten Wochen seine Pastelltöne, wo immer sich Wildblumen, Azaleen, Dogwood- und Apfelblüten breitmachen. In diesen Monaten führt der Park auch das meiste Wasser und

Shenandoah National Park: Er besteht zur Hälfte aus undurchdringlicher Wildnis

Skyline Drive: maximal 55 Kilometer pro Stunde

die Wasserfälle, zu denen etliche ausgeschilderte Wanderwege führen, rauschen dann am kräftigsten. In dieser Zeit ist ein Spaziergang durch den lauschigen Wald zu einem der Fälle ein Muss, denn keinen einzigen kann man vom Skyline Drive aus sehen, aber jeder der neun bekanntesten Fälle ist den Fußweg wert. Die Ranger informieren gerne über den nächstgelegenen oder – für den, der wenig Zeit hat, – den kürzesten. Eine ideale Variante, um mehrere Fälle zu erleben, sind auch die Ausritte von Skyland, die an mehreren Wasserfällen vorbeiführen.

Fußweg zum Wasserfall

Der Fußweg zu den **Dark Hallow Falls** ist mit knapp 1.4 Meilen für Hin- und Rückweg von allen Hikes to Waterfalls der kürzeste, wobei der Wasserfall

Dark Hollow Falls: am schönsten vom Grund

schon nach wenigen hundert Metern in Sicht kommt, sich aber am schönsten zeigt wenn man bis zu seinem Grund absteigt (Mile 50.7, der Trail beginnt direkt am Parkplatz). Beeindruckend sind die **Lewis Falls**, mit einer Meile pro Weg ebenfalls schnell zu erreichen (bei Meile 51.4 südlich von Big Meadows). Nach kräftigen Regenfällen bilden die tief im Wald liegenden **Rose River Falls** gleich zwei oder drei, manchmal sogar vier parallel herabstürzende Fälle, der Trail ist problemlos zu gehen und im Frühling von Wildblumen gesäumt (Parken bei Meile 49.4, Trailstart am Nordende des Parkplatzes).

Stau zur Laubfärbung

Die höchsten Fälle des Nationalparks sind die **Overall Run Falls** mit 28 Metern, für die man mehr Zeit braucht, denn der Trail ist 6.4 Meilen lang und hat einige steilere und steinige Passagen, die Wanderung kann im Hochsommer mit einer kleinen Enttäuschung enden, weil die Fälle dann kaum oder gar kein Wasser haben (Start bei Mile 21.1, Parkplatz gleich südlich vom Hogback Overlook).

Im rundum grünen Sommer taumeln überall Schmetterlinge über den Blüten, Salamander und Frösche tummeln sich und alle Arten von Waldbewohnern laufen einem über den Weg. Natürlich sind da auch Bärenbegegnungen nicht ausgeschlossen, denn der Shenendoah-Nationalpark ist Bear Country, die Warnschilder sind nicht zu übersehen. Wen die Vorstellung in Panik versetzt, der muss wissen, dass speziell die Schwarzbären den Menschen am liebsten aus dem Weg gehen und keineswegs aggressive oder angriffslustige Tiere sind. Das National Center for Health Statistics listet in seinen neuesten Untersuchungen auf, dass für jede Person, die in Nordamerika von einem Bären getötet wird (dabei sind die Grizzlybären in

Stony Man: Nur 90 Minuten dauert der harmlose Rundweg, der zum Aussichtsgipfel führt

Alaska und die Polarbären eingeschlossen), 60 Menschen durch Haushunde sterben, 24 gehen an Schlangenbissen zugrunde, 180 lassen durch Bienen und Wespen ihr Leben und 350 Menschen werden vom Blitz erschlagen (siehe auch Magic Moment, S. 177).

Zwischen Mitte und Ende Oktober, wenn sich das Laub verfärbt, bricht die Hochzeit im Shenandoah an, dann kommt der Run der *leaf peeper,* derjenigen, die wegen der Laubfärbung herkommen. In diesen zwei Wochen fällt ein Viertel der jährlich zweieinhalb Millionen Besucher über das Naturschutzgebiet her und am Wochenende kann man bei der stillen Naturbetrachtung schon mal im Stau stehen – kein Wunder bei diesem unfassbar blauen Himmel und diesen Farben, die man als Europäer nie zuvor gesehen hat. Dann eignet sich der Skyline Drive nur sehr bedingt dazu, am Stück durchzufahren und die Natur hinter der Windschutzscheibe zu bestaunen. Besser versteht man die Straße als Zubringer, denn die wahren Schönheiten des Parks erschließen sich erst dann mit allen Sinnen, wenn man sich auch mal zu Fuß oder zu Pferd auf den Weg macht: zu Wasserfällen, zur Wild- und Vogelbeobachtung.

Am aufschlussreichsten sind die geführten Rangerwanderungen, die an den Besucherzentren wie dem Dickey Ridge oder dem Harry F. Byrd Visitor Center bei Big Meadows angeboten werden, aber auch die gemächlichen Ausritte, die in Skyland beginnen.

Eine halbe Stunde genügt

Natürlich kann man sich auch prima auf eigene Faust ins Grün aufmachen. Es gibt allein 30 ausgeschilderte Wege, die kürzer sind als eineinhalb Meilen (immer Hin- und Rückweg), darunter

Staunton: viel historische Bausubstanz

elf, die eine Meile kurz sind oder kürzer. Eine halbe Stunde genügt also schon, um einen tieferen Eindruck von der Natur des Shenandoah zu bekommen und die Lungen mit dem köstlichen Duft aus Waldboden und champagnerklarer Luft zu füllen. Weg von der Straße heißt die Devise und die erste Chance bietet gleich von Norden kommend bei Meile 20.9 ein kurzer Fußweg in die Wildnis mit dem Namen **Hogback**, ein Rundweg von 0.7 Meilen, der ein kleines Stück dem legendären Appalachian Trail folgt (der hier nur AT heißt) und schönste Ausblicke über die Wildnis bietet.

Auch der **Beahms Gap** bei Mile 28.5 ist mit 0.4 Meilen so kurz, dass man gerade mal die Beine ausstrecken kann, binnen einer halben Stunde hat man eine Nase voll Shenandoah-Waldluft genommen und ist sogar einige Meter auf dem AT gewandert. **Pass Mountain Loop** ist mit 0.25 Meilen der kürzeste im ganzen Park und doch so schön, dass ihn manche mehrfach laufen, er startet bei Meile 30.1 und führt durch eine paradiesische Naturszenerie. Als einer der schönsten Trails des Parks gilt der **Stony Man**, der bei Mile 41.7 beginnt, 1.6 Meilen lang ist und – wenn man sich Zeit lässt – 90 Minuten dauert; Höhepunkt der Wanderung ist der Blick vom zweithöchsten Berg des Parks mit 1222 Höhenmetern.

Wer kletterfreudige Kinder dabei hat, wird den **Bearfence** lieben, einen 0.8 Meilen kurzen Trail, der bei Meile 56.4 beginnt und für den man eine Stunde Zeit veranschlagen muss, einfach weil man sich vom 360-Grad-Rundumblick auf dem Gipfel schwer losreißen kann. Spektakulär ist auch der Blick vom **Blackrock**-Gipfel, der dem 0.8 Meilen kurzen Trail den Namen gab und bei Mile 84.8 startet. Weil der Anstieg sanft und der Weg leicht ist, ist er bei Familien beliebt – und ideal zur Zeit der Laubfärbung.

Exit nach Staunton

Wer dagegen in die größte Tropfsteinhöhle im Osten der USA hinabsteigen will, muss bereits kurz hinter Meile 30 bei der **Thornton Gap Entrance Station** den Skyline Drive verlassen, um über die US 211 zu den **Luray Caverns** zu gelangen (siehe Kasten S. 180/181).

Ansonsten folgen wir dem Scenic Drive weiter – mit dem ein oder anderen Naturerlebnis außerhalb des Autos – bis zu seinem Ende an der **Rockfish Gap Entrance Station**. Hinter dem Schlagbaum sind es noch 18 Meilen nach Westen zu unserem heutigen Tagesziel, nach Staunton, einem attraktiven Provinzstädtchen mit einer historischen Downtown und üppigem Kulturangebot. Ein Dutzend Kunstgalerien, mehreren Theater, Musicalbühnen, Festivals und Kunsthandwerksmärkte verlocken dazu, länger zu bleiben und wenigstens einen Zusatztag einzulegen.

Falls gerade Montag sein sollte, irgendwann zwischen Anfang Juni und Ende August, gibt es erst recht Grund zur Freude, denn dann trifft sich am Abend die ganze Stadt im **Gipsy Hill Park** zum Konzert der Stonewall Brigade Band – gratis und vielleicht die schönste, in jedem Fall die fröhlichste Sommertradition im ganzen Shenandoah-Tal.

Pfälzer brachten die Zither

Auf den letzten Metern vor Staunton (gesprochen: StÄnton) kommen wir am **Frontier Culture Museum** vorbei, das wir wahlweise noch heute oder morgen Vormittag statt der Universität von Virginia besuchen, denn die Originalbauten, die aus Europa hierher verschifft und wieder zusammengebaut wurden, lassen den Arbeitsalltag der Siedler und ihre Traditionen lebendig werden – weit besser, als es Schaukästen im Museum können.

Zu sehen sind die German Farm (Haus und Scheune von 1688) aus Hördt bei Germersheim in der Pfalz, die Ulster Farm, eine Schmiede aus Irland von 1800, das rote Fachwerkhaus der English Farm aus dem späten 17. Jahrhundert und schließlich eine American Farm aus Virginia Mitte des 19. Jahrhunderts, die viele dieser Einflüsse aufgenommen hat. Museumsangestellte im historischen Outfit schildern das Leben ihrer Zeit und führen alte Handwerkstechniken vor. Da wird geackert, gesponnen, geschmiedet, Flachs gehechelt, genäht und gebacken. Bei jedem Hof informieren Tafeln, welche Früchte angebaut und welche Tiere gehalten wurden.

Gottfried Pikel arbeitet seit mehr als zehn Jahren auf dem deutschen Bauernhof, der German Farm, und freut sich über jeden Besuch, vor allem über den seiner ehemaligen Landsleute, denn sein Deutsch ist nach wie vor perfekt, obwohl er seit über 30 Jahren in den USA lebt. Seine Kleidung ist die von 1730, zu dieser Zeit wohnten zwei Ehepaare und zwölf Kinder in dem kleinen Flurküchenhaus, das er uns zeigt. Damals war die Auswandererwelle aus den deutschen Fürstentümern am stärksten, vorneweg die Pfälzer, weshalb man später alle Einwanderer, die aus Deutschland kamen, kurzerhand Pfälzer nannte, egal woher sie stammten.

Neuankömmlinge aus der Pfalz waren es auch, die die Zither als Instrument der Volksmusik mitbrachten. »Scheidhold« wurde es genannt, ein Holzscheit, das Musik machte und zum Vorgänger der amerikanischen Bluegrass-Musik wurde. Wenn Gottfried Pickel darauf »Wooden Heart« spielt, füllt der Sound von vor 200 Jahren den kleinen Raum, denn das Zupfinstrument ist nach historischen Vorbildern aus dieser Zeit gebaut.

Frontier Culture Museum: Gottfried Pikel macht Musik von anno dazumal

Weinselige Träume

Da **Staunton**, 1732 gegründet, vom Bürgerkrieg verschont wurde, ist viel historische Bausubstanz erhalten geblieben. Deshalb lohnt neben einer Tour durch das **Woodrow Wilson Library & Museum** ein kleiner Rundgang durch dieses attraktive All-American-Städtchen mit Kirche und wunderschönen viktorianischen Zuckerbäckervillen wie in der Beverley Street, der hübschen Hauptstraße. Die Liebe zur heimischen Geschichte kommt in Staunton sogar den Gärten zugute, wo sich Hausbesitzer der Pflege jahrhundertealter Pflanzen widmen.

Abends, in der lichten Jugendstillobby des Stonewall Jackson Hotel, treffe ich Sheryl Wagner, deren Familienbande sich zwar in deutschen Regionen verästeln, die aber voll im amerikanischen Tagesgeschäft steht, denn ihrem städtischen Amt für Wirtschaftsförderung geht es darum, Staunton ins rechte Licht zu rücken. Und wo könnte man das besser tun als bei einem frischen *buttermilk pie* und einem Gläschen »Prince Michel de Virginia Chardonnay«, der so gehaltvoll schmeckt, dass man glauben könnte, Virginia würde Kalifornien als Weinland bald in den Schatten stellen. Erst seit Mitte der 1980er Jahre hat sich der Rebenanbau hier ausgedehnt, hauptsächlich im Shenandoah-Tal und an den Hügeln rund um Charlottesville. Über 40 Weingüter beliefern mittlerweile die Restaurants der Region und bestücken im Oktober die Weinfeste.

Staunton: Woodrow Wilson Library

Jefferson als Önologe

Wie alles in Virginia hat auch der **Weinbau** eine Geschichte, die bis zur Geburtsstunde der europäischen Besiedlung zurückreicht, nämlich ins Jahr 1607, als die Neuankömmlinge in Jamestown den ersten amerikanischen Wein erzeugten. Thomas Jefferson galt später dann als der eigentliche Wein-Pionier. Er war als Botschafter in Frankreich auf den Geschmack gekommen und als er auch noch auf die Ähnlichkeiten der europäischen Weinbaugebiete mit der Topographie von Virginia aufmerksam machte, wuchs schließlich ein weinseliger Traum heran, der inzwischen mit Verzögerung Wirklichkeit wurde.

Später am Abend spazieren wir noch zur **Staunton Station**, zum alten Bahnhof von 1905, dessen Provinzpracht wieder erstanden ist, ebenso wie die seiner baulichen Nachbarschaft, des sogenannten **Wharf Historic District**. Hier brennt noch Licht in einer Galerie, die Werke diverser Künstler aus Virginia im Programm hat: Keramiker, Maler, Silberschmiede, Glasbläser. Draußen hängt der Mond dick, rund und wie gemalt im Himmel. Staunton schläft. Auch Sheryl verabschiedet sich und steigt in ihr Auto, um heimzufahren, – es war nicht abgesperrt. »Das macht hier kaum jemand. Viele schließen auch ihre Häuser nicht ab und ihre Autos schon gar nicht.«

MAGIC MOMENT Begegnung der dritten Art

Appalachian Trail Hike heißt eines der Rangerprogramme, das im Harry F. Byrd Visitor Center angeboten wird, bei Big Meadows, etwa auf der halben Strecke des Skyline Drive. Es klingt verlockend: Zwei Stunden gemeinsam mit einem Ranger auf jenem legendären Trail wandern, der durch 14 amerikanische Bundesstaaten führt und mit 3600 Kilometern der längste markierte Wanderweg der Welt ist. Dutzende Bücher sind über ihn geschrieben worden. Und wir könnten ihn sozusagen ein Stückchen probegehen, ganz ohne schweren Rucksack und Blasen an den Füßen.

Zehn neugierige Teilnehmer treffen sich am Meeting Point bei Meile 52.8. Vor dem Start beantwortet der Ranger, der tatsächlich Woody heißt, unsere Fragen. Was ist mit den Bären? Immerhin stehen überall Warntafeln! Na klar leben hier Bären, sagt Woody, geschätzt 500 Schwarzbären gibt es im Shenandoah National Park. Aber das sei weiter kein Problem. Man dürfe nur nie zwischen die Mutter und ihre Jungen geraten. Und dann hat der Ranger noch einen Tipp: Wenn wir in der Gruppe möglichst dicht zusammenstehen, wirkt das auf den Schwarzbären als wären wir ein Riesenwesen und er trollt sich. Ohnehin sei es äußerst unwahrscheinlich, dass wir auf dieser kleinen Wanderung auf einen Bären treffen.

Wir sind noch keine 500 Meter auf dem idyllischen, von Wurzelholz durchwachsenen und von blickdichtem Wald gesäumten Weg unterwegs, als plötzlich wie vom Baum gefallen vor uns auf dem Weg ein Bärenjunges herumhopst, keine zehn Meter entfernt. Es ist nicht größer als ein Pudel aber ungleich niedlicher. Glücksschreie ringsherum, hektisch werden Kameras und Handys herausgekramt. Aber wo ist eigentlich die Bärenmutter? Hinter uns taucht plötzlich ein zweites Junges auf. Und jetzt sieht man auch ein pechschwarzes massives Etwas, das sich im lichtgrünen Blätterwerk auf uns zu bewegt. Groß wie ein Pkw bricht die Bärenmutter durch das Astwerk auf unseren Weg. Wie war das nochmal? Nie zwischen die Mutter und ihr Junges geraten? Ist schon passiert! Was jetzt? Sollten wir uns nicht augenblicklich zu einem großen bedrohlichen Wesen formieren? Doch die Alte schwenkt nur kurz ihren großen, schwarzen Kopf zu uns und schon ist sie jenseits des schmalen Weges im Wald verschwunden. Auch die beiden Jungen sind wie vom Erdboden verschluckt. Woody grinst als hätte er das alles inszeniert und sagt nur: »Wir sehen sie nicht mehr, aber glaubt mir, sie sehen uns.«

Ranger Woody Searles erklärt den Bär

Appalachian Trail Hike
Harry F. Byrd Visitor Center, Mile 51
www.nps.gov/shen/index.htm
www.appalachiantrail.org
Mai–Sept. Di, Fr und So jeweils 14 Uhr
Die Teilnahme ist kostenlos, festes Schuhwerk anziehen.

7 Service & Tipps

Manassas National Battlefield Park
12521 Lee Hwy., Manassas, VA
✆ (703) 361-1339, www.nps.gov/mana
Henry Hill Visitor Center tägl. 8.30–17 Uhr
Eintritt $ 3
Auf dem ehemaligen Schlachtfeld kann man ins Museum gehen, eine geführte Tour mit dem Parkranger unternehmen, den Henry Hill Loop Trail wandern (Rundweg 1.1 mi), aber auch picknicken und angeln.

Skyline Drive

Shenandoah National Park
www.nps.gov/shen/index.htm
www.goshenandoah.com
Notrufnummer im Park ✆ 1-800-732-0911
Generelle Park-Info ✆ (540) 999-3500
Hotelreservierung ✆ 1-800-999-4714
Campground-Reservierung ✆ 1-877-444-6777
Eintritt $ 15 pro Auto inkl. Insassen; das Ticket gilt für sieben Tage ab Kauf
Eingänge: Front Royal Entrance Station im Norden (Mile 0.6) über US 340 und Hwy. 55 erreichbar; **Thorton Gap Entrance Station** (Mile 31.5) über US 211; **Swift Run Gap Entrance Station** (Mile 65.7) über US 33; **Rockfish Gap Entrance Station** im Süden (Mile 104.9) über I-64 und US 250 zu erreichen.
Orientierung: Um alle Stationen innerhalb des Parks zu finden, stehen von Nord nach Süd am rechten Straßenrand Mile Marker, die im Norden an der Kreuzung mit der US 340 mit der Mile 0 beginnen.

Reenactment im Manassas Battlefield Park

Besucherzentren am Skyline Drive
– Dickey Ridge Visitor Center
Mile 4.6
Anfang April–Ende Nov. tägl. 8.30–17.30, Fr/Sa bis 18.30 Uhr
Stammt aus dem Jahr 1938, steht unter Denkmalschutz und bietet Ausstellungen und einen einführenden Film. Hier startet und endet der rund 2 km lange **Fox Hollow Trail**.
– Harry F. Byrd Visitor Center
Station Big Meadows, Mile 51
Ende März–Ende Nov. tägl. 8.30–17.30, Fr/Sa bis 18.30 Uhr
Nach einem ehemaligen Senator von Virginia benannt. Auch hier gibt es Ausstellungen und Videos zum Park. Unweit davon liegt der Parkplatz für kurze Wanderung zu den **Dark Hollow Falls**.

In beiden Besucherzentren werden Rangerprogramme angeboten *(Talks and Walks)* und wer genaue Infos über Wanderwege sucht, findet Broschüren und Gratis-Detailkarten der Region. Wer Permits braucht für Trips und Camping im Hinterland ist hier ebenfalls richtig und es gibt den beliebten Parkstempel als Andenken fürs Notizbuch.

Picknickplätze und Snacks
Shenandoah hat etliche ausgewiesene Picknickplätze mit Tischen und Bänken, Trinkwasserspender und Toiletten, zu finden bei Dickey Ridge (Mile 4.6), Elkwallow (Mile 24.1), Pinnacles (Mile 36.7), Big Meadows (Mile 51.2), Lewis Mountain (57.5), South River (62.9) und Dundo (Mile 83.7). Wer z. B. im Skyland Resort übernachtet, kann sich Box Lunches zum Mitnehmen bestellen.

Getränke und Verpflegung gibt es im Park bei Elkwallow Wayside (Mile 24.1), Big Meadows Wayside (51.2), Lewis Mountain Camp Store (Mile 57.5), Loft Mountain Wayside (Mile 79.5) und Loft Mountain Campstore (Mile 79.9).

Ausritte
Skyland Stables, Mile 42.5
✆ 1-877-847-1919 (Reservierungen)
www.goshenandoah.com
April –Nov. 1- und 2,5-stündige geführte Ausritte, 1 Std. $ 50, 2,5 Std. $ 95
Von den Ställen geht es über den Skyline Drive, vorbei an der Limberlost Area und über eine Streuobstwiese. Lange Hosen und geschlossene Schuhe anziehen.

Skyland Resort
Skyline Dr., Meile 41.7, Luray, VA
✆ (540) 999-2211 und 1-877-847-1919
www.goshenandoah.com
Ende März–Ende Nov.
Altes Resort (1890) auf dem höchsten Punkt des Skyline Drive (1122 m) mit karger Lodge; Cabins, Ausritte, Weinproben, Rangerwanderungen. Zwei Restaurants: **Pollock Dining Room** (Lunch 12–14, Dinner 17.30–21 Uhr) und **Mountain Taproom** (14–23 Uhr). Beim Parkplatz beginnt der **Stony Man Nature Trail** mit schönen Aussichtspunkten (1,5 Std.). $$$

Big Meadows Lodge
Skyline Dr., Mile 51, Luray, VA
✆ (540) 999-2221 und 1-877-847-1919
www.goshenandoah.com
Anfang Mai–Anfang Nov.
Hier weihte Präsident Franklin D. Roosevelt 1936 den Nationalpark ein. Einfache Lodge, Restaurant, Campingplatz (✆ 540-999-3231 und 1-800-365-2267), Reit- und Wanderwege – mit Anschluss an den historischen **Appalachian Trail**, den längsten ununterbrochenen Wanderweg in Nordamerika: von Georgia bis Maine. $–$$

Staunton

Downtown Staunton Visitor Center
35 S. New St., Staunton, VA 24401
✆ (540) 332-3971, www.visitstaunton.com
Tägl. April–Okt. 9–18, Nov.–März 9.30–17.30 Uhr
Hier gibt es alle Unterlagen, Veranstaltungskalender, Fahrplan des Gratis-Trolley, Programme der Theater- und Musikbühnen, Adressen der zwölf Kunstgalerien und Hilfe bei der Zimmerbuchung

Trolley
Staunton Visitors Center, s.o.
Mai–Dez. Mo–Sa 10–22, Jan.–April bis 18 Uhr
Der Gratis-Trolley startet alle 30 Min. vor dem Visitors Center und fährt einen großen Loop durch die Stadt, vorbei an allen Attraktionen, man kann jederzeit aus- und einsteigen, die Fahrt ist kostenlos.

Stonewall Jackson Hotel
24 S. Market St., Staunton, VA
✆ (540) 885-4848
www.stonewalljacksonhotel.com
Elegant restauriertes Gebäude mit 124 komfortablen Zimmern, filmreifer Lobby und schönem Innenhof, Bar mit Livemusik. Mitten in Historic Downtown, Fußweg zu allen Läden und Museen; Garagenparkplatz $ 6 pro Nacht. $$–$$$

Olde Staunton Inn
260 N. Lewis St., Staunton, VA
✆ (540) 886-0193
www.oldestauntoninn.com
Bed & Breakfast in einem prämierten historischen Inn, fünf Zimmer zu unterschiedlichen Preisen, in Fußnähe zu allen Attraktionen, Frühstück inkl., Gratis-Parkplatz. $–$$$

Comfort Inn
1302 Richmond Ave. (US 250)
Staunton, VA
✆ (540) 886-5000 und 1-877-424-6423
www.choicehotels.com/virginia/staunton/comfort-inn-hotels/va433
Nahe der I-81 gegenüber vom Frontier Culture Museum: 97 große, bequeme Zimmer mit Kühlschrank und Mikrowelle, Pool neben dem Parkplatz, amerikanisches Frühstück. $–$$

Walnut Hills Campground
484 Walnut Hills Rd., Staunton, VA
✆ (540) 337-3920
www.walnuthillscampground.com
Feb.–Dez.: 125 Plätze für RVs und Zelte, Cabins, Cottages, Pool, Spielplatz, Waschsalon.

Frontier Culture Museum
1290 Richmond Rd. (US 250)
Staunton, VA
✆ (540) 332-7850
www.frontiermuseum.org
Tägl. Mitte März–Nov. 9–17, Dez.–Mitte März 10–16 Uhr
Eintritt $ 12/7 (6–12 J.)
Freilichtmuseum der frühen Agrarkultur der Region. Originalgetreu wieder aufgebaute Bauernhöfe aus Amerika, England, Nordirland und Rheinland-Pfalz (Fachwerkbauten aus Hördt aus dem 18. Jh.), kostümierte Guides schildern das Leben ihrer Zeit.

Woodrow Wilson Presidential Library & Museum
18–24 N. Coalter & Frederick Sts.
Staunton, VA
✆ (540) 885-0897 und 1-888-496-6376
www.woodrowwilson.org

März–Okt. Mo–Sa 9–17, So 12–17, sonst 10–16, So 12–16 Uhr
Führung $ 14/5 (6–12 J.)
Haus der Eltern des 28. US-Präsidenten Woodrow Wilson (1913–21), der am 28. Dezember 1856 hier zur Welt kam, mit familiären und politischen Dokumenten aus seiner Amtszeit; auch seine präsidiale Pierce-Arrow-Limousine von 1919 ist ausgestellt. Nach der 35-minütigen Führung kann man den Garten erkunden.

The Depot Grille
42 Middlebrook Ave. (Bahnhof)
Staunton, VA 8
✆ (540) 885-7332
www.depotgrille.com/staunton
Tägl. 11–22, Fr/Sa bis 23 Uhr
Die Nummer eins in Sachen Steak und Seafood im alten C&O-Depot, natürlich auch alle Sandwich-Klassiker. $–$$

Emilio's Italian Restaurant
23 E. Beverley St.
Staunton, VA
✆ (540) 885-0102
www.emiliositalianrestaurant.com
Di–Do 11–21.30, Fr/Sa 11–22.30, So 11–20.30 Uhr
Italienische Küche: Geflügel, Meeresfrüchte, hausgemachte Pasta und Desserts. Lunch und Dinner. $–$$

Pampered Palate Cafe
26–28 E. Beverley St., Staunton, VA
✆ (540) 886-9463
www.thepamperedpalatecafe.com
Mo–Do 9–16.30, Fr 9–19.30, So 9–17.30 Uhr
Gemütliche Stube für Kleinigkeiten: Salate, Sandwiches, Bagels, süße Sachen; Weine und Gourmet-Kaffeebohnen, auch zum Mitnehmen. Frühstück und Lunch. $

Stonewall Brigade Band at Gypsy Hill Park
600 Churchville Ave.
Staunton, VA
✆ (540) 213 3880
www.stonewallbrigadeband.com
Von Anfang Juni bis Ende August trifft man sich abends um 20 Uhr zum Gratis-Konzert im Park. Wer mag, bringt Fingerfood mit und ein paar Klappstühle. Eintritt frei, Stimmung großartig.

Extratour für Höhlenforscher und Kaminkletterer: Luray Caverns

Die 55 Meter unter der Oberfläche liegenden **Luray Caverns** wurden 1878 entdeckt, die Höhle zählt heute zu den populärsten an der Ostküste. Ihre Karriere begann mit einem therapeutischen Einstieg. Als der Colonel T. C. Northcott sie 1905 von der Shenandoah Railroad kaufte, plante er zwar den Ausbau zur Touristenattraktion, aber zunächst einmal baute er über ihnen das erste Sanatorium mit Klimaanlage: **Limair**. Durch einen Schacht wurde die kühle Höhlenluft in das Gebäude geführt, ohne Staub und ohne Pollen, ideal für Leute, die schwach auf der Brust waren.

Der unterirdische Hit von Luray ist die in der Welt einzigartige »Stalacpipe-Orgel«, das »größte natürliche Musikinstrument der Welt«, wie im Guinness-Buch der Rekorde nachzulesen. Elektronisch gesteuert schlagen Gummibolzen gegen die sensiblen Steinsäulen, um sie damit zum Klingen zu bringen. Verständlich, dass diese Unterwelt als Heiratskapelle beliebt ist. Leider sitzt alltags nicht immer ein Organist bereit, um den Leuten ein Concerto grosso zu bieten; eine mechanische Kostprobe muss genügen.

Auf dem Weg dorthin hat man bei der Überquerung des südlichen Arms des malerischen Shenandoah River den Eindruck, dass sich hier von alters her wenig verändert hat – das satte Grün des alten Baumbestands lässt jedenfalls die Neuzeit vergessen. Überhaupt, je weiter die Straße nach Westen vordringt, umso schöner wird sie, und zuletzt übersteigt sie den Massanutten Mountain, eine der zahlreichen Gebirgsfalten, die sich zwischen den Süd- und Nordarm des Shenandoah River schieben.

Auch **New Market** verweist stolz auf seinen **Battlefield Park**, auf dem 1864 das »Corps of Cadets«, die halbwüchsigen Kadetten des Virginia Military Institute aus

Lexington, gegen die Yankees antraten – und siegten. Die hübsche Congress Street wird zur US 11, einer Landstraße, die mit der Interstate-81 Katz und Maus spielt, mal parallel zu ihr verläuft, sie kreuzt und sich währenddessen ständig mit neuen Namen schmückt: *wilderness road* (in Anspielung auf die Pioniere) oder, wie hier, Lee Jackson Highway.

Harrisonburg wird vom riesigen Turm der Wetsel Seed Company überragt, einer mächtigen Saat- und Samenhandlung der Region. Südlich der Kleinstadt sorgen die hügeligen Farmen für die schönsten Eindrücke des Tages.

Dass nicht alle Naturwunder in Virginia unter der Erde liegen, beweisen die **Natural Chimneys**. Als sich das Meer vom Grund des Shenandoah-Tals zurückzog, formten Millionen Jahre der Erosion diese 40 Meter hohen Brocken. Man kann zu den Dächern der Felskamine hinaufkraxeln – oder es bleiben lassen und zu ihren Füßen die Picknickvorräte auspacken.

Anreise: 32 mi südlich des Front-Royal-Eingangs des Skyline Drive Abfahrt auf US 211 nach Luray und zu den **Luray Caverns** (18 km/11 mi). US 211 West nach New Market, dort US 11 South über **Harrisonburg** (48 km/30 mi), US 11, S 42 nach Süden über Bridgewater und Mt. Solon (Schild NATURAL CHIMNEYS folgen) zu den **Natural Chimneys** (27 km/17 mi). Zurück nach Mt. Solon und an der Hauptkreuzung weiter geradeaus S 731. In Moscow Hwy. 42 nach Süden über Parnassus und Churchville nach Staunton (34 km/21 mi).

Luray Caverns
970 US 211 West, Luray, VA
✆ (540) 743-6551, www.luraycaverns.com
April–Mitte Juni, Sept./Okt. tägl. 9–18, Mitte Juni–Aug. tägl. 9–19, Nov.–März Mo–Fr 9–16, Sa/So 9–17 Uhr, ganzjährig alle 20 Min. einstündige Führungen
Eintritt $ 27/14 (6–12 J.), unter 6 J. frei
Im Preis inbegriffen sind der Besuch des Luray Valley Museum und der Oldie-Show, u. a. mit einem 1892er Benz, einem 1935er Mercedes und dem 1925er Rolls von Rudolph Valentino. Imbiss, Motel und Campingplatz (✆ 1-800-420-6679).

New Market Battlefield State Historical Park
8895 George Collins Pkwy.
New Market, VA 22844
✆ 1-866-515-1864, www.civilwar.org/visit/battlefields/new-market-battlefield
www.vmi.edu/museums-and-archives/virginia-museum-of-the-civil-war
Tägl. 9–17 Uhr, Eintritt $ 10/5 (6–12 J.)
Schön gelegen, mit Blick auf den Shenandoah River. Das Museum, **Hall of Valor**, das u. a. die Schlacht von 1864 nachzeichnet, gilt als das vollständigste Bürgerkriegsmuseum in Virginia.

Natural Chimneys Regional Park
Rt. 257 westl. von Mount Solon, VA
✆ 1-888-430-2267, www.co.augusta.va.us
Tägl. 9 Uhr bis Sonnenuntergang
Eintritt $ 6 pro Auto
Pittoreske Kalksteinkamine: Wanderwege, großer Pool, Picknick, Campingplatz (März–Okt.). Die Ähnlichkeit der sieben kariösen Zahnhälse mit einer Burgruine hat sie zur Kulisse für mittelalterliche Ritterspiele gemacht, die seit 1821 alljährlich Ende August stattfinden.

Die Tropfsteinhöhlen der Luray Caverns

8 Thomas Jefferson, Präsident, Architekt und Multitalent

Staunton, Charlottesville, Richmond

»Die breite Masse der Menschheit ist nicht mit Sätteln auf ihren Rücken geboren, noch einige wenige gestiefelt und gespornt, bereit, rechtmäßig, durch die Gnade Gottes, auf ihnen zu reiten.«

Thomas Jefferson

8. Tag: Staunton – Charlottesville – Scottsville – Dixie – Richmond (220/137 mi)

km/mi	Route
Morgen	
0	Von **Staunton** US 250 East, I-64 East, Ausfahrt 94 und durch Waynesboro, Jefferson Hwy. (US 250 East), in
58/36	**Charlottesville** (US 250 East Business) geradeaus weiter. Die Straße wird zu Ivy Rd. Parken und zu Fuß zur **University of Virginia** (Rundgang und Lunch: ca. 2 Std.). – Anschließend zurück zur I-64, US 29 South und weiter die Hinweise auf I-64 East (Richtung Richmond), Abfahrt auf S 20 South und von dort Abfahrt bei Exit 121 A auf S 53 East (Monticello; James Monroe's Highland; Mitchie Tavern), Schildern folgen nach
Mittag	
18/11	**Monticello** (Parkplatz; Bus zur Villa, Rundgang und Besichtigung ca. 2 Std.). –Weiterfahrt: Vom Parkplatz aus rechts zurück, S 53 West bis zum Ende und links nach Scottsville (= S 20 South), ab hier S 6 East über Fork Union, Dixie, Goochland nach
Nachmittag	
144/90	**Richmond**. An Boulevard links und an der stattlichen Park Ave. rechts bis Downtown, Hotelsuche und Spaziergang zum **Capitol Square**.
Abend	**Shockoe Slip.**

Alternative: Wegen der Popularität von **Monticello** muss man eventuell mit langen Wartezeiten für die Besichtigung rechnen, so dass die hier vorgesehene Zeit nicht ausreicht. Die I-64 von Charlottesville nach Richmond ist zwar nicht so abwechslungsreich, spart aber Zeit (1,5 Std.) und Kilometer (47 km).

Heute ist Jefferson-Day. Der Mann, der von 1801 bis 1809 dritter Präsident der USA war, galt als geniales Multitalent: Er war Jurist und Architekt, Literat, Philosoph, aber auch begeisterter Gärtner und Farmer. Jefferson ist der zentrale Autor der amerikanischen Unabhängigkeitserklärung und war ein leidenschaftlicher Verfechter der Aufklärung und der Trennung von Staat und Kirche. Dieser Patriot, Weltbürger und Demokrat der ersten Stunde hat viele Spuren hinterlassen, einige lernen wir heute kennen.

Wer anhand von Jeffersons Bauten und Hinterlassenschaften in seine Gedankenwelt eintauchen will, wen Architektur fasziniert, der wird vom heutigen Programm begeistert sein. Wen dabei eher das große Gähnen überfällt, der kann den Tag entspannt im zauberhaften Staunton verbringen, vielleicht das Culture Museum besuchen und gegen Abend über die ländliche Constitution Route oder auf der I-64 bequem die 108 Meilen oder 172 Kilometer nach Richmond durchfahren.

Östlich von **Waynesboro** schraubt sich der Highway zum Rockfish Gap hinauf und schafft anschließend freie Blicke auf den Shenandoah Park. Überhaupt ist der Jefferson Highway eine Landstraße, die alle Vorzüge der Region um Charlottesville vor Augen führt – die leicht gewellten Hügel des Piedmont und die eingezäunten Felder, die weißen Portiken und roten Backsteinhäuser vor der Kulisse der Blauen Berge: ein amerikanisches Arkadien.

Kein Wunder dass **Charlottesville** die Hitliste der Wohnadressen in Virginia anführt. Das 1735 gegründete Städtchen am Rivanna River mit 44 000 Einwohnern, das ursprünglich aus einem Marktplatz für Tabak und aus vereinzelten Plantagen zusammenwuchs, ist heute ein freundlich-provinzielles Nest und Heimat zahlreicher Zweitwohnsitze. Nationale Pilgerstätten, akademisches

Thomas Jefferson war der zentrale Autor der amerikanischen Unabhängigkeitserklärung

Charlottesville: Der Geburtsort von Jefferson ist heute ein angesagtes Studentenstädtchen

Flair, vorzügliche Weingüter in der Nähe und milde Winter machen Charlottesville zu einem ganzjährigen Kurort. Sogar die meisten Studenten sind entschlossen, auch nach Beendigung des Studiums die Stadt nicht zu verlassen – Kellner mit Ph.D. (dem Doktortitel) oder M.A. (dem Master-Diplom) sind keine Seltenheit. In der Nähe der Rotunde der Universität kann man parken, also gleich an der **Campus Corner**, der Futter- und Shopping-Ecke der Studenten mit Straßencafés und Imbissstuben, Klamotten- und Buchläden.

Der historische Kern der **University of Virginia** (UVA) ist nicht nur eine der ersten und damit ältesten *public schools* im Lande, sondern setzt sich aus den vielleicht schönsten Universitätsgebäuden in den USA überhaupt zusammen. Ihr Erfinder ist – wir ahnen es schon – Thomas Jefferson. Die Uni ist sein Werk, *a hobby of old age,* wie es heißt. Immerhin war er schon 82 Jahre alt, als 1825 der Lehrbetrieb aufgenommen wurde, mit acht Professoren und 68 Studenten. Unter ihnen auch Edgar Allan Poe, der allerdings nur zehn Monate durchhielt, denn als er seine Spielschulden nicht bezahlen konnte, musste er gehen. Heute ist aus dem ursprünglichen »akademischen Dorf« eine kleine Stadt mit knapp 20000 Studenten und 2000 Dozenten geworden.

Herzstück des baulichen Ensembles ist die **Rotunda**, ihre edlen Sitzungssäle und der prächtige Kuppelsaal stehen Besuchern offen. Jefferson plante den Bau als Tempel des Wissens und orientierte sich dabei am Vorbild des römischen Pantheons, obwohl er nie selbst in Rom war. Zu Füßen der Rotunde breitet sich der terrassierte Rasen aus – the Lawn –, an dessen Flanken sich mit römischen Tempelelementen verzierte Pavillons (Wohnungen für die Dozenten) gruppieren, die durch Kolonnaden verbunden sind, an denen ebenerdig Studentenwohnungen liegen. Die Geschlossenheit der akademischen Gemeinde, die Nähe von Leben und Forschen sollten sich im Sinne Jeffersons auch architektonisch zeigen.

Uni mit üppigen Gärten

Auf den ersten Blick gleichen die Pavillons, die die Kolonnaden-Umgänge gliedern, einander wie ein Ei dem anderen. Doch bei genauem Hinsehen entdeckt man, dass sie unterschiedlich hoch, mit verschiedenen Säulenarten und Kapitellen bestückt sind und von verschiedenen Baumeistern der Zeit beeinflusst bzw. gestaltet wurden. Die UNESCO bestätigte auf ihrer World Heritage List euphorisch, dass die University of Virginia architektonisch auf der gleichen Stufe anzusiedeln sei wie das Taj Mahal, die ägyptischen Pyramiden und Versailles.

Vor den Studentenwohnungen lagern Brennholz und Grillgeräte: Man möchte es warm und lecker haben. Dahinter erweitern üppige Gärten das akademische Shangri-La, in dem Studenten über ihren Laptops sitzen, umgeben von anmutigen *serpentine brick walls*, wellenförmigen Backsteinmauern, und blühenden Magnolien. So leger die Atmosphäre, so streng die Anforderungen – einschließlich des Ehrenkodexes, der ins 19. Jahrhundert zurückreicht, als die Universität moralische Anstalt und Hort der Elite war, der mit dem klugen Kopf zugleich auch den Gentleman hervorbringen sollte. Lügen, Pfuschen und Stehlen sind verpönt und haben die Exmatrikulation zur Folge. Nur 54 Studenten kommen in den Genuss, im Sinne Jeffersons in einem der begehrten *Lawn rooms* zu wohnen. Die überwiegende Mehrheit logiert in modernen Studentenheimen.

Palladio als Vorbild

Kaum zehn Minuten dauert die Autofahrt von der Hochschule zum Wohnhaus von Jefferson. Die ansteigende Waldstraße bestätigt, dass **Monticello** tatsächlich auf einem »kleinen Hügel« oberhalb des Rivanna River liegt. Der Besucherstrom wird auf einen Parkplatz gelenkt, von hier fährt ein Shuttlebus hinauf zum Anwesen, von dem der Blick über die Gärten und Ländereien schweift, die belegen, dass der Präsident, Diplomat, Jurist, Philosoph, Patriot und Weltbürger eben auch Farmer war, so wie George Washington. In der Ausstellung des Thomas Jefferson Visitor Center gibt es eine gute Einführung in das Leben und Wirken des Hausherrn.

Der 14-jährige Jefferson erbte dieses Stück Land von seinem Vater, einem Tabakpflanzer. Mit dem Entwurf der Villa begann er 1768, verwarf den ursprünglichen Bau aber nach seinem Aufenthalt in Frankreich und begann 1796 aufs Neue, und zwar diesmal nach Vorlagen des Andrea Palladio und des römischen Vesta-Tempels, um mit Monticello, wie er sich ausdrückte, einen »Architektur-Essay« zu schreiben. Seinen ersten. Dieser »Essay« aus Stein trägt die Handschrift eines Liebhabers und Autodidakten, der ein Stück Klassizismus in die Neue Welt brachte, als sichtbaren Ausdruck der in der amerikanischen Verfassung postulierten Ideale und als eine Brücke zwischen feudalem und pragmatischem Lebensstil, zwischen Gutsherr und Landwirt.

Auf der Seitenterrasse, zum Abhang hin, steht noch immer das Teleskop, durch das Jefferson die Kuppel der Rotunde seiner Universität im Auge behalten konnte. Die umliegenden Gärten erinnern daran, dass Jefferson sich nicht nur als Baumeister, sondern auch als ambitionierter Gärtner und experimenteller Züchter betätigte. Die Weinreben importierte er ebenso aus Europa wie die englischen Erbsen, von denen immer noch zahlreiche Sorten im Küchengarten wachsen.

Von der Mulberry Row, wo einst die Handwerksbetriebe der Plantage und die Sklavenunterkünfte standen, ist so

Monticello: Thomas Jeffersons Wohnsitz

gut wie nichts übrig geblieben. 110 Sklaven sollen auf Monticello am Bau, als Farmer, Haushälter und Werkzeugmacher gearbeitet haben, ein Drittel davon Kinder. Jefferson hatte sie von seinem Vater und Schwiegervater geerbt, die sie direkt aus Afrika »importiert« hatten. Er selbst wirkte an dem Gesetz mit, das dies ab 1778 verbot. Doch obwohl er sich auch sonst öffentlich gegen die Sklaverei aussprach und sie für ein »scheußliches Verbrechen« hielt, blieb er in der Sklavenfrage gespalten. Er glaubte nicht, sie zu seinen Lebzeiten lösen zu können. »Personen, deren Verhalten in der Sklaverei geformt wird, frei – oder richtiger: im Stich – zu lassen, ist dasselbe, als ließe man Kinder im Stich«, erklärte er. Er bemühte sich um gute Lebensbedingungen seiner Bediensteten, scheute sich aber auch nicht, später einige aus Geldmangel zu verkaufen.

Nach Richmond führt die Constitution Route, eine schöne Wald- und Wiesenstraße, durch verschlafene Nester und über träge Flussläufe – landschaftlich reizvoller als die schnellere Interstate. Ab und zu lockert sich das Immergrün der Strecke auf; in der Nähe von Dixie tun es die braunen Wassermassen des Rivanna River, bei Columbia der Little Lickinghole Creek.

Neue Heimat für viele Deutsche

Und dann endlich die Hauptstadt **Richmond**. Gegründet wurde sie schon 1737, doch erst am Vorabend des Unabhängigkeitskriegs, als der Patriot Patrick Henry in einer flammenden Rede in der St. John's Church George Washington, Thomas Jefferson und andere Zuhörer zum bewaffneten Kampf gegen die Briten aufrief (siehe Magic Moment,

Jeffersons Garten: Hier kultivierte das Multitalent historische Pflanzen neu, experimentierte mit diversen Gemüse- und Obstarten und baute nebenbei auch Wein an

S. 199), fasste Richmond in der Landesgeschichte Fuß und wurde daraufhin im Krieg, 1780, zur Hauptstadt erkoren. Sie lag weiter westlich und schien daher sicherer als Williamsburg. Gouverneur Thomas Jefferson und seine Regierung zogen nach Richmond – doch schon ein Jahr später musste er vor den Attacken der Kolonialherren fliehen.

Charles Dickens was here

Nach Kriegsende profitierte die Stadt von ihrer günstigen Lage an Fluss und Kanal. Getreidemühlen, Eisenhütten, Tabakfabriken florierten und auch die Kultur kam nicht zu kurz. Das Theater setzte gesellschaftliche Glanzlichter und sogar Charles Dickens kam zu Besuch. Um die Mitte des Jahrhunderts wurde Richmond auch zur neuen Heimat für viele eingewanderte Deutsche, *urban Germans*, die vor allem in der Eisenindustrie arbeiteten und ihre eigene Vereinskultur entwickelten. Neben Schule, Kirche und Feuerwehr gab es Turn-, Schützen- und Wohltätigkeitsvereine, Chöre und Theatergruppen, ja, sogar eine Schillergesellschaft.

Prominenz, wirtschaftliche Blüte und Sklaverei (ein Aufstand war fehlgeschlagen), das allein schon rückte Richmond ins Zentrum konföderierter Machtkonzentration. 1861 zog Jefferson Davis als Südstaaten-Präsident ins Weiße Haus ein und vier turbulente Jahre lang diente das Kapitol als Regierungssitz des abgefallenen Staatenbundes. Dann kam die Rechnung: Nach mehrfacher Belagerung wurde die Stadt 1865 von Ulysses S. Grants Truppen gestürmt und in Schutt und Asche gelegt.

Spröde Schönheit

Wer heute über Park Avenue, diese beneidenswerte Wohnstraße zwischen Boulevard und Monroe Park, in die Stadt

Richmond: Regierungssitz der Konförderierten

kommt, sieht von diesem Desaster natürlich nichts mehr. Im Gegenteil. Richmond wirkt hier äußerst ansprechend und weckt erst einmal Sympathien für die 200000-Einwohner-Stadt am James River. Kontraste folgen jedoch prompt. Das sich kurze Zeit später abzeichnende Baugemenge von Downtown wirkt eher spröde als überwältigend. »Richmond? Lieber nicht!« bekommt man deshalb an der Ostküste hin und wieder zu hören.

Die Vorbehalte scheinen chronischer Natur. Wer früher nach Richmond reiste, dem riet man, vorher seine Konföderierten-Fahne und seinen Familienstammbaum einzupacken. Die Stadt galt als die Festung der im geschichtsbewussten Virginia auch sonst herrschenden Familien, jener »First Families of Virginia« (FFVs), die mit Vorliebe beim High Tea darüber zu diskutieren liebten, wer mit welchem Schiff und wann an der amerikanischen Küste gelandet sei. In den

Rathaus und Washington hoch zu Ross: Richmond, 1737 gegründet und seit 1790 Hauptstadt

Nachbarstaaten kursieren immer noch Witze darüber. Um eine Glühbirne zu wechseln, brauche man zwei Virginier. Einen, der sie auswechselt und einen, der darüber redet, wie alt sie ist.

Noch vor wenigen Jahren galt die Gesellschaft in Richmond als äußerst konservativ und zugeknöpft – *preppy*, wie man sagte. Fremde und Zugereiste bekamen nur schwer ein Bein auf die Erde. Wer irgendwie auffiel und anders war als die Mehrheit, wurde schief angesehen. Inzwischen hat die Stadt mächtig aufgeholt und an Attraktivität gewonnen, ist offener gegenüber anderen Lebensstilen und ethnischen Gruppen geworden – vor allem gegenüber Japanern und Hispaniern.

Hochburg der Afroamerikaner

Zudem kann sich Richmond rühmen, zumindest ein Stadtviertel zu haben, das traditionell von Afroamerikanern bewohnt wird und dessen wirtschaftliche Entwicklung weit über die Landesgrenzen hinaus Beachtung gefunden hat: **Jackson Ward**. Schon vor dem Bürgerkrieg lebte hier die größte Gemeinde freier Sklaven im Land, die später als »Mekka der Schwarzen« bekannt wurde und sich zum führenden afroamerikanischen Geschäfts- und Kulturzentrum in Virginia entwickelte.

Spuren davon bewahrt das **Black History Museum** ebenso wie das Denkmal des einst berühmten schwarzen Stepptänzers Bill »Bojangles« Robinson, der in den 1930er Jahren auf den Bühnen der Vaudeville-Theater und in Hollywoodfilmen zusammen mit Shirley Temple auftrat. Sehenswert ist auch das Haus von Maggie Lena Walker (1867–1934), einer schwarzen Feministin, die 1903 die Sparkasse der Saint Luke Penny Savings Bank gründete und daraufhin zur ersten weiblichen Bankpräsidentin in den USA aufstieg. Eine seltene Karriere, die dazu beigetragen hat, dem Viertel den Beinamen »Geburtsort des schwarzen Kapitalismus« zu geben.

Mit seinen einstöckigen Häusern, kleinen Geschäften, Restaurants und Clubs ist Jackson Ward lebendig geblieben. Andere Stadtviertel sind zu neuem Leben erwacht. **Shockoe Slip** und **Shockoe Bottom** zum Beispiel, die ehemaligen Lagerhausviertel am Fluss, eine bunte Mischung aus Boutiquen, Bars und Hotels. Das nördlich davon liegende Viertel **Church Hill**, das aus der Gründungszeit der Stadt von 1737 stammt, wurde saniert, und regelrecht im Trend liegt der **Fan District**, so genannt, weil hier, westlich der Universität und des Monroe Park die Straßen fächerförmig auseinander streben, ein lebendiges Viertel mit Wohnungen, Läden und vielen Cafés.

Vielleicht reicht die Zeit für einen kurzen Gang zum **Capitol Square**, dem schönen, eisern eingefassten Park mit altem Baumbestand, der das Kapitol, den dritten Jefferson-Bau der heutigen Reiseroute, umgibt. Als Botschafter der USA in Paris wurde Jefferson 1785 mit dem Entwurf des Parlamentsgebäudes von Virginia, dem **State Capitol** beauftragt, das Maison Carrée in Nîmes soll ihm dafür als Vorbild gedient haben. Der römische Tempel, der daraus entstand, bringt heute noch deutlicher als Monticello oder die Rotunde in Charlottesville die Vorbildfunktion seiner Architektur zur Geltung. In der Rotunde kann man die einzige Statue von George Washington sehen, für die der Präsident tatsächlich Modell stand – in diesem Fall dem französischen Bildhauer Jean Antoine Houdon, der erfolgreichste Porträtbildhauer seiner Zeit, der es wie kein anderer verstand, den Charakter seiner Modelle in Marmor zu formen.

Virginia State Capitol: gilt als erstes öffentliches Gebäude der Neuen Welt und Architekt war kein geringerer als Thomas Jefferson, der hier seine Ideen verwirklichte

Goochland Autokino: Weil die Initiatoren Moviefans sind und davon leben, ist man angehalten, keine Kalorien mitzubringen, sondern sich im angeschlossenen Snack-Shop zu verpflegen

MAGIC MOMENT Lincoln im Autokino

Manchmal ist man nur mit hungrigem Magen auf der Suche nach einem schnellen Burger und landet im Autokino, so wie bei Hadensville auf der halben Strecke zwischen Charlottesville und Richmond. Wenn dann auf der Riesenleinwand gerade Steven Spielbergs abendfüllendes Bürgerkriegsepos »Lincoln« läuft, zu großen Teilen im nahen Richmond gedreht, bleibt kaum noch ein Wunsch offen, außer vielleicht: der Cheeseburger, der überhaupt der Grund für diese Entdeckung war, und der ist für $ 3.50 an der Snack-Bar des Autokinos zu haben, wahlweise gibt's auch einen *Cooch Dog*, sozusagen das *signature dinner* des Hauses – und natürlich Popcorn.

Das Drive-in-Kino wurde 2009 eröffnet und hat nicht nur einen hohen Nostalgie-Faktor, sondern auch modernste Technik, der Sound kommt übers Radio. Und wenn es regnet: Bitte nicht den Scheibenwischer anstellen, weil sonst nach dem Film die Batterie leer ist, erklärt uns der freundliche Nachbar im Auto nebenan. Stattdessen, so führt er vor, schneidet man einen Apfel durch und reibt mit der Schnittstelle kurz über die Frontscheibe: »Dadurch ändert sich die Oberflächenspannung und es gibt keine Tropfen.« Bei schönem Wetter gibt es neuerdings auch klassisches Freiluftkino mit eigenem Programm auf einer zweiten Leinwand.

Goochland Drive-in Theater
4344 Old Fredericksburg Rd.
Hadensville, VA
Von der I-64 Richtung Richmond, Exit 152, Hadensville auf die Rt. 629
✆ (804) 457-3456
www.goochlanddriveintheater.com
April–Okt. Fr–So nach Einbruch der Dunkelheit
Ticket: $ 8.50/4 (4–11 J.)
Das Autokino finanziert sich durch den Verkauf von Snacks, deshalb ist es tabu, Essen und Getränke mitzubringen.

8 Service & Tipps

Charlottesville, VA

Boar's Head Inn
200 Ednam Dr. (US 250 West)
Charlottesville, VA
✆ (434) 296-2181, Res. ✆ 1-844-611-8066
www.boarsheadresort.com
Offizielles Hotel der University of Virginia am See in Uninähe: Sport und Gesundheit werden großgeschrieben, Olympiaschwimmbecken, Ballonfahrten, Fahrräder, Reiten, Tennis, Golf und das Top-Restaurant **The Old Mill Room** ($$$). $$$$

Cavalier Inn
105 N. Emmett St. (Exit 118-B von I-64)
Charlottesville, VA
✆ (434) 296-8111, www.cavalierinn.com
In Uninähe: 118 frisch renovierte Zimmer mit gratis WLAN, Outdoor-Pool, Frühstück inkl. $–$$$

University of Virginia (UVA)
Charlottesville, VA
✆ (434) 924-0311, www.virginia.edu
1819 von Thomas Jefferson als »akademisches Dorf« entworfen und gegründet. Heute Prestige-Uni mit berühmten Ehemaligen: Woodrow Wilson, Robert und Edward Kennedy, E.A. Poe. Führungen.

Monticello
Rt. 53, Charlottesville, VA
✆ (434) 984-9822
www.monticello.org
Tägl. 8.30–18, Nov.–März 9–17 Uhr
Eintritt: Acht Führungen stehen zur Auswahl: Tageskarte und Haustour $ 29/10 (5–11 J.); Familienführung $ 26/10; Monticello Neighborhood Pass (Kombiticket mit James Monroe's Highland) $ 44/20, alle drei Winter und online günstiger; Behind the Scenes Tour $ 62
Landsitz und Plantage von Thomas Jefferson; begonnen 1768, ab 1796 neu entworfen und 1809 fertiggestellt. Die meisten Möbel und Bücher brachte Jefferson aus Frankreich mit. Die *guided tour* dauert ca. 30 Min. (zzgl. Wartezeit) für die Paterreräume. Gegen Aufpreis kommt man auch in die übrigen Privaträume bzw. kann nach Beendigung der offiziellen Öffnungszeiten bleiben. Im Visitor Center läuft ein 15-minütiger Einführungsfilm.

James Monroe's Highland
1000 James Monroe Pkwy. (S 53/795)
Charlottesville, VA
✆ (434) 293-8000, www.highland.org
Tägl. April–Okt. 9–18, Nov.–März 11–17 Uhr
Eintritt $ 14/8 (6–11 J.); im Monticello Neighborhood Pass inkl. (vgl. Monticello)
Wesentlich bescheidenere Plantage des Jefferson-Freunds und 5. US-Präsidenten James Monroe (1758–1831), ebenfalls von Jefferson entworfen. Monroe wohnte hier von 1799 bis

Fußgängerzone in Charlottesville: ein lebenswertes Städtchen mit legendärer Universität

Richmond: Rotunda des State Capitol

zur Präsidentenwahl 1817. Berühmt wurde Monroe durch seine Rede 1823, Basis der sogenannten Monroe-Doktrin.

Michie Tavern
683 Thomas Jefferson Pkwy.
Charlottesville, VA
✆ (434) 977-1234
www.michietavern.com
Tägl. April–Okt. 11.15–15.30, Nov.–März 11.30–15 Uhr
1784 stand diese Taverne, in der sich u. a. Jefferson und Monroe mehrmals trafen, ein paar Meilen entfernt an einer Postkutschenroute, bevor sie 1927 an den neuen Standort gebracht wurde. Viel Betrieb, auch Reisebusse. Das Essen wird *oldfashioned* serviert. $

Richmond, VA

Greater Richmond Convention Center
401 N. 3rd St., Richmond, VA 23219
✆ (804) 783-7450 und 1-888-742-4666
www.visitrichmondva.com
Mai–Okt. tägl. 9–18, Nov.–April 9–17 Uhr
Großer Komplex im Stadtzentrum mit Shop und vielen Informationen.

The Jefferson
101 W. Franklin & Adams Sts.
Richmond, VA
✆ 804-649-4750, www.jeffersonhotel.com
Palasthotel von 1895 mit prunkvoller Rotunde und bombastischer Marmor-Lounge. Mehrere Restaurants, darunter das noble **Lemaire** ($$–$$$, So geschl.). Pool. $$$$

Berkeley Hotel
1200 E. Cary St. (Shockoe Slip)
Richmond, VA
✆ (804) 780-1300 und 1-888-780-4422
www.berkeleyhotel.com
Persönliches Boutiquehotel im historischen Shockoe Slip District. Restaurant mit guter Weinkarte. $$$–$$$$

Linden Row Inn
100 E. Franklin & 1st Sts.
Richmond, VA
✆ (804) 783-7000 und 1-800-348-7424
www.lindenrowinn.com
Früher Mädchenschule, heute feine Adresse mit historischem Ambiente aus der Mitte des 19. Jh. 70 elegante Zimmer, eigener Innenhof. Zum Empfang gibt es Käse und Wein; Pool, Fitnesscenter. Mit kleinem Frühstück. $$$–$$$$

Hilton Richmond Downtown
501 E. Broad St., Richmond, VA
✆ (804) 344-4300, www3.hilton.com
Zimmer in der üblichen Hilton-Qualität in Downtown Richmond mit Kühlschrank, Mikrowelle und Coffeemaker, kleiner Laden im Haus, freundliches Personal, große Zimmer, Indoor-Pool. Das Gebäude war früher ein Kaufhaus. Valet Parking $ 25 pro Nacht. $$–$$$

Jackson Ward
Zwischen Belvidere & 4th Sts., Marshall St. & I-95/64
Richmond, VA
Ursprünglich von deutschen Siedlern bewohntes Stadtviertel, das nach dem Bürgerkrieg zum Prototyp eines erfolgreichen afroamerikanischen Stadtviertels wurde, in dem zahlreiche schwarze Unternehmer zu Hause waren.

Black History Museum and Cultural Center of Virginia (BHMCCV)
122 W. Leigh St., Richmond, VA
✆ (804) 780-9093
www.blackhistorymuseum.org

Di–Sa 10–17 Uhr, So nach Anmeldung
Eintritt $ 10/6 (3–12 J.)
2016 wurde das Museum an seinem neuen Standort eröffnet, Café im Haus.

Shockoe Bottom
Zwischen 15th, 14th, Main & Canal Sts.
Richmond, VA
Der älteste Business District der Stadt, an der Stelle eines indianischen Handelsplatzes, ähnlich wie der French Market in New Orleans. Restaurants, Nachtclubs, Galerien und Geschäfte mit über 300-jähriger Geschichte haben sich dort angesiedelt, wo einst Tabak hergestellt und Sklaven versteigert wurden. Do–So findet der **Farmer's Market** (Main & 17th Sts.) statt.

Shockoe Slip
Zwischen 12th, 14th & Canal Sts.
Richmond, VA
Alte Lagerhäuser haben sich zu einem Entertainment-Viertel verjüngt – Shops, Boutiquen, Restaurants und Bars bevölkern die rote Backsteinzeile.

The Virginia State Capitol
1 Capitol Sq., Richmond, VA
✆ (804) 698-1788
www.virginiacapitol.gov
Mo–Sa 8–17, So 13–16 Uhr
Von Thomas Jefferson nach dem Vorbild des römischen Tempels im französischen Nîmes entworfen und 1785–88 entstanden. **Washington-Statue** von Jean Antoine Houdon in der Rotunde.

The Tobacco Company Restaurant
1201 E. Cary St. (Shockoe Slip)
Richmond, VA
✆ (804) 782-9555
www.thetobaccocompany.com
Mo–Fr 11.30–2, Sa/So 15–2 Uhr
Populäres Gasthaus mit amerikanischer Küche auf insgesamt drei Stockwerken, im Erdgeschoss ist die Cocktailbar und Lounge. $$

Legend Brewing Co.
321 W. 7th St., Richmond, VA
✆ (804) 232 3446
www.legendbrewing.com
Tägl. 11.30–23, Fr/Sa bis 24 Uhr
Kernige Küche mit Burgern, Gegrilltem und Salaten zum ausgezeichneten, hausgebrauten Bier. $

Mama J.'s
415 N. 1st St., zwischen Clay & Marshall Sts.
Richmond, VA
(804) 225-7449
www.mamajskitchen.com
Tägl. 11–21, Fr/Sa bis 22 Uhr
Mama J wuchs als eines von 14 Kindern einer afroamerikanischen Familie in Richmond quasi in der Küche auf und lernte das Kochen von ihrer Mutter. In ihrem Restaurant kommt beste Südstaatenküche auf den Tisch, alles frisch zubereitet, von *Pan Fried Catfish* über *Candied Yams* und Macaroni & Cheese bis zum Kuchen. Täglich wechselnde Lunch-Specials. Sehr beliebt, manchmal muss man auf einen freien Tisch warten. $

Stella's
1012 Lafayette St.
Richmond, VA
✆ (804) 358 2011
www.stellasrichmond.com
Tägl. 11–15 und 17–22, Fr/Sa bis 23, So Brunch 10–15 Uhr
Eine der beliebtesten Adressen in Richmond, schneller freundlicher und kompetenter Service, beste Küche (griechisch, amerikanisch, Meeresfrüchte). $

Weitere Informationen zu Richmond finden Sie beim 9. Tag, S. 200 f.

Richmond Main Street Station, am Rand von Shockoe Bottom, dem ältesten Marktplatz

9 Hauptstadt mit Nebenschauplätzen

Richmond

9. Tag: Richmond

Vormittag Zu Fuß: Capitol Square, White House & Museum of the Confederacy, The Valentine.

Nachmittag Wahlweise Virginia Museum of Fine Arts, St. John's und Edgar Allen Poe Museum. Happy Hour im The Jefferson (vgl. S. 192).

Nichts leichter, als Richmond schnell wieder den Rücken zu kehren und zu meinen, man habe nichts versäumt. Die Qualitäten der Stadt sind eben nicht auf den ersten Blick zu erkennen, im Gegenteil: Gestalt gewinnt die alte Konföderierten-Metropole nicht durch ihr unsortiertes bauliches Riesengebirge, sondern im Detail, auf Schleichwegen durch Geschichte und Geschichten.

Ein morgendlicher Rundgang durch Richmond könnte dort beginnen, wo wir gestern aufgehört haben, am **Capitol Square**. Aus grauem Granit und im Stil viktorianischer Neugotik lässt die **Old City Hall** den weißen Regierungstempel von Jefferson fast klein aussehen. Das State Capitol in Richmond

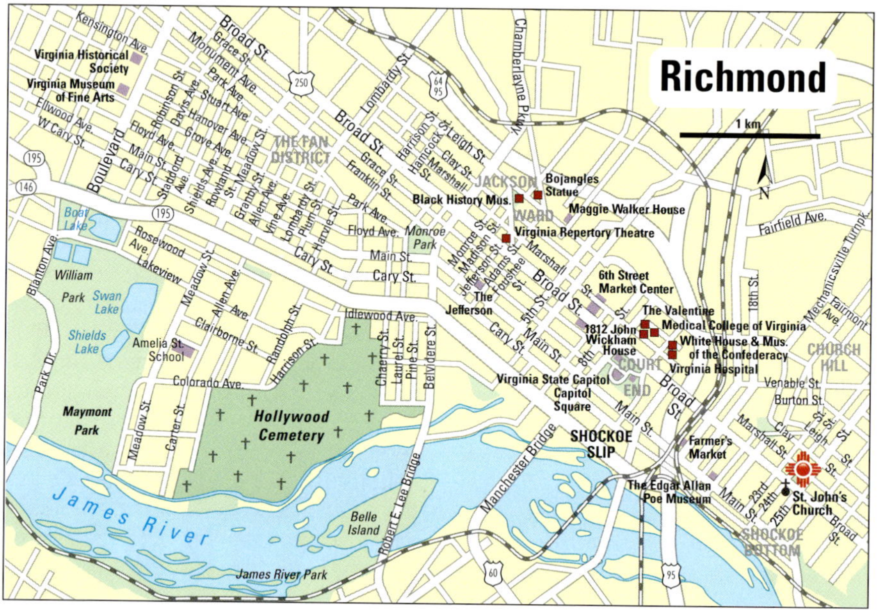

ist übrigens nach dem Kapitol von Annapolis das zweitälteste noch genutzte Parlamentsgebäude in den USA.

Die 12th Street bietet den kürzesten Weg zum angrenzenden **Court End District**, einem alten Stadtteil, der nach den Gerichtsgebäuden benannt wurde, die in seiner Nähe lagen. Das **Museum of the Confederacy**, das Dokumentationszentrum des Krieges aus Sicht der Südstaaten gilt als Pilgerstätte aller Patrioten, denn hier sind Mantel und Schwert des Südstaaten-Generals Robert E. Lee ausgestellt. Allein das bunte Sortiment im Museumsshop lässt das Herz jedes Konföderierten-Fans höher schlagen: Tischkanonen und Zinnsoldaten, Originalmunition, Quartett- und Schachspiele mit den beiden Truppen, Zinnbecher und -laternen, kepi (Südstaatenkappen) und haversacks, die weißen Tragebeutel der Soldaten. Während im Erdgeschoss der glorreiche Totenkult der Kriegsführer dominiert, breitet sich im ersten Stock eine realistischere Darstellung der Südstaaten vor und nach dem Krieg aus: Sklaverei und Plantagenwirtschaft ohne Pathos und faulen Zauber.

Wand an Wand mit dem Museum steht das **White House of the Confederacy**, ein verputzter Ziegelbau von 1718, in dem einst Jefferson Davis wohnte und regierte und in dem man das Headquarter des Südstaaten-Generals Robert E. Lee rekonstruierte. Beide Enklaven der Kriegsgeschichte sind heute von den Gebäuden des Virginia Hospital umgeben, zusammen mit dem dazugehörigen Medical College of Virginia (1838 eröffnet) zählt es zu den größten Kliniken der USA.

Das nahegelegene **The Valentine** erzählt mit Gemälden, Fotos und Objekten die Geschichte der Stadt. Im Gartenstudio sind die Büsten der Südstaaten-Heroen zu sehen, allesamt Werke des Bildhauers Edward Virginius Valentine (1838–1930). Die gefälligere Seite im

Südstaaten-General Robert E. Lee im Old House Chamber im Kapitol

Geschichtsbuch von Richmond schlägt das hübsche und geräumige **1812 John Wickham House** nebenan auf, denn schon die neoklassizistisch ausgemalten Räume – Götter, Symbole und Medaillons – deuten an, dass es außer Krieg noch andere Dinge gab, die die Stadt bewegten.

Edgar Allan Poe ging hier zur Schule

Eines der Highlights der Stadt ist das **Virginia Museum of Fine Arts,** das zu den führenden Kunstmuseen des Südens gehört. Sein großzügig gestalteter und von lichten Atrien durchsetzter Altbau versammelt klassische Werke von Renoir bis Picasso, außerdem eine der größten Sammlungen russischer Kunst außerhalb Europas. Sehenswert ist die Mellon Collection im Neubau mit englischer, amerikanischer und französischer Malerei des 18. bis 20. Jahrhunderts, spektakulär ist auch die Eingangshalle aus rötlichem Marmor, die ihre dynamische Raumwirkung aus den quer verstrebten Laufstegen in Höhe des Obergeschosses bezieht.

Richmond: die neogotische Old City Hall

Der restaurierte Stadtteil **Church Hill** ist eine allererste Pilgerstätte für Patrioten, denn hier steht die **St. John's Church** von 1741, in der amerikanische Geschichte geschrieben wurde (siehe Magic Moment). Auf dem Friedhof der Kirche, dem ältesten der Stadt, liegt Edgar Allan Poes Mutter begraben, die als Schauspielerin und Sängerin mit nur 23 Jahren an Tuberkulose starb. Ihrem berühmten Sohn, der als Mündel bei Pflegeltern aufwuchs, widmet sich das **Edgar Allan Poe Museum** im **Old Stone House** im angrenzenden, etwas heruntergekommenen Lagerhausviertel von Shockoe Bottom.

Poe wuchs in Richmond auf, ging hier zur Schule, heiratete und fand als Redakteur beim »Southern Literary Messenger« zum ersten Mal nationale Anerkennung. In diesem angeblich ältesten Haus der Stadt, das schon zu Poes Lebzeiten (1809–49) ein Denkmal war, hat man viel Originales zusammengetragen: Porträts, Möbel, Dokumente, eine Treppe aus dem Haus seiner Pflegeeltern und ein maßstabgetreues Stadtmodell mit Hinweisen, wo er gewohnt und Lesungen gehalten hat. Außer einem Brief sind keine seiner Handschriften zu sehen, aber immerhin sein Schreibtisch mit Stuhl und Federkiel.

Alligatoren in der Lobby

Eine Happy Hour im **The Jefferson**, der ersten Adresse von Richmond, verlän-

Pilgerziel für Patrioten: St. John's Church mit dem historischen Friedhof in Richmond

Edgar Allan Poe Museum in Richmond: Der Dichter war ein Waisenkind

gert die lokale Geschichtskunde auf angenehme Art und Weise. Rotunde, Marmorsäulen und Glasmalereien sorgen für die Opulenz dieser Nobelherberge, in der die Statue von Thomas Jefferson (von Edward Valentine) den steinernen Gast spielt.

Im Auftrag des ursprünglichen Besitzers Major Lewis Ginter, eines führenden Tabakmillionärs der Stadt, entwarf eine New Yorker Firma den Palast, der bald als das Hotel des »Old Dominion« (wie sich Virginia gerne nennt) bekannt wurde – eine Schaubühne der Südstaaten-Aristokratie. Noch heute zählt der Sunday Brunch mit Barpiano-Musik zu den gesellschaftlichen Highlights in Richmond.

In seiner Jugend kellnerte der legendäre Stepptänzer Bill »Bojangles« Robinson, der schwarze Fred Astaire, im Jefferson Hotel. Der Sage nach lernte er hier seinen späteren Manager Marty Forkins kennen, indem er ihm etwas Suppe über den Anzug kippte und danach eine Steppeinlage aufs Parkett legte. Er war einer der ersten Vaudeville-Darsteller, der nicht mit einem geschminkten *blackface-make-up* auftrat, wie es damals üblich war, und für viele Jahre der bestbezahlte afroamerikanische Performer.

Eine andere Hotel-Anekdote handelt von jenen Alligatoren, die vor hundert Jahren häufig von Gästen auf der Rückreise aus Florida als Souvenir mitgeführt wurden. In Richmond, der letzten Station vor der Fahrt in die Heimat im Norden, wurden viele der Echsen überdrüssig und wollten sie loswerden. Das Hotel nahm sich ihrer an und hielt sie in Wasserbecken in der Lobby – als Attraktion und um die Familien der Stadt ins Hotel zu locken. Der Spaß ging so lange gut, bis sich einer der Alligatoren durch die Mithilfe eines Trunkenbolds aus dem Becken befreite, in eine feine Abendgesellschaft einbrach und dort blankes Entsetzen auslöste. Danach war Schluss.

Virginia State Capitol: Gebaut wie ein griechischer Tempel und seit über 200 Jahren im Dienst

Im Reenactment kann man die »Liberty-or-Death«-Rede von Patrick Henry miterleben und auch Thomas Jefferson, der wie alle noblen Herren damals ein Rüschenhemd trug

MAGIC MOMENT Liberty or Death!

Der spätere Gouverneur von Virginia, Patrick Henry, hielt am 23. März 1775 vor der Virginia Convention in der St. John's Church in Richmond eine flammende Rede, deren letzter Satz in die Geschichte der Vereinigten Staaten einging: »I know not what course others may take; but as for me, give me Liberty, or give me Death!« Sie soll der Grund dafür gewesen sein, dass die Virginia Convention dafür stimmte, die Truppen Virginias in den Amerikanischen Unabhängigkeitskrieg zu schicken.

Weil Patrick Henry ein erklärter Gegner der Verfassung der Vereinigten Staaten war, ist er heute das Idol der Tea-Party-Republikaner – als Antiföderalist war er der Meinung, die Verfassung gebe der Bundesregierung zu viel Macht. Dabei vergessen die heutigen Tea-Party-Dogmatiker allerdings, dass Patrick Henry später angesichts der Französischen Revolution seine Meinung radikal änderte und 1798 Anhänger der Föderalistischen Partei wurde und von da an die Politik von Washington und Adams unterstützte.

In der St. John's Church wird den ganzen Sommer über jeden Sonntag in einem *reenactment* die historische Sitzung mit Henrys dramatischer Rede nachgespielt, George Washington ist mit dabei, Thomas Jefferson und acht weitere Delegierte, natürlich alle in historischen Kostümen. Man kann sich für Gratisplätze anstellen oder man reserviert vorab telefonisch oder per Email Plätze für je fünf Dollar und wird, noch ehe die Kirche öffnet, am Westtor empfangen und zu den Sitzen geleitet. Die Aufführung dauert 45 Minuten, die Schauspieler stehen danach für Fotos zur Verfügung.

St. John's Church
2401 E. Broad St.
Richmond, VA
✆ (804) 648 5015
www.historicstjohnschurch.org

Visitor Center ✆ (804) 648 5015
Führungen Mo–Sa 10–16, So 13–16 Uhr
Ticket $ 8/6 (7–18 J.)
Reenactment Juni–Aug. So Einlass 13.15, mit reservierten Karten 12.45–13.15 Uhr

9 Service & Tipps

Richmond, VA

Edgar Allan Poe Museum
1914–1916 E. Main St.
Richmond, VA
✆ (804) 648-5523, www.poemuseum.org
Di–Sa 10–17, So 11–17 Uhr
Eintritt $ 8/6 (7–17 J.)
Poe-Memorabilien im Old Stone House von 1736.

White House & Museum of the Confederacy
1201 E. Clay & 12th Sts.
Richmond, VA
✆ (804) 649-1861, www.acwm.org
Tägl. 10–17 Uhr
Eintritt Museum $ 12/6 (6–17 J.), Museum und White House $ 18/9
Das »Weiße Haus« der einstigen Südstaatenregierung und Museum.

The Valentine
1015 E. Clay & 10th Sts.
Richmond, VA
✆ (804) 649-0711, www.thevalentine.org
Di–So 10–17, Eintritt $ 10, bis 17 J. frei

Poes Arbeitsplatz, heute im Museum: mit dem Gänsekiel in die Weltliteratur

Stadtmuseum von 1892 mit Bildern, Fotos und Objekten zur Stadtgeschichte, z.B. Möbel, Kostüme, Tabakschneidemaschine, Webstühle, Einrichtung eines Arbeiterhauses und Videos, die die Benutzung der historischen Geräte zeigen.

Das klassizistische **1812 John Wickham House** nebenan mit viel Stuck und Holzschnitzarbeiten kann mit demselben Ticket besichtigt werden. Der Bauherr, Rechtsanwalt und Banker John Wickham, war seinerzeit der reichste Mann der Stadt.

Virginia Museum of Fine Arts
200 N. Boulevard, Richmond, VA
✆ (804) 340-1400, www.vmfa.museum
Tägl. 10–17, Do/Fr bis 21 Uhr, Eintritt frei
Im Altbau: klassische Kunst, Goyas und Gobelins, flämische und niederländische Malerei, französische Impressionisten und deutsche Maler (u.a. Kokoschka, Kirchner, Nolde). Außerdem indianische, nepalesische und tibetanische Kunst, Art-déco- und Art-Nouveau-Objekte und eine beachtliche Sammlung von Peter Carl Fabergés Ostereier-Preziosen aus Russland.

Der Neubau, 1985 vom Architektenteam Hardy, Holzman und Pfeiffer erstellt, zeigt in der Mellon Collection Zeitgenössisches, u.a. Chamberlain, Stella, Twombly, Johns, Dine, Segal, Oldenburg, und Wesselmann.

Virginia Museum of History and Culture
428 N. Boulevard (Kensington Ave.)
Richmond, VA
✆ (804) 358-4901, www.virginiahistory.org
Mo–Sa 10–17 Uhr
Eintritt frei, Spende erwünscht
Porträts, seltene Bücher, Dokumente (großes Fotoarchiv) und umfangreiche Sammlung von konföderierten Handfeuerwaffen; Bibliothek und schöner Leseraum. Die meisten Besucher betreiben Familienforschung, die Lieblingsbeschäftigung vieler Einheimischer.

Hollywood Cemetery
412 S. Cherry & Albemarle Sts.
Richmond, VA
✆ (804) 648-8501
www.hollywoodcemetery.org
Im Sommer tägl. 8–18, sonst 8–17 Uhr
Geführte Rundgänge Mo–Sa 10, So 14 Uhr; Trolley-Rundfahrten Sa/So 13.30 Uhr
Alter Friedhof und Parkanlage von 1849.

Straßenszene im Zentrum von Richmond: mehrstöckige Monster-Murals an der Hauswand

»Walhalla des Südens«: letzte Ruhestätte von Jefferson Davis und anderen Südstaaten-Heroen neben 18 000 Grauröcken; außerdem von James Monroe und John Tyler.

Viele der z. B. in Gettysburg eilig Begrabenen wurden später hierher überführt; so auch Jefferson Davis, der zunächst in New Orleans begraben worden war. Bemerkenswert auch die seltsame Symbolsprache der Gräber: weinende Engel, gefaltete Hände, zerbrochene Baumstämme, Anker und Fackeln, die auf dem Kopf stehen.

St. John's Church
Siehe Magic Moment, S. 199.

Strawberry Street Café
421 N. Strawberry St. (Fan District)
Richmond, VA
✆ (804) 353-6860
www.strawberrystreetcafe.com
Mo–Fr 11–22, Sa 10–22, So 10–21 Uhr
Frühstück, Lunch und Dinner, auch Kleinigkeiten und ein Gläschen *Virginia Wine*, auf den man hier spezialisiert ist. Originell: die Salatbar in der Badewanne. $

Lincoln in Richmond
Steven Spielberg drehte 2012 das Historiendrama »Lincoln«, das die letzten Monate im Leben Abraham Lincolns und seinen Kampf für die Abschaffung der Sklaverei thematisiert. Etliche Sequenzen wurden im Virginia State Capitol gedreht (das zum White House in Washington umgebaut wurde), Schauplätze im Film sind auch das **Virginia Repertory Theatre** auf der Broad Street sowie Maymont Park. Wer auf den Spuren des Films wandeln will, findet geführte Rundgänge und Details dazu unter: www.Virginia.org/Lincoln.

Weitere Informationen zu Richmond finden Sie beim 8. Tag, S. 192 f.

Canal Walk am James River in Richmond

10 Welcome Home, America

An den Ufern des Lower James River

10. Tag: Richmond – Jamestown – Williamsburg – Yorktown – Virginia Beach (216 km/135 mi)

km/mi	Route
Morgen	
0	In **Richmond** über Main St. East (am Stadtausgang rechts), die zur SR 5 (John Tyler Memorial Hwy.) wird, an der Straße rechts Hinweis auf
35/22	**Shirley Plantation** (Rundgang ca. 1 Std.). Weiter S 5 East, evtl. **Berkeley Plantation** und/oder **Westover**, an S 614 (Greensprings Rd.) rechts, dann S 359 South auf den Parkplatz des
51/32	**Jamestown Settlement** (Rundgang ca. 2,5 Std.). Vom Parkplatz links zum und über den **Colonial Parkway** den Schildern folgen nach
Mittag	
10/6	**Colonial Williamsburg** (Besichtigung und wegen großer Restaurant-Auswahl Lunch ca. 2,5 Std.). – Nach der Ausfahrt vom Parkplatz zweimal links und über den Parkway nach
Nachmittag	
21/13	**Yorktown** (kleiner Rundgang, evtl. Dinner hier). – Ein Stück Colonial Parkway und Schildern zur US 17 folgen: US 17 South, in Newport News auf I-64 East, über Ausfahrt 284A auf die S 44 East (VIRGINIA BEACH) Fahrt über die I-64 und Hampton Roads Bridge Tunnel
Abend	
99/62	nach **Virginia Beach**.

An den Ufern des James River und der zerklüfteten Chesapeake Bay liegt Colonial Virginia, der Kern der ersten Besiedlung des amerikanischen Kontinents durch die Briten. Virginias Historic Triangle – Jamestown, Williamsburg und Yorktown – bestimmt heute unser Programm. Europäer, die historische Relikte von der Kraft und Schönheit der Akropolis gewohnt sind, müssen Abstriche machen: Der Kult um die kargen Überreste der ersten Siedler lebt meist von Rekonstruktionen. Als Stopp unterwegs empfiehlt sich die eine oder andere historische Plantage.

Tipp: Wer den Tag etwas ruhiger angehen möchte, sollte sich je nach Interesse für **Jamestown Settlement** oder **Colonial Williamsburg** entscheiden. Mit Kindern empfiehlt sich Jamestown Settlement.

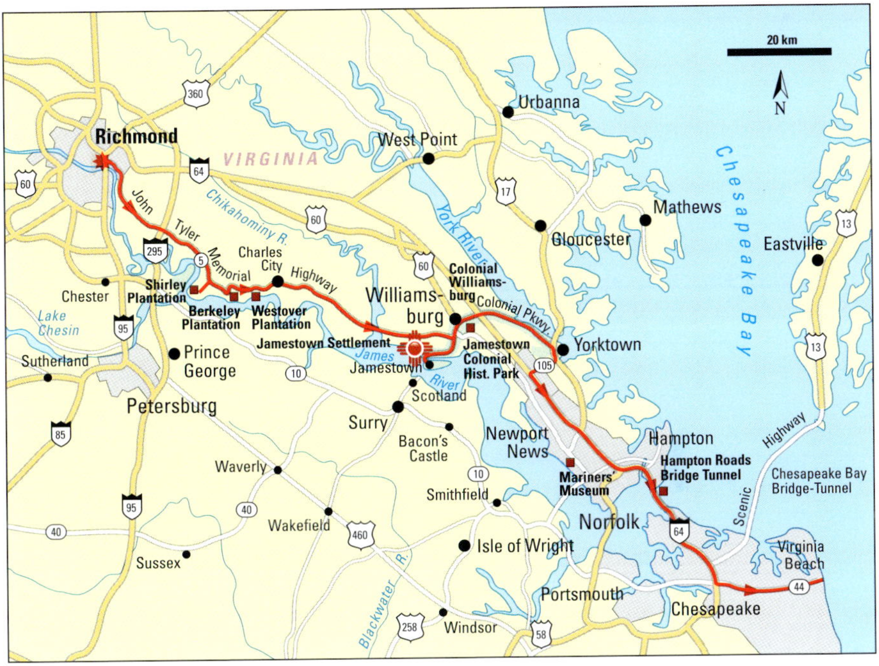

Unsere heutige Straße, der **John Tyler Memorial Highway**, State Route 5, ist wieder so ein Virginia Byway, eine jener weniger befahrenen Landstraßen, die dafür umso schönere Ausblicke gewähren: diesmal auf weite Getreidefelder und Wiesen im Wechsel mit lauschigen Alleen.

Die eigentlichen Highlights liegen abseits der Straße in Flussnähe: die Plantagen am James River. Im Gegensatz zu ihren baulichen Kollegen im Tiefen Süden fehlt ihnen der nostalgische Tara-Touch aus »Vom Winde verweht«, stattdessen setzte sich hier der georgianische Stil durch, in dem sich in der ersten Hälfte des 18. Jahrhunderts der Londoner Stadtadel gefiel und der deshalb zum Statuszeichen der Pflanzer avancierte.

Die Tabakexporte – die Arbeit wurde von Sklaven erledigt – erlaubten den Plantagenbesitzern einen großzügigen Lebensstil, Feste und Jagdvergnügen waren üblich und ließen unter Zeitge-

Naturidyll am James River

nossen den Spruch kursieren, dass die Virginier nichts anderes zu tun hätten als ihre Nachbarn zu besuchen.

Vom First grüßt die Ananas

Bestes Beispiel dafür ist bereits die erste Plantage am Weg, die auch die älteste Virginias ist: **Shirley Plantation**. Die Zufahrt dorthin hat man auf den letzten 300 Metern im ursprünglichen Zustand belassen, staubigem Schotter. Vom First des filmreifen Anwesens grüßt eine dicke Ananas, das klassische Symbol kolonialer Gastfreundschaft. Der Gründer, Robert »King« Carter, galt als einer der reichsten Männer im damaligen Virginia und von Anfang an war Shirley ein gesellschaftliches Zentrum im Land. Washington, Jefferson und Tyler genossen hier ebenso die Feste und Feiern wie später Teddy Roosevelt und John Rockefeller. Historisch bedeutend ist die Villa auch deshalb, weil die Mutter des Südstaaten-Generals Robert E. Lee hier geboren wurde.

Das ursprüngliche Anwesen stammt aus dem Jahr 1613, das heutige Haus entstand gut 100 Jahre später und überlebte unbeschadet sowohl den Revolutionskrieg, in dem es als Versorgungs- und Horchposten der Kontinentalarmee diente, als auch die Schlacht von Richmond im Bürgerkrieg. Als einzige Plantage in Virginia befindet sie sich bis heute in der Hand der Gründerfamilie.

Eintrittskarten sind im ehemaligen Waschhaus zu haben, das auch mal als Schule diente, in der unter anderen Robert E. Lee seine ersten Lernziele ansteuerte. Besuchern stehen vier Räume der Villa offen, deren elegantes Interieur mit viel englischem Silber und Familienporträts geschmückt ist. Beeindruckend sind vor allem die kunstvollen Schnitzereien und Wandverkleidungen der Eingangshalle und deren kühne und leichtfüßige Treppe. Rustikaler erscheint die Umgebung: Scheunen (eine mit Eisdepot), Lagerschuppen, Räucherkammer und Stallungen zeugen von der jahrhunder-

Shirley Plantation: Ein staubiger Schotterweg führt zur ältesten, bestens erhaltenen Plantage Virginias

telangen Bewirtschaftung dieser Plantage, auf der heute abwechselnd Weizen, Mais und Sojabohnen geerntet werden – dreimal im Zweijahresrhythmus.

Nach dem Rundgang gibt es im Küchenhaus (wie immer wegen der Feuergefahr vom Hauptgebäude getrennt) Kleinigkeiten zur Stärkung. Das hübsche runde Taubenhaus an der Pappelallee hatte eine ganz pragmatische Ursache: Tauben galten damals als kulinarischer Hit und als Delikatesse.

An Weizenfeldern vorbei geht es zur **Berkeley Plantation**, die sich als ein intakter moderner Bauernhof erweist. Im Esszimmer des elegant im Stil des 18. Jahrhunderts eingerichteten Herrenhauses haben es sich nach George Washington noch weitere neun Präsidenten schmecken lassen. Außerdem sind einige backsteinerne Wirtschaftsgebäude *(outbuildings)* erhalten, die fast bis zur Mitte des vorigen Jahrhunderts im Besitz der politisch einflussreichen Harrison-Familie waren. Auf der Plantage wurde auch der erste Bourbon destilliert, bis heute eins der Lieblingsgetränke der Virginier und der Südstaatler überhaupt.

Westover zählt sicherlich zu den am schönsten proportionierten Villen des Landes und damit zu den Höhepunkten regional bestimmter georgianischer Architektur – mit einem anmutig verzierten Eingang. Umgeben von einer Pferdezuchtfarm liegt das Herrenhaus friedlicher und näher am Fluss als die anderen, aber für Besucher ist sein Inneres off limits. Ihnen steht das alte Küchenhaus offen, wo man noch historische Haushaltsgeräte und Baupläne besichtigen kann. Was man nicht sieht, ist der unterirdische Fluchtweg zum Fluss, eine Vorsichtsmaßnahme gegen Indianerüberfälle. Ein paar Meilen weiter östlich erlaubt der Chickahominy River zur Abwechslung einen großzügigen Weitblick.

Jamestown Settlement: indianischer Kanubau

Der Ort, an dem England zuerst den Fuß in die Tür zur Neuen Welt bekam, **Jamestown**, präsentiert sich dem Besucher gleich zweifach: als **Jamestown National Park** und als Jamestown Settlement. Im ersteren deuten importierte Ziegel an, wie die ursprünglichen Grundmauern einmal ausgesehen haben könnten: ein archäologischer Rekonstruktionsversuch des historischen Jamestown von 1607. Was nämlich als erste feste englische Kolonie auf Jamestown Island entstand, wurde unwiederbringlich vom Fluss fortgespült.

Geschichte live

Nur ein Sprung trennt die historische Fiktion von der touristischen: **Jamestown Settlement**, ein Geschichtspark unter freiem Himmel, der früher völlig zu Recht »Jamestown Festival Park« hieß. Hier findet jeder etwas: Düm-

»Bewohner« des Jamestown Settlement: ideal für einen Besuch mit Kindern

pelnde Nachbauten der Siedlungsschiffe am Anleger, ein mit kinderfreundlichen Schauspielern besetztes Palisadendorf aus gelben Lehmhütten, eine simulierte Indianersiedlung, in der unter anderem Baumstämme ausgebrannt werden, um zu zeigen, wie die Ureinwohner Einbäume hergestellten.

Dieses lebendige Historienbuch ist der als Freizeitversion fortgeschriebene Mythos von den ersten europäischen Siedlern, wie er den Amerikanern serviert wird. Darin malt man sich die Herren als noble Engländer aus, die außer ihrem Christentum nichts als hehre Gesinnung, Zivilisation und Demokratieverständnis im Gepäck hatten. Bis heute begeistert sich nicht nur Disney vor allem immer wieder an der Liebesromanze der indianischen Prinzessin Pocahontas, die sich in den Gründervater John Smith verliebte, was diesen vor dem sicheren Tod durch den Häuptling Powhatan gerettet haben soll.

In Wirklichkeit war die Geschichte von Jamestown alles andere als rosig und weit entfernt von dem, was die europäischen Newcomer von 1607 im Sinn hatten. Die Einwanderer waren überwiegend Abenteurer auf der Suche nach dem schnellen Erfolg für ihre Gesellschaft, die »Sir Thomas Smith Virginia Company«. Sieben Jahre sollten sie für die Company arbeiten, um danach ihr eigenes Glück zu machen. Und natürlich gab es – das haben Knochenfunde bestätigt – etliche junge Frauen und Mägde unter den ersten Einwanderern, die als minderwertiges Eigentum galten und über die deshalb kaum Aufzeichnungen zu finden sind.

Sie alle träumten vermutlich von einem subtropischen Paradies mit friedlichen Eingeborenen und einem Füllhorn voller Diamanten und Gold. Der miserable Landeplatz lieferte nichts davon; stattdessen insektenverseuchtes Brackwasser mit Malaria und Typhus und jede Menge Probleme mit den Indianern. Und die Gesellschaft daheim in England ließ ihre Schützlinge am ausgestreckten Arm de facto in den ersten Jahren verhungern (siehe Magic Moment, S. 211).

Die ersten Sklaven

Erst langsam stabilisierte sich die Kolonie durch neue Zuwanderer und geänderte Landbesitzregelung, das sogenannte *headright system*, das darauf hinauslief, dass jeder Siedler, der seine Überfahrt selbst bezahlt hatte, auch ein Stück Land erhielt. 1619 legte dann das erste Schiff mit Sklaven in Jamestown an, aber zunächst einmal waren weiße Diener gefragt, die Sklaverei der Schwarzen etablierte sich erst gegen Ende des Jahrhunderts flächendeckend.

Durch den Tabak brachen bessere Zeiten an für die Kolonie, am Anfang zumindest und für einige wenige. Aber über kurz oder lang machte das »schädliche Kraut« Jamestown zur Boomtown – und die Siedler zu Gewinnern, denn die Virginia Company ging jetzt leer aus. Sie löste sich auf und 1624 übernahm

England Virginia als erste Kronkolonie der Neuen Welt, die mit ihren weit verstreut lebenden Farmern sehr viel lockerer verfasst war als beispielsweise die Gemeinden in New England.

Die gepflegte Panoramastraße des **Colonial Parkway** zwischen Jamestown und Williamsburg durchzieht – zuerst am James River entlang und dann landeinwärts – eine schöne Marsch- und Wasserlandschaft, unterbrochen von Creeks, großzügigen Picknickplätzen, kleinen Stränden mit Badegästen und Hobby-Anglern.

Rockefeller finanziert

In **Colonial Williamsburg** schließlich geht der Vorhang zur Hauptbühne des amerikanischen Historientheaters auf. Vor der weitläufigen Kulisse einer idealisierten Kleinstadt spielt ein fest angestelltes Ensemble aus 4000 Mitwirkenden in bunten Kostümen die koloniale Welt von damals nach. Mit einer solch spektakulären Wiederauferstehung der alten Hauptstadt war ab 1780, als die Staatsregierung nach Richmond umzog, eigentlich nicht mehr zu rechnen. Williamsburg drohte das Aus. Doch kurz zuvor gelang es Reverend Goodwin, einem lokalen Seelsorger, den finanzstarken John D. Rockefeller von der Notwendigkeit einer Renaissance des kolonialen Kleinods zu überzeugen.

1926 öffnete Colonial Williamsburg als erstes Freilichtmuseum der USA seine Tore und löste in den Alantikstaaten ein wahres Restaurationsfieber aus. Seither ist der Andrang vor Ort gewaltig. Schon im Keller des Visitor Center beginnt das *tourist processing,* denn ab hier rollen die Shuttlebusse zur Inszenierung der Kolonialzeit. Der Ort selbst ist autofrei, die sieben Dutzend historischen Gebäude liegen teilweise weit auseinander und man kann leicht einen Tag oder auch zwei umherwandern und hat noch längst nicht alles gesehen. Wenn dann die Paraden und Shows losgehen, die Trommeln schlagen, Kanonen ballern, die Zöpfe auf- und die Kerzen angesteckt werden, dann kann man auch ein erfolgreiches Marketingmodell besichtigen, geschaffen für die ganze Familie, umringt von Hotels und Golf-Lodges, Tagungs- und Tennisplätzen, Einkaufszentren und Nippes-Shops.

Nicht alle finden deshalb die »schönsten historischen Ferien«, die der deutschsprachige Prospekt für Williamsburg in Aussicht stellt, nach ihrem Geschmack. Die Französin Simone de Beauvoir rümpfte die Nase über die »üble Papiermachédekoration« und die »verlogen wirkenden Häuser«. »... schwarze Lakaien in prächtigen Livreen fahren in Kaleschen begeisterte Familien durch den österlichen Morgen. In den Läden und Schänken empfangen uns Frauen mit gepuderten Perücken und Reifröcken, dieser kalte Fasching langweilt.«, schreibt sie in ihrem Tagebuch.

Exerzieren wie in alten Zeiten: Darsteller der Britischen Armee in roten Uniformen

Williamsburg: Historie als Entertainment

Hat Williamsburg überhaupt irgendwann einmal so ausgesehen? William Least Heat Moon verneint das in seinem Buch »Blue Highways«: »Denn ganz bestimmt ist das ursprüngliche Williamsburg eine ziemlich klamaukige Frontier-Stadt gewesen, ein Schauplatz von Krawall und Krieg, wo man die Wäsche raushängte und die Hunde in die schlammigen Gossen pinkelten, wo es nach Mist und Pferdeschweiß roch.«

Mag die amerikanische Geschichte in Williamsburg auch auf puren Unterhaltungswert reduziert sein, so war ihre Rekonstruktion doch richtungsweisend. **Merchant's Square** gilt bis heute als Vorbild für viele Shoppingcenters und Fußgängerzonen in den USA und erst recht diente **Gloucester Street**, die Hauptstraße und als Hommage an Rockefeller konzipiert, als Vorlage für zahllose *suburbs* der weißen Mittelklasse.

Yorktown mit Uferpromenade

Östlich von Williamsburg hält der Colonial Parkway sein landschaftliches Niveau: als schattige Waldstraße, die sich beschaulich am Kings Creek und weichen Wattwiesen vorbei dem York River nähert. Nicht im Traum käme man auf den Gedanken, dass sich hinter der Naturszenerie links und rechts gewaltige Waffenlager verbergen. In **Yorktown**, dem Schauplatz der letzten großen militärischen Aktion des Unabhängigkeitskriegs, kann man im Visitor Center die Chronik dieser Trennung verfolgen. Der Ort selbst ist nur ein paar Schritte entfernt. Am Victory Monument vorbei gelangt man über die von historischen Häusern flankierte Main und über Ballard Street zum York River hinunter und zu jenem Stadtteil, der Yorktown »Under The Hill« heißt und sogar über einen kleinen Strand und eine Uferpromenade verfügt.

Unten am Fluss liegt auch die **Cornwallis Cave**, ein Felsloch, in dem der britische General 1781 sein Lager aufschlug, in dem er sich dann aber vor den Amerikanern verstecken musste, als diese ihn vom Wasser aus zu beschießen begannen. Am 18.10.1781, nach sechs Jahren Kampf gegen die Kolonialherren, wurde der General mit der britischen Armee zur Kapitulation gewungen.

Autofahrt unter Wasser

Wer heute noch – wie unser Plan es vorsieht – nach Virginia Beach fahren will, sollte möglichst spät starten und lieber gemütlich ein Dinner zu sich nehmen, denn der Stau vor dem **Hampton Roads Bridge Tunnel** ist zu den Hauptverkehrszeiten garantiert. Die heftig befahrene Autoschlucht durch die größte Meeresbucht der USA, die Chesapeake Bay, ist speziell am Freitag dicht gepackt – je später man kommt desto leerer wird die Strecke. Theoretisch braucht man von Colonial Williamsburg nach Virginia Beach nur 95 Minuten, aber zur Sommerhochsaison müsste man in Colonial Williamsburg bereits um 14.30 Uhr losfahren, um ohne Stau durch den Tunnel zu kommen – wodurch man faktisch einen halben Tag verliert. Also lieber länger in Colonial Williamsburg oder Yorktown bleiben und erst nach 18.30 Uhr oder noch besser nach 19 Uhr losfahren, um stressfrei anzukommen.

Eine erstaunliche Entwicklung hat **Virginia Beach** durchgemacht, das schon 1963 plötzlich als größte Stadt in Virginia (heute: 448 500 Einwohner) dastand und dessen Wachstum weiter anhält. Seine Skyline steht an der Ozeanbrandung, nicht in Downtown, weil es die gar nicht gibt. Noch sind die Grundstückspreise nicht so gestiegen, dass man höher bauen müsste; die Stadt bleibt erst mal weit gestreut und parzelliert und damit ohne Sanierungsprobleme. Arbeitgeber Nummer eins ist das Militär und das kommt der lokalen Ökonomie zugute. Soldaten kaufen mehr Autos als andere Bürger und verkaufen sie auch schneller wieder; sie schaffen mehr Nahrungsmittel an, weil der Staat dies subventioniert; sie halten ihre Häuser besser in Schuss als andere, weil sie sie bei Versetzungen möglichst mit Gewinn verkaufen wollen, was den lokalen Handwerksbetrieben zugute kommt.

Virginia Beach lebt außerdem von einer starken Landwirtschaft, was man auf den ersten Blick hier nicht vermuten würde. Aber in großem Stil wachsen abwechselnd Mais, Weizen und Sojabohnen. Und Erdbeeren: die »Princess Anne Strawberries« sind die begehrtesten und gelten als besonders saftig. Viele Erdbeerfelder in der »Boomtown by the Sea« werden allerdings bald zu Golfplätzen, denn der Tourismus wird mehr und mehr zum führenden Wirtschaftsfaktor in der Region.

Millionen für den Sand

Virginia Beach: Die Straße endet am Meer, genauer gesagt vor einem Holiday Inn und die ersten Beach Boys und Badehosen kommen ins Bild – luftige Alternativen zur reichlichen Kostümgeschichte an diesem Tag. Besonders am nördlichen und stilleren Ende des Boardwalk kann man ungestört am Wasser entlanglaufen und die nimmersatten Blackbirds beobachten, die an der Flutlinie nach der Devise *all you can eat* nach Würmern stochern. Die Pelikane holen sich ihre Kost weiter draußen durch spektakuläre Stürze ins Wasser.

Wie die meisten übererschlossenen Badeorte an der amerikanischen Atlantikküste hat auch Virginia Beach mit einer gewaltigen *beach erosion* zu

Virginia Beach: Alle Straßen enden am Meer und die Skyline steht an der Ozeanbrandung

Virginia Beach: Im Norden, hinter dem First Landing State Park, sind die Strände noch einsam

kämpfen. Die Bebauung reicht viel zu nah ans Wasser heran, die Strände werden fortgespült und müssen ständig neu herangebaggert werden, und zwar von jenen, die dafür landesweit ausgebildet und zuständig sind, dem Army Corps of Engineers, dem technischen Bautrupp der Armee. Jedes Frühjahr kommen Zigtausende Tonnen neuer Sand vor die Haustür von Virginia Beach. Der Staat, die Stadt, die Hotels und die Hausbesitzer bezahlen dafür.

Das Layout der Straßen am Ozean verfährt nach dem bekannten Muster, wie man es an der gesamten Ostküste findet, von Miami bis Atlantic City: Vorn, in der ersten Reihe verläuft der Boardwalk zwischen Strand und Hotelkette; dahinter kommt Atlantic Avenue, der sogenannte *main drag,* das heißt T-Shirts und Pizza, Sonnencremes und Wachsmuseum, Horrorkabinett und ein silbriges Stahlgerüst zum Bungee-Springen. Die nächste Parallele landeinwärts heißt Pacific Avenue, da sind die Motels schon etwas preiswerter. Einen Block dahinter lockt Arctic Avenue mit Minigolf-Lustbarkeiten und schließlich gibt es noch Baltic Avenue – das Ende der Welt, jedenfalls in Virginia Beach.

Das Thema Straßenordnung wird hier überhaupt großgeschrieben. So hat man ganz unamerikanisch die Elektrokabel unterirdisch verlegt und statt der krummen Holzpfähle, die dem ganzen Land einen provisorischen Anstrich verleihen, moderne Lampen aufgestellt, die das abendliche Treiben auf den Straßen ausleuchten – auch das beliebte Cruising, das eigentlich verboten ist. Die meisten schreckt das nicht: Munter kreuzen auf Atlantic Avenue die Watt- und Pferdestärken abends durchs Zwielicht.

Doch was sind schon die röhrenden Kisten gegen die Militärjets, denen der Himmel über Virginia Beach gehört. Die nahe Air Force Base macht's möglich, Starts und Landungen sind tägliche Routine. Nichts Besonderes für die Einheimischen. Ihnen ist der Donner längst in Fleisch und Blut übergegangen. Sie nennen ihn auch nicht so, sie sprechen vom »sound of freedom«.

Schon am späten Nachmittag werfen die viel zu nah ans Meer gebauten hohen Hotels Schatten auf den Strand, je später es wird, umso längere. Sonnenuntergang? Nicht an der Ostküste. Wer hier auf himmlische Farbspiele setzt, muss früh aufstehen.

MAGIC MOMENT Schrecklicher Start

»Susan Constant«, »Godspeed« und »Discovery« heißen die drei Schiffe, allesamt Replikate der Segler, die 1607 von England nach Virginia segelten. Viereinhalb Monate dauerte die Reise, erzählt der historisch gewandete Matrose Gowan an Bord, viereinhalb Monate ohne frisches Trinkwasser, ohne Toilette, ohne die Möglichkeit sich zu waschen. Gowan lebt im Jahr 1616, er kennt weder Elvis noch Hot Dogs, weder Madonna noch Obama, aber er kann nach den Sternen navigieren und er weiß, wie man die Babys in den starken Stürmen an Bord beruhigt. Er hat gesehen, wie die Frauen sie in Wickeltüchern an die Decke hängten, so dass sie geschaukelt wurden wie in einer Wiege.

Die schlimmsten Zeiten, sagt Gowan, kamen aber erst nach der Landung, mehr als 200 Einwanderer starben im Hungerwinter 1609/1610. Wer nicht starb, überlebte nur deshalb, weil er Leichen ausgrub und die Toten aß. Ein Mann, erzählt Gowan, erschlug seine schwangere Frau im Schlaf, um nicht zu verhungern. Von den ursprünglich 300 Siedlern waren nach diesem Horror-Winter noch 60 Verzweifelte übrig, die nur noch eines wollten: zurück nach Europa.

Auch Gowan war mit dabei, als sie die Kolonie aufgaben und am 7. Juni 1610 Segel setzten um heim zu fahren nach England, zu Beißen gab es kaum etwas an Bord. Doch nach wenigen Meilen kam ihnen in der Chesapeake Bay ein Schiff entgegen, mit 390 neuen Einwanderern und jeder Menge Proviant. Also kehrten sie um. »Eigentlich ist es ein Wunder«, sagt Gowan, »dass wir heute hier stehen, dass die Kolonie von Jamestown am Ende doch noch überlebt hat.«

Jamestown Settlement
2110 Jamestown Rd., Williamsburg, VA
✆ (757) 253-4838 und 1-888-593-4682
www.historyisfun.org,
Tägl. 9–17, Mitte Juni–Mitte Aug. bis 18 Uhr
Eintritt $ 17/8 (6–12 J.)
Koloniale Freilichtbühne der ersten europäischen Siedlung, die 1607 in der Nähe gegründet wurde: Powhatan-Indianerdorf, Siedlerdorf mit dem nachgestellten Leben der Jahre 1610–14 (James Fort), drei nachgebaute Siedlerschiffe, mit denen die Jamestown-Siedler aus England hierher kamen.

Im Museum sind 500 historische Artefakte jener Zeit ausgestellt, von Möbeln über Spielzeug bis zu Waffen. Der Besuch beginnt im Robins Foundation Theater mit dem Film »1607 – A Nation Takes Root«. Drei Stunden Zeit ist das Minimum, wenn man nichts auslassen will.

Jamestown Colonial National Historical Park
1368 Colonial Pkwy., Jamestown, VA
✆ (757) 898-2410, www.nps.gov/colo
Tägl. 8.30 Uhr bis Sonnenuntergang, Visitor Center 9–17 Uhr
Eintritt $ 14, bis 15 J. frei, gilt 7 Tage
Originalschauplatz des historischen Jamestown.

Nachbau der »Susan Constant« im Jamestown Settlement: »Eigentlich ist es ein Wunder«

10 Service & Tipps

Charles City, VA

Shirley Plantation
501 Shirley Plantation Rd., 9.5 mi westl. von Charles City, VA
✆ (804) 829-5121 und 1-800-232-1613
www.shirleyplantation.com
Tägl. 9.30–16.30 Uhr, Führungen stündlich 10–16 Uhr, Eintritt $ 12.50/8.50 (7–16 J.)
Älteste Plantage in Virginia (1613) mit schlichtem, klassizistischem Herrenhaus von 1723, zum Großteil im Originalzustand. Geburtshaus der Mutter des Südstaaten-Generals Robert E. Lee. Gift Shop in der ehemaligen Wäscherei, wo es auch die Tickets für die Führung gibt.

Berkeley Plantation
12602 Harrison Landing Rd. (von S 5)
Charles City, VA
✆ (804) 829-6018 und 1-888-466-6018
www.berkeleyplantation.com
Tägl. 9.30–16.30, Jan./Feb. 10.30–15.30 Uhr
Eintritt $ 12/7 (6–16 J.), Führung inkl.
Plantagenhaus von 1726, wie es in Stein über der Seitentür gemeißelt steht. Benjamin Harrison, einer der Unterzeichner der Unabhängigkeitserklärung, wurde hier geboren. 1619 fand auf dem Grund angeblich das erste offizielle Thanksgiving statt.

Westover Plantation
7000 Westover Rd. (von John Tyler Memorial Hwy.)
Charles City, VA
✆ (804) 829-2882
www.westover-plantation.com

Virginias älteste Tabakplantage

Tägl. 10–17 Uhr, Eintritt $ 5/2 (7–16 J.)
Eines der elegantesten Herrenhäuser, aber nur der Park am Fluss mit etlichen Trails ist zu besichtigen; erbaut in den späten 1730er Jahren von William Byrd II, dem Gründer von Richmond.

Westover Church
6401 Westover Rd. (von John Tyler Memorial Hwy.)
Charles City, VA
✆ (804) 829-2488
www.westoverepiscopalchurch.org
Schlichte Kirche aus Backstein mit Schindeldach von 1731, umgeben von einem alten Friedhof.

Sherwood Forest Plantation
14501 John Tyler Memorial Hwy.
Charles City, VA
✆ (804) 829-5377
www.sherwoodforest.org
Tägl. 9–17 Uhr, Hausbesichtigung nach Voranmeldung
Eintritt $ 10, bis 15 J. frei
An diesem längsten Holzhaus der USA ist mehr als ein Jahrhundert gebaut worden (seit 1730); es diente zwei Präsidenten als Wohnsitz: John Tyler und W. H. Harrison. Die Einrichtung entspricht dem Stil und Geschmack des 19. Jh. Ursprünglich war Sherwood eine Tabakplantage, im 19. Jh. wurden Mais, Weizen und Gerste angebaut.

Williamsburg, VA

Jamestown Colonial National Historical Park
www.visitwilliamsburg.com
Siehe Magic Moment, S. 211.

Jamestown Settlement
Siehe Magic Moment, S. 211.

Colonial Williamsburg
Williamsburg, VA
✆ (757) 229-1000 und 1-800-447-8679
www.colonialwilliamsburg.com
Tägl. 8.45–17 Uhr
Eintritt $ 41/21 (6–12 J.)
Das Gelände ist sehr groß, wer nicht bereits müde ankommen will, nimmt den Gratis-Shuttle, der vom Visitor Center in die »Revolutionary City« fährt, denn auf dem Fußweg dahin gibt es nicht wirklich was zu sehen.

Schuhmacher in Colonial Williamsburg: historische Treter ohne Dämpfung und mit wenig Tragekomfort

Rekonstruierte Hauptstadt von Virginia 1699–1780. Über 500 Shops, Tavernen, öffentliche Bauten und Wohnhäuser strahlen im Look des 18. Jh., einschließlich der Kutschen und Parkangestellten. Zu den baulichen Highlights gehören u. a. **Governor's Palace, The Capitol** und **Svan Tavern**. Kleine Spezialgeschäfte und Sandwich-Läden findet man im **Merchants Square** (Käse, italienische Delikatessen und Wein).

Wer mehr Zeit hat und Freude an historischem Dekor sollte in der rustikalen **Shields Tavern** (Duke of Gloucester St.) oder der feineren **Christiana Campbell's Tavern** (Waller St.) einkehren. Man kann hier problemlos einen ganzen Tag verbringen.

Yorktown, VA

American Revolution Museum at Yorktown
200 Water St., Yorktown, VA
✆ (757) 253-4838 und 1-888-593-4682
www.historyisfun.org
Tägl. 9–17, Mitte Juni–Mitte Aug. bis 18 Uhr
Eintritt $ 15/7.50 (6–12 J.)
Das Museum (früher Yorktown Victory Center), aufwendig umgebaut und 2017 wiedereröffnet, veranschaulicht den Kampf um die Unabhängigkeit.

Virginia Beach: der längste Vergnügungsstrand der Welt

Yorktown ist ein attraktives Städtchen mit einer hübsch restaurierten Waterfront, wo die Segelschiffe »Alliance« und »Serenity« tägliche Törns anbieten und der eine Meile lange Riverwalk den Blick auf den York River freigibt.

Duke of York
508 Water & Ballard Sts.
Yorktown, VA
✆ (757) 898-3232
www.dukeofyorkhotelwaterfrontyorktownva.com
2017 renoviertes ehemaliges Motel, jetzt ein Hotel mit Pool, Lounge und Restaurant direkt am York River mit Strand und Uferpromenade. Alle Zimmer mit Kühlschrank, Mikrowelle und Kaffeemaschine. $$

Regionale Visitor Centers
Wer auf der Strecke übernachten will und kurzfristig Hilfe bei der Zimmersuche braucht, kann sich hierhin wenden:
Hampton ✆ 1-800-800-2202
Newport News ✆ 1-888-493-7386
Norfolk ✆ 1-800-368-3097
Portsmouth ✆ 1-800-767-8782
Virginia Tourism ✆ 1-800-847-4882

Virginia Beach, VA

Virginia Beach Visitors Center
2100 Parks Ave., Virginia Beach, VA 23451
✆ 1-800-822-3224
www.visitvirginiabeach.com
Tägl. 9–17, im Sommer bis 19 Uhr

The Cavalier Hotel
4200 Oceanfront & 42nd Sts.
Virginia Beach, VA
✆ (757) 425-8555 und 1-800- 446-8199
www.cavalierhotel.com
Zwei Gebäudekomplexe: Das **Cavalier Oceanfront**, ein moderner Bau von 1973, direkt am Wasser, gerade für 250 Mio. $ renoviert, der andere, historische thront wie ein Palast in Sichtweite auf dem Hügel. Dieses **Cavalier On The Hill** aus dem Jahr 1927, war einst das berühmteste Strandhotel von Virginia, in seinem legendären Beach Club sorgten Benny Goodman und Glen Miller mit ihren Big Bands für Unterhaltung. Nach einer Renovierung für 58 Mio. $ hält man im Prachtbau mit Wintergärten und Lounges die alten Zeiten hoch. $$$–$$$$

Holiday Inn Northbeach
3900 Atlantic Ave. (39th St.)
Virginia Beach, VA
✆ (757) 428-1711 und 1-800-465-4329
www.vboceanfrontnorth.com
Holiday Inn & Suites am ruhigeren Nordende des Boardwalk. Pool, Wirlpool, Fitnessraum, Fahrradverleih, Waschsalon. Lounge mit Fernsicht, Restaurant. Kinder- und familienfreundlich. Frühjahr und Herbst preiswerter. $$$–$$$$

Sheraton Virginia Beach Oceanfront
3501 Atlantic Ave.
Virginia Beach, VA
✆ (757) 425-9000
www.starwoodhotels.com
Am noblen Nordende des Virginia Beach Boardwalk mit etlichen Restaurants, eigenem Strandzugang, Innen- und Außenpool; alle Zimmer mit totalem Meerblick. $$–$$$$

Hampton Inn Virginia Beach Oceanfront
3107 Atlantic Ave.
Virginia Beach, VA
✆ (757) 428-7233 und 1-800-292-3297
www.hamptoninnvirginiabeachoceanfront.com
Alle Zimmer gehen aufs Meer hinaus, hervorragende Betten, WLAN inkl., ebenso wie das Breakfast Buffet (6–10 Uhr), allerdings mit jeder Menge Plastik. Fitnesscenter, Indoor-Pool. $$–$$$

La Quinta Inn & Suites Virginia Beach
2800 Pacific Ave.
Virginia Beach, VA
✆ (757) 428-2203 und 1-800-531-5900
www.lq.com
Solides Haus in der »zweiten Reihe« (Pacific Ave.), Frühstück, kostenlose Fahrräder, Pools, Fitnessraum, Waschsalon. $$–$$$

Catch 31
3001 Atlantic Ave.
Virginia Beach, VA
✆ (757) 213-3474, www.catch31.com
Mo–Fr 6–2, Sa/So 7–2 Uhr
Im Hilton Virginia Beach Oceanfront: gutes Fischrestaurant und Bar für muntere Happy Hours vor allem auf dem Outdoor-Patio. $$–$$$

Blue Seafood and Spirits
2181 Upton Dr., Ste. 420
Virginia Beach, VA
✆ (757) 689-5395
www.blueseafoodandspirits.com
Di–Sa 16–21 Uhr
Am Wochenende muss man meistens lange warten, unter der Woche findet man mit Glück einen freien Tisch. Dieses Seafood-Restaurant, abseits vom Touristenrummel im Süden von Virginia Beach Downtown gelegen, noch dazu völllig unromantisch in einem Einkaufszentrum, gilt derzeit unter Kennern als Nummer eins, beste Küche, dabei preisgünstig und unkompliziert. 60 Plätze und inhabergeführt. $–$$

DOC Taylor's Restaurant
207 23rd St., Virginia Beach, VA
✆ (757) 425-1960, www.doctaylors.com
Tägl. 7–15 Uhr
Nur Frühstück und Lunch, aber das zu jeder Zeit, gewaltige Eiscreme-Portionen. Amerikanischer geht's kaum. In einem alten Cottage ein paar Gehminuten jenseite der Atlantic Avenue. $

Mojito Café
300 28th St., Virginia Beach, VA
✆ (757) 233-6855
www.mojitocafevab.net
Di–Fr, So 17–21, meist länger, Sa 12–21.30 Uhr
Kleines Restaurant, drei Blocks vom Boardwalk mit lateinamerikanischer Küche und Spezialitäten aus Puerto Rico und Kuba. Köstliche Mojitos und Fisch-Tacos. $

Surf Rider Restaurants
Cypress Point, 928 Diamond Springs Rd.
Virginia Beach, VA
✆ (757) 497-3534
www.surfriderrestaurant.com
Tägl. ab 11 Uhr
Gutes Seafood in simplem Ambiente. Außer diesem gibt es noch sechs weitere Surfrider-Restaurants in der Region (siehe Webseite), alle sind von den Anfängen im Jahr 1980 bis heute familiengeführt. Überall gibt es die Auswahl zwischen Sandwiches, Wraps, Burgers, Platters, Pasta, Grill, Soups & Salads und House Specialities, darunter die preisgekrönten Crab Cakes. $

Weitere Informationen zu Virginia Beach finden Sie beim 11. Tag, S. 222 ff.

11 Beach Boys und Zypressensümpfe

Virginia Beach

11. Tag: Virginia Beach

Morgen Frühstück bei **Pocahontas Pancakes**. Anschließend die knapp 5 km lange Strandpromenade entdecken, am besten auf einem Beach Bike von Cherie's.

Besuch wahlweise im **MOCA** (Museum für zeitgenössische Kunst und zuständig für das jährliche Kunstfestival **Boardwalk Art Show**, das jedes Jahr am dritten Wochenende im Juni am Strand von Virginia Beach abgehalten wird) oder im **Aquarium**, mit Kindern evtl. in den Waterpark hinter dem Aquarium.

Mittag Lunch, z.B. bei **Rudee's**.

Nachmittag Wahlweise **Flusstour** mit einem Pontonboot durch das Sumpfgebiet **Owls Creek Salt Marsh** (Start am Virginia Aquarium), **Bootstour** zum Beobachten von Delfinen (Start am Aquarium) oder **Kanutour** durch die Wildnis mit Kayak Nature Tours, Chesapean Outdoors oder Surf & Adventure Company.

Abend Spaziergang und Dinner mit Blick auf die Bucht der Chesapeake Bay und die gleichnamige Brücke. Anfahrt: Atlantic Ave. nach Norden, wo sie in den Shore Dr. übergeht (Rt. 60). Weiter Richtung Westen und durch den **First Landing State Park** in die Bucht.

Heute bleiben wir endlich einmal am Ort. Denn Virginia Beach hat alles, was man für einen intensiven wie entspannten Urlaubstag braucht: Herrliche Strände, buntes Badeleben, beste Fischrestaurants und für Naturfreunde eine einzigartige Wasserwildnis. Der Kontrast zwischen dem verrückten und sehr amerikanischen Pancake House, wo wir frühstücken, und der lautlosen Urnatur im Cypress Swamp der Back Bay, die wir im Kajak erleben, könnte nicht größer sein – eine Fallhöhe wie es sie nur in Virginia Beach gibt.

Virginia Beach wird gerne mit Miami Beach verglichen, gilt als »Miami Beach en miniature«, als kleine Schwester der hippen Florida-Destination. Natürlich hinkt der Vergleich, denn anders als tausend Meilen weiter südlich locken in Virginia Beach keine eiscremefarbenen Art-déco-Hotels unter Königspalmen, hier gibt es keine Mickey Mouse und auch sonst keinen der floridatypischen Fun-Parks, wo Killerwale Küsschen geben, Flamingos Rollschuh laufen und Papageien die Nationalhymne pfeifen. Virginia Beach hat exakt das, was der Name verspricht, nämlich Strand und davon reichlich. Und weil die moderne Metropole am Meer zumindest auf den ersten Blick nichts weiter ist als eine sehr

Frühstück bei Pocahontas: Berge von Pancakes, riesige Waffeln und Omeletts in 29 Variationen

Neptun wacht über das Gewimmel

amerikanische Sommerfrische, ist sie den meisten Reiseführern nur wenige Sätze wert und wird unter dem Stichwort Rummel und Remmidemmi abgehakt – fast so, als wäre das hier der Ballermann der amerikanischen Ostküste.

Tatsächlich gibt es aber kaum ein besseres Gute-Laune-Programm, als sich nach dem Frühstück für eine Stunde eines jener überdachten Vehikel zu mieten, die sich *Beach Bikes* nennen, und damit die **Strandpromenade** einmal rauf und runter zu radeln, die übrigens als längster Vergnügungsstrand der Welt im Guinness Buch der Rekorde notiert ist. Hier in der Resort Area hat die Stadt ihre Schauseite mit Blick aufs Meer gebaut. Ein Hotel folgt dem nächsten, dazwischen finden sich Restaurants mit offenen Terrassen und bunte Shops, vorzugsweise für Strandzubehör. Zwischen dieser Oceanfront und dem Strand verlaufen mehrere Fahrbahnen – nicht für Autos, sondern als breite Flanierwege. Drei Meilen lang ist diese Bummelstrecke und sie zieht sich gleich in doppelter Ausführung am Meer entlang: einmal für Radler und Beach Bikes, einmal für Fußgänger und Flaneure.

Pures Sommerglück

Und während man auf dem schwankenden Beach-Bike-Flitzer hockt und unterm kleinen Sonnensegel durch den gleißenden Tag mit seinem bunten Badeleben kurvt, stellen sich ganz von allein jene Good Vibrations ein, aus denen die Beach Boys in den 1960er Jahren unbeschwerte Harmonien schufen: das pure Sommerglück von »Fun Fun Fun« bis »Surfin' U.S.A.«. Das Surfboard ist auch hier ein beliebtes Accessoire und wer dafür noch zu klein ist, hat wenigstens ein aufgeblasenes Krokodil unterm Arm. Junge Kerle in Tank Tops zeigen auf dem Skateboard den muskulösen Body, braun gebrannte Jogger ziehen vorüber und wild gelockte Mädels schweben lautlos und schön wie Boticellis Venus auf Inlinern vorbei.

Dreizack als Zepter

Schwerbepackte Eltern schleppen Vorräte für größere Strandgelage, der Vater trägt die Beach Chairs und hat Sonnenschirme in unterschiedlichen Größen geschultert, die Mutter zieht den Nachwuchs an der einen Hand hinter sich her und an der anderen ein Netz von den Ausmaßen eines Fußballtors, angefüllt mit Sandspielzeug. An der zentralen Stelle der Promenade in Höhe der 31. Straße wacht als haushohe Statue der **Meeresgott Neptun** über das menschliche Gewimmel, seine rechte Hand umklammert den Dreizack wie ein Zepter, die Linke liegt auf einer gewaltigen Wasserschildkröte – alles sehr amerikanisch im Plastik-Look und definitiv kein Werk von Michelangelo.

Der Hausstrand von Virginia Beach, über den Neptun hier wacht und dessen Boardwalk zu einem der zehn schönsten der USA gekürt wurde, ist aber längst nicht der einzige Strand, der für einen genussvollen Badetag zur Wahl steht. Diese Küste hat mehrere davon, einen für jede Gemütslage. Wer es weniger extrovertiert mag, wählt die wildromantische Bucht der Chesapeake Bay am Shore Drive. Dort stehen die Angler in stoischer Ruhe an der **Lynnhaven Pier**, während Kinder die schneeweißen Reiher, die mutig auf dem Geländer entlangstolzieren, mit silberglänzenden Fischen füttern, die eigentlich als Köder gedacht waren. Den meilenlangen Sandstrand mit Blick auf den Chesapeake Bay Bridge-Tunnel teilt man mit ein paar Muschelsuchern.

Noch ursprünglicher und völlig weg von allem ist der Strand von **Sandbridge**, 15 Meilen weiter südlich. Sandbridge ist eine kleine Sommerfrische auf einem Barrier Island mit Sanddünen und hohem Dünengras, das sich im Seewind biegt. Hier stehen die Strandhäuschen auf Stelzen, vom Ufer aus kann man Delfine im Dutzend springen sehen, ein brauner Pelikan läßt sich wie ein Stein vom Himmel fallen, um mit Beute im Kehlsack-Kescher wieder aufzutauchen

Launiger Tagesanfang: mit dem überdachten Beach Bike über die Strandpromenade eiern

Strandidyll bei Sandbridge: südlich von Virginia Beach gibt's nur Pelikane und Delfine

Unterwegs mit Kayak Nature Tours: in wenigen Autominuten liegt die Zivilisation weit weg

– der Rummel von Virginia Beach ist nur eine vage Erinnerung.

Infos zum Leben in den Marschen

Denn die wahre Attraktion von Virginia Beach, die kaum ein Besucher aus Europa kennt, ist die Wildnis vor der Haustür. Wie in vielen amerikanischen Städten kann man auch hier in wenigen Autominuten die Zivilisation hinter sich lassen und findet sich inmitten der Urnatur und ihrer Tierwelt wieder. Bevor man sich vollends hinauswagt in ein Terrain, wie es in Europa nicht zu finden ist, kann man Fauna und Flora im geordneten Vollzug studieren, im **Virginia Aquarium**, das sich auf die ökologischen Abenteuer in der Bay spezialisiert hat. Natürlich gibt es auch in diesem Meeresmuseum die üblichen Klassiker vom Dinosaurier bis zum Hai, aber für europäische Besucher ist der Bereich über das Leben in den Marschen, den Sümpfen und der Bay rund um Virginia Beach am interessantesten.

Der Blick auf die Karte zeigt, dass die gesamte Region eine amphibische Welt ist, auch im Hinterland herrscht das Wasser – vom quellklaren Süßwasser über das brackige Wasser der Marschen bis zum spektakulären und glasklaren Sumpfwasser, in dem ganze Zyressenwälder wachsen. Und wenn der Guide in der Blue Crab Corner im Marsh Pavilion des Aquariums gerade gut gelaunt ist, zeigt er den Besuchern Details, die man später bei einer geführten **Kajak- oder Kanutour** durch die Wildnis nutzen kann. Beispielsweise wie man bei den Blue Crabs, den häufigsten Bewohnern der Chesapeake Bay, feststellt, ob es sich um Männchen oder Weibchen handelt. Dafür muss man die kleine Krabbe nur mal eben auf den Rücken drehen: Während die Männchen auf dem Bauch den phallischen Umriss des Obelisken in Washington tragen, ziert die Weibchen dort der Umriss des Capitols.

Orchideen hängen wie Vogelnester in den Bäumen

Wer sich für den Nachmittag einer Tour der lokalen Outdoor-Spezialisten anschließt, der wird Naturwunder erle-

Zypressensümpfe im Back Bay National Wildlife Refuge: durchs glasklare Wasser gleiten

Weißkopfseeadler, das US-Wappentier

ben, wie sie auf dieser Reise nur hier zu finden sind. Am spektakulärsten sind die Kanu- und Kajaktouren durch die magische Welt der Zypressensümpfe im Back Bay National Wildlife Refuge, wo Bromelien und Orchideen wie seltsame Vogelnester in den Bäumen hängen. Das Wasser ist je nach Jahreszeit meist nur hüfthoch und klar wie Glas. Mal kommt ein Reh vorbeigeschwommen, mal toben Seeotter zwischen den Stämmen und mit viel Glück zieht sogar eine Wasserschlange ihre elegante Spur durchs Nass.

Die Paddeltouren sind auch für Ungeübte kein Problem und der Naturguide macht unterwegs immer wieder auf die leisen Sensationen aufmerksam, die man als ungeübter Stadtbewohner sonst glatt übersehen hätte: den Eisvogel, der knapp über der Wasserlinie nistet, Falken und Weißkopfseeadler in den Wipfeln, neongrüne kleine Echsen, nicht größer als eine Schmuckbrosche, fette Monsterkröten wie aus einem Science-Fiction-Film, schimmernde Libellen, die wie festgezaubert überm Wasser stehen, einen schwarzen Salamander, der glänzt, als hätte man ihn eben frisch lackiert.

Wer nach so einem abenteuerlichen Ausflug durch die leise Wasserwildnis zurückkommt in die Zivilisation, der fühlt sich beschenkt mit neuen Erlebnissen und Erkenntnissen, und Sport getrieben hat man sogar auch noch. Bleibt zum krönenden Abschluss des Tages ein Dinner, z.B. mit Meerblick, Schaukelstühlen und launigem Remmidemmi bei **Rudee's on the Inlet** direkt am Hafen.

MAGIC MOMENT Im Kajak zum Dinner

Die Zwillingsbrüder Nicholas and Aristotle Cleanthes betreiben das kleine Familienrestaurant **Blue Pete's**, kaum mehr als eine Holzhütte auf Stelzen im Wasser unweit von Sandbridge, das als Geheimtipp gilt und an den Wochenenden von einheimischen Seafood-Fans belagert wird. Gemeinsam mit der Surf & Adventure Company haben die Brüder ein originelles Programm entwickelt. Die Gäste parken ihr Auto beim Restaurant und werden vom Surf & Adventure-Shuttle abgeholt und zum hauseigenen Bootsdeck gefahren. Von dort geht es am frühen Abend, wenn die ärgste Hitze vorüber ist, im Kajak durch die Wasserwildnis des Pungo's Muddy Creek bis zum Blue Pete's Restaurant, wo ein köstliches Dinner serviert wird.

A Surf & Adventure Company
577 Sandbridge Rd.
Virginia Beach, VA
✆ (757) 721-6210 und 1-800-695-4212
www.oceanrentalsltd.com/product/sunset-dinnertour

Blue Pete's
1400 N. Muddy Creek Rd.
Virginia Beach, VA
✆ 757-426-2278
www.bluepetespungo.com
Die Tour kostet $ 60 plus Essen à la carte.

11 Service & Tipps

Virginia Beach, VA

Pocahontas Pancakes
3420 Atlantic Ave. & 35th St.
Virginia Beach, VA 23451
✆ (757) 428-6352
www.pocahontaspancakes.com
Tägl. 7–13 Uhr
Amerikanischer wird es nicht, meistens knüppelvoll und laut, auf den Tisch kommen Berge von Pancakes (angeblich die besten in Virginia), gewaltige Waffeln mit Sahne, Omeletts in 29 Variationen, aber auch griechischer Joghurt mit frischen Früchten. Das klassischen New Yorker Frühstück – Bagel mit Cream Cheese – gilt hier als *side order*. $

Cherie's Bicycle and Blade Rentals
705 Atlantic Ave., Virginia Beach, VA
✆ (757) 437-8888
www.cheriesbikerentals.com
Tägl. 8–22.30 Uhr
Hier kann man alles leihen, was Räder hat, speziell die überdachten Beach Bikes für vier Personen sind ein Vergnügen für Familien. An manchen der 15 Verleihstationen auf Atlantic Avenue und Boardwalk gibt es auch Sonnenschirme und Beach Chairs.

Virginia Museum of Contemporary Art (MOCA)
2200 Parks Ave., Virginia Beach, VA
✆ (757) 425-0000, www.virginiamoca.org
Di–Fr 10–17, Sa/So 10–16 Uhr
Eintritt $ 7.70/5.50, bis 4 J. frei
Wechselnde Ausstellungen zeitgenössischer Kunst und Installationen; das Museum wird zum größten Teil aus privaten Spenden finanziert.

Beach Street USA
✆ (757) 491-7866, www.beachstreetusa.com
In den Sommermonaten treten Musiker, Straßenmaler und Theatergruppen auf der Atlantic Avenue zwischen 17th und 25th Street auf.

Virginia Aquarium & Marine Science Center
717 General Booth Blvd.
Virginia Beach, VA
✆ (757) 385-3474
www.virginiaaquarium.com
Tägl. 9–17 Uhr
Eintritt Aquarium $ 25/20 (3–11 J.), IMAX $ 8
In diesem in den Owls Creek hineingebauten Institut wird die Wasserwelt der Chesapeake Bay und der Marschen erschlossen und präsentiert. Alles, was im Süß-, Brack- und Salzwasser kreucht und fleucht, ist vertreten, außerdem lockt ein IMAX 3-D-Kino. Das Aquarium bietet täglich diverse Ausflüge auf dem Wasser an wie »Cruise the Creek«, bei dem es auf einem Pontonboot durch die Owls-Creek-Salzmarschen geht, aber auch Delfin-Törns.

Spannend für Menschen ab 5 Jahre wie für Erwachsenen ist auch der angeschlossene **Adventure Park** mit Labyrinth und Hochseilgarten mit 13 markierten Trails und 170 Baumplattformen, Juli/Aug. tägl. 9–23 Uhr geöffnet, andere Öffnungszeiten siehe Webseite.

Ocean Breeze Waterpark
849 General Booth Blvd.
Virginia Beach, VA 23451
✆ (757) 422-4444
www.oceanbreezewaterpark.com
Mitte Mai–Anfang Sept. wechselnde Öffnungszeiten, Juni–Aug. tägl. 10–19 Uhr
Eintritt $ 33/27 (3–9 J.), unter 3 J. frei
Der Wasserfreizeitpark direkt hinter dem Aquarium bietet 30 verschiedene Fahrten, Rutschen und nasse Attraktionen, darunter auch ein riesiges Wellenbad.

Rudee's on the Inlet
227 Mediterranean Ave.
Virginia Beach, VA 23451
✆ (757) 425-1777, www.rudees.com
Mo–Sa 11–21, So 10–21 Uhr
Populäres Restaurant mit Austern-Bar. Lunch und Dinner. Man sitzt direkt im kleinen Hafen am Wasser, wahlweise an *sliding tables*, die sich sanft vor und zurückbewegen lassen, entspannte Atmosphäre; direkt nebenan starten die Standup-Paddling-Kurse. $–$$

Dolphin Discoveries Boat Trip
Virginia Beach Fishing Center
Start am Dock des Aquariums
200 Winston Salem Ave.
Virginia Beach, VA
✆ (757) 385-3474
www.virginiaaquarium.com
April–Okt., Ticketpreis $ 22/16 (3–11 J.)

Rudee's on the Inlet hat Schaukelstühle

90-minütige Bootstouren zu den Delfinen vor der Küste mit sachkundigen Erklärungen, auch 2,5-Std.-Tour für $ 28/24.

Back Bay National Wildlife Refuge
4005 Sandpiper Rd., Virginia Beach, VA
✆ (757) 301-7329
www.fws.gov/refuge/Back_Bay
Tägl. Sonnenauf- bis -untergang, Visitor Contact Station Mo–Fr 8–16, Sa/So 9–16 Uhr
Tagespass pro Auto $ 5
Das 37 km² große Strand-, Wald- und Sumpfgebiet ist ein Naturparadies, in dem viele bedrohte Tierarten ein Zuhause gefunden haben, u. a. Rotfüchse, unechte Karettschildkröten und Weißkopfseeadler, das amerikanische Wappentier. Im Herbst kommen Zigtausende Schwäne, Schnee- und Kanadagänse zum Überwintern. Außer Wildtiere beobachten kann man hier Süß- und Salzwasserfische angeln, Kanu- und Kajakfahrten unternehmen, Rad fahren oder 13 km ausgeschilderte Trails hiken. Alle Naturprogramme werden auf der Webseite vorgestellt.

Chesapeake Bay Center
2500 Shore Dr., First Landing State Park
✆ (757) 412-2316
www.visitvirginiabeach.com
Tägl. 9–17 Uhr
Info- und Besucherzentrum mit Aquarien, historischen und aktuellen Exponaten und Infos über naturbezogene touristische Angebote.

First Landing State Park
2500 Shore Dr.
Virginia Beach, VA
✆ (757) 412-2300 und 1-800-933-7275
www.dcr.virginia.gov
März–Nov. tägl. 8 Uhr bis Sonneuntergang, Cabins ganzjährig, Eintritt $ 2–3
Viele Wanderwege durch pflanzenreiches Terrain – Zypressen, Eichen, *Spanish Moss.* Führungen, Radverleih. Camping: 222 Stellplätze, Cabins und Zeltplätze.

Kayak Nature Tours
✆ (757) 480-1999
www.kayaknaturetours.net
In sieben ganz unterschiedlichen Regionen von der Küste bis zu etlichen Wassertrails im Hinterland ist Kajak Nature Tours aktiv und bietet tägliche geführte Touren, von Delfinbeobachtung auf dem Atlantik ($ 60) bis zur ganztägigen Paddeltour durch die geheimnisvolle Wasserwelt von Knotts Island ($ 100 inkl. Lunch). Ein einmaliges Erlebnis ist die Back Bay Tour ($ 50) durch den schwimmenden Zypressenwald – eine Märchenwelt mit Wasservögeln und Sumpfbewohnern. Die Delfin- und Back-Bay-Touren dauern jeweils 2,5 Stunden. In der Hochsaison möglichst frühzeitig buchen.

Chesapean Outdoors
✆ (757) 961-0447
www.chesapean.com
Für die Paddeltouren zu den Delfinen braucht man keine Vorkenntnisse, die Touren in der Region von Fort Henry dauern zwei Stunden ($ 60), werden von einem Profi begleitet und es gibt dabei jede Menge Wildlife zu sehen, fast immer auch Delfine aus nächster Nähe. Da die Touren sehr beliebt sind, möglichst rechtzeitig telefonisch oder per E-Mail (info@chesapean.com) reservieren. Außer den Kajaktouren zu den Delfinen gibt es noch etliche andere.

Eco Images
✆ (757) 421-3929
www.ecoimages-us.com
Von der preisgekrönten Biologin und Buchautorin Vickie Shufer gegründetes und geleitetes Öko-Unternehmen, das im Sommer in der Wildnis rund um Virginia Beach einige Touren und Kurse anbietet, darunter einen zweitägigen Survival-Kurs in der Wildnis.

Virginia Beach Farmers Market
3640 Dam Neck Rd.
✆ (757) 385-4395
www.vbgov.com/farmersmarket
Tägl. geöffnet mit unterschiedlichen Öffnungszeiten der einzelnen Stände, meist 10–18 Uhr, Fr abends Veranstaltungen, geführte Touren mit Kostproben siehe Webseite.

Virginias Musical Theatre
Sandler Center for the Performing Arts
201 Market & Commerce Sts.
Virginia Beach, VA 23462
✆ (757) 340-5446
www.vmtheatre.org
Fr–So professionelle Aufführungen erfolgreicher Broadway-Hits.

Hampton Roads Transit
Virginia Beach, VA
✆ (757) 222-6100
www.gohrt.com/services/vb-wave
1. Mai–1. Okt.
Fahrpreis $ 2, Tagespass $ 4, bis 17 J. frei
Der Bus Route 30/Atlantic Avenue Shuttle fährt tägl. 8–2 Uhr und bringt auch Nachtschwärmer sicher nach Hause; verkehrt auf Atlantic Ave. zwischen 1st und 42nd St.

Weitere Informationen zu Virginia Beach finden Sie beim 10. Tag, S. 214 f.

Back Bay Romantik: Die Region rund um Virginia Beach ist eine amphibische Welt

E1 Rustikale Sommerfrische

Auf die Outer Banks

»Everybody should believe in something. I believe I'll go fishing«

Motto von »Sam & Omie's«, Kneipe in Nags Head

1. Extratag: Virginia Beach – Nags Head, NC (192 km/120 mi)

km/mi	Route
Vormittag	
0	Von **Virginia Beach:** I-264 West, I-64 East, US 17 South, US 158 East über Elizabeth City und Kitty Hawk nach
Mittag	
192/120	**Nags Head**; die US 158 ist hier die Durchgangsstraße *(bypass)*; näher am Wasser verläuft die S 12.

Die Outer Banks – vor Ort nur OBX abgekürzt – liegen zwar nur maximal 50 Kilometer vor der Festlandsküste, aber die Inselkette, die durch Brücken und kostenlose Fähren verbunden wird, ist bis heute eine andere Welt. Je weiter man nach Süden fährt, desto beschaulicher wird die Reise, vom bonbonbunten, rummeligen Nags Head bis zum charmant verschlafenen Ocracoke an der südlichen Spitze des Cape Hatteras National Seashore. Unterwegs warten Naturschutzgebiete und endlose Strände mit allen Sommerfreuden am Wasser.

Südlich von Norfolk, nach der Überquerung des Elizabeth River, wird aus der US 17 eine schöne Waldstraße in einem riesigen Sumpfgebiet, dem **Great Dismal Swamp**. Sümpfe haben es in sich. Die neue Vegetation schießt schneller empor, als die alte verrotten kann, und so wächst eine Torfschicht oberhalb des alten Sandbodens, der in uralten Zeiten der Meeresboden war. Diese Schicht bildet zusammen mit den Wurzeln der Wasserpflanzen eine meterdicke schwimmende Torfmasse, den sogenannten *peat*, eine Art Superschwamm. Das schwarzbraune Wasser rührt vom hohen Gerbsäuregehalt der Gummibäume und Zypressen her. Also verschmutzt? Nein, es ist so sauber und haltbar, dass es die Seeleute früher als Trinkwasser bei Atlantiküberquerungen mitnahmen.

Während sich rechter Hand hinter den Bäumen der Sumpf erstreckt, breiten sich auf der linken Seite die erschlossenen Felder aus, die vor noch nicht allzu langer Zeit dem Urwald abgerungen wurden.

WELCOME TO NORTH CAROLINA: Mehr noch als bisher in Virginia zeigt jetzt der Süden seinen grünen Pelz. Bäu-

20 km
N
Norfolk
Virginia Beach
Elizabeth River
Chesapeake
Sandbridge
Windson
Suffolk
Courtland
Franklin
VIRGINIA
Lake Drum-mond
Great Dismal Swamp Nat. Wildlife Ref.
E1
Knotts Island
Currituck
Corolla
Murfreesboro
Winston
Miltonsville
Elizabeth City
Currituck Sound
Outer
Pasquotank R.
Aulander
Hertford
Duck
Kitty Hawk
Kill Devil Hills
Albemarle Sound
Jockey's Ridge State Park
Nags Head
Walebone
Winsor
Manteo
Manns Harbor
Bodie Is. Lighthouse
Bodii Is.
Columbia
Williamston
Plymouth
Aligator River Game Land
Alligator River
Aligator River Nat. Wildlife Refuge
Roanoke Island
Banks
NORTH CAROLINA
Phelps Lake
Pocosin Lakes Nat. Wildlife Refuge
Stumpy Point
E2
Wenona
Buckridge Coastel Reserve
Alligator Lake
Rodanthe
Waves
Salvo
Washington
Pantego
Mattamuskeet Nat. Wildlife Ref.
Mattamuskeet Lake
Engelhard
National Seashore
Hatteras Island
New Holland
Pamlico River
Swan Quarter
Gull Rock Game Land
Pamlico Sound
Avon
E3
Edward
Buxton
Frisco
Cape Hatteras Lighthouse
Aurora
Hobucken
Hatteras
Ocracoke Island
Cape Hatteras
Ocracoke
Cape Hatteras
Portsmouth Island
New Bern
Cedar Island
Cedar Island
National Seashore
Raleigh Bay
Croatan National Forest
Havelock
Stacy
Smyrna
Cape Lookout
ATLANTIC OCEAN
Beaufort
Swansboro
Emerald Isle
Onslow Bay
460
258
32
17
664
64
264
58
13
168
158
12
70
24

Cape Hatteras: 200 Kilometer lang sind die Outer Banks und durch Fähren verbunden

me gleichen wuchernden Skulpturen, Lianen verschlingen sich so wild im Astwerk, dass die Bäume doppelte Kronen bekommen, eine oben, eine unten. An manchen Stellen drängen sich Nadelhölzer vor, die, vom Wind gezerrt, wie gerupfte Hühner aussehen. Versöhnlich und konstant wirken dagegen nur die kleinen, weißen Baptistenkirchen.

Hinter Elizabeth City führt der Highway über den Pasquotank River, aus dessen Fluten sich die Luftwurzeln recken, die die Zypressen am Leben halten. Rostige Scheunen wechseln mit schlanken Speichern, dem einzig Aufrechten im platten Rund von Obstkultur und Landwirtschaft. Erst der Intracoastal Waterway, dann der Currituck Sound – Brücke auf Brücke ebnet die letzten Meilen zum Meer und zu den Outer Banks, der Kette aus *barrier islands,* die der Massentourismus noch nicht erreicht hat.

Dieser bis zu 50 Kilometer weit in den Atlantik vorgeschobene Landstreifen hat eine stürmische Geschichte. 1524 landete Giovanni da Verrazano hier und hielt ihn für die Küste Chinas. Strömungen und Untiefen, tropische Hurrikane und stürmische Nordostwinde *(nor'easters)* versenkten über Jahrhunderte die Schiffe und verhalfen der Region zum Beinamen *Graveyard of the Atlantic*. Heute sind die Unglücksfälle durch ein dichtes Netz aus Leuchttürmen und Rettungsstationen gemildert, auf 480 Kilometern stehen sechs Leuchttürme und der US Lifesaving Service betreibt sieben Lebensrettungsstationen.

Was Wind und Wetter nicht schafften, besorgten die Piraten. Die seichten *sounds* und *inlets* der Outer Banks dienten bis ins 18. Jahrhundert als beliebter Unterschlupf für Freibeuter, Flüchtige und illegale Händler. Raue See und raue

Sitten – daran denkt heute kaum einer, der zwischen Nags Head und Ocracoke zum Baden, Surfen, Angeln oder Windsurfen geht, die Gegend gilt als Urlauberparadies und ist ideal für Scuba Diving, Windsurfing und Wellenreiten.

Geologisch gesehen kriecht die fragile und bewegliche Inselgruppe langsam Richtung Festland, weil der Sand von der See- auf die Sundseite getragen wird. Doch obwohl sich die Inseln der Küste nähern, erweitern und vergrößern sich die *bays* und *sounds* des Wattenmeers, denn der Wellenschlag an der Festlandsküste lässt diese schneller erodieren, als sich die Inseln darauf zu bewegen.

Monströse Gedenkanlage

Die erste Siedlung auf den drei schmalen Inseln Bodie, Hatteras und Ocracoke Island heißt Kitty Hawk und der Name, der schon 1738 auf der Landkarte auftauchte, ist, wie die meisten hier, indianischen Ursprungs: »Killy Honk« hieß »Zeit der Gänsejagd«. Die Wetterstation von Kitty Hawk war es auch, von der aus Orville Wright eine Nachricht telegraphierte, die Luftfahrtgeschichte schrieb. Kurz zuvor, am 17. Dezember 1903, hatte er sich von den nahen **Kill Devil Hills** in einem motorisierten Gleiter in die Lüfte erhoben und 41 Meter ohne Bodenkontakt zurückgelegt, für die er genau zwölf Sekunden brauchte. Noch am selben Tag verlängerte sein Bruder Wilbur auf 284 Meter und 59 Sekunden. Seither ist diese Großtat auf den Autokennzeichen von North Carolina festgeschrieben: FIRST IN FLIGHT.

Der seltsame Name des Testgeländes Kill Devil Hills hat mit den gefährlichen Flugkünsten der ersten Piloten nichts zu tun, sondern stammt vom schlechten Rum, der nach Schiffsunglücken in fauligen Fässern hier an Land gespült wurde, und von dem die Einheimischen sagten »he would kill the devil«.

Die freie, offene Fläche, auf der die Brüder einst vom Boden abhoben, hat man in eine monströse Gedenkanlage verwandelt mit Visitor Center und diversen Markierungen, die den ersten und den zweiten Flug sowie den Punkt des Lift-off kennzeichnen. Ein rekonstruierter Hangar steht in der Landschaft und im Centennial Pavilion wird vor lauter Übereifer sogar die Schaufel ausgestellt, mit der der erste Spatenstich für das zentrale Monument getätigt wurde.

Dieses **Wright Brothers Monument** ähnelt allerdings in seiner massiven Größe eher einem gewaltigen Grabstein, als dass es die ersten Erfolge einer schwerelosen Kunst feiern würde. Rund um dieses seltsame Monument hat man eine kreisförmige Asphaltstraße gebaut, auf der die Besucher den Kill Devil Hill im Pkw umrunden können, ein sehr amerikanisches Drive-in Monument. Wo einst wegen der stetigen Winde die flugbesessenen Brüder starteten, herrscht immer noch Fluglust. Etwas weiter südlich, bei den hohen Dünen von **Jockey's Ridge State Park**, suchen die *hang glider* und *parachuter* ihr Glück über den mächtigen Sandhügeln.

Wright Memorial auf dem Kill Devil Hill

Sommerliches Remmidemmi

In **Nags Head** herrscht sommerliches Familien-Remmidemmi. Bereits 1830 gab es hier ein Hotel für 200 Badegäste, die für ganze 75 Cent pro Tag mit Vollpension ihre Sommerfrische verleben konnten, um den Mücken der Plantagen zu entkommen. Früher, so wird erzählt, hätten die Landpiraten ihren Gäulen (*nag* = alter Gaul) Laternen um den Hals gehängt und sie in den Dünen und am Strand auf und ab getrieben, um den Seeleuten einen einladenden Hafen vorzutäuschen. Wenn die Schiffe dann auf die Sandbänke liefen, ging es der Besatzung an den Kragen. 1825 stellte der Kongress unter Strafe, am Strand Lichter anzuzünden, die Schiffe verwirren und in Schwierigkeiten bringen konnten.

Heute ist Nags Head typisch für die Outer Banks, wo man mühelos mit einem T-Shirt und einer Hose auskommt, fernab von den Ritualen des amerikanischen Freizeitvertreibs, von Boardwalks, aber auch von Golfplätzen, Racquet-Clubs und Gourmetrestaurants. Hier kann man laufen und lesen, dösen und Drachen steigen lassen oder nachts im Mondschein den Sternenhimmel oder die *ghost crabs* beobachten.

Abends an der Bar hört man auch kritische Stimmen. In den letzten Jahren habe sich einiges verschlechtert. »Things have become awful. It's just like the coast of New Jersey.« Das ist sicher übertrieben, aber tatsächlich sind auf Bodie Island in den letzten Jahren mehr und mehr Zweithäuschen, Shoppingcenters und Tankstellen entstanden. Am Strand, die Dünen im Rücken, sind die Inselfreuden allerdings auch in Nags Head ungetrübt. Die zwischen Blau und Grün changierenden Wasserfarben leuchten noch frischer als in Virginia Beach. Hier findet man versteinerte Muscheln und ab und zu einen toten Kugelfisch, während sich die Pelikane dekorativ und dramatisch ins Wasser stürzen, um mit gefüllten Maultaschen wieder aufzutauchen.

Von Nags Head kann man auch einen Ausflug nach **Roanoke Island** machen, zu jener Insel, die Sir Walter Raleigh für den ersten kolonialen Gründungsversuch 1585 inspizieren ließ. Zwei Jahre später setzten seine Kapitäne die 150 Siedler an Land und während das erste amerikanische Mädchen britischer Eltern, Virginia Dare, das Licht der Welt auf Roanoke Island erblickte, fuhr die Crew nach England zurück, um Nachschub und weitere Siedler zu holen.

Spurlos verschwunden

Bei ihrer Rückkehr fanden sie das Dorf von Roanoke verlassen. Nur der Name eines Indianerstamms, CROATOAN, war in einen Baumstamm geritzt. Ob die Siedler mit freundlichen Indianern weitergezogen waren? Man fand keine Spuren. Die einzige elisabethanische Kolonie Nordamerikas, der von Raleigh und Elisabeth I. gemeinsam gehegte Traum einer dauerhaften Kolonie, verschwand auf rätselhafte Weise von der Bildfläche. Erst 20 Jahre später sollte er sich in Jamestown erfüllen. Dennoch rühmt sich Raleigh als der eigentliche »Vater des englischen Amerikas«.

Bei **Manteo** wird die Insel besonders dem Geschichts- und Gartenfreund gut gefallen, weil er dort die »Elizabeth II«, einen typischen Segler aus dem 16. Jahrhundert, die Reste des historischen Fort Raleigh und die hübschen Elizabethan Gardens bewundern kann. Britische Töne sind den Inseln auch sonst nicht fremd. Das liegt am lokalen Dialekt der *hoi toiders*, die den *high tide accent*, sprechen. Leute, die man jederzeit nach Südengland verfrachten könnte, ohne dass ihr »Hochwasser-Akzent« dort besonders auffallen würde.

Welcome to
Bodie Island
Light Station
Cape Hatteras National Seashore
National Park Service Department of the Interior

E1 Service & Tipps

Outer Banks, NC

Outer Banks Welcome Center Roanoke Island
One Visitors Center Circle, Manteo, NC 27954
✆ (252) 473-2138 und 1-877-629-4386
www.outerbanks.org

Wright Brothers National Memorial
US 158 Bypass, Milepost 8
Kill Devil Hills, NC
✆ (252) 473-2111, www.nps.gov/wrbr
Tägl. 9–17 Uhr
Eintritt $ 7, bis 15 J. frei
Denkmal für die Flugpioniere Orville und Wilbur Wright, denen hier am 17. Dezember 1903 der erste motorisierte Luftsprung gelang. Das Visitor Center zeigt Faksimiles der Flugmaschinen.

Nags Head, NC

Jockey's Ridge State Park
US 158 Bypass, Milepost 12

Flugsport auf Nags Head

Nags Head, NC
✆ (252) 441-7132
www.jockeysridgestatepark.com
Tägl. im Sommer 8–21 Uhr, sonst früher geschl.
Die höchsten Dünen an der Ostküste: Drachenfliegen, Klettern, Picknick, auch Flugkurse, Jetski, Parasailing, Kayaking, Tandem Hang Gliding, Segway-Touren z. B. bei Kitty Hawk Kites, ✆ (252) 441-4124, www.kittyhawkkites.com.

Oasis Suites Hotel
7721 S. Virginia Dare Trail
Nags Head Cswy.
Nags Head, NC
✆ (252) 441-5211
www.oasissuites.com
Boutiquehotel direkt am Wasser mit 16 Suiten für maximal sechs Gäste mit viel Platz, Küche, Wohnzimmer, großem Bad mit Wanne und Dusche, privatem Balkon und Meerblick; mehrere Pools und Gazebo am Ende eines gewundenen Boardwalks. Schöner kann man die Welt kaum an sich vorüberziehen lassen. $$$–$$$$

Nags Head Inn
4701 S. Virginia Dare Trail
Ocean Front, Milepost 14
Nags Head, NC
✆ 1-800-327-8881
www.nagsheadinn.com
Von außen ein hässlicher Kasten, aber drinnen das perfekte Oceanfront-Hotel am Strand, ein kurzer, hölzerner Boardwalk führt ans Meer. Große, moderne Zimmer mit Balkon, Kühlschrank, Mikrowelle, Kaffeemaschine, Bügeleisen. 2016 renoviert. Oft Online-Sonderangebote. $$–$$$

Days Inn & Suites Mariner Kill Devil Hills
1801 N. Virginia Dare Trail, zwischen Kitty Hawk und Kill Devil Hills, NC
✆ (252) 441-2021 und 1-800-325-3297
www.obxdaysinnmariner.com
Simples Motel am Meer, alle Suiten mit Wohnzimmer und großer Küche; Pool. American Breakfast inkl. $–$$$

Camping
14 km südl. von Nags Head, Nähe Oregon Inlet, südl. von Coquina Beach
Wie alle fünf Campingplätze der Cape Hatte-

Sam & Omie's in Nags Head: Das kernige Holzhaus mit der herzlichen Bedienung und den großen Portionen zu kleinen Preisen hat das Zeug zur Stammkneipe

ras National Seashore: Duschen, Trinkwasser, Grills, Toiletten; keine *hookups*; Juni–Aug. durch Ticketron zu reservieren.

Oregon Inlet, Cape Point in Buxton, Frisco nur *first come, first served*.

Miller's Waterfront Restaurant
6916 S. Croatan Hwy., Mile 16
Nags Head, NC
✆ (252) 441-6151
www.millerswaterfront.com
Tägl. 11–21.30 Uhr
Lunch und Dinner mit Meerblick, auch auf der Terrasse unter Sonnensegeln, gute amerikanische Küche mit Steaks und Seafood, seit 1982 in Familienbesitz. $–$$

Blue Moon Beach Grill
4104 S. Virginia Dare Trail, Mile 13
Nags Head, NC
✆ (252) 261-2583
www.bluemoonbeachgrill.com
Tägl. 11.30–21 Uhr
Kleine Kneipe mit *southern hospitality*, gute Küche mit Pasta, Fleisch- und Fischgerichten und eine große Auswahl an Cocktails und Bieren. Keine Reservierung möglich, am Wochenende und in der Hochsaison muss mit Wartezeiten gerechnet werden. $

Cafe Lachine
5000 S. Croatan Hwy., N-1
Nags Head, NC
✆ (252) 715-2550, www.cafelachine.com
Tägl. 9–15 Uhr
Ehepaar Justin und Johanna Lachine bieten Frühstück und Lunch, köstliche Desserts, auch Lunchbox zum Mitnehmen. $

Sam & Omie's
7228 S. Virginia Dare Trail
Nags Head, NC
✆ (252) 441-7366, www.samandomies.net
Mo–Sa 7–21, So 7–16 Uhr
Origineller Oldtimer für Seafood und Kleinigkeiten: ideal zum Frühstück, aber auch Lunch und Dinner. Bar. $

Jennette's Pier in Nags Head
Nags Head, NC
✆ (252) 255-1501, www.jennettespier.net
Im Jahr 2011 wurde die neue Betonpier eröffnet, betrieben wird sie vom North Carolina Aquarium und bietet jede Menge Infos und interaktive Programme zum Thema Meer und seine Lebewesen. Motto der Pier ist nach eigener Ansage: Fishing, Family and Fun. Aktuelle Events und Veranstaltungen siehe Webseite.

E2 Liebenswert und malerisch verrottet

Nags Head, Cape Hatteras, Ocracoke

2. Extratag: Nags Head – Ocracoke (122 km/76 mi)

km/mi	**Route**
Vormittag	
0	Von **Nags Head** Hwy. 12 nach Süden
10/6	Ausfahrt zum **Bodie Lighthouse** (Stopp ca. 0,5 Std.) und weiter über Rodanthe, Salvo, Avon, Buxton zum
Mittag	
67/42	**Cape Hatteras Lighthouse** (Pause 2 Std.). Weiter nach Süden über Frisco nach **Hatteras Village** und zur
24/15	Fähre (40 Min. Fahrt) nach
Nachmittag	
21/13	**Ocracoke**.

Die Route finden Sie in der Karte des 1. Extratages, S. 227.

Pier in Nags Head: Hier holen die Angler mit etwas Glück Lunch und Dinner aus dem Meer

Nach ein paar Meilen südlich vom rummeligen Nags Head geht es mit einem kleinen Abstecher rechts ab zum **Bodie Island Lighthouse** mit seinem Natural History Museum bzw. links zur **Coquina Beach**, benannt nach der kleinen farbenfrohen Muschelsorte *(coquina clam)* und einer der besten Inselstrände zum Baden und Picknicken, mit Badehäuschen und dem Wrack der »Laura Barnes«, die 1921 hier strandete. Die Überreste des Schiffs haben ein touristisches *upgrading* erlebt: vom wertlosen Abfallholz zum tragischen Skelett romantischer Seefahrtsträume.

Am Oregon Inlet beginnt das Schutzgebiet des **Cape Hatteras National Seashore**, das fast die Hälfte der 130 Meilen langen Outer Banks ausmacht. »Getting away from it all«, wie es die Amerikaner so treffend formulieren, bekommt hier noch mal eine neue Qualität, denn zwischen den sieben kleinen, meist unscheinbaren Siedlungen mit einem eher rustikalen touristischen Angebot dehnt sich unberührte Wildnis mit brausenden Atlantikwellen auf der einen und dem stilleren Wasser des Pamlico Sound auf der anderen Seite. Hier kann man das Brandungsangeln direkt von der Küste aus lernen oder mit dem Boot zum Hochseefischen hinausfahren, man kann Sturmdrachen steigen lassen oder die stillen Buchten der Westseite im Paddelboot entdecken.

Ein Leuchtturm schöner als der nächste

Das erste Schutzgebiet ist das **Pea Island National Wildlife Refuge**, das sich vom Oregon Inlet bis zu den Riesendünen von Rodanthe erstreckt. In den Vogelgebieten, in denen Kanada- und Schneegänse zwischen September und Mai alljährlich Winterurlaub machen, führen schöne Trails mit Beobachtungsdecks zu Teichen und Gewässern, an denen mehr

Wer Zeit mitbringt, kann zuschauen, wie die Pelikane ihre Beute aus dem Wasser fischen

als 360 Vogelarten leben. Im Sommer werden Führungen per Kanu angeboten. Auch für Strandspaziergänger und Surfer gibt es Parkplätze, die übrigens wie überall auf den Outer Banks nichts kosten. Wenig später stehen Ferienwohnungen gruppenweise auf Stelzen. Gestelzt wird auch für sie geworben: DARE TO DREAM THE IMPOSSIBLE DREAM, lautet das Motto der Makler.

Unter den zahlreichen Rettungsstationen ist **Chicamacomico** (gesprochen: tschike me'KA:miko) die am besten konservierte und zeigt das mühsame und gefahrvolle Leben der Rettungsspezialisten auf den sturm- und unwettergeplagten Outer Banks. Auch die kleinen Nester **Salvo** oder **Avon** haben kleine *life saving stations*, aber selbst in der Hochsaison nur wenig *life*. Avon, das bis 1873 übrigens Kinnakeet hieß, war einmal berühmt für seinen Schiffsbau, denn die Zedern- und Eichenwälder ringsum eigneten sich bestens zum Bau

Cape Hatteras Lighthouse: 248 Stufen sind es bis zur Spitze und ein Schild warnt die Besucher vor den Tücken des Aufstiegs

der Clipper und Schoner. Das ging so lange, bis der Raubbau den Wäldern den Garaus machte und das Terrain den Sanddünen überlassen blieb.

Wie ein steinernes Mikadostäbchen überragt das **Cape Hatteras Lighthouse** die Insel. Ein schweres Erdbeben und an die 40 Hurrikane überstand der Leuchtturm von 1870, mit 69 Metern der höchste in den USA. Seit jenen Tagen, in denen der uniformierte Leuchtturmwärter noch seinen Vorrat an Walöl prüfte und die 268 Stufen hochstieg, um die Linsen zu putzen, wirft der als Schwarz-Weiß-Spirale getünchte Backsteinturm sein Warnlicht über die Untiefen der küstennahen Atlantikwellen.

Seit dem Jahr 1999 tut er das eine halbe Meile weiter landeinwärts: Weil das Wasser über die Jahre immer näher kam, musste der Turm sicherheitshalber versetzt werden, eine dramatische Aktion auf einer eigens gebauten Runway. 23 Tage dauerte der Turm-Transfer und kostete knapp zwölf Millionen Dollar. Wo der Turm früher stand, ist heute der Parkplatz für die Strandbesucher. Vorn am schäumenden Wasser kann man umherlaufen, die Luft genießen, den Surfern und springenden Delfinen zusehen oder baden. Das traumhaft klare Wasser lädt, mal grün, mal blau, dazu ein.

Die Rangerstation befasst sich mit der Vergangenheit und verrät deshalb einiges über den »Friedhof des Atlantiks« im Umfeld von Cape Hatteras. Östlich des Leuchtturms, wo der warme Golfstrom aus dem Süden und die kalten Wasser aus dem nördlichen Labrador aufeinander treffen, reichen unter Wasser die Diamond Shoals genannten mobilen Sandbänke mehr als 20 Meilen weit ins Meer hinaus und wurden Hunderten von Schiffen zum Verhängnis. Details zu vielen der über 2000 bekannten Wracks zeigt das **Graveyard of the Atlantic Museum** in Hatteras Village nahe der Ferry Station.

Während der beiden Weltkriege haben deutsche U-Boote hier Handels- und Kriegsschiffe abgeschossen und damit den bisher jüngsten Beitrag zur hohen Todesquote dieser Gegend geleistet, die ihr den Namen *Torpedo Junction* einbrachte. Zwischen Januar und August 1942 versenkten acht U-Boote 397 Schiffe und damit mehr Tonnage, als Japan im ganzen Pazifik zerstörte. 5000 Menschen kamen dabei ums Leben.

Buxton sieht so aus, als sei es schon etwas in die Jahre gekommen – mit wettergeprüften Holzhäusern, gemütlichen Veranden und einer kleinen Dorfbuchhandlung. Am Südende der Insel wird die Vegetation üppiger, was man an den hochgewachsenen, verkrüppelten und verwilderten Urbäumen erkennen kann. Irgendwo baumelt eine dreistöckige Hängematte: Die Knüpfkünste der (Outer) Banker sind bekannt.

Ponys mit Migrationshintergrund

In **Hatteras Village** führt das unübersehbare FERRY-Zeichen zur Fähre, die eine halbe Stunde bis nach **Ocracoke Island** braucht, der 14 Meilen langen Insel mit idyllischen Fischerdörfern, die sich linker Hand mit Dünen, rechts wie ein Stück Amrum einführt – wären da nicht die allamerikanischen *telephone poles.*

Kurz vor dem Ort Ocracoke tummeln sich die Banker Horses, rund zwei Dutzend wilde Ponys, deren Herkunft unklar ist. Sie gelten entweder als Nachkommen jener Ponys, die mit den ersten Entdeckern im 16. Jahrhundert hier an Land gingen, andere sagen, sie seien von den Wracks spanischer Schiffe an Land geflüchtet. In jedem Fall leben sie bereits seit mehr als 200 Jahren auf der Insel und wurden erst eingezäunt, als 1957 der Highway 12 asphaltiert wurde und es immer wieder zu Unfällen kam. Heute ist der Park Service für die kleine Truppe zuständig. Draußen, wo Ozean und Inlet sich treffen, siedeln Ibisse, die ebenso aus Afrika eingewandert sind wie die eleganten *egrets*, die weißen Reiher, die man überall beobachten kann.

Freibeuter und Schwarzhändler

Das Städtchen **Ocracoke** präsentiert sich als das totale Kontrastprogramm zum aufgehübschten, bonbonbunten und modernen Nags Head, nämlich als liebenswert verschnarchtes, vielerorts provisorisch wirkendes Fischerdorf und zugleich als älteste Siedlung auf den Outer Banks. Die ersten Europäer ließen

Ocracoke Lighthouse: Der Turm ist so weiß wie der Staketenzaun

sich hier bereits um 1500 sehen; Anfang des 18. Jahrhunderts wurde der Ort als Lotsensiedlung anerkannt, 40 Jahre später dann als Stadt. Sein Hafen eignete sich für Schiffe mit größerem Tiefgang und als hangout und Operationsbasis für Piraten, allen voran der legendäre Blackbeard.

Die Hochsaison der Freibeuter in diesen Gewässern fiel in die Jahre 1713–18. Zuvor schon hatten sich die überwiegend britischen Seeräuber an den reichbeladenen Handelsschiffen der Spanier in der Karibik und um die Bahamas schadlos gehalten. Als England allerdings gegen die schwarzen Flaggen vorging, nicht zuletzt weil diese auch die eigenen Schiffe nicht verschonten, flohen viele Missetäter an die nordamerikanische Küste. Seit 1689 waren Piraterie und illegaler Handel in den Kolonien entlang der Festlandsküste die Regel und ein dickes Geschäft, das von der Bevölkerung eifrig unterstützt wurde, um dem verhassten England und seinen Handelsgesetzen eins auszuwischen.

Aus Charleston in South Carolina verzogen sich die Piraten nach North Carolina, das dadurch in den Ruf geriet, mit Freibeutern, Flüchtigen und Schwarzhändlern gemeinsame Sache zu machen. Von Blackbeard, alias Edward Teach, soll nach einer Legende auch der Name »Ocracoke« stammen. In Erwartung eines bewaffneten Konflikts am Morgen soll er ungeduldig und lautstark den Hahn zum Krähen animiert haben: »O crow cock«. Der Star-Pirat und Seeteufel wurde schließlich von der Royal Navy zur Strecke gebracht und per Enthauptung hingerichtet. Erst mehr als 200 Jahre später schlossen Ocracoke und die britische Armee wieder Freundschaft. Da die Amerikaner zu Beginn des Zweiten Weltkriegs technologisch noch in den Kinderschuhen steckten, halfen Briten im U-Boot-Krieg aus. Deshalb gibt es noch heute einen britischen Friedhof, auf dem Gefallene aus dem Zweiten Weltkrieg begraben sind.

Ein Rundgang durch den Ort kann am Hafengebiet des **Silver Lake** starten. Die

Ocracoke: Das einstige Fischerdorf ist malerisch verlottert und entspannt bis zum Koma

Kitty Hawk Kites: Hier gibt es alles, was man für einen gelungenen Tag am Meer braucht

Bucht säumen einige Shops und Marinas, von denen die Boote zum Thunfischfang und die Fähren auslaufen. Nicht nur das Hochseeangeln, auch das Brandungsfischen nach Barsch, Makrele, Forelle und Pompano ist beliebt. Neben Austern und Shrimps gilt die Flunder als der profitabelste Fisch.

Nichts ist poliert und luxussaniert

Nicht weit vom Hafen entfernt liegt **Howard Street**, ein Idyll aus alten bewachsenen Eichen und dichtem Grün, hinter dem sich hübsche Hütten mit Veranden und Schaukelstühlen verstecken, auch kleine Läden und lokales Kunsthandwerk finden sich dort. So hat ganz Ocracoke einmal ausgesehen, sagen die Alteingesessenen. Verständlich, dass die meisten der 800 Einheimischen die *developers* am meisten fürchten. Aber noch kommen die Gäste, weil Ocracoke nichts zu bieten hat, weder TV noch Shopping Malls, Fun Parks, Schickimickis oder Yuppies.

So bleibt Ocracoke ein gemütliches und an manchen Stellen malerisch verrottetes Nest, in dem die Neuzeit noch nicht wirklich angekommen ist. Bis in die 1950er Jahre lebten die Insulaner isoliert, Kontakt zum Festland gab es nur über das Postschiff und man ernährte sich hauptsächlich vom Fischfang. Wirklich »entdeckt« wurde die Insel erst 1957, als der Highway 12 asphaltiert und ein regelmäßiger Fährdienst eingeführt wurde. Heute ist aus dem ehemaligen Fischerdorf ein kleiner, bodenständiger Urlaubsort geworden, der hauptsächlich vom Tourismus lebt.

Zum Glück hat sich das Städtchen seine provisorische, melancholisch verlotterte Atmsophäre bewahrt, nichts ist hier poliert und luxussaniert, es gibt kein einziges Kettenhotel, keinen McDonalds und keinen Starbucks. Die alten Baumriesen sind immer noch größer als die allermeisten Häuser und selbst zur Hochsaison herrscht ein beschauliches Tempo. Gegen Ende des Jahres, wenn die meisten Saisonbetriebe geschlossen sind, verwandelt sich die kleine Sommerfrische ohnehin in einen fast menschenleeren Treff der kanadischen Wildgänse.

E2 Service & Tipps

Outer Banks, NC

Bodie Island Lighthouse
Nähe Hwy. 12 (Schildern folgen)
Nags Head, NC
✆ (252) 441-5711, www.outerbanks.com/bodie-island-lighthouse.html
Tägl. 9–17 Uhr
Der erste Leuchtturm auf dem kargen Kap: horizontal schwarzweiß gestreift, seit 1872 tätig, nachdem sein erster Vorgänger wegen Baufälligkeit und sein zweiter im Civil War kollabierte.

Cape Hatteras National Seashore
1401 National Park Dr., Manteo, NC
✆ (252) 473-2111 und 1-877-444-6777
www.nps.gov/caha
Naturschutzgebiet seit 1953. Infos zu naturkundlichen Fragen, Camping und Veranstaltungen.

Pea Island National Wildlife Refuge
✆ (252) 987-2394, (252) 987-1118
www.fws.gov/refuge/pea_island
Ranger bieten im Sommer und Herbst kostenlose Vorträge zur Vogelwelt an, gegen eine kleine Gebühr kann man an geführten Kanutouren teilnehmen.

Chicamacomico Lifesaving Station Museum
Hwy. 12, Rodanthe, NC
✆ (252)987-1552, www.chicamacomico.net
April–Aug. Mo–Fr 10–17, Sept./Okt. bis 16 Uhr
Eintritt $ 8/6 (4–17 J.)
In mehreren Gebäuden wird die dramatische Geschichte der Lebensretter auf den Outer Banks präsentiert, an Jahrestagen und zu diversen Events auch in historischen Kostümen.

Cape Hatteras, NC

Cape Hatteras Lighthouse
Cape Hatteras, NC
✆ (252) 995-4474, www.outerbanks.com/cape-hatteras-lighthouse.html
Im Sommer tägl. 9–17.30 Uhr, Eintritt $ 7/3.50
Weil der attraktive Leuchtturm mit seinen 69 m der größte an der amerikanischen Küste ist, wird er auch gerne »America's Lighthouse« genannt. Nachdem er 1999 eine halbe Meile weit ins Inland versetzt wurde, steht er heute genauso weit vom Meer entfernt wie bei seiner Inbetriebnahme im Jahr 1870.

Graveyard of the Atlantic Museum
59200 Museum Drive, Hatteras, NC
Am Ende von Hwy. 12 nahe der Ferry Station
✆ (252) 986-2649
www.graveyardoftheatlantic.com
Mo–Sa 10–16, April–Sept. bis 17 Uhr
Eintritt frei, Spende erwünscht
Über 2000 Schiffswracks an den Outer Banks sind bekannt, vermutlich liegen noch sehr viel mehr am Meeresgrund. In diesem Museum sind Fundstücke zu sehen wie die Enigma-Maschine der U-85, das Geisterschiff »Carroll A. Deering« und diverse Schiffsmodelle. Ein anderer Teil der Ausstellung beschäftigt sich mit der Piraterie.

Fähre Hatteras–Ocracoke
✆ 1-800-293-3779, www.ncdot.gov/ferry
Die Fähre geht rund ums Jahr, ist kostenlos, kann nicht reserviert werden und braucht etwa 40 Min.

Ocracoke, NC

Captain's Landing
324 Hwy. 12 (Hafen), Ocracoke, NC
✆ (252) 928-1999
www.thecaptainslanding.com
Geschmackvoll eingerichtete Suiten mit kompletter Küche und eigenem Schiffsanleger. Balkone über dem Wasser: schöner Blick über den gesamten Silver Lake. Kostenlose Fahrräder. $$$$

Ocracoke Harbor Inn
144 Silver Lake Rd., Ocracoke, NC
✆ (252) 928-5731
www.ocracokeharborinn.com
Schönes Haus mit 16 Zimmern und sieben Suiten mit Hafenblick im Herzen von Ocracoke. $–$$$$

The Cove B&B
21 Loop Rd., Ocracoke, NC
✆ (252) 928-4192, www.thecovebb.com
Neuengland-Holzhaus mit vier Zimmern und drei Suiten, unkomplizierte, freundliche Atmosphäre, Terrasse, Frühstück wird serviert und ist im Preis eingeschlossen, nachmittags kleine Snacks gratis. Räder und Badetücher können kostenlos geliehen werden. $$–$$$

Ocracoke Island Campground
3 mi nördl. von Ocracoke, NC
✆ (252) 473-2111 und 1-877-444-6777
www.nps.gov/caha/planyourvisit/campgrounds.htm
Die vier Campingplätze des National Park Service können bis zu einem halben Jahr im Voraus reserviert werden.

Ocracoke Coffee Co.
226 Back Rd., Ocracoke, NC
✆ (252) 928-7473
www.ocracokecoffee.com
April–Ende Nov. Mo–Sa 7–18, So bis 13 Uhr
Treffpunkt der Einheimischen und gemütliches Frühstückscafé. Täglich wechselnde Spezialitäten, hausgemachte Scones und Muffins, Bagels aus New York, sehr guter Kaffee.

Ocracoke Island Lighthouse
360 Lighthouse Rd.
Ocracoke, NC
www.outerbanks.com/ocracoke-island-lighthouse.htm
Die dritte Leuchte im Bunde, im weißen Uni-Look von 1823, der älteste Leuchtturm an der Küste von North Carolina und der zweitälteste der USA.

Back Porch Restaurant
110 Back Rd., Ocracoke, NC
✆ (252) 928-6401
www.backporchocracoke.com
Dinner tägl. 17–21 Uhr
Schöne Veranda, gute Fischküche und angenehmer Service. Keine Reservierung. $$

Flying Melon
181 Back Rd., Ocracoke, NC
✆ (252) 928-2533
Di–So 17–21.30 Uhr
Kreolische und Southern Cuisine, gute Cocktails, nette Atmosphäre. $–$$

Eduardo's Ocracoke
Hwy. 12, 950 Irvin Garrish Hwy.
Ocracoke, NC
✆ (252) 928-0234
www.eduardosocracoke.com
Mai–Okt. Mo–Sa 8–20, So 8–15 Uhr, sonst kürzer (vgl. Webseite)
Ob Chicken Fajita, gegrillte Shrimps mit Guacamole, Seafood-Burritos oder die vegetarischen Quesadillas – Eduardo bgeistert in seinem Food-Truck an der Hauptstraße von Ocracoke die Gäste mit seinen Kochkünsten derartig, dass viele für den Rest des Urlaubs zu Stammkunden werden.

Eduardo Chavez' Küche basiert auf den Rezepten seiner mexikanischen Mutter, hat schon etliche Preise kassiert und gilt als eine der zehn besten mexikanischen Adressen in North Carolina. $

Howard's Pub
1175 Irvin Garrish Hwy., Ocracoke, NC
✆ (252) 928-4441
www.howardspub.com
Mitte März–Anfang Nov. tägl. 11–22 Uhr
Einzige Bar am Ort, serviert werden Wein und Bier, davon 200 Sorten in der Flasche und 24 im Fass zu Pizza, Burgern und Fischgerichten, alles frisch und von lokalen Farmern und Fischern, die Pommes sind handgeschnitzt. Alle Kindermenüs werden auf Frisbees serviert, die man mitnehmen darf. Große Sky-Terrasse mit Schaukelstühlen. $–$$

Village Craftsmen
170 Howard St., Ocracoke, NC
✆ (252) 928-5541
www.villagecraftsmen.com
Mo–Sa 10–18, So 10–14 Uhr
Kunterbunter Kunstgewerbeladen: Glasgeblasenes, Besticktes, Holzkästchen, Kacheln, Taschen, Fingerpuppen, Musikinstrumente etc.

The Cove B & B: Badetücher und Räder gratis

E3 Das erste Kapitol von North Carolina

Tryon Palace in New Bern

3. Extratag: Ocracoke – Beaufort – New Bern – Elisabeth City – Virginia Beach (460 km/287 mi

km/mi	Route
Morgen	
0	Von **Ocracoke** mit der Fähre (vgl. S. 246, Überfahrt ca. 2,5 Std.) nach Cedar Island. Hwy. 12 nach Süden, dann, südlich von Stacy auf US 70 über Smyrna nach
Mittag	
94/59	**Beaufort** (am besten geradeaus weiter, im Ort über Live Oak bis Front St., dort rechts und zwischen Queen und Turner St. am Wasser parken (Pause ca. 1 Std.). – Von Front St. stadteinwärts über Turner, Orange oder Moore St. bis Cedar St. (= US 70), dort links weiter US 70. Vor New Bern: Abfahrt Front St. (NEW BERN HISTORIC DISTRICT), über die Brücke des Trent River, an Pollock St. links nach
67/42	**Downtown New Bern**. Besichtigung von Tryon Palace oder Stadtrundgang (ca. 2 Std.).
Nachmittag	Auf Hwy. 17 nach
194/121	**Elizabeth City** und über Norfolk nach
Abend	
105/65	**Virginia Beach**.

Die Route finden Sie in der Karte des 1. Extratages, S. 227.

Beaufort: Hafen der Freizeitkapitäne

Über zwei Stunden lang bleiben die Möwen diesmal der Fähre treu. Nach der Landung in Cedar Island und der Begrüßung WELCOME TO THE CRYSTAL COAST folgen Kiefern und Marschland, zerfurcht von Wasserläufen mit Anglern und Kranichen, die am Ufer stehen. Wie graue Girlanden bekränzen die ersten zotteligen Bärte von Spanischem Moos die Bäume. Gelbe und orangefarbige Teppiche aus *wild flowers* säumen den Highway im Mai und südlich von **Stacy**

Traumstrände bei Beaufort und auf Bald Head Island

Wer noch ein paar Badetage zu verschenken hat: Vom quirligen Hafen von Beaufort aus setzen Skipper zu den wunderschönen Sandstränden der **Shackleford Banks**, zu den Wildpferden auf **Carrot Island** oder zum Leuchtturm der **Cape Lookout National Seashore** über. Das Tauchzentrum im nahen **Morehead City** zählt zu den größten auf dem Kontinent. Kein Wunder bei all den Unterwasserschätzen, die hier vermutet werden: **Olympus Dive Center**, Morehead City Waterfront, 713 Shepard St., ✆ (252) 726-9432, www.olympusdiving.com. Für einen ruhigen Badetag eignen sich auch die **Bogue Banks** mit den Stränden von Atlantic Beach (10 km und 15 Min. Fahrzeit von Beaufort).

Der mit Abstand beste Fleck liegt 130 Meilen oder 2,5 Autostunden weiter südlich und ist nur mit der Fähre bei Wilmington erreichbar: **Bald Head Island**, ein in der Tat recht »kahlköpfiges« (und autofreies) Eiland mit einem poetischen Leuchtturm, herrlichen Dünen und uralten Eichenwäldern, die van Gogh nicht hätte knorriger malen können. Die weißen Sumpfvögel staksen wie leicht desorientierte Bibliothekare im Wasser herum, stets in sicherem Abstand zu den Alligatoren, die in den Lagunen auf der Lauer liegen. Und vor der Haustür hat man den wahrscheinlich feinsten Traumstrand der südlichen Ostküste: **Cape Fear**. Details dazu unter www.baldheadisland.com.

sind die ländlichen Kirchen sonntags von parkenden Autos umstellt. Auch in **Smyrna** fallen die vielen adretten Gotteshäuser auf.

In **Beaufort** (gesprochen: 'BOUfet) ermuntert die Front Street zum Shopping und der Boardwalk, wo die Freizeitkapitäne mit ihren *power boats* festmachen, zum Flanieren. Als Hafenstadt hatte sich Beaufort von Anfang an gegen Überfälle von See aus zur Wehr setzen müssen, Mitte des 18. Jahrhunderts besetzten sogar die Spanier die Stadt tagelang. Eine Reihe von Forts wurde gebaut, aber keines davon hat überlebt. Das heutige Fort Macon, ein Stück weiter auf der Insel Bogue Banks gelegen, ist neueren Datums und kam erst im Bürgerkrieg zum Einsatz.

Vor oder nach dem Lunch lohnt ein kleiner Rundgang durch das historische Städtchen, entweder über Front Street weiter nach Westen oder rund um jene sogenannten »Restauration Grounds«, wo auch das **Welcome Center** liegt, das im historischen Joshua Bell House untergebracht ist. Gleich nebenan stehen

Der Boardwalk in Beaufort

Tryon Palace: Im neuen NC History Center wird die Vergangenheit multimedial erlebbar

weitere Zeugen der Frühgeschichte der 1722 gegründeten Gemeinde, einer der ältesten in North Carolina überhaupt: Gerichtsgebäude, Gefängnis und Apotheke. Der Friedhof um die Ecke an der Ann Street (Old Burying Grounds von 1731) bietet eine schattige Oase zwischen den weißen Villen mit ihren umlaufenden Veranden.

Indianer trieben die Siedler in die Flucht

Nach dem Abschied von Beaufort geht es auf geradem Weg auf der US 70 durch den Croatan National Forest bis ans andere Ende nach **New Bern** auf der Halbinsel am Zusammenfluss von Neuse und Trent River. Die Stadt wurde 1710 vom schweizerischen Baron Christoph von Grafenried gegründet, zusammen mit schweizerischen und pfälzischen Siedlern, die hier nach politischer und religiöser Freiheit suchten. Daraus entstand die zweitälteste Stadt in North Carolina.

Die Indianer nannten den Platz *Chattawka*, »der Ort, wo die Fische gefangen werden«. Bei dieser Beschäftigung fühlten sie sich durch die neuen Siedler offenbar gestört, denn schon bald nach der Stadtgründung (übrigens in Form eines Kreuzes) nervten Angriffe der Tuscarora-Indianer die Europäer derart, dass viele von ihnen in die Alte Welt zurückkehrten.

So richtig aufwärts ging es mit New Bern erst sehr viel später, und zwar durch den Schiffsbau. Mit Teer, Pech und Terpentinöl wurde die Stadt reich und der **Tryon Palace** wurde gebaut, von dem aus der Königliche Gouverneur William Tryon die Kolonie regierte und ein aufwendiges gesellschaftliches Leben inszenierte. Als New Bern später von der Hauptstadt der Kolonie zu der des Staates aufstieg, übernahm Tryon Palace die Rolle des ersten Kapitols von North Carolina.

Aus »Brad's Drink« wurde Pepsi

Kurz vor der Jahrhundertwende, im Jahr 1890, erfand der ortsansässige Apotheker C. D. Bradham in seinem Drugstore auf der Middle Street ein süßes Getränk, das er als »Brad's Drink« verkaufte und das als Pepsi-Cola weltweit bekannt wurde. Da gehörte das Brausegetränk aber längst nicht mehr dem Apotheker, der seine kleine Firma wegen steigender Zuckerpreise für 35 000 Dollar an Wall-Street-Mogule verkauft hatte. Heute kann man trotzdem in der Middle Street 256 die »weltweit größte Sammlung an Pepsi-Memorabilia« mit 3000 Ausstellungsstücken bewundern.

Ein kleiner Spaziergang führt vom Visitors Bureau in der Pollock Street Richtung Neuse River durch den Picknick Park, um Union Point herum am Ufer des Trent River entlang und über Hancock Street wieder zurück.

Wer es eilig hat, fährt anschließend heute noch über die US 17 in drei Stunden zurück nach **Virginia Beach**.

Garten des Tryon Palace: George Washington hat einst hier getanzt

Service & Tipps

Fähre Ocracoke–Cedar Island
Silver Lake, Ocracoke Island, NC
✆ 1-800-293-3779
www.ncdot.gov/ferry
Reservierungen für die Überfahrt sind ein Muss und bis zu 30 Tagen im Voraus möglich; im Normalfall genügen ein bis zwei Tage vor dem geplanten Termin. Man kann persönlich im Terminal reservieren, telefonisch und online. Die Überfahrt kostet $ 1 für Fußgänger, $ 3 für Radfahrer und $ 15 für Pkw inkl. Insassen und dauert 2,5 Std.

Beaufort, NC

Beaufort Historic Site Welcome Center
130 Turner St.
Beaufort, NC 28516
✆ (252) 728-5225 und 1-800-575-7483
www.beauforthistoricsite.org
März–Nov. Mo–Sa 9.30–17, Dez.–Feb. 10–16 Uhr

Clawson's 1905 Restaurant
425 Front St.
Beaufort, NC
✆ (252) 728-2133
www.clawsonsrestaurant.com
Mo–Do 11.30–20.30, Fr/Sa 11.30–21 Uhr
Alteingesessene, gemütliche Gaststätte und Bar. Leichte oder deftige Kleinigkeiten zum Lunch ($–$$); abends volle Küche. $$–$$$

New Bern, NC

New Bern-Craven County Convention & Visitors Center
203 S. Front St.
New Bern, NC 28560
✆ (252) 637-9400 und 1-800-437-5767
www.visitnewbern.com

Tryon Palace Historic Sites & Gardens
529 S. Front St., New Bern, NC
✆ (252) 514-4900 und 1-800-767-1560
www.tryonpalace.org
Mo–Sa 9–17, So 12–17 Uhr
Tagespass für Museum, Galerien, Ausstellung und Garten $ 20/10 (bis 17 J.)
Führungen alle halbe Stunde
Gebaut 1767–70 als Gouverneurssitz; später erstes Kapitol von North Carolina (1777).

Der vom englischen Architekten John Hawks errichtete Bau brannte 1798 vollständig ab und wurde 1952–59 originalgetreu einschließlich der Gärten wieder aufgebaut. Im Umkreis stehen weitere historische Villen:

Clawson's 1905 Restaurant & Pub: Burger satt und hauseigenes Bier in Beaufort

New Bern: Die Stadt wurde 1710 von Schweizer und deutschen Siedlern gegründet

das schlichte John Wright Stanly House (307 George St.) von 1780 und das Dixon-Stevenson House von 1828.

New Bern Trolley Tour
1311 N. Craven St., New Bern, NC
✆ (252) 637-7316
www.newberntours.com
April–Okt. Mo–Sa 11 und 14, So 14 Uhr
Ticket $ 18/9 (13–18 J.)
An der Ecke George & Pollock St. startet die 90-minütige Tour durch Downtown New Bern, Details auf der Webseite.

Birthplace of Pepsi-Cola
Shop & Museum, 256 Middle St.
New Bern, NC
✆ (252) 636-5898, www.pepsistore.com
Mo–Sa 10–18, So 12–16 Uhr
Man kann ohne Eintritt die Memorabilia betrachten, Brausegetränke verkosten und natürlich auch einkaufen.

Christ Episcopal Church
320 Pollock St., New Bern, NC
✆ (252) 633-2109
www.christchurchnewbern.com
Mo–Fr 9–17 Uhr
Führungen Mo–Fr 12.30–16 Uhr
Drittälteste Kirche in North Carolina (Grundmauern von 1752) mit schattigem Friedhof.

Bay Leaf
309 Middle St., Unit 6
New Bern, NC
✆ (252) 638-5323, www.bayleafnc.com
Lunch Mo–Sa 11–14.30, Dinner Mo–Do 17–21, Fr/Sa 17–22 Uhr
Authentische indische Küche, Mo–Sa Lunch-Buffet von 11–14.30 Uhr für $ 10.99, wahlweise und abends à la carte. $–$$

The Chelsea
335 Middle & Broad Sts.
New Bern, NC
✆ (252) 637-5469
www.thechelsea.com
Mo–Do 11–21, Fr/Sa 11–22 Uhr
Adresse mit Stil. Vom Maryland Crab Cake bis zur Shrimp Quesadilla. $–$$

Hotels in Virginia Beach finden Sie beim 10. Tag, S. 214 f.

Die ursprüngliche Formel für Pepsi-Cola im Birthplace of Pepsi-Cola in New Bern

12 Mit Dan zu den wilden Ponys

Chincoteague Island

12. Tag: Virginia Beach – Onancock – Chincoteague/Assateague Island – Berlin – Ocean City, MD (265 km/166 mi)

km/mi	Route
Morgen	
0	Von **Virginia Beach:** Atlantic bzw. Pacific Ave. nach Norden und weiter US 60 (Shore Dr.), US 13 North über den Chesapeake Bay Bridge-Tunnel durch Cheriton, Eastville bis Belle Haven, dort S 178 erst West, dann North links optional nach
123/77	**Onancock**, wieder zurück zur US 13 und weiter nach Norden. Bei Oak Hall über Hwy. 175 nach
Mittag	
58/36	**Chincoteague Island**, Bootsfahrt rund um die Insel mit Dan und nach dem Chincoteague Wildlife Refuge nach
Nachmittag	
70/44	**Berlin** (mit Stopp im Hotel Atlantic) und Bummel über die Main Street und weiter auf die US 50 nach
14/9	**Ocean City**, einchecken, evntl. auf Fager's Island und relaxen und/oder Boardwalk-Bummel.

Die beiden Naturschutzgebiete mit den indianischen Zungenbrechernamen Chincoteague National Wildlife Refuge und Assateague National Seashore liegen als Barrier Islands vor der Küste von Maryland – eine Welt aus Sandstränden und Salzmarschen, Wäldern und Meeresbuchten. Berlin wäre ein idealer Standort, um die Region zu entdecken. Und wer sich den ultimativen Luxus gönnen will, mietet sich an unserem Tagesziel Ocean City nicht auf der rummeligen Atlantikseite ein, sondern an der idyllischen Bay, beispielsweise in den Hotels von Fager's Island.

Alternativen: Strand und Badebedingungen sind auch im **Assateague State Park** von Maryland sehr gut und es ist ruhiger als in Ocean City. Dafür mietet man sich am besten in **Berlin** im **Hotel Atlantic** ein, kein anderes Hotel liegt näher am State Park (siehe MAGIC MOMENT, S. 253). Eine Übernachtung in Chincoteague (statt in Ocean City) bringt den Vorteil besserer Strände und größerer Ruhe. Anstelle von Hotelkästen und -ketten gibt es auf der Insel kleine individuelle Motels. Wer in Ocean City Ruhe sucht, ist auf der Bayseite an der besten Adresse, z.B. in den beiden Hotels der Fager-Familie (siehe Service & Tipps, S. 256).

Der 28,4 Kilometer lange Chesapeake Bay Bridge-Tunnel stellt die Verbindung her zwischen dem Eastern Shore durch die Mündung der Chesapeake Bay aufs Festland von Virginia. Seit 1964 ersetzt dieses Betonband, das teilweise als Brücke verläuft, aber auch zweimal in einen Tunnel unter das offene Meer taucht, die umständliche Überfahrt mit der Fähre. Als Stützen für Brücken und Tunnels dienen vier künstlich aufgeschüttete Inseln; die südlichste davon, **Sea Gull Island**, lockt mit einer Aussichtsplattform samt Restaurant und einer 190 Meter langen Pier, auf der sich die Angler treffen.

Endlich wieder an Land säumen links und rechts Wattwiesen mit Pelikanen und eleganten Reihern den Highway, der sich durch die fruchtbaren Landstriche der Südspitze von »Del-mar-va« zieht, jener dreistaatlichen Halbinsel, die sich Delaware, Maryland und Virginia teilen.

Wer vom Highway abbiegt, etwa nach **Cheriton**, 1884 als Eisenbahnstation gegründet, oder zum alten **Eastville**, 1677 sogar Bezirkshauptstadt, der trifft auf kleine Dörfer, deren Holzhäuser aussehen wie auf Bildern, die Kinder malen. An den Straßen werden an zahllosen Ständen Pumpkins und Melonen, Tomaten und Erdnüsse, Krebse und Krabben verkauft.

Onancock ist sicher das malerischste Dorf von allen. Am Hafen, wo die Fähre nach Tangier Island ablegt, nistet der traditionelle Kramladen Hopkins & Brothers Store, während an der Market Street gleich vier prächtige Kirchen und Kerr Place, ein stattliches altes Herrenhaus von 1799, Spalier stehen.

Austernzucht bringt Geld

Doch es kommt noch besser, nämlich im bunten und einladenden **Chincoteague Island** mit seinen von Motels, Boutiquen

und Fischrestaurants flankierten Hauptstraßen Main Street und Maddox Boulevard. *Gincoteague* hieß die Insel bei den Indianern, als 1671 die ersten Weißen hier von See aus auftauchten. Es waren angelsächsische Siedler, die von der Landwirtschaft lebten und gelegentlich vom Recycling dessen, was die gestran-

Captain Dan zeigt Chincoteague Island

Main Street in Berlin: Ein verschlafenes Nest mit restauriertem Jahrhundertwende-Charme

deten Schiffe vor Assateague Island an Land spülten.

Doch bald erwiesen sich ganz andere Schätze aus dem Wasser als beste Einnahmequelle: Austern wurden ab 1830 die Spezialität Nummer eins. Diese Delikatessen und die Nähe zu den vorgelagerten Badestränden von Assateague machten Chincoteague zu einem touristisch erfolgreichen Fischerdorf. Dabei spielt vorn am Wasser bis heute die geschützte Natur ihre Trümpfe aus, und wie erholsam das sein kann, zeigt die Inselumrundung mit dem kleinen, flachen Boot von **Captain Dan's Tours**. Zwei bis drei Stunden kreuzt der blonde Dan mit seinen maximal sechs Gästen rund um das **Chincoteague National Wildlife Refuge** und präsentiert auch die Wildnis-Highlights von **Assateague Island**.

Ein rot-weiß geringelter Leuchtturm ragt über das unberührte Wasser-Habitat des »Pools der Schneegänse« und der »Schwanenbucht«, die sich Enten und Stelzvögel untereinander aufteilen. Zwischendurch zockeln Wildponys über die Straße, vor denen gewarnt wird, weil sie angeblich beißen und treten. Dan kennt jedes einzelne mit Namen und Lebensgeschichte, so manche Ponygeburt hat er mit seinen Gästen vom Boot aus erlebt. Man hält die Pferde für die Nachkommen jener Gäule, die sich aus den Wracks spanischer Galeonen an Land retteten.

Schwimmen müssen sie auch heute noch, zumindest jedes Jahr am letzten Mittwoch im Juli, wenn sie am Pony Penning Day den Sund zwischen den Inseln durchqueren – ein Publikums-Hit, zu dem Zehntausende Schaulustige anreisen und alle Betten zu Höchstpreisen belegt sind. Die Freiwillige Feuerwehr richtet das Event aus und hat alle Hände voll zu tun, damit nichts passiert und die kleinen Wilden unbeschadet in Chincoteague die Auktion erreichen.

Bei Toms Cove Visitor Center gibt es Trail Maps für die Region. Der 3.2 Meilen lange Wildlife Loop darf ab 15 Uhr auch mit dem Pkw befahren werden, der kurze Marsh Trail (0.5 mi) am Snow Goose Pool und der Woodland Trail (1.6 mi) erlauben einen kurzen Ausflug in die Wildnis aus Wasser, Wald und Marschland. Die Straße ist am Beach Access and Parking zu Ende, hier beginnen die Dünen und der Strand und damit Bade-Chancen, die man in vollen Zügen genießen sollte. Aber aufgepasst: NUDITITY PROHIBITED steht da angeschlagen – zu wild möchte man das Wildlife offenbar nicht haben. Duschen gibt es übrigens keine und auch keine Liegestühle, die man mieten könnte. Was man braucht muss man selbst mitbringen.

Hotel Atlantic als Zeitzeuge

Berlin ist bekanntlich immer eine Reise wert. Das gilt erst recht für Berlin, Maryland mit seinem restaurierten Jahrhundertwende-Charme eines 4000-Einwohner-Städtchens, in dessen Ziegelfassaden, Türmchen und dekorativen Schildern sich der gemächliche Lebensstil des *Eastern Shore Life* spiegelt. Dieses Klein-Berlin entstand Ende des 18. Jahrhunderts auf dem Gelände einer alten Burley-Tabakplantage, deren Taverne »Burley Inn« bei der Namensfindung für den Ort Pate gestanden haben soll. Berlin, Maryland: ein halbverschluckter Kneipentitel.

Auf der heutigen Main Street lief damals ein Trail der Assateague- und Pocomoke-Indianer; in der Kolonialzeit der Post- und Handelsweg zwischen Philadelphia und den Handelsposten im Norden. Um 1900 erlebte Berlin einen bemerkenswerten Tourismus-Boom mit mehr Gästen und Hotels als im benachbarten Ocean City. Das **Hotel Atlantic** ist einer der letzten erhaltenen Zeugen dieser Zeit und immer noch das erste Haus am Platz. Wer kann, sollte einen Blick hineinwerfen: Die verflossene Kultur lebt hier heimelig weiter – auch kulinarisch im stilvollen Speisesaal (siehe MAGIC MOMENT, S. 253).

Perfektes Beachresort Ocean City

Vom Hotel Atlantic ist es nur ein Katzensprung zur schönen, schmalen Insel des **Assateague Island National Seashore**. Die Brücken sind mit Pferdeäpfeln garniert, die verraten, wer sich hier außer Badegästen sonst noch herumtreibt: die schon aus Virginia bekannten wilden Ponys, von denen einige sogar auf dem Parkplatz am Strand ihre mechanischen Nachfahren beschnuppern. Auch diese vorgelagerte Insel ist ein Werk von Wind und Wellen, der Name geht auf ein indianisches Wort zurück, das »die gegenüberliegenden Marschen« bedeutet. Diese Barrier Islands zählen zu den geologisch instabilsten Landschaften der Region, zuletzt trennte 1933 der Hurrikan »Hazel« die Insel von **Ocean City** ab.

Wie beliebt dieser Badeort ist, zeigt sich an der dichten Hotel-Skyline, an einem Boardwalk und Rummelplätzen mit grellen Lustmaschinen für starke Nerven – *made in Germany* und *Switzerland*. Der ursprüngliche Boardwalk wurde 1879 erbaut, doch von Stürmen weggefegt; die heutige Version stammt aus den Jahren 1962 und 1990 und hat es inzwischen auf fast fünf Kilometer Länge gebracht, eine ausgiebige Bummelmeile für Teenies und Familien mit Kids – 24 Stunden geöffnet. Zur Grundnahrung zählen Pommes, Fudge und Hamburger, flankiert von der Ocean Gallery, einem mehrstöckigen Supermarkt der Souvenirs. Radeln kann man hier von frühmorgens bis 22 Uhr.

Die schönste Boardwalk-Region ist auch die älteste: Ganz im Süden kann man noch einige der historischen Bayside Fishermen's Homes sehen, an der South 1st Street zeigt das **Ocean City Life-Saving Station Museum** die dramatische Geschichte der Seenotrettung und etliche Americana aus den Anfangszeiten von Ocean City, nicht weit davon ist wieder einmal ein typisch amerikanischer Superlativ zu bestaunen: **Trimper's Amusement** zeigt indoor das älteste Karussell der USA aus dem Jahr 1902 mit 45 hölzernen Pferden und anderen Reittieren. Die Pier stammt aus dem Jahr

Assateague Island: Einmal im Jahr müssen die Ponys durch den Sund schwimmen

1926, seinerzeit gab es hier auch einen Tanzsaal und eine Rollschuhbahn – die erste Entertainment-Pier in Maryland.

Der stetige Zustrom von Bade- und Wasserfreunden aus den Großstädten, vor allem aus Baltimore, hat Ocean City zum perfekten Beachresort gemacht mit dem passenden Angebot für alle Jahreszeiten, Altersgruppen und Geldbeutel. Im Winter sorgen Bootsschauen und Big Band Sound fürs Entertainment; im Frühjahr öffnen sich die Pforten der Golfparadiese. Während im Sommer alle Register der Strand-, Bade-, Sport- und Angelfreuden gezogen werden, herrscht im Herbst Festival Time, allen voran das Sunfest, das Polkafest (nach dem sinnigen Motto »Polka-Motion by the Ocean«) und das Bayerische Volksfest mit obligatorischer Blaskapelle, Schuhplattlern und Bier.

Die stille Welt am Watt

Die Strände sind makellos weiß und riesig, und wenn nicht, dann werden sie so getrimmt. Auch Ocean City muss den spektakulären Sandstrand längst künstlich und damit auf kostspielige Weise erhalten, weil der Atlantik ihn immer wieder wegfrisst. Von diesem Phänomen ist die ganze Ostküste betroffen, besonders dort, wo man die Dünen wegbaggerte und Hochhäuser in die Brandungszonen klotzte, wie in Virginia Beach und eben auch in Ocean City. Aber weder Buhnen, Molen noch Steinwälle, deren Bau und Pflege Unsummen verschlingen, haben sich bisher dauerhaft gegen die Wellen behaupten können. Andernorts denkt man über Alternativen nach. Zum Beispiel in North Carolina, wo Baugenehmigungen nur noch nach Erosionszonen vergeben werden. Praktisch heißt das: Neubauten gibt es nur noch im Hinterland, je höher, umso weiter landeinwärts. In Maryland will man von solchen Lösungen noch nichts wissen und setzt weiter auf die Baggerarbeiten des »Army Corps of Engineers«.

Wem das sportive Dauerprogramm der Strandläufer und Burgenbauer, der Jet-Skier und Speedboat-Freaks, der Parasailer und Surfer auf die Nerven geht, dem hält Ocean City eine attraktive Hintertür offen: das stille Watt, die Bay mit ihren Wiesen und Watvögeln. Hier, *on the quiet side*, hat man die Natur erkennbar mehr in Ruhe gelassen als auf der Seeseite. Wenn dort die Hotels abends schon den Strand verdunkeln, geht hier wie eh und je malerisch und melodramatisch die Sonne unter.

Ocean City: Der prächtige Strand muss jedes Jahr künstlich neu angespült werden

Hotel Atlantic est. 1895: Damals logierten hier Handelsreisende aus Washington und Baltimore

MAGIC MOMENT Wo die Zeit stillsteht

Mit dem dynamischen deutschen Berlin hat das idyllische gleichnamige Städtchen in Maryland nur den Namen gemeinsam: Hier steht die Zeit seit mindestens einem Jahrhundert still und die Main Street sieht aus wie das frisch arrangierte Set für einen Kostümfilm. Herz des verträumten Historic-District-Ensembles ist das **Hotel Atlantic**, das 1895 gebaut wurde, als die neue Eisenbahn die Händler aus Baltimore und Washington DC brachte. Damals gehörten noch Stallungen zum Hotel und die Handelsreisenden mieteten Pferd und Wagen, um ihre Waren unter die Leute zu bringen. Weil sie sich mit viel Lärm ankündigten, wurden sie »Drummers« genannt.

John und Michelle Fager, Inhaber und kreative Chefs zweier genialer Hotelanlagen auf Fager's Island, retteten das viktorianische Haus in Berlin mit seinen 18 Zimmern und der großen überdachten Terrasse vor dem Abbruch und erweckten es 2009 mit historischen Möbeln, Gemälden, Kronleuchtern und modernstem Luxus zu neuem Leben. Im hauseigenen Restaurant Drummer's Café werden täglich von 11 Uhr bis nach Sonnenuntergang köstliche Kleinigkeiten serviert.

Wer Zeit hat, mietet sich ein und entdeckt von hier aus die nahe Insel Assateague National Seashore mit reichem Vogelleben und menschenleeren Badestränden. Abends sitzt man dann wie im Südstaatenfilm im hölzernen Schaukelstuhl auf der Hotelterrasse und schaut dem Treiben auf der Main Street zu. »Die Braut, die sich nicht traut« mit Richard Gere und Julia Roberts wurde hier gedreht und auch Johnny Cash, the Man in Black, wurde seinerzeit des öfteren hier gesehen.

Hotel Atlantic
2 N. Main St., Berlin, MD
✆ (410) 641-3589

www.atlantichotel.com
Drummer's Café tägl. ab 11 Uhr geöffnet, Zimmer ab $ 95 für zwei Personen.

Hopkins & Brothers Store
2 Market St., Onancock, VA
✆ (757) 787-3100
www.shorehistory.org/hopkins-brothers
Restaurant tägl. 11.30–20, Sa/So bis 21 Uhr
Einer der ältesten General Stores an der Ostküste (ca. 1842) – hauptsächlich für Anglerzubehör. Mittlerweile gehört auch das rustikale Restaurant **Mallards At the Wharf** dazu.

Chincoteague Island, VA

Chincoteague Chamber of Commerce
6733 Maddox Blvd.
Chincoteague, VA 23336
✆ (757) 336-6161
www.chincoteaguechamber.com
Mo–Sa 9–16.30 Uhr

Fairfield Inn & Suites by Marriott
3913 Main St.
Chincoteague, VA
✆ (757) 336-0043
www.marriott.com
Große moderne Zimmer mit gratis WLAN, Kühlschrank, Kaffeemaschine und Mikrowelle. Amerikanisches Frühstück im Preis eingeschlossen, Parken gratis. 55 Zimmer und 37 Suiten auf drei Stockwerken. $$$$

Refuge Inn 7058 Maddox Blvd.
Chincoteague, VA
✆ (757) 336-5511 und 1-888-257-0038
www.refugeinn.com
Angenehm und strandnah. 72 Zimmer, Pool, Sauna, Fitnessraum, Spielplatz, Waschsalon, Fahrradverleih. $$–$$$$

Best Western Chincoteague Island
7105 Maddox Blvd.
Chincoteague, VA 23336
✆ (757) 336-6557 und 1-800-780-7234
http://book.bestwestern.com
Ordentlich und strandnah. 53 Zimmer mit gratis WLAN, Pool, Waschsalon, Fahrradverleih, amerikanisches Frühstück inkl. $$–$$$

Hampton Inn & Suites Chincoteague Waterfront
4179 Main St.
Chincoteague, VA
✆ (757) 336-1616
http://hamptoninn3.hilton.com
Große Zimmer mit tollem Blick auf den Chincoteague Channel. Amerikanisches Frühstück (Plastikgeschirr) eingeschlossen. Alle Zimmer mit Balkon, Bügeleisen, Kühlschrank, Kaffeemaschine und Mikrowelle. Das Hotel wurde 2002 eröffnet und kassierte etliche Preise, u. a. als beliebtestes Haus der Kette. $$–$$$

Bill's Seafood Restaurant
4040 Main St., Chincoteague, VA
✆ (757) 336-5831
www.billsseafoodrestaurant.com
Tägl. 6–21 Uhr
Unkompliziertes, sympathisches Restaurant mit bester Küche, Schwerpunkt Seafood und Steaks, aber auch Sandwiches, Salate, Suppen und Pasta. Etliche Haus-Spezialitäten wurden preisgekrönt wie der Banana-Pecan-French Toast (Frühstück), bei den Suppen die gebackenen Austern, außerdem der Crab Cake sowie der Island Chicken Salad und die Shrimp Scampi bei den Pastagerichten. $–$$

Sea Star Cafe Gourmet Carryout
6429 Maddox Blvd.
Chincoteague, VA
✆ (757) 336-5442
www.seastarcafeci.com
Juli/Aug. tägl. 11–18 Uhr, sonst Mo/Di geschl.
Holzhütte mit Selfservice an der kleinen Theke, alles wird frisch zubereitet und ausgerufen, als Take Out oder zum Gleichessen an Picknicktischen im Freien. Klassische Sandwiches, Croissants mit diversen Füllungen, Wraps, Suppen, Salate, auch vegetarische und vegane Gerichte. Nichts Gebratenes und kein Fast Food. $

Chincoteague National Wildlife Refuge
Chincoteague, VA
✆ (757) 336-6122
www.fws.gov/refuge/chincoteague
Tägl. Mai–Sept. 5–22, April, Okt. 6–20, Nov.–März 6–18 Uhr, Visitor Center Sommer 9–17, sonst bis 16 Uhr, Eintritt $ 10 pro Auto
Teil der Assateague National Seashore: ruhiger Badestrand, Umkleidekabinen, gute Fahrradwege, wilde Ponys, Vögel; Visitor Center.

Captain Dan's Tours
Chincoteague, VA
✆ (757) 894-0103

www.captaindanstours.com
2–3-stündige Rundfahrt um die Insel mit vielen Erklärungen, tägl. April–Ende Nov., $ 40/35 (0–12 J.)
Kostenloses Parken für die Bootstour bei Don's Seafood Restaurant (4113 Main St.)
Alle Bootstouren beginnen gegenüber am Dock im Robert Reed Downtown Park.

Dan hat elf Jahre als Fischer gearbeitet, 70 mi weit draußen auf dem Meer. Er zeigt jetzt den Gästen in seinem wendigen, flachen Boot, mit dem er auch in kleinste Buchten kommt, das Leben und die Wildtiere von Chincoteague. Die Touren sind sehr individuell, führen entlang der 25 mi langen Küstenlinie und richten sich immer auch nach den Wünschen der maximal sechs Gäste an Bord. Unbedingt reservieren.

Museum of Chincoteague Island
7125 Maddox Blvd., Chincoteague, VA
✆ (757) 336-6117
www.chincoteaguemuseum.com
Tägl. außer Mo 11–17 Uhr
Eintritt $ 4, bis 12 J. frei
Sammelsurium kultur- und naturgeschichtlicher Exponate: Fossilien, Walrossgebisse, indianische Artefakte und Wrackreste. Ein Bereich beschäftigt sich mit dem Austernfang seit dem 17. Jh. und damit, welche Mühe es kostet, bis sie schließlich auf dem Teller landen.

Spannend ist auch das Projekt **»Live History Interviews«**, von denen man einige auch online sehen kann: www.chincoteaguemuseum.com/life-history.

Berlin, MD

Assateague Island National Seashore
7206 National Seashore Lane (Rt. 611)
Berlin, MD
✆ (410) 641-1441, www.nps.gov/asis
Zwei Campingplätze (North Beach und Bayside) für RVs und Zelte, keine *hookups*. Reservierung: ✆ 1-877-444-6777, (410) 641-3030 und via Internet. Eintritt $ 15 pro Auto (schließt Chincoteague National Wildlife Refuge mit ein).

Assateague State Park
7307 Stephen Decatur Hwy.
Berlin, MD
✆ (410) 641-2120
Feiner weißer Strand, ideal für einen Badetag, außerdem Wander- und Reitwege, rund ums Jahr zu sehen: Wildgänse, Reiher, Schildkröten.

Hai als Haustier: Hingucker auf dem rummeligen Boardwalk von Ocean City

Ocean City, MD

Ocean City Tourism
4001 Coastal Hwy.
Ocean City, MD 21842
✆ (410) 289-2931 und 1-800-626-2326
www.ococean.com
Alle Broschüren und Infos über Hotels, Strände, Boardwalk und Restaurants und Hilfe bei der Hotelbuchung, falls man noch keine hat.

The Coconut Malorie Resort
200 59th St. (Bay)
Ocean City, MD
✆ 1-800-767-6060
www.festiva-coconutmalorie.com
85 edel möblierte Suiten und Studios mit kleiner Küche. Bei Sonnenuntergang karibische Stimmung. Marmorbäder, Pool, Jacuzzi. Waschsalon. $$$$

Holiday Inn Oceanfront
6600 Coastal Hwy. (67th St. & Oceanfront)
Ocean City, MD

Ocean City Life-Saving Station Museum

✆ (410) 524-1600 und 1-800-837-3588
www.holidayinnoceanfront.com
Mit gutem Restaurant, Tennisplatz, Pools, Sauna, Sonnenstudio, Fitnessraum. $–$$$

Majestic Hotel
7th St. & 613 N. Boardwalk
Ocean City, MD
✆ (410) 289-6262
www.ocmajestichotel.com
Mitte Mai–Ende Sept. geöffnet
Standardhotel (68 Zimmer) mit Mikroherd, Eisschrank und Pool. $–$$$

Ocean City Life-Saving Station Museum
813 S. Atlantic Ave., Ocean City, MD
✆ (410) 289-4991, www.ocmuseum.org
Juni–Sept. tägl. 10–18, Mai und Okt. tägl.,

Stilvoller Sunset an der Bay: Fager's Island ist eine Welt für sich

The Edge
201 60th St. in the Bay, Fager's Island
Ocean City, MD
✆ (410) 524-5400, www.fagers.com/hotels
Das zweite Hotel der Fager-Familie direkt neben dem Lighthouse. Alle Suiten sind sehr groß und individuell mit asiatischem oder französischem Touch eingerichtet, alle mit riesigem Jacuzzi, elektrischem Kamin, Balkon und Blick auf Pool und Bay mit herrlichen Sonnenuntergängen; attraktive Preise in der Nebensaison. $$$$

Lighthouse Club Hotel
201 56th St. in the Bay, Fager's Island
Ocean City, MD
✆ (410) 524-5400 und 1-888-371-5400
www.fagers.com/hotels
Wer schon immer mal im Leuchtturm übernachten wollte, und das mit dem Luxus eines Boutiquehotels, der kann hier seinen Traum verwirklichen: 15 Suiten mit Marmorbädern samt Jacuzzi und weißen Rattanmöbeln liegen im 2. Stock mit Blick auf die Bay von Ocean City; die acht Lightkeeper-Suiten im 3. Stock haben große Wohnbereiche und den Jacuzzi für zwei Personen direkt neben dem Bett, dazu einen elektrischen Kamin.

Nach Hurrican Sandy 2012 mussten alle Suiten neu ausgestattet werden. Das Haus ist im Stil eines typischen Chesapeake-Leuchtturms gebaut und ganzjährig geöffnet; attraktive Packages zur Nebensaison. Die Gäste können den eleganten Pool des Schwesterhotels **The Edge** nutzen. $$–$$$$

Lighthouse Club Hotel: Besser wird's nicht

Fager's Island Restaurant & Bar
201 60th St. in the Bay, Fager's Island
Ocean City, MD
✆ (410) 524-5500 und 1-855-432-4377
www.fagers.com/dining, tägl. 11–2 Uhr
Das dritte Fager-Haus auf Fager's Island, sehr beliebt und entsprechend belebt: schöne Lage an der Bay, erstklassige Küche, reicher Weinkeller, 32 offene Weine, große Bierauswahl. Lunch, Brunch und Dinner. Bar und Nightclub mit Live-Entertainment. $–$$$

April und Nov. Mi–So, Dez.–März Sa/So 10–16 Uhr, Eintritt $ 5/3 (12–18 J.), bis 11 J. frei
Auf zwei Stockwerken wird die Geschichte von Ocean City in Schwarzweißbildern lebendig, dazu Überreste und Horrorgeschichten etlicher Schiffsunglücke und Rettungseinsätze, Details über das Surfen und den Boardwalk von Ocean City. Im Untergeschoss wartet ein Aquarium mit lokaler Unterwasserwelt.

BJ's On The Water
75th St. & The Bay, Ocean City, MD
✆ (410) 524-7575
www.bjsonthewater.com
Ganzjährig tägl. 11–2 Uhr
Populär – in der Nachbarschaft von Enten, Vögeln und Marschland. Köstliches Crab Cake-BLT *(Bacon, Lettuce and Tomato)*, Seafood und Steaks, dazu ein sagenhafter Sonnenuntergang, wie überall an der Bay. Indoor und outdoor. Im Sommer lokale Livebands. $–$$

Ocean Club Restaurant & Lounge
Im Clarion Fontainebleau Resort Hotel
10100 Coastal Hwy.
Ocean City, MD
✆ (410) 524-3535, www.clarionoc.com
Gilt als bester Nachtclub, Livemusik, Tanz, Restaurant mit tollem Meerblick, Frühstück wird tägl. 7–12 Uhr serviert. Lunch und Dinner mit Aussicht. $–$$

Phillips Crab House
2004 Philadelphia Ave., Ocean City, MD
✆ (410) 289-6821
www.phillipsseafood.com/locations-and-menus/ocean-city-crab-house
Mai–Okt. Mo–Fr ab 15.30, Sa/So ab 11.45 Uhr
Im Sommer stehen die Einheimischen schon eine Stunde vor der Öffnungszeit an, um einen Platz zu bekommen. Im oberen Stockwerk wird unter Lampen im Tiffany-Stil auf Mittelalter-Geschirr gespachtelt, das Buffet ist Legende. Alles auch zum Mitnehmen. Originell, laut und sehr amerikanisch. Buffet $ 37.99, sonst $–$$

Sky Bar & Grille
6601 Coastal Hwy., Ocean City, MD
✆ (410) 723-6762
www.skyebaroc.com
Tägl. 11.30–2, Happy Hour 15–18 Uhr, Winter nur Fr–So
Rooftop-Bar mit sagenhaftem Blick, entspannter Atmosphäre, Lunch, Dinner und Kleinigkeiten zwischendurch. Bar mit Cocktails. $–$$

Seacrets Bar & Grill
117 W. 49th St. & The Bay
Ocean City, MD
✆ (410) 524-4900, www.seacrets.com
Ganzjährig geöffnet, im Sommer tägl. 14–2 Uhr, sonst Do–So
Beliebter *night spot*, drinnen und draußen am Wasser – ein Hauch von Jamaica. Auch Lunch und leichtes Dinner. $

Boardwalk Segways
Im Lankford Hotel
807 N. Atlantic Ave., Ocean City, MD
✆ (410) 289-1203
www.boardwalksegways.com
Tägl. 9–20 Uhr
Hier kann man nicht nur die flotten Segways mieten, sondern auch Roller und Rollstühle, die für den Strand geeignet sind.

Assateague Island National Seashore: Vogelwildnis und Brutgebiet

13 Wo 600 bunte Pfefferkuchenhäuser warten

Cape May

13. Tag: Ocean City – Lewes – Cape May (66 km/41 mi)

km/mi	Route
Morgen	Frühstück im **Ocean Club Restaurant**, 100 Coastal Hwy., im Fontainebleau Hotel, sehr amerikanisch mit toller Aussicht.
0	Von **Ocean City** nach Norden über Hwy. 1. In Höhe der 146th St. liegt linker Hand das **Fenwick Island Lighthouse**. Durch Bethany und Rehoboth Beach und in Lewes links zur Altstadt abbiegen (über Kings Hwy.).
52/32	**Lewes** (Rundgang, Erfrischung, Museum ca. 1 Std.). In Einfahrtrichtung weiter auf Savannah Rd. über den Lewes–Rehoboth Canal hinweg, rechts an Cape Henlopen Dr. und dem Zeichen LEWES–CAPE MAY FERRY folgen zum Terminal der
4/3	**Fähre** (Fahrzeit 70 Min., Wartezeit max. 2–3 Std., Abfahrtszeiten morgens von Ocean City aus erfragen). – Nach der Ankunft US 9 North, Hwy. 109 South über die Brücke Richtung CAPE MAY und Ausfahrt beim Schild HISTORIC CAPE MAY rechts (über Lafayette St.) nach
Nachmittag	
10/6	**Cape May**.

Fenwick Island Lighthouse: Der 26 Meter hohe Turm wurde 1858 gebaut

Unser heutiges Tagesziel Cape May ist die älteste Sommerfrische der USA, in der schon Abraham Lincoln und Henry Ford ihren Urlaub verbrachten. Die Altstadt steht unter Denkmalschutz und etliche der 600 bunten viktorianischen Villen, *Painted Ladies* genannt, säumen sogar den Strand – einen der schönsten der Ostküste. Eine letzte Gelegenheit für entspannte Stunden mit mediterranem Flair und unverbrauchtem Kleinstadt-Charme vor dem Paukenschlag Atlantic City.

In den nördlichen Ausläufern von Ocean City steckt noch ein geschichtsträchtiges Detail, die Mason-Dixon Line, an die bei so viel Seeluft und Ferienhäusern niemand denkt. Gleichwohl: Am Zaun des alten **Fenwick Island Lighthouse**, in der Höhe der 146. Straße, stellt eine Plakette klar, dass hier jene Grenze verläuft, die einst Welten voneinander trennte. Die Mason-Dixon-Linie, benannt nach dem Astronomen Charles Mason und dem Geodäten Jeremiah Dixon, bildet die traditionelle Grenze zwischen den Nord- und den Südstaaten der USA. Sie wurde zwischen 1763 und 1767 vermessen; der Begriff wird bis heute für die kulturelle Grenze zwischen den Nord- und Südstaaten verwendet, vor allem mit Bezug auf die Frage der Sklaverei.

Fenwick Island, schmal wie die meisten *barrier islands*, lädt in seinem State Park auf der Luv-Seite zum Bade und auf der Lee-Seite zum Bootsverleih. Zwischen See und Watt, Dünen und Kiefern, strebt der Highway von einem Badeort zum nächsten.

Bethany Beach hat im Sommer 12 000 Einwohner, im Winter 330. Aber selbst zur Hauptsaison setzt man hier auf Ruhe. Ein populärer Ice-Cream-Schuppen sorgt deshalb mehr fürs Nachtleben als Lokale mit *booze licence* – ganz anders also als in **Rehoboth Beach**, dem renommiertesten Seebad von Delaware, das im Sommer leicht auf 50 000 Einwohner anschwillt, während es im Winter auf 1730 schrumpft – auf ein konservatives Städtchen braver Kirchgänger. Stolz nennt es sich zur Hochsaison »Sommerhauptstadt der USA«, weil dann vorzugsweise Washingtonians hier urlauben, die vor der Hitze der Potomac-Sümpfe ans Meer fliehen.

Tatsächlich halten sich alle großen Metropolen des Städtekorridors ihren eigenen Strandspielplatz: Baltimore schwört auf Ocean City, Philadelphia auf Atlantic City, Washington auf Rehoboth Beach. Dort erwartet sie außer frischer Luft und meilenweit gepflegten Stränden seit 1915 ein kleiner Boardwalk, wo sich die Badegemeinde zwanglos mischt, Familien ebenso wie Schwule. Kulinarisch dominiert Fast Food und auch für die Kids ist gesorgt – in Funland, einem Kirmesplatz für jedermann. Morgens kann man bis 10 Uhr Fahrrad fahren, aber Inliner und zur sommerlichen Hochsaison auch Hunde sind hier tabu.

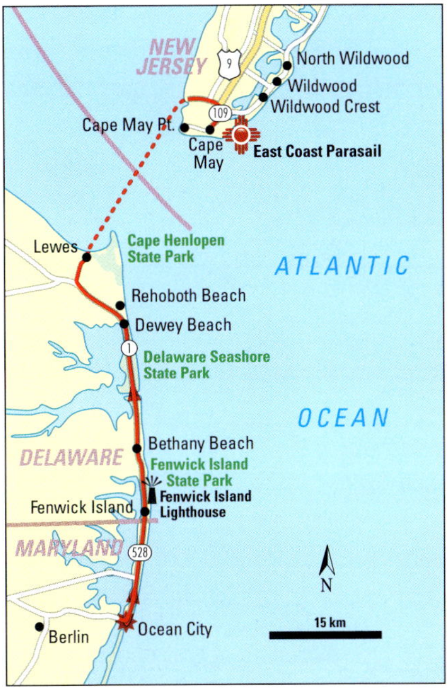

Zwischen beiden Orten liegt der stille **Delaware Seashore State Park:** Nichts ON SALE, nichts wird verkauft, gebaut, erschlossen – eine natürliche Oase der strengen Parkranger, ein Campground eingeschlossen.

Holländische Klompen in Lewes

Dass **Lewes** (gesprochen: Lu:s oder Lues) gewöhnlich links liegenbleibt, ist verständlich, weil alle, die hier ankommen, nur die Fähre im Kopf haben und weiterfahren. Schade, denn dieses 1631 von Niederländern gegründete Zwaanendael besitzt ein hübsches historisches Viertel und ein unterhaltsames Museum. Die »First Town in the First State«, wie die lokale Handelskammer textet, ist tatsächlich die erste europäische Kolonie von Delaware.

Die Siedler dachten, auf dieser Landzunge zwischen Atlantik und Chesapeake Bay, das heute Cape Henlopen heißt, einen idealen Platz zur Errichtung einer Walfangstation ausgemacht zu haben. Doch bald gab es Streit mit den Indianern und bei einem Überfall kamen nahezu alle Weißen um. 1682 fiel das Land an William Penn und durch ihn an die Engländer; aus Zwaanendael wurde, als Referenz an die gleichnamige englische Stadt, Lewes.

Doch der Ärger ging weiter. Der berüchtigte Captain Kidd und andere Piraten suchten die Siedlung heim und im Revolutionskrieg nahm eine britische Fregatte den Ort unter Feuer. Allerdings ohne großen Erfolg. Lediglich ein Huhn kam um und eine Sau wurde verletzt, denn nur eine einzige Kugel traf 1813 das Städtchen. Die Einschlagstelle hat bis heute einen Namen: Cannonball House in 118 Front Street.

Die **Second Street** ist so etwas wie die gute Stube von Lewes. Sandwiches

Villen in Cape May – wie in einer viktorianischen Filmkulisse

und Süßigkeiten locken zwischen den Shops, Boutiquen und ansehnlichen alten Hausfassaden, die Locals schwatzen oder lesen Zeitung. Am Ende der Straße, im historischen Karree des Shipcarpenter Square stehen noch einige restaurierte Bauten aus dem 18. und 19. Jahrhundert, unter anderen das originelle **Doctor's Office** von 1850, eine Arztpraxis in Form eines Miniaturtempels.

Die Perle von Lewes ist aber zweifellos das **Zwaanendael Museum**. Schon der putzige Bau selbst wird die Herzen der niederländischen Besucher erwärmen, denn er weckt heimatliche Gefühle, weil es sich um eine verkleinerte Kopie des Rathauses des niederländischen Hoorn handelt, des Herkunftsorts der Siedler. Sie nannten ihre neue Heimat »Zwaanendael Settlement«, offenbar, weil es hier von Schwänen nur so wimmelte. 1931, 300 Jahre danach, errichtete man das Museum zum Andenken an diese Ursiedlung von Delaware. Drinnen werden Memorabilien niederländischer Kultur präsentiert, historische Kostüme, »Klompen«, Pfeifen, eine alte Spekulatiusbackform und etwas Delfter Porzellan.

Die maritime Tradition lebt in Lewes fort – am Hafen, wo eine beachtliche Charterbootflotte vor Anker liegt. Außerdem sitzen hier viele Lotsen, die von Lewes aus Cargo-Pötte und Öltanker nach Wilmington, Philadelphia und Camden durch die Bay geleiten.

Pastellbunte Villen in Cape May

Mit **Cape May** beginnt New Jersey und man kommt gleich aus dem Staunen nicht heraus, sondern hat den Eindruck, in einem viktorianischen Filmset gelandet zu sein, das alles bisher Gesehene in den Schatten stellt, einschließlich der hochhausfreien Strände. Anders als Virginia Beach oder Ocean City ist die Atmosphäre von Cape May von Grund

Cape May: die älteste Sommerfrische der Ostküste

auf europäisch. Hier liegt Great Britain quasi am Mittelmeer, mit dem Ritual des High Tea am Nachmittag, mit belebten Promenaden, bunten Sonnenzelten, mit Malkursen unter freiem Himmel und öffentlichen Konzerten – und natürlich mit den 600 prachtvollen, pastellbunten viktorianischen Villen, die man hier gerne *Painted Ladies* nennt.

Diese sympathische Ausstrahlung hat Tradition. Cape May rühmt sich, das älteste *seaside resort* der amerikanischen Ostküste zu sein, und mit Nachdruck verweist man auf Präsidenten-Prominenz (Pierce, Buchanan, Lincoln, Grant, Harrison), die sich hier einen guten Tag zu machen pflegte. Kurz nachdem die Pilgerväter in Plymouth, Massachussetts, landeten, erkundete der holländische Kapitän Cornelius Jacobsen Mey den Delaware River und gab 1621 der Halbinsel seinen Namen. Doch ähnlich wie in Zwaanendael waren es nicht Niederländer, die den Ort besiedelten, sondern Walfänger aus Neu-England. Das mit dem Walgeschäft klappte allerdings auf Dauer nicht und man wechselte im 18. Jahrhundert zur Landwirtschaft.

Ein gutes Jahrhundert später, 1761, präsentierte sich das inzwischen anglizierte Cape May schon als Seebadeort. Wenig später kam die Presse ins Spiel. 1766 war in einer Anzeige der *Pennsyl-*

vania Gazette zu lesen, welche gesundheitlichen Vorzüge das Kap zu bieten hatte. Sie stammte von einem Farmer, der zugleich bekanntgab, dass er auch Räume an zahlende Gäste vermieten könne, weil seine Familie kleiner und damit sein Haus größer geworden sei.

Als dies Wirkung zeigte, waren die Besucher dennoch nicht die ersten, die die Sommerfreuden am Meer zu schätzen begannen; schon die Kechemeche-Indianer, eine Gruppe vom Stamm der Lenni-Lenapes-Indianer (deren Vorfahren die Siedlung von Zwaanendael zerstörten), hatten lange vorher bereits ihre Sommer am Kap verbracht.

Urbane Puppenstube

Nach dem Krieg von 1812 wuchs die Popularität des Ortes, obwohl die Anreise mit dem Pferd, der Kutsche oder dem Segelschiff umständlich und beschwerlich war. Erst die Dampfschiffe und die Eisenbahn brachten Schwung ins Gästeaufkommen, der bis in die 1920er Jahre anhielt, danach aber abflachte, weil sich Atlantic City und Asbury Park als zeitgemäßere Freizeitziele zu verkaufen wussten. Cape May hatte plötzlich ein altmodisches Image.

Cape May Point Lighthouse am südlichsten Zipfel von New Jersey

Dabei war es eine große Katastrophe, die dazu beigetragen hatte, das Seebad architektonisch auf dem neuesten Stand zu halten. Verheerende Feuer sorgten 1878 dafür, dass die gewachsene Bausubstanz vernichtet und mit den Neubau eine viktorianische Renaissance begann, die heute das größte touristische Pfund des Städtchens Cape May darstellt. In den 1960er Jahren wurde dieser historische Kern aufwändig aufpoliert, und in den 1970ern komplett unter Denkmalschutz gestellt. Seither leuchtet sein historisches Ensemble in zarten Pastelltönen.

Ideal lassen sich die verspielten Formen dieser urbanen Puppenstube zu Fuß oder mit dem Rad erkunden – die Cupolas und Veranden, die Holzzäune und schmiedeeisernen Gitter, die Gazebos und die geschnitzten Ornamente im Pfefferkuchenstil *(gingerbread)*. Das **Emlen Physick Estate**, das **Pink House**, aber auch ziselierte Herbergen wie der **Mainstay Inn** oder **Sea Mist** sind nur einige der zahlreichen Rosinen dieser Baukunst. Auch die Washington Street Mall lädt zum Bummeln ein und erst recht die Promenade (Beach Ave.) vorn am breiten Strand. Ihr kleiner Schönheitsfehler: sie kostet. Nicht die Welt, aber immerhin ein paar Dollar. Normalerweise regeln die Hotels die Ticketfrage. Es gibt Dauerkarten und spezielle Hotelarrangements.

Über den Sunset Boulevard gelangt man in wenigen Minuten zum südlichsten Zipfel von New Jersey, nach **Cape May Point**, einem reizvollen kleinen Badeort (1875 vom Großkaufmann John Wanamaker aus Philadelphia gegründet), wo man am Sunset Beach die bei Kieselsteinsammlern begehrten Quarzbröckchen finden kann, die als »Cape May Diamonds« bekannt sind. Im angrenzenden Cape May Point State Park steht das alte **Cape May Point Lighthouse** von 1859.

Freisitz: In 150 Metern Höhe ist es so still, dass man das Blut in den Ohren rauschen hört

MAGIC MOMENT Im Himmel über Cape May

Ganz still ist es hoch da oben, so lautlos, dass man das eigene Blut in den Ohren rauschen hört, jedenfalls wenn man der einzige Gast ist unter dem leuchtend gelben Schirm mit dem aufgemalten Grinsgesicht. Hier auf Cape May kann man das Parasailing auch im Duett betreiben oder sogar zu dritt, wenn man gemeinsam nicht mehr als 425 Pfund (193 kg) auf die Waage bringt. Gestartet und gelandet wird im Sitzen auf dem Boot, so dass man nicht mal nasse Füße bekommt, wenn man das nicht ausdrücklich möchte. Wer will, bekommt einen *wet dip*, wird kurz vor der Landung bis zu den Knien ins Meer getunkt. Man muss weder schwimmen können noch irgendeine Kondition haben.

Wenn man die Flughöhe von 500 Feet (etwa 150 m) erreicht hat, scheint alles stillzustehen und man hat jede Menge Zeit sich umzuschauen, mit einer Sicht, die noch nie so frei war, ohne Fenster, ohne Glasscheiben oder Gitter: Der Blick geht über die Delaware Bay wo die Fähren wie Spielzeugschiffchen durchs Meer ziehen, über die Strände von Rehoboth Beach und Bethany Beach zur Skyline und dem Boardwalk von Ocean City. Und natürlich auf die bunten Villen von Cape May und hinab auf das frappierend winzige Boot, das einen an der langen Leine hält und doch so viel kleiner zu sein scheint als die eigenen Füße, die im Himmel baumeln.

East Coast Parasail
1121 Rt. 109 (Utsch's Marina)
Cape May, NJ
✆ (609) 898-8359

www.eastcoastparasail.com
Mai–Sept. tägl. 8 Uhr bis Sonnenuntergang
Kosten pro Flug und Person $ 70, Begleitpersonen an Bord $ 35

13 Service & Tipps

Fenwick Island Lighthouse
Lighthouse Ave. & 146th St.
Fenwick Island, DE
www.fenwickislandlighthouse.org
Juli/Aug. Fr–Mo, Mai/Juni und Sept. Sa/So 9–12 Uhr
Zierlicher Leuchtturm von 1858 mit der Informationstafel über die historische Mason-Dixon Line.

Lewes, DE

Lewes Chamber of Commerce & Visitors Bureau, Inc.
120 Kings Hwy., Lewes, DE 19958
✆ (302) 645-8073 und 1-877-465-3937
www.leweschamber.com
Mo–Fr 10–16, Mai–Sept. auch Sa 9–15, So 10–14 Uhr
Im Fisher-Martin House von 1730 erhält man Auskünfte über die Stadt.

Zwaanendael Museum
102 Kings Hwy. (Savannah Rd.)
Lewes, DE
✆ (302) 645-1148
April–Okt. Di–Sa 10–16.30, So 13.30–16.30, sonst Mi–Sa 10–16.30 Uhr, Eintritt frei
Stadtmuseum. Unterwasser-Archäologie des vor Ort gesunkenen Schiffs »De Braak« (Erdgeschoss). Oben: niederländische Kulturgeschichte.

Hotel Rodney
142 2nd & Market Sts., Lewes, DE
✆ (302) 645-6466 und 1-800-824-8754
www.hotelrodneydelaware.com
Boutiquehotel von 1926 im Herzen der Altstadt, 20 Zimmer und vier Suiten auf zwei Stockwerken, alles neu renoviert und ausgestattet. $$–$$$

Buttery Restaurant
102 2nd St., Lewes, DE
✆ (302) 645-7755
www.butteryrestaurant.com
Tägl. 11.30–21 Uhr, Jan.–März Mi geschl.
Originelles Restaurant mit einfallsreicher Küche. Lunch und Dinner, So Brunch. $–$$$

Cape Henlopen State Park
42 Cape Henlopen Dr. (1 mi östl. von Lewes nahe der Fähre), Lewes, DE
✆ (302) 645-8983
www.destateparks.com/park/cape-henlopen
Ganzjährig 8 Uhr bis Sonnenuntergang
Eintritt $ 10
Kap der guten Erholung: Schwimmen, Wandern, Angeln, schöner Strand, Dünen, maritime Wäldchen und eine naturgeschützte Salzwasserlagune. Kein geringerer als William Penn erklärte das ihm 1682 übertragene Land als öffentlich und zum Nutzen aller. 1941 allerdings vereinnahmte die Navy diesen strategischen Posten und versteckte Bunker unter den Dünen; 1964 entstand der heutige State Park. Campground, Reservierung ✆ 1-877-98PARKS.

Indian River Marina im Delaware Seashore State Park: Sommercamps am Cape Henlopen

Fähre Lewes, MD–Cape May, NJ
✆ 1-800-643-3779, www.cmlf.com
Überfahrt: ca. 70 Min.
Reservierungen mindestens 24 Stunden vor Abfahrt. Etwa 60 Minuten vor der Abfahrt vor Ort sein.

Cape May, NJ

Cape May Welcome Center
609 Lafayette St., Cape May, NJ 08204
✆ (609) 884-5508, www.capemay.com
Mai–Okt. tägl. 9–17 Uhr
Ehemalige Kirche (1853), heute weltliches Infocenter mit orientalisch angehauchter Cupola.

Beauclaires Bed & Breakfast
23 Ocean St., Cape May, NJ
✆ (609) 898-1222, www.beauclaires.com
Sechs elegante Zimmer in einem Inn aus dem Jahr 1879 im Herzen von Historic Downtown und wenige Schritte zum Strand. Keine Kinder unter 8 Jahren. $$$–$$$$

The Mainstay Bed & Breakfast Inn
635 Columbia Ave., Cape May, NJ
✆ (609) 884-8690, www.mainstayinn.com
Dieses viktorianische Prachtstück, ursprünglich ein Spielkasino und Herrenclub, hat das mit Abstand eleganteste Interieur, Afternoon Tea und 16 Zimmer mit Frühstück. $$$–$$$$

La Mer Beachfront Inn
1317 Beach Ave., Cape May, NJ 08204
✆ (609) 884-9000, www.capemaylamer.com
Modernes Hotel am Strand, alle Zimmer mit Balkon, Kühlschrank, Mikrowelle, kostenloser Parkplatz. $$–$$$

The Virginia Hotel
25 Jackson St., Cape May, NJ
✆ 1-800-732-4236, www.caperesorts.com/hotels/capemay/virginiahotel
Hübsches und stilvolles Pfefferkuchenhaus von 1879 mit 24 Zimmern in zarten Pastelltönen. Afternoon Tea. Frühstück im Zimmerpreis eingeschlossen. Hervorragendes Restaurant im Haus (The Ebbitt Room, $$–$$$). $$–$$$

Emlen Physick Estate
1048 Washington St., Cape May, NJ
✆ (609) 884-5404
www.capemaymac.org/emlen-physick-estate

Bonbonladen: Die kuriosen Salt Water Taffys sind beliebte Mitbringsel aus der Region

Tägl. 9–16.15 Uhr, Eintritt $ 12/8 (3–12 J.)
1879 erbaut von Frank Furness, einem Architekten aus Philadelphia. 18 Räume mit viktorianischen Möbeln, Kleidern, Spiel- und Werkzeugen. Führungen.

The Washington Inn
801 Washington St., Cape May, NJ
✆ (609) 884-5697
www.washingtoninn.com
Edles Speiselokal (auch *garden dining*) in einem alten Plantagenhaus. Vorzügliche Steaks und Meeresfrüchte. Beachtlicher Weinkeller. Cocktail Lounge. Nur Dinner. $$–$$$

The Lobster House Restaurant & Bar
Fisherman's Wharf, Südende der Cold Spring Bridge (Garden State Pkwy.)
Cape May, NJ
✆ (609) 884-8296
www.thelobsterhouse.com
Tägl. April–Dez. 11.30–15 und 16.30–22, Jan.–März bis 21 Uhr, keine Reservierung
Beliebter Lunchplatz (und Fischmarkt) am Hafen. Fünf große Räume, die den Hafen überblicken, serviert wird hauptsächlich frisches Seafood: Hummer werden mit dem Holzhammer auf den Tischen zertrümmert. Cocktails, Lunch ($) und Dinner. $–$$$

Pier House Restaurant
1327 Beach Ave., Cape May, NJ
✆ (609) 898-0300
www.pierhousecapemay.com
Tägl. 8–21 Uhr
Modernes Restaurant am Wasser, feine Seafood- und Steakküche, wahlweise draußen oder drinnen. $–$$

14 Monopoly am Meer

Atlantic City und zum Flughafen Philly

14. Tag: Cape May – Atlantic City (77 km/48 mi) – Airport Philadelphia (181 km/113 mi)

km/mi	Route
Morgen	
0	**Von Cape May** auf Hwy. 109 North zum Garden State Pkwy. und diesen nach Norden, auf Atlantic City Expwy. East nach
77/48	**Atlantic City**.
Heimflug	
0	Abfahrt in **Atlantic City** auf Atlantic City Expwy. West, Hwy. 42 und I-76 West zum
104/65	**Flughafen Philadelphia**.

Wer die amerikanische TV-Serie »Boardwalk Empire« kennt, der kennt die Geschichte von Atlantic City. Und auch wenn die preisgekrönte Serie zur Zeit der Prohibition spielt, so kommt einem vor Ort doch vieles vertraut vor – auch die seltsamen *rolling chairs*, die aussehen wie Strandkörbe auf Rädern. Schon Enoch »Nucky« Thompson und Al Capone ließen sich in den 1920er Jahren darin über den Boardwalk schieben, heute tun es ihnen die Touristen nach.

Zügig eilt der Garden State Parkway nach Norden, ab und zu unterbrochen durch Ausblicke auf das Marschland. **Atlantic City**, die Spielerstadt auf der Insel, profiliert sich vorn auf der Lagune als Skyline hoher Kasinobunker und dahinter als ein Gemenge niedriger Schuppen, Buden und Parkplätze.

Atlantic City hat im Vergleich zur großen Konkurrenz Las Vegas einen gewaltigen Standortvorteil: die Lage am Meer und damit auch den unvergleichlichen Boardwalk, dessen Holzplanken sich breit und meilenweit am Strand entlang erstrecken – vorbei an der Phalanx der Spielpaläste und Piers, meist vollgepackt mit Flaneuren zu Fuß, per Rad und in eigenartigen Passagierwägelchen, die von jungen Männern mit kurzen Hosen und strammen Waden geschoben werden, eben jene *rolling chairs* wie man sie schon auf den alten Schwarzweißfotos entdecken kann.

Knapp 40 Millionen Besucher kommen jährlich nach Atlantic City, mehr als nach Disney World oder zu den Niagarafällen. Ein Grund dafür liegt auf der Hand, denn ein Drittel der gesamten US-Bevölkerung lebt im Umkreis von nicht mehr als 300 Meilen. Die Stadt liegt im

Schnittpunkt der großen Metropolen der Ostküste und ist von Philadelphia in einer und von New York in zwei Stunden zu erreichen. Und sie hat eine zugkräftige Mischung zu bieten, einen erfolgreichen Mix aus Kurort und Kasinos, Sommerfrische und Nervenkitzel. »Ocean, emotion and constant promotion«, reimt das städtische Verkehrsbüro. Unterm Strich bedeutet das keineswegs nur Harmonie, im Gegenteil. Hart knallt die Kraut-und-Rüben-Architektur der Wohnquartiere auf den glatten Glamour der Kasinos, die South Bronx auf 1001 Nacht.

Rollstühle für die Gäste

Nicht immer war *Slot City*, die Stadt der Spielautomaten, so widersprüchlich, denn am Anfang ging es einfach nur um das Geschäft mit der Salzluft. Lange im toten Winkel des Siedlerinteresses begannen in der Mitte des vorigen Jahrhunderts einige Entrepreneure auf Absecon Island einen Fluchtpunkt für Erholungbedürftige aus den großen Nachbarstädten zu schaffen. Schienen wurden verlegt, ein Leuchtturm, Badehäuser und Hotels entstanden und 1870 hatte der Eisenbahner Alexander Boardman die Idee, wie man verhindern konnte, dass ständig Sand in die Hotels geschleppt wurde. Er baute den später nach ihm benannten »Boardwalk«, den Großvater aller gleichnamigen Holzwege in den USA, der bis heute die Hauptstraße von Atlantic City geblieben ist.

Der Ruf des Seebads festigte sich bald, als in der Ostküstenpresse die ersten Lobsprüche und Slogans auftauchten. Atlantic City: die »Lunge von Philadelphia«, »America's First Resort« oder die »Queen of Resorts«. Kolorierte Ansichtskarten mit neckischen Badenixen überschwemmten den Handel und sorgten zusätzlich für Publicity. 1890 wurde auf Howard's Pier das erste Ka-

Atlantic City: Hier spielt die amerikanische Mafia-Serie »Boardwalk Empire«

russell Amerikas installiert, hergestellt vom deutschen Möbelschreiner Gustav Deutzel, der zuvor in Philadelphia ein Modell gebaut hatte. Es nährte fortan die Vorstellung von einem Zirkus am Meer und sein erster Betreiber wurde steinreich. Der Typ des *amusement pier* war geboren und sollte Schule machen.

Bis in die 1920er hinein durchlebte die Stadt ihre goldenen Jahre, geprägt von der Klientel der Luxushotels, der glitzernden Schönheitswettbewerbe um »Miss America«, den Besuchen von Al Capone und Kollegen. Dennoch war man von Anfang an weniger auf das Highlife als auf die Mittelklasse und jene kleinen Leute fixiert, die der Fabrikwelt und den innerstädtischen Slums entfliehen wollten. Für ein Zugticket konnten sie sich auf dem Spielplatz am Meer ein paar Luxus-Imitate leisten. Auch die *rolling chairs* auf dem Boardwalk haben dort ihren Ursprung. Sie waren eigentlich Rollstühle für Gäste, die sich von der Seeluft Genesung von ihren Leiden versprachen. Erst später wurden die Kleinkutschen zum Symbol des unbeschwerten Freizeitlebens.

Shows, Tingeltangel und fauler Zauber beherrschten einstweilen die Entertainment-Szene in den Tanzschuppen, Biergärten und am Boardwalk. Auch ein gewisser William Claude Dukinfield war dabei und verdiente sich unter den Gauklern als Jongleur und Mädchen für alles erste Sporen; jener Mann, der sich später zu einem der bekanntesten Komiker entwickeln sollte, der Weihnachten, Hunde und Kinder hasste: W.C. Fields.

Zwiespältige Gefühle

Es muss wohl schon damals etwas sehr Amerikanisches im Vergnügungsrummel dieses *glittering getaway* gesteckt haben, denn was vor Ort gefiel, verursachte bei Besuchern aus Europa zumindest zwiespältige Gefühle. Karl Baedeker erhob 1909 Atlantic City zwar zum achten Weltwunder, sah in ihm aber auch einen Ort, der durch seine Grobheit überwältige, dessen »Vulgarität« etwas »Kolossales« habe, der hassenswert und großartig zugleich wirke. Während der Prohibition kamen andere Vergleiche in Mode. Illegaler Schnapshandel, Wetten

Boardwalk von Atlantic City: Die extravaganten Kasinos machen als geschlossene Festungen mit Spielen, Schlafen, Essen und Shopping das große Geschäft, der Rest verfällt dem Ramsch

Eiscremestand auf dem Boardwalk

und Bordelle machten Atlantic City zum East Coast Babylon. Der trotz weltweiter Depression florierende Bauboom regte einen Herrn Charles Darrow dazu an, für das von ihm entwickelte Gesellschaftsspiel »Monopoly« Straßennamen aus Atlantic City zu verwenden.

Nach dem Zweiten Weltkrieg ging es erst einmal bergab. Die Reisegewohnheiten änderten sich, der wachsende Flugverkehr brachte die Urlauber aus New York, Philadelphia oder Wilmington schneller zu exotischeren Stränden: auf die Bahamas, in die Karibik, nach Florida. Der Versuch, an lukrative Tagungsdollars heranzukommen und Atlantic City zum Sitz der Vereinten Nationen zu machen, scheiterte.

In der Not bemühte man sich um die rechtlichen Voraussetzungen für die Zulassung des Glücksspiels, obwohl Kartenspiele, Lotterien, Hunde- und Pferdewetten immer schon gang und gäbe waren – aber eben nicht offiziell. 1976 gab eine landesweite Abstimmung grünes Licht für legale Spielkasinos in Atlantic City und zwei Jahre später drehten sich die ersten Glücksräder im »Resorts International«.

Je schneller und extravaganter der Bau der Spielpaläste ins Rollen kam, umso mehr verfiel die alte Pracht der Hotelkultur. Bezeichnenderweise beginnt »Atlantic City«, der inzwischen legendäre Film von Louis Malle (1981), mit einer Abrissbirne, die das einst größte Hotel am Platz (»The Traymore«) nieder macht. Anderen historischen Substanzen erging es nicht besser. An ihre Stelle setzten sich die Kasinos als geschlossene Festungen des Spielens, Schlafens, Essens und Kaufens. Der Rest der Stadt verfiel dem Ramsch. Bis heute.

Fantasypaläste und Fast Food

Auch in puncto Entertainment besitzen die Hochburgen des Glücks das Monopol und machen die Nacht zum Tag. Vom Bolschoi-Ballett bis zu The Who – kein Superstar der Musikszene, der sich hier nicht blicken ließe. Und während die Kasino-Industrie immer raffiniertere Methoden entwickelt, um die Besucher möglichst rund um die Uhr bei der Stange zu halten und jährlich Millionen für freie Drinks, Snacks, Übernachtungen, Limousinen- und Helikopterservice verschleudert, bleibt die Stadt in ihrer sozialen Struktur auf sich gestellt.

Leere Grundstücke, notdürftig reparierte Fenster, Obdachlose – diese kaputten Kulissen im Hinterhof des Glücks sorgten für viele bittere Kontroversen zwischen Stadtverwaltung und Kasino-Management. Ist die Industrie für das Allgemeinwohl zuständig und zur städtischen Sanierung verpflichtet oder hat sie nicht schon genug investiert, um Atlantic City vor dem völligen Aus zu retten?

Boardwalk, der Brettersteg des Volksvergnügens: Handleser *(palm reader)*, und CASH FOR GOLD-Läden beherrschen über weite Strecken das Angebot, und zwischen Fast Food und Billigkitsch prangen die Fantasy-Paläste, für deren Architektur und Interieur das Leihhaus

Außerhalb des Boardwalk ist Atlantic City von Verfall und Ramsch geprägt

der Kunstgeschichte gründlich geplündert wurde, von Michelangelos »David«, Größe XL, bis zu dem römischen Streitwagen mit vier weißen Rössern mit goldenem Zaumzeug vor dem Caesars Hotel.

Mehr als ein Dutzend solcher Luftschlösser überragt heute die 39000-Einwohner-Stadt. Im klimatisierten fensterlosen Innern bieten fußballfeldgroße Spielsäle rund um die Uhr allen Raum, die ihr Glück versuchen wollen – den risikofreudigen *high rollers* und Hasardeuren ebenso wie den Rentnern aus den 1300 Charterbussen, die täglich Parkplätze und Straßen verstopfen. An den rund 20000 Automaten, bei den bunten Bildchen der Kirschen, Melonen und Glocken, harren die meisten mit Plastikbechern und angeschwärzten Händen stunden- und nächtelang aus, während es bei Black Jack oder Craps, Baccara oder Roulette schnell richtig teuer werden kann.

Am Strand von Brigantine findet man mit etwas Glück die urzeitlichen Horseshoe Crabs

Dabei haben die Zuschauer eindeutig die besten Karten. Die Kasinos erstatten die meisten Dollars der *casino package trips* der Gray Line von New York nach Atlantic City in 25-Cent-Stücken zurück und geben sogar noch ein paar Dollar mehr an Essenmarken oder Spielgeld oben drauf. Wer der Versuchung widersteht, kann sich also einen preiswerten Nachmittag am Boardwalk machen.

Hurrican Sandy blieb hier harmlos

Viele tun das auch. Überhaupt sieht man jede Menge rundum zufriedene Badegäste und gutgelaunte Familien am Strand. Der ist keineswegs großartig, aber immerhin sauber und einladend, im Sommer bewacht und mit praktischen Badehäuschen bestückt.

Strände sonst? Ja, der von Brigantine zum Beispiel, nur sieben Autominuten weiter nördlich. In diesem erholsamen Örtchen haben sich die Kasino-Angestellten eingerichtet. Hier kann man Frisbee spielen, laufen, baden oder die urzeitlichen *horseshoe crabs* bestaunen, fossile und schwer gepanzerte Pfeilschwanzkrebse von beträchtlicher Größe, die an der nördlichen Atlantikküste häufig vorkommen. Am Strand stehen vereinzelt Jeeps und Angler. Die Männer machen sich in langen Gummihosen an den Geräten zu schaffen, die Frauen sitzen neben dem Auto, lesen Liebesromane und hören Radio.

Hurrican »Sandy« übrigens, der 2012 so viele Städte an der Ostküste übel demoliert hat, verschonte Atlantic City fast völlig. Die *New York Times* schickte seinerzeit am Tag darauf einen Reporter auf den Boardwalk, der melden konnte, dass entgegen allen Katastophennachrichten im TV in Atlantic City ganz entspannte Elvis- und Michael-Jackson-Impersonators unterwegs sind, dass im Fralinger's Store am Boardwalk weiterhin die berühmten *Saltwater Taffys* in allen Geschmacksrichtungen verkauft werden und dass in den Strandbars wie Bally's Bikini Bar, Backyard Bar at Caesars und LandShark Bar & Grill bereits wieder die Liegestühle aufgestellt werden. Sein Fazit: »Atlantic City is open for business after the storm.« Mit dieser Nachricht durfte der glückliche Reporter, der zuvor an den Slot Machines sogar noch 60 Dollar gewonnen hatte, zurückfahren nach New York.

Wir halten das Weckerklingeln am nächsten Morgen leider nur kurz für einen Volltreffer. Zwar meldet sich der Hotelwecker in Atlantic City mit dem perfekten Spielhöllen-Sound, ganz so, als rasselten eimerweise Münzen in die eisernen Becken der Spielautomaten – aber nichts da, für uns heißt es *Farewell* statt *Jackpot!* Immerhin steht wenigstens ein stressfreies Ende unserer Reise in Aussicht, denn der Flughafen von Philadelphia ist nur 65 Meilen oder eine Stunde Fahrzeit entfernt.

MAGIC MOMENT Inside Lucy

In Margate, 15 Autominuten südlich von Atlantic City, bietet Absecon Beach die jugendlichere und geselligere Alternative zum ruhigen Brigantine und einen Gruß aus der guten alten Anfangszeit von Atlantic City: **Lucy the Elephant**, ein 65 Tonnen schweres Gebäude, das aussieht wie – yep, erraten! – ein Elefant. 1881 wurde er als Werbegag für einen Grundstücksmakler gebaut, dann diente er als Blickfang für das Elephant Hotel, damals leuchteten nachts sogar die Augen. In den 1970er Jahren nahm sich ein »Save Lucy Committee« des abgewrackten Wahrzeichens an und seither ist er stolzes Mitglied der Liste des National Register of Historic Places – und eines jener schrägen und skurrilen Americana, von denen in den ganzen USA nur noch wenige überlebt haben. Die Tour dauert 30 Minuten.

Lucy the Elephant
9200 Atlantic Ave., Josephine Harron Park
Margate City, NJ 08402
✆ (609) 823-6473, www.lucytheelephant.org
Mitte Juni–Aug. Mo–Sa 10–20, So 10–17, Mai–Mitte Juni und Sept./Okt. Mo–Fr, Nov./Dez. und April Mi–Fr 11–16, Sa/So 10–17, Jan.–März nur Sa/So 11–16 Uhr
Führung alle halbe Stunde, letzte Führung jeweils eine Stunde vor Schluss
Eintritt $ 8/4 (3–12 J.)

»Lucy« freut sich über Gäste

14 Service & Tipps

Atlantic City

The Greater Atlantic City Convention & Visitors Bureau
2314 Pacific Ave., Atlantic City, NJ 08401
✆ (609) 348-7100 oder 1-888-228-4748
www.atlanticcitynj.com
Infos, Auskünfte, bei Anruf manchmal Hotel-Schnäppchen.

Golden Nugget Hotel & Marina
Huron & Brigantine Blvd.
Atlantic City, NJ
✆ (609) 441-2000
www.goldennugget.com/atlanticcity
Großer Hotelkomplex weit weg vom Boardwalk mit Blick auf den Hafen.
$$–$$$$

Caesars Atlantic City Hotel & Casino
2100 Pacific Ave., Atlantic City, NJ
✆ (609) 348-4411
www.caesars.com/caesars-ac
Eines der ersten und luxuriösesten Hotels mit mehr als 500 Zimmern im Hauptgebäude und 610 Zimmern im 1997 ergänzten, 91 m hohen Centurion Tower. In einer der größten Spielhallen der Stadt stehen 3500 Spielautomaten *(slot machines)*, außerdem gibt es Restaurants, Cafés und einen Spa-Bereich. Im hauseigenen Theater (Circus Maximus Showroom) traten schon immer die Stars ihrer Zeit auf, von Frank Sinatra bis Liza Minnelli. $–$$$$

Harrah's Resort Atlantic City
777 Harrah's Blvd., Atlantic City, NJ
✆ (609) 441-5000
www.caesars.com/harrahs-ac
Hotelgigant mit über 2500 Zimmern, etliche Restaurants, großes Hotelkasino. $–$$$$

Days Inn Atlantic City Oceanfront Boardwalk
3000 Boardwalk & Morris St.
Atlantic City, NJ
✆ (609) 344-6101
www.wyndhamhotels.com/days-inn
Standardmotel mit Pool und Frühstücksbuffet, direkt am Boardwalk, nur wenige Schritte vom Tropicana Atlantic City Casino entfernt. Gratis-Parkplatz. $–$$$

Atlantic City Free Public Library
1 N. Tennessee Ave.
Atlantic City, NJ
✆ 609) 345-2269
www.atlanticcityexperience.org
Mo–Sa 9.30–17 Uhr, Eintritt frei

Strandleben vor der Skyline von Atlantic City

Hier lernt man die Geschichte von Atlantic City kennen und auch die echten Figuren hinter dem »Boardwalk Empire« wie Enoch »Nucky« Johnson, der Atlantic City zur Zeit der Prohibition inoffiziell aber sehr effizient kontrollierte.

Absecon Lighthouse
31 S. Rhode Island Ave., Atlantic City, NJ
✆ (609) 449-1360
www.abseconlighthouse.org
Juli/Aug. tägl. 10–17, Do bis 20, Sept.–Juni Mo, Do–So 11–16 Uhr, Eintritt $ 7/4 (4–12 J.)
An einem klaren Tag lohnt es sich, die 228 Stufen hinaufzusteigen, der Blick über die Küste von New Jersey ist grandios. Der Turm stammt von 1857, ist der höchste Leuchtturm im Bundesstaat und der dritthöchste der USA.

Atlantic City Aquarium
Gardner's Basin am Ende der New Hampshire Ave., Atlantic City, NJ
✆ (690) 348-2880, www.acaquarium.com
Tägl. 10–17 Uhr, Eintritt $ 10/6 (4–12 J.)
Mit *touch tanks* für die Kinder, Relikten von Schiffswracks und der ganzen Tierwelt des Atlantiks. Tauchshow mit Fütterung, um 12 und 15 Uhr kann man selbst die Stechrochen füttern.

Die **Kasinos** sind rund um die Uhr geöffnet; Mindestalter 21 Jahre. Tickets für die Shows kann man reservieren bei den Vorverkaufsstellen der einzelnen Kasinos (Casino Box Offices) oder bei Ticketmaster, ✆ 1-800-736-1420, www.ticketmaster.com.

Restaurants in den Kasinos und im Ocean One Pier haben meist moderate Preise. *All you can eat* ist Standard in Atlantic City, besonders beliebt sind die Buffets zum Frühstück ($ 15), zum Lunch ($ 20) und Dinner ($ 32); sonntags geht man zum Brunch ($ 28).

Capriccio
Im Resorts Casino Hotel
1133 Boardwalk & North Carolina Ave.
Atlantic City, NJ
✆ (609) 340-6789
www.capriccioatlanticcity.com
Mi–Sa 17.30–22, So 9.30–14 Uhr
Exquisite Atmosphäre und hervorragende italienische Küche mit Blick auf den Atlantik. Reservierung empfohlen. $$$

Absecon Lighthouse in Atlantic City: der höchste Leuchtturm von New Jersey

Angelo's Fairmount Tavern
2300 Fairmount & Mississippi Aves.
Atlantic City, NJ
✆ (609) 344-2439
www.angelosfairmounttavern.com
Lunch tägl. 11.30–15, Dinner Mo–Fr ab 17, Sa/So ab 16.30 Uhr
Bodenständiges italienisches Familienrestaurant. $$–$$$

Dock's Oyster House
2405 Atlantic Ave. (zwischen Florida & Georgia Aves.), Atlantic City, NJ
✆ (609) 345-0092
www.docksoysterhouse.com
Tägl. 16.30–22 Uhr
Seit über 100 Jahren auf Fisch eingestellt. Altmodisch, angenehm. Gute offene Weine, freie Parkplätze, unweit vom Boardwalk $$–$$$

Kelsey & Kim's Southern Cafe
201 Melrose Ave., Atlantic City, NJ
✆ (609) 350-6800, www.kelseysac.com
Mi/Do, So 16–22, Fr/Sa 16–24, Sa/So 10–15 Uhr
Gilt als Atlantic Citys bestes Restaurant jenseits des Boardwalk, Soulfood und nette Atmosphäre, mehr Einheimische als Touristen. $ –$$

Service von A bis Z

Anreise, Einreise

Besucher aus Deutschland, Österreich und der Schweiz brauchen für die Einreise kein Visum, wenn sie nicht länger als 90 Tage in den USA bleiben. Spätestens 72 Stunden vor Reiseantritt muss man online auf www.esta.cbp.dhs.gov eine **ESTA-Genehmigung** (Electronic System for Travel Authorization) beantragen, das gilt auch für Kinder. Die Genehmigung gilt für zwei Jahre oder bis zum Ablauf des Passes. Seit September 2010 kostet das eine Einreisegebühr von $ 14, zahlen kann man online mit Kreditkarte. Details auch auf der Webseite der US-Botschaft Berlin (www.usbotschaft.de).

Alle visafrei Einreisenden müssen einen eigenen **Reisepass** haben, auch Babys und Kleinkinder. Der Pass muss noch sechs Monate gültig sein. Mit einem Pass mit biometrischen Daten in Chipform geht die Einreise an vielen US-Flughäfen schneller, weil immer öfter Automaten die Daten erfassen.

Achtung: Wer nach dem 1. März 2011 in den Irak, Iran, Sudan oder nach Syrien gereist ist, dessen ESTA-Genehmigung ist automatisch ungültig. Diese Reisenden müssen ein **B-Visum** (Besuchervisum) beantragen: Geschäftsreisende brauchen ein B-1-Visum, Touristen ein B-2-Visum. Das Prozedere kostet Zeit und Geld. Neben auszufüllenden Papieren muss jeder Antragsteller von 14 bis 79 Jahren ein persönliches Interview in einem der zuständigen US-Konsulate absolvieren. Das alles dauert mindestens zwei Wochen, besser man plant mehr Zeit ein.

Das Reisegepäck sollte nicht verschlossen sein, weil es eventuell von der Security geöffnet werden muss. Die tatsächliche Einreise vor Ort besteht dann – falls noch keine Automaten vorhanden sind – hauptsächlich aus Warterei. Nach der Landung steht man sich zuerst in der Warteschlange der Immigration, der Einreisebehörde, die Beine in den Bauch. Irgendwann ist man soweit vorgerückt, dass man am Schalter dem *immigration officer,* einem Beamten der Einwanderungsbehörde, gegenübersteht, der auf einem gläsernen Display **Fingerabdrücke** ab- und ein **digitales Foto** aufnimmt. Er oder sie erkundigt sich nach der Dauer der Reise, manchmal auch nach dem Zweck (*business* oder *vacation*), dabei ist man (wenn man kein Visum hat) mit der Angabe *vacation* auf der sicheren Seite. Anschließend nimmt man am Gepäckband den Koffer in Empfang und gibt beim Herausgehen das entsprechende Zollformular, das während des Flugs ausgeteilt wurde, dem Mitarbeiter der Zollbehörde.

Passagiere mit einem SSSS-Vermerk (für Secondary Security Screening Selection) auf der Bordkarte werden ausführlicher geprüft. Wie man auf diese Liste gerät ist noch unklar, häufig betrifft es Reisende, die sehr kurzfristig buchen und das Ticket bar bezahlen (statt mit Kreditkarte).

Aus Sorge vor Anschlägen verbieten die USA bei bestimmten Direktflügen aus dem Ausland seit 2014 die Mitnahme nicht aufgeladener Handys und anderer elektronischer Geräte. Bei den Sicherheitskontrollen werden Reisende also manchmal aufgefordert, ihre mitgebrachten Laptops und Handys einzuschalten, um zu beweisen, dass es sich tatsächlich um elektronische Geräte handelt.

Falls man den **Mietwagen** schon für den Ankunftstag gebucht hat, fährt man meist mit dem Shuttlebus der Autovermietung zum Vermietbüro, wo man sich in der nächsten Schlange anstellt, um den reservierten Mietwagen abzuholen. Besser ist allerdings, den Wagen erst zu Beginn der Rundreise zu übernehmen, weil man ihn in der Stadt nicht braucht und nur teure Parkgebühren zahlen muss.

Die Prozedur der Immigration findet übrigens immer dort statt, wo man zum ersten Mal amerikanischen Boden betritt. Fliegt man also beispielsweise über New York nach Philadelphia, findet die Immigration in New York statt und anschließend geht es in die Maschine nach Philadelphia. Bei diesem ersten Stopp muss man auch sein (zum Zielort durchgechecktes) Gepäck durch den Zoll bringen und danach wieder aufs Band für den Weiterflug laden.

Lufthansa und viele andere Airlines fliegen einmal täglich von deutschen Städten nach **New York**, die Flugpreise liegen je nach Saison zwischen € 400 und 1200 (Hin- und Rückflug Economy Class einschließlich Steuern und Gebühren). Nach **Philadelphia** gibt es kein so dichtes Netz und die Preise sind höher, deshalb beginnt unser Buch mit einem Tag in New York (der sich in jedem Fall lohnt, egal ob man zum ersten oder zum x-ten Mal hier ist). Von New York kann man wahlweise mit dem Mietwagen, aber auch mit Bus oder Zug nach Philadelphia fahren, wo dann die eigentliche Ostküsten-Route beginnt (siehe »Verkehrsmittel«).

Patriotischer Briefkasten: Die Grüße aus dem Urlaub kommen heute gratis per WhatsApp

Auskunft

ℹ Vertretung Capital Region USA
c/o Claasen Communication
Hindenburgstr. 2
64665 Alsbach
Der aktuelle, deutschsprachige Reiseplaner der Capital Region USA (für Washington DC, Maryland und Virginia) kann per E-Mail an crusa@claasen.de oder gebührenfrei unter ✆ 00800-9653-4264 gratis bestellt werden. Eine elektronische Version steht unter www.capitalregionusa.de zur Verfügung.

ℹ Wichtige Links für die Reise:
Washington DC, Maryland und Virginia
www.capitalregionusa.de
Pennsylvania
www.visitpa.com
North Carolina mit den Outer Banks
https://de.visitnc.com
South Carolina
www.discoversouthcarolina.com
Delaware
www.visitdelaware.com

New Jersey
www.visitnj.org
Die Webseiten der Städte, National Parks und aller anderen Attraktionen finden sich auf den blauen und gelben Infoseiten der jeweiligen Reisetage. Vor Ort informieren die **Visitor Centers, Visitors Bureaus** oder **Chambers of Commerce** über regionale Veranstaltungen, buchen Tickets und helfen bei der Zimmersuche.

ADAC-Mitglieder können sich in den örtlichen Vertretungen des amerikanischen **Automobilclubs AAA** (*triple A* genannt) eines der jährlich aktualisierten TourBooks und die ebenfalls sehr guten Straßenkarten gratis abholen (Mitgliedskarte mitbringen).

Die AAA-Büros sind gewöhnlich Mo–Fr 8.30–17.30 Uhr geöffnet. Bei den AAA-Hauptbüros kann man telefonisch das nächstgelegene AAA-Office erfragen:

AAA Mid-Atlantic
One River Pl., Wilmington, DE 19801
✆ +1 (302) 299-4700
AAA Mid-Atlantic ist zuständig für Delaware, Maryland, Washington DC, Virginia, Pennsylvania und New Jersey.

Autofahren

Europäische Autofahrer können sich auf den US-Highways entspannt zurücklehnen. Man fährt dort vergleichsweise rücksichtsvoll und vor allem – langsamer. Meistens jedenfalls. Landkarten und Stadtpläne bekommt man an vielen Tankstellen, in Drugstores, Buchhandlungen und z. B. bei Best Western Hotels gratis an der Hotelrezeption.

Fußgänger haben immer Vorrang, vor allem Schulkinder

Einige **Verkehrsregeln** und Verhaltensweisen unterscheiden sich von denen bei uns in Europa:
– Als **Höchstgeschwindigkeit** gilt auf den meisten Interstate Highways 55 m.p.h., einige haben 65 oder sogar 70 m.p.h.; wer dieses Limit überschreitet, wird mit $ 75–100 Strafe zur Kasse gebeten.
– **Anschnallen** ist in allen Staaten Pflicht, Kinder unter vier Jahren brauchen einen speziellen Kindersitz (bei der Wagenmiete mitbestellen).
– Auf den Schnellstraßen und Highways der meisten Ostküsten-Staaten darf auch rechts überholt werden, also immer Vorsicht beim Ausscheren und Einfädeln.
– An **Schulbussen** mit blinkender Warnanlage, die Kinder ein- und aussteigen lassen, darf man unter keinen Umständen und auch nicht ganz langsam vorbeifahren. Das gilt auch für Fahrzeuge aus der Gegenrichtung! Man muss komplett stoppen, bis der Bus wieder anfährt.
– **Fußgänger**, besonders Kinder, haben immer Vorfahrt!
– **Rechtsabbiegen an roten Ampeln** ist erlaubt, nachdem man vollständig angehalten und sich vergewissert hat, dass weder ein Fußgänger noch ein anderes Fahrzeug behindert wird.
– Beim **Parken** sollte man unbedingt die Beschilderung beachten und – falls nötig – die Parkuhr füttern. Falls ein Strafzettel an der Scheibe klebt: immer bezahlen (auf der Post gibt es die dazu nötige *money order*), sonst kommt die Mahnung über die Vermietfirma oder – noch schlimmer – man bekommt Probleme bei der nächsten Einreise.
– Nie an **Bushaltestellen** und vor **Hydranten** parken, der Wagen wird in kürzester Zeit abgeschleppt.
– Außerhalb von Ortschaften muss man zum Parken oder Anhalten mit dem Fahrzeug **vollständig von der Straße herunter**.

Die Farben an den **Bordsteinkanten** bedeuten:
Rot: Halteverbot
Gelb: Ladezone für Lieferwagen
Gelb und Schwarz: Lkw-Ladezone
Blau: Parkplatz für Behinderte
Grün: Parkdauer 10–20 Minuten
Weiß: Parkdauer fünf Minuten während der Geschäftszeiten
Wenn keine Farbe aufgemalt ist, darf man

ungestraft und unbegrenzt parken, aber nie an Bushaltestellen oder vor Hydranten.

An **Tankstellen** muss man manchmal, besonders abends, im voraus bezahlen *(pay first)* oder eine Kreditkarte an der Kasse hinterlegen. An vielen Tankstellen steckt man nur die Kreditkarte in den Computer an der Zapfsäule, tippt die PIN-Nummer oder manchmal auch die heimische Postleitzahl (ZIP-Code) ein, tankt und bekommt automatisch einen Beleg. Mietwagen fahren alle bleifrei *(unleaded)*.

Bei **Pannen** oder bei einem **Unfall** sofort das **Vermietbüro** anrufen, um weitere Schritte abzusprechen, ggf. kommt Hilfe von dort. Ansonsten informiert man die örtliche Polizei oder – auf Autobahnen – die Highway Patrol. Diese informiert dann Abschleppdienste, Notarzt usw.

Polizei, Feuerwehr und Notarzt ruft man über ✆ 911.

Als Mitglied eines europäischen Automobilclubs (Mitgliedsausweis nicht vergessen) bekommt man auch **Pannenhilfe vom AAA**.

Auto- und Wohnmobilmiete

Am einfachsten und billigsten ist es, Auto oder Camper **vor dem Abflug** hierzulande zu buchen, online oder im Reisebüro. Dabei bekommt man eine Buchungsnummer, unter der am Zielort der Wagen bereitsteht. Vor Ort sind die Urlaubertarife nicht zu haben. Preisbeispiel: Ein Mittelklasse-Pkw (4 Türen, 4 Pers.) mit Klimaanlage und Automatik kostet mit allen Extras, Versicherung und unbeschränkten Meilen in der Hochsaison für eine Woche je nach Modell ab € 300.

Für etwa $ 10 pro Tag kann man beim Vermieter ein Navigationsgerät leihen, wenn man nicht gleich ein besseres von zu Hause mitbringt (US-Straßenkarte aufspielen) oder das GPS im Handy benutzt.

Um das gebuchte Auto abzuholen, muss man den **nationalen Führerschein** und eine **Kreditkarte** vorlegen. Wer keine Kreditkarte besitzt, ist nach amerikanischer Denkungsart nicht kreditwürdig und muss deshalb (wenn er keinen Gutschein, sprich Voucher hat), im voraus bezahlen und eine Kaution hinterlegen.

Achtung: Die Autovermieter versuchen regelmäßig dem Kunden beim Ausfüllen des Mietvertrags weitere **Versicherungen** zu verkaufen, die absolut unnötig sind. Auf den deutschen Gutscheinen ist eine genaue Leistungsbeschreibung aufgeführt. Wenn da zu lesen ist »Rückerstattung der Selbstbeteiligung bei Schäden an Reifen, Glas, Dach und Unterboden«, brauchen Sie keinerlei Zusatzversicherung. Im Schadensfall wird der lokale Vermieter die Selbstbeteiligung von der hinterlegten Kaution (Kreditkarte) einbehalten; diese Kosten werden sämtlich vom hiesigen Mietwagenunternehmen zurückerstattet.

In **New York** sind Parkplätze selten und teuer. Wer unseren Roadtrip dort beginnt, reserviert den Wagen am besten erst für den Tag, an dem die Ostküsten-Rundreise beginnt. Es gibt in der Innenstadt mehrere Vermietbüros, als Rückgabestation wählt man den Flughafen. Das gleiche gilt für einen Start in Philadelphia: den Wagen erst nach dem Aufenthalt in der Stadt anmieten.

Diplomatische Vertretungen

ℹ **Botschaft der Vereinigten Staaten von Amerika in Deutschland**
Clayallee 170, D-14191 Berlin
✆ (030) 83 05-0
https://de.usembassy.gov/de

ℹ **Botschaft der Vereinigten Staaten von Amerika in Österreich**
Boltzmanngasse 16, A-1090 Wien
✆ (01) 313 39-0, http://at.usembassy.gov

ℹ **Botschaft der Vereinigten Staaten von Amerika in der Schweiz**
Sulgeneckstr. 19, CH-3007 Bern
✆ (031) 357 70 11, https://ch.usembassy.gov

ℹ **Deutsche Botschaft in den USA**
4645 Reservoir Rd., N.W.
Washington, DC 20007
✆ +1 (202) 298-4000, www.germany.info

ℹ **Botschaft von Österreich in den USA**
3524 International Court, N.W.
Washington, DC 20008
✆ +1 (202) 895-6700, www.austria.org

ℹ **Botschaft der Schweiz in den USA**
2900 Cathedral Ave., N.W.
Washington, DC 20008
✆ +1 (202) 745-7900
www.eda.admin.ch/washington

Einkaufen

Kleine Boutiquen, aber auch gigantische Malls und Factory-Outlets, die wie Kleinstädte mit vielen einzelnen Läden aufgebaut sind, bieten alles von Designerklamotten über originelle Kunst bis zu ungewöhnlichen Souvenirs und Mitbringseln.

Wer Shopping als eigene Urlaubsaktivität zelebrieren möchte, der fährt mit der Washington Metro Silver Line ins 12 mi entfernte **Tysons Corner Center** in Fairfax County, Virginia, eine der größten Shopping Malls der ganzen USA. Auf der anderen Straßenseite bedient darüber hinaus die Tysons Galleria die Upscale-Kundschaft mit den teuersten Marken wie Tiffany, Chanel und Versace. Außer 300 Geschäften auf drei Stockwerken findet man im Tysons Corner Center insgesamt 16 Kinos und Dutzende Restaurants. Outdoor-Fans können sich im einzigen LL Bean Store außerhalb von Freeport in Maine mit Sport- und Freizeitkleidung der Kultmarke eindecken.

Designermode zu Sonderpreisen bieten die großen Premium-Outlets der Region, beispielsweise die **Williamsburg Premium Outlets** in Virginia mit 135 Läden mit Markenkleidung wie Burberry, Nike und Ralph Lauren; ebenso groß ist das Angebot der **Leesburg Corner Premium Outlets**, etwa 20 Autominuten vom Washington-Dulles International Airport entfernt. In Maryland locken die **Queenstown Premium Outlets** und die **Hagerstown Premium Outlets** mit jeweils etwa 100 Läden. **Potomac Mills** heißt die Top-Outlet-Adresse in Woodbridge, Virginia, und **Arundel Mills** in Hanover, Maryland, nahe beim Baltimore-Airport.

Bummeln in der Altstadt von Annapolis

Großer Nachteil all dieser perfekt durchdachten und durchgestylten Shoppingwelten ist die Tatsache, dass hier im Nu ein Urlaubstag vorbei ist, an dem man vielleicht ganz etwas anderes erleben wollte als den Endlosbummel durch musikdurchwehte Shoppingarkaden, die genauso perfekt klimatisiert wie austauschbar sind.

Näher am Alltag ist da ein Einkaufsbummel durch Straßen und Gassen jener Städte, die auf unserer Route liegen, in **Washington DC** beispielsweise durch die Straßen des historischen Stadtteils Georgetown, wo zwischen trendigen Boutiquen auch Marken wie Banana Republic und Ralph Lauren zu finden sind, aber eben auch Unikate wie Blue Mercury für hochwertige Kosmetik oder Sassanova für Schuhe und Accessoires. Zum Bummeln laden auch die Kopfsteingassen von **Annapolis** in Maryland an der Chesapeake Bay ein mit Gourmetmärkten, Juwelierläden und kleinen, originellen Boutiquen wie Pink Crab oder Diva Boutique.

Die schönsten Mitbringsel finden sich oft in den **Shops der Museen**, dafür ist die Mall von Washington DC die beste Adresse, aber auch das neue **Newseum**.

Wer wirklich nur das einkaufen will, was er vergessen hat oder tagesaktuell benötigt, der ist im klassischen **General Store** an der besten Adresse, der besonders auf dem Land immer noch der soziale Mittelpunkt ist, wo man auch mal selbst gebackene Plätzchen bekommt, gebrauchte Bücher und ausrangiertes Spielzeug. Und nicht selten steht irgendwo auch eine Kanne mit Kaffee (vermutlich schon seit Stunden) auf der Warmhalteplatte.

Wer mit Kindern unterwegs ist, kann viel Zeit auf den **Yard Sales** vertrödeln, privat organisierten Flohmärkten mit jeder Menge Krempel, bei dem manches Kind den Eltern schon einen kompletten Spielzeugzug abgebettelt hat, der dann – des Abends im weit entfernten Hotel aufgebaut – doch nicht funktioniert. In diesem Sinn: Wenn das Yard-Sales-Schild auftaucht, lieber Gas geben.

Essen und Trinken

Essen gehen macht Spaß, besonders wenn es wie an der gesamten Ostküste reichlich fangfrische Meerestiere gibt. Den meisten Urlaubern reicht (besonders im heißen Sommer) nach dem opulenten Frühstück eine einzige Restaurant-Mahlzeit am Tag. Wer gerne Picknick macht, kauft zum Reisebeginn einen Cooler oder eine Styropor-Tragetasche, wie sie billig in jedem Supermarkt angeboten werden. Mit Obst, Getränken und Sandwiches bestückt ist man unabhängig und kann jederzeit im Freien schmausen – Gelegenheit dazu gibt's reichlich.

Alkoholische Getränke werden ausschließlich in den Liquor Stores verkauft und nur in lizensierten Gaststätten ausgeschenkt. Sie dürfen nicht im Freien genossen werden, auch nicht bei der Beach Party am Strand oder indem man die Flasche in einer braunen Tüte versteckt – alles strafbar. Mehr zum Thema Essen und Trinken finden Sie im Kapitel »Die Ostküste erleben und genießen«, S. 43 ff.

Die in diesem Buch unter Service & Tipps zu den einzelnen Reisetagen aufgeführten Restaurants sind nach folgenden **Preiskategorien für ein Abendessen** (ohne Getränke, Steuer und Trinkgeld) gestaffelt:

$ – bis 20 Dollar
$$ – 20 bis 35 Dollar
$$$ – über 35 Dollar

Feiertage und Feste

An den Feiertagswochenenden (vor allem im Sommer) sind die Atlantikstrände besonders gut besucht. Da viele US-Feiertage auf Montage fallen, entstehen lange Wochenenden und auf den Straßen kommt es Richtung Meer zu Staus. Banken, öffentliche Gebäude, Sehenswürdigkeiten und viele Museen sind feiertags geschlossen.

New Years Day: 1. Januar
Martin Luther King Day: 3. Montag im Januar
Presidents' Day: 3. Montag im Februar
Memorial Day: letzter Montag im Mai, Beginn der Hauptsaison
Independence Day: 4. Juli, Unabhängigkeitstag
Labor Day: 1. Montag im September, Ende der Hauptsaison
Columbus Day: 2. Montag im Oktober
Veterans' Day: 11. November
Thanksgiving: 4. Donnerstag im November
Christmas: 25. Dezember

Über **lokale Festivals** informiert: www.capitalregionusa.de/veranstaltungen/veranstaltungskalender.

American Breakfast: der Klassiker

Geld, Kreditkarten, Reisekosten

Eigentlich braucht man Bares nur fürs Trinkgeld (bei der heimischen Bank Dollars in kleiner Stückelung vorbestellen), weil man ansonsten alles, wirklich alles mit der Kreditkarte zahlen kann. Wer lieber mit Scheinen reist: Bargeld darf bis zu $ 10000 eingeführt werden. Weil manche Läden manche Kreditkarten nicht gerne nehmen, ist es gut, wenn man mehrere zur Auswahl hat wie Eurocard/Mastercard, Visa oder Barclay.

Generell sind **Kreditkarten** ein Muss und gelten nicht nur faktisch als Zahlungsmittel, sondern auch als Nachweis, dass man kreditwürdig ist. Mit dem Plastikgeld kann man fast überall bezahlen (Ausnahme: Manche B & B-Villen bevorzugen Bares oder *traveler's checks*); mit der Kreditkartennummer kann man auch jede Reservierung bargeldlos abwickeln, auch bei der Automiete ist die Karte obligatorisch. Mit Kreditkarte und PIN-Nummer kann man dann an Geldautomaten Bargeld abheben. PIN-Nummer nicht vergessen bzw. einige Wochen vor der Abreise beantragen! Mittlerweile kann auch mit der Maestro-EC-Karte an ATM-Automaten Geld gezogen werden.

Sperrnummern für Kreditkarten finden Sie unter »Notfälle, wichtige Rufnummern«.
Reiseschecks *(traveler's checks)* in US-Dollar werden in allen Hotels, Restaurants, B & B-Villen und Banken angenommen und sind sicher und problemlos.

Der US-Dollar ist in 100 Cents unterteilt. Die **Dollar-Scheine** *(bills, notes),* die es im Wert von $ 1, 2, 5, 10, 20, 50 und 100 gibt, sind alle

gleich groß. Weil $-50- und $-100-Noten nicht gern angenommen werden, sollte man bei seiner Bank eine möglichst kleine Stückelung bestellen. **Münzen** gibt es als 1 Cent *(penny)*, 5 Cents *(nickel)*, 10 Cents *(dime)*, 25 Cents *(quarter)*, 50 Cents *(half dollar)* und – selten – als 1 Dollar.

Die **Mehrwertsteuer** wird in den USA als *Value Added Tax* (VAT) bezeichnet und ist in jedem Bundesstaat und dort wiederum je Produkt und Branche unterschiedlich geregelt. Im Gegensatz zu Europa sind die Preise ohne Steuern ausgeschrieben, so dass sich der Preis an der Kasse leicht erhöht, wenn für das Produkt im entsprechenden Bundesland eine Steuer zu zahlen ist. In Delaware beispielsweise gibt es keine *sales tax*, in Washington DC, Pennsylvania und Maryland liegt sie bei 6 %, Virginia kassiert 5.3 %, North Carolina 4.75 % und New Jersey 7 %.

Auf den Preis der Übernachtung werden folgende Steuern aufgeschlagen: Delaware 8 %, Washington DC 14,5 %, New Jersey 6 %, North Carolina 7,5 %, Pennsylvania 8,5 %, Virginia 6 %, Maryland 6 % (Baltimore 7,5 %, Anne Arundel County 12%).

Hinweise für Menschen mit Handicap

In den USA ist man wesentlich besser auf Rollstuhlfahrer eingestellt als in Europa. So sind alle öffentlichen Gebäude (z. B. Rathäuser, Postämter) mit Rampen versehen, das gilt auch für die meisten Supermärkte, Museen, Sehenswürdigkeiten und Vergnügungsparks. Durchweg sind Bordsteine an den Fußgängerüberwegen abgeflacht. In vielen Hotels und Hotelketten (z. B. **Motel 6**) gibt es Rollstuhlzimmer. Die Firma **AVIS** vermietet Autos mit Handbedienung.

Alle **Amtrak-Züge** sind behinderten- und rollstuhlgerecht ausgestattet. Fahrten sind für Behinderte preisermäßigt: Erwachsene reisen 25 % billiger, Kinder (2–12 J.) reisen mit 50 % Rabatt auf den Kinderfahrpreis. Details dazu: www.amtrak.com, wahlweise auch in deutscher Sprache.

Internet

Internet-Zugang gehört zum Alltag, von der Orientierung im Gelände bis zur Tischreservierung fürs Dinner. Wireless- und High-Speed-Internet ist in vielen Hotels und Motels Standard und in der Regel *complimentary*, also gratis.

Im öffentlichen Bereich gibt es überall HotSpots mit kostenlosem **WLAN**, in Cafés, Kneipen, Büchereien und Waschsalons. Die WLAN-Hotspots an den Flughäfen sind meist kostenpflichtig, die verkabelten Zugänge gratis, aber fast immer besetzt. *Free Wi-Fi* gibt es auch auf allen öffentlichen Plätzen, in Bibliotheken und Parks, bei Starbucks, in den meisten Subway- Stationen und in allen Amtrak-Zügen. In vielen Städten bieten sogenannte **Link-Säulen** superschnelles WLAN und USB-Ladestationen, vgl. Telefonieren.

Die meisten Notebooks und Smartphones können **110-Volt-Input** vertragen, das ist auf der Rückseite des Geräts vermerkt. Den passenden Adapter bzw. Stecker für die amerikanischen Steckdosen bringt man am besten von zu Hause mit, zur Not ist er vor dem Start an allen deutschen Flughäfen zu kaufen. In den USA gibt es die Stecker bei Häusern der Kette Radio Shack. (Siehe auch »Strom«.)

Klima, Kleidung, Reisezeit

Die Ostküsten-Route ist ganzjährig befahrbar. Lediglich der Skyline Drive im Shenandoah Park oder der Blue Ridge Parkway können im Winter eventuell wegen Schnee geschlossen sein. Frühjahr und Herbst sind die besten Reisezeiten.

Im **Frühjahr**, wenn die Temperaturen und das Touristenaufkommen erträglich sind, stehen die Südstaaten bereits in voller Blüte. Die schönsten Zeiten für die Appalachian Mountains sind der Mai und natürlich die Zeit der Laubfärbung im Herbst.

Im **Sommer** locken die Bademöglichkeiten im Atlantik und in den Hotelpools, und auch in den Höhenlagen des Shenandoah Parks kann man es gut aushalten; weiter im Süden wird es dann oft extrem heiß und schwül.

Die ruhige Zeit des **Herbstes** beginnt ab Labor Day Anfang September. Die **Winter** decken die Mid-Atlantic-Staaten im Osten meist mit Regen und Schnee ein, die südlicheren Küsten jedoch mit milden Temperaturen – oft mit dem besten Licht. Für den Nachteil der kürzeren Tage und Öffnungszeiten von Museen, Sehenswürdigkeiten und Naturparks gibt es ein Trostpflaster: die Fülle von Festivals, Feiern und Fiestas.

Offizieller Start der Sommersaison ist der **Memorial Day** (letzter Montag im Mai), dann öffnen sämtliche Museen, Resorts und Inns. Als Saisonende gilt der **Labor Day** (1. Montag im September). Der zweite Reiseboom der herbstlichen Laubfärbung dauert in den Bergen bis Columbus Day (2. Montag im Oktober).

Freizeitkleidung ist ideal, für ein Dinner in besseren Restaurants müssen feinere Klamotten in den Koffer, für den Herrn Jackett und Krawatte *(dress code),* da sind die Amerikaner extrem konservativ. Insgesamt aber passt man sich mit Jeans, T-Shirts, Freizeithemden und Turnschuhen dem amerikanischen Alltag am besten an.

Und nicht vergessen: Je höher die Außentemperaturen desto eisiger die Klimaanlagen. Grundsätzlich: Lieber weniger einpacken, denn das Shoppingangebot vor Ort ist attraktiv und preisgünstig.

Maße und Gewichte

Vor Jahren schien die Umstellung der USA auf das metrische System schon in Sicht, doch längst ist wieder alles beim alten: *inch* und *mile, gallon* und *pound*. Man muss sich also wohl oder übel umstellen. Die **Tabellen S. 282** sollen dabei helfen.

Medizinische Versorgung

Kliniken sind in allen Städten am blauen Schild mit einem weißen »H« zu erkennen. Als Besucher in den USA ist man automatisch **Privatpatient**. Wichtig: Die Krankenhauskosten sind extrem hoch, eine zwei- bis dreistündige ambulante Behandlung kann mehr als $ 2000 kosten, deshalb sollte man sich bei der eigenen Krankenkasse erkundigen, ob alle in den USA erbrachten Leistungen übernommen werden.

Wenn nicht, ist eine **Auslandskrankenversicherung** ein Muss, die schon für € 10 zu haben und manchmal auch bereits in den Leistungen der Kreditkarte enthalten ist. Inzwischen muss die Behandlung nicht mehr automatisch an Ort und Stelle bezahlt werden, die Rechnungen kommen auf dem Postweg an die Heimatadresse. Eine **Kreditkarte** ist trotzdem ein Vorteil (siehe »Geld, Kreditkarten«).

Apotheken *(pharmacy)* findet man meist in Drugstores, die auch Toilettenartikel und Kosmetika führen. Ständig benötigte Medikamente sollte man schon von zu Hause mitbringen (und möglichst ein Papier vom Arzt bei sich haben für den Fall, dass der Zoll Fragen stellt). Viele Medikamente, die in Europa rezeptfrei zu haben sind, können in den USA nur vom Arzt verschrieben werden.

Mit Kindern unterwegs

Bis auf einige, mit teuren Antiquitäten möblierte B & B-Villen sind Kinder überall willkommen und schlafen in fast allen Hotels gratis im Elternzimmer; nur wenn ein zusätzliches Gitterbett verlangt wird, ist eine kleine Extragebühr fällig.

Bei etlichen Attraktionen wird der Preis *per car* berechnet, so dass eine Familie dasselbe zahlt wie ein Solobesucher. Bei den Eintrittsgebühren für Museen und Freizeitparks gibt es oft einen ermäßigten *Family plan*-Preis. In Restaurants und an öffentlichen Plätzen können sich Kinder viel ungehemmter (und lauter) benehmen als hierzulande, ohne dass die Eltern kritische Blicke einfangen. Ausführlich Informationen finden Sie im Kapitel »Die Ostküste erleben und genießen«, S. 46 f.

Erfrischungspause: Wo es Kaffee gibt, kann man auch meistens gratis surfen

Längenmaße:	1 inch (in.)	=	2,54 cm
	1 foot (ft.)	=	30,48 cm
	1 yard (yd.)	=	0,9 m
	1 mile	=	1,6 km
Flächenmaße:	1 square foot	=	930 cm2
	1 acre	=	0,4 Hektar (= 4047 m^2)
	1 square mile	=	259 Hektar (= 2,59 km^2)
Hohlmaße:	1 pint	=	0,47 l
	1 quart	=	0,95 l
	1 gallon	=	3,79 l
Gewichte:	1 ounce (oz.)	=	28,35 g
	1 pound (lb.)	=	453,6 g
	1 ton	=	907 kg

Notfälle, wichtige Rufnummern

In Notfällen ruft man den **Operator** ✆ **0** oder die **Notrufzentrale** ✆ **911** an und nennt Namen, Adresse oder Standort und Sachlage. Der Operator informiert dann Polizei, Rettungsdienst oder Feuerwehr.

Auch bei Autopannen lohnt es, Mitglied im ADAC zu sein. Der amerikanische Club AAA (siehe »Autofahren«) hilft auch den Mitgliedern der europäischen Clubs (Mitgliedsausweis mitbringen).

Falls der **Reisepass** verloren geht, wendet man sich an die Auslandsvertretung seines Landes. **EC- oder Kreditkarte** sollten bei Verlust umgehend gesperrt werden. Dafür brauchen Sie Ihre Kontonummer und Bankleitzahl sowie die Kartennummer (am besten vorher notieren oder eine Kopie an anderer Stelle mitführen).

Erkundigen Sie sich, ob Ihre Karte über die **zentrale Sperrnummer** für Deutschland ✆ **011 49 116 116**, zusätzlich ✆ **011 49 30 40 50 40 50**, gesperrt werden kann. Ansonsten wählt man folgende Nummern:

Temperaturen:

Fahrenheit (°F)	104	100	90	86	80	70	68	50	40	32
Celsius (°C)	40	37,8	32,2	30	26,7	21,1	20	10	4,4	0

Bekleidungsmaße:

			Herrenkonfektion				
Deutsch	46	48	50	52	54	56	58
Amerikanisch	36	38	40	42	44	46	48
			Damenkonfektion				
Deutsch	38	40	42	44	46	48	
Amerikanisch	10	12	14	16	18	20	
			Kinderbekleidung				
Deutsch	98	104	110	116	122		
Amerikanisch	3	4	5	6	6x		
			Kragen/*collars*				
Deutsch	35–36	37	38	39	40–41	42	43
Amerikanisch	14	14½	15	15½	16	16½	17
			Strümpfe/*stockings*				
Deutsch	35	36	37	38	39	40	41
Amerikanisch	8	8½	9	9½	10	10 ½	11

Schuhe/*shoes*

Deutsch	36	37	38	39	40	41	42	43	44	45	46	47
Amerikanisch	5	5¾	6½	7¼	8	8¾	9½	10¼	11	11¾	12½	13¼

ec-/Maestro- und Bankkarten:
Deutschland ✆ 011 49 1805-021 021
Österreich ✆ 011 43 1 204 88 00
Schweiz ✆ 011 41 1 271 22 30
UBS ✆ 011 41 848 88 86 01
Crédit Suisse ✆ 011 41 800 800 488
Mastercard ✆ +1-800-627-8372
Visa ✆ +1-800-627-8372 (R-Gespräch nur vom Festnetz)
American Express ✆ 011 49 69 97 97 20 00
Diners Club ✆ 011 49 69 90 01 50-135/136

Öffnungszeiten

In den USA gibt es kein Ladenschlussgesetz und damit auch keine gesetzlich geregelten Öffnungszeiten. In größeren Städten sind die Läden meist von 9.30 bis mindestens 18 Uhr offen, auf dem Land kürzer. **Banken** haben meist Mo–Do 9–16 und Fr 9–18 Uhr, zum Teil auch am Samstagvormittag, **Postämter** Mo–Fr 8–17 und Sa 8–14 Uhr geöffnet.

Manche **Supermärkte und Drugstores** sind rund um die Uhr offen, andere schließen zwischen 19 und 24 Uhr. Kleine Läden, besonders sogenannte **Liquor Stores**, die alkoholische Getränke verkaufen, haben oft eigenwillige Öffnungszeiten, die zwischen wenigen Stunden täglich bis rund um die Uhr variieren können.

Fast-Food-Restaurants schließen in der Regel zwischen 24 und 6 Uhr. **Tankstellen** haben ihre Zapfsäulen meist durchgehend in Betrieb. **Museen** öffnen unterschiedlich, bei den in diesem Reiseführer empfohlenen sind die aktuellen Öffnungszeiten für 2018 angegeben, diese können sich im folgenden Jahr wieder ändern.

Post, Briefmarken

Briefe und Postkarten nach Europa kosten $ 1.15, vgl. https://postcalc.usps.com/.

Das Telefonsystem hat in den USA nichts mit der Post zu tun, deshalb kann man in den Postämtern nie telefonieren.

Presse

Die ***Washington Post*** ist eine der renommiertesten Tageszeitungen der USA und die größte Tageszeitung in der Hauptstadt und dem Regierungssitz der USA. Weltweit bekannt wurde sie, als sie 1971 die Pentagon-Papiere zum Vietnamkrieg veröffentlichte und im Jahr darauf den Watergate-Skandal aufdeckte. Die beiden Post-Reporter Bob Woodward und Carl Bernstein wurden dafür mit dem Pulitzer-Preis ausgezeichnet. Der Skandal kostete den damaligen US-Präsidenten Richard Nixon das Amt und wurde mit Robert Redford und Dustin Hoffman in den Hauptrollen verfilmt (»Die Unbestechlichen«).

Die *Washington Post* wird an der gesamten Ostküste gelesen, es gibt aber in allen Großstädten auf unserer Route auch lokal ausgerichtete Tageszeitungen wie ***The Philadelphia Inquirer***, die drittälteste noch erscheinende Zeitung in den USA, oder die liberale ***Baltimore Sun***. Meldungen über Europa oder gar Deutschland kann man dort

Diner-Bar im Reading Terminal Market in Philadelphia: Fast Food kann auch knackfrisch sein

aber mit der Lupe suchen, internationale Politik findet kaum statt.

Rauchen

Es darf weder in Restaurants, Bars und Cafés noch in öffentlichen Gebäuden sowie Fußgängerzonen geraucht werden. Die meisten Bed & Breakfasts und Hotels haben ausschließlich Nichtraucherzimmer. Rauchverbot gilt auch vor öffentlichen Gebäuden und in der Nähe von Schulen.

Reservierungen

Reservierungen sind die **Regel und gehören zum Alltag.** Mit einem kurzen Anruf wird alles bestellt, was möglich ist: Plätze für den Sonntagsbrunch, die Hotelzimmer für die gesamte Reise, Karten für die Fähre, der Tisch fürs Dinner und der Stellplatz für den Camper. Wer sich diese Regel zu eigen macht, **erspart sich Enttäuschungen und Zeitverlust**. Üblicherweise nennt man bei einer Reservierung für Hotelzimmer oder Theaterkarten die Kreditkartennummer, damit gilt der Auftrag als feste Bestellung.

Sicherheit

Die Ostküste ist zum allergrößten Teil ein friedvolles und friedliches Terrain. Es gibt immer noch Orte, deren Einwohner nicht einmal über Nacht Auto und Haus absperren. Das soll niemanden veranlassen, den Mietwagen offen stehen zu lassen, sondern nur den Stand in Sachen Sicherheit beleuchten.

An stadtnahen, von der Straße leicht zugänglichen Stränden wird geraten, Autoschlüssel, Geld und Wertsachen nicht offen am Strand liegen zu lassen. In Städten wie Baltimore ist die übliche Vorsicht geraten, die man auch in Frankfurt, München oder Berlin an den Tag legen würde.

In **Baltimore** existieren sogenannte *No-go-Areas*, die weitab unserer Route liegen, nämlich entlang von North, Fremont und Greenmount Avenue, von North Broadway und North Monroe Street sowie der gesamte Westen und Nordosten der Stadt. Besucher von **Washington DC** werden davor gewarnt, in der Metro, speziell in der Nähe der Türen, das Smartphone zu benutzen, weil Taschendiebe sich beim Stopp an der Station die teure Elektronik schnappen und damit in der Menge verschwinden.

Sport und Erholung

Von den Gewässern der Chesapeake Bay bis hinunter nach Ocracoke und vom Shenandoah National Park bis zu den Sümpfen von Virginia Beach hält die Region zu jeder Jahreszeit Abenteuer für Wanderer und alle denkbaren Wassersportmöglichkeiten bereit. Konkretes dazu im Kapitel »Die Ostküste erleben und genießen«, S. 47 f.

Strom

Die Netzspannung beträgt in den USA 110 Volt, dabei kommt unser Fön ebenso wenig auf Touren wie herkömmliche Batterie- oder Akkuladegeräte. Besonders Ladegeräte von Handys oder Digitalkameras sind aber heute bereits mit Transformatoren ausgerüstet und stellen sich auf die vorhandene Spannung ein. Das sollte man vor der Reise prüfen und wenn dies nicht der Fall ist, evtl. ein entsprechendes Ladegerät kaufen. In jedem Fall braucht man einen oder am besten mehrere **Adapter** für amerikanische Steckdosen, die man von zu Hause mitbringen sollte. Vor Ort muss man lange danach suchen.

Telefonieren

In vielen Städten, so z. B. in New York, werden die öffentlichen Fernsprecher abgeschafft und durch sogenannte **Link-Säulen** ersetzt, die superschnelles Wi-Fi (WLAN) und USB-Ladestationen bieten. Dort kann man außerdem (mit den eigenen Kopfhörern) telefonieren, innerhalb der ganzen USA kostenlos, und auf einem Monitor Serviceangebote nutzen. z. B. www.link.nyc.

Telefongesellschaften gibt es in den USA reichlich, mit unterschiedlichen Preisen, Karten und Chips. Doch wer sein Smartphone dabei hat, kann sich das Studium der unterschiedlichen Angebote sparen: **WhatsApp** und **Skype** sind unschlagbar schnell und dazu gratis. Voraussetzung ist natürlich ein entsprechendes Datenpaket für das Mobile Internet oder eine WLAN-Umgebung. Hat der Gesprächspartner ebenfalls Skype instal-

Shenandoah National Park: mit kurzen Strecken ein Wanderparadies auch für Eilige

liert, ist das Telefonieren untereinander ohnehin kostenfrei. Wenn der Telefonpartner kein Skype benutzt, kann man ihn über die eigene Skype-Installation trotzdem für ein paar Cent auf seinem Festnetz oder Handy anrufen. Dabei wird für jede Verbindung eine Gebühr von 5,2 Cent erhoben, der Anruf kostet pro Minute 2,4 Cent. Dazu legt man sich ein Skype-Konto an, in das man z. B. € 10 einzahlt. Davon werden – für den Benutzer sichtbar – die Gebühren beim Telefonieren automatisch abgezogen. Ein 10-Minuten-Gespräch kostet damit noch nicht einmal 30 Cent – preiswerter als jede Telefonkarte.

Gebührenfreie Nummern: 800er-, 888er-, 877er- und 866er-Rufnummern sind innerhalb der USA kostenlos, in der Regel sind das kundenfreundliche Servicenummern von Firmen wie Hotels. Ruft man sie vom Festnetz aus an, muss man eine 1 vorweg wählen, also z. B. 1-800, vom Handy ist das nicht notwendig. In manchen Hotels werden auch diese Nummern mit einer Gebühr abgerechnet.

Vor dem Anwählen von amerikanischen **800er-Nummern von Europa aus** sollte man prüfen, ob die Telefongesellschaft dies unterstützt und wie teuer dies werden kann. Oft funktioniert die Anwahl von gebührenfreien US-Nummern von Deutschland aus gar nicht. Auskünfte über die gebührenfreien »1-800«-Nummern erhält man unter 1-800-555-1212.

Gespräche nach Europa kosten über das Festnetz für drei Minuten ca. $ 6–8: Man lässt sich vom Operator verbinden oder wählt 011, Landes-, Stadtvorwahl (ohne die erste Null) und Nummer.

Europäische Handys, die in den USA übrigens *cell phone* oder *mobile phone* heißen, funktionieren in den USA wie gewohnt, wenn es sich um sogenannte Mehrband-Mobiltelefone handelt (siehe Bedienungsanleitung oder beim Provider direkt erfragen). Allerdings zahlt man bei Benutzung in den USA eine höhere Minutengebühr.

Grundsätzlich kann man von einem Mobiltelefon aus auch **Telefonkarten** (s. u.) benutzen. Diese Karten haben in der Regel eine kostenlose Zugangsnummer. Im Voraus sollte man sich bei seinem Provider erkundigen, ob man in den USA 1-800er-Nummern kostenlos anwählen kann, denn dann hat man über die Kombination Telefonkarte mit eigenem Handy eine kostengünstige Möglichkeit, in den USA zu telefonieren.

Es gibt im Internet auch Anbieter von **USA Prepaid-SIM-Karten**, die man in das deutsche Handy einlegen und die man speziell für inneramerikanische Telefonate nutzen kann. Diese SIM-Karten müssen zusätzlich natürlich zum jeweiligen Telefon-Anbieter passen. Anbieter mit Prepaid-Sim-Karten für die USA sind beispielsweise: TuYo, T-Mobile, oder AT&T. Mit einem T-Mobile-Handy können Sie auch in den USA in einem T-Mobile-Shop, die es in jeder größeren Stadt gibt, eine Prepaid-Karte kaufen (ab $ 20 aufwärts) und haben dann automatisch eine US-Rufnummer. Natürlich kann man damit auch ins Ausland telefonieren, jedoch mit hohen

Minuten-gebühren. Am besten macht man vorab eine Recherche mit dem Suchbegriff »USA Prepaid Sim Karte«.

Und dann gibt es noch Telefonkarten, sie heißen **Prepaid Phone Cards** oder **Calling Cards** und es gibt sie in unterschiedlichen Werten ab ca. $ 10 aufwärts. Ihr aufgedruckter Nutzwert wird in Minuten gemessen, manchmal auch in Dollar. Diese Minuten bedeuten jedoch keine Ferngespräche ins Ausland, sondern die Gesamtdauer der möglichen Inlandsgespräche. Beim ersten Auslandgespräch kann man checken, wie viel beispielsweise ein Minute gekostet hat. Die automatische Ansagestimme nach Anwahl der gebührenfreien Rufnummer sagt vor Beginn des Gesprächs, wie viel die Karte noch wert ist.

Diese Karten haben eine kostenlose 800er- oder 888er-Telefonnummer und eine Geheimzahl, die PIN. Man ruft diese Telefonnummer an und meistens ist ein Computer am anderen Ende der Leitung und fordert zur Eingabe der Geheimzahl (PIN) auf (auf der Karte auf einem Rubbelfeld). Danach kann man wie gewohnt die gewünschte Nummer im Zielland wählen. Zuverlässige Anbieter von Prepaid Cards sind die Drogeriekette Walgreens und die Supermarktkette Walmart. Telefonate ins Ausland kosten damit 15–20 Cent pro Minute.

Landesvorwahl USA ✆ +1
Landesvorwahl *(country code):*
Deutschland ✆ 011 49, **Österreich** ✆ 011 43, **Schweiz** ✆ 011 41 – und danach die Ortsvorwahl ohne 0.

Trinkgeld

Trinkgeld ist ständig fällig. Fürs Zimmermädchen lässt man täglich einen *buck* ($ 1) pro Person im Zimmer auf dem Bett liegen; der Portier, der ein Taxi herbeipfeift, bekommt seinen Dollar ebenso wie der *bellboy*, der das Gepäck bringt.

Im Restaurant darf es etwas mehr sein, denn das Personal **lebt vom Trinkgeld** und nicht vom Gehalt: Mindestens 15 % des Rechnungsbetrags kommt deshalb beim Weggehen als *tip* auf den Tisch. Am Ende der Rechnung ist jeweils der Steuerbetrag aufgeführt, wenn Sie diesen Betrag verdoppeln und als Trinkgeld auf dem Tisch liegen lassen, sind Sie auf der sicheren Seite.

Unterkunft

Wer mit einem normalen Motelzimmer zufrieden ist, kann ins Blaue fahren und sich kurzfristig entscheiden, denn man findet unterwegs – außerhalb vom Shenandoah National Park – überall auch noch auf den letzten Drücker ein freies Zimmer. Problematisch kann es bei lokalen Events werden wie beim National Cherry Blossom Festival, dem Kirschblütenfest in Washington DC (drei Wochen Ende März bis Mitte April).

Weitere Informationen zum Thema Übernachten finden Sie im Kapitel »Die Ostküste erleben und genießen«, S. 40 ff.

Die in diesem Buch unter Service & Tipps zu den einzelnen Reisetagen aufgeführten Unterkünfte sind nach folgenden **Preiskategorien für eine Übernachtung im Doppelzimmer** (für zwei Personen) gestaffelt:

$ – bis 100 Dollar
$$ – 100 bis 200 Dollar
$$$ – 200 bis 300 Dollar
$$$$ – über 300 Dollar

Verkehrsmittel

Eisenbahn
Das Streckennetz der amerikanischen Eisenbahngesellschaft AMTRAK im Osten der USA kann eine Alternative zum Auto sein, wenn man die Reiseroute auf die großen Städte **New York, Philadelphia, Baltimore, Washington DC** und Virginia Beach beschränkt. So kostet beispielsweise die einfache Fahrt von Philadelphia nach **Virginia Beach** zwischen $ 62 (Spartarif mit reserviertem Sitzplatz in der Touristenklasse) und $ 108 für das Premiumticket mit reserviertem Platz in der Business-Klasse.

Wer alle Routen mit dem Zug fahren möchte, für den kann auch der **USA Rail Pass** interessant sein, der wahlweise für 15 Tage mit acht Reiseabschnitten ($ 459), für 30 Tage mit zwölf Abschnitten ($ 689) und für 45 Tage mit 18 Abschnitten ($ 899) zu haben ist. Den Ausweis holt man am Wunschbahnhof in den USA ab und braucht dann für jede Strecke, die gefahren werden soll, eine Fahrkarte und eine Reservierung.

Die Streckenführung sollte man möglichst frühzeitig planen, weil jeder Zug nur ein bestimmtes Kontingent für Rail-Pass-Inhaber bereithält. Internationale Reservierung unter ✆ +1-215-856-7953, https://deutsch.amtrak.com.

Alternativ kann man sich in Deutschland an ein Reisebüro wenden, das auf die USA spezialisiert ist.

Busse

Alle großen Städte auf unserer Route können bequem mit Linienbussen erreicht werden. So fährt **Greyhound** alle Städte mehrfach am Tag an, Buchungen sind online möglich. Die Strecke Baltimore–Richmond kostet beispielsweise je nach Termin und Uhrzeit zwischen $ 14 und $ 22, www.greyhound.com. Alle Greyhound-Busse haben kostenloses WLAN, Steckdosen zum Aufladen und viel Fußraumplatz.

Zwischen New York City, Philadelphia, Maryland und New Jersey verkehren auch die Busse der **Peter Pan Bus Lines**, www.peterpanbus.com.

Bei Zielen abseits der großen Routen, wie beispielsweise den Inseln der Outer Banks, ist allerdings Ende mit öffentlichen Verkehrsmitteln.

Zeitzone

Die Ostküste der USA liegt im Bereich der *Eastern Standard Time,* der Zeitunterschied zur mitteleuropäischen Zeit beträgt **minus sechs Stunden**. Vom zweiten Sonntag im März bis zum ersten Sonntag im November gilt wie hierzulande Sommerzeit *(Daylight Saving Time)*, die Uhren gehen eine Stunde vor. In Europa werden die Uhren am letzten Sonntag im März eine Stunde vor- und am letzten Sonntag im Oktober wieder eine Stunde zurückgestellt.

Die **Uhrzeit** wird angegeben mit dem Zusatz *a.m.* (*ante meridiem*, von Mitternacht bis 12 Uhr mittags) oder *p.m.* (*post meridiem*, ab 12 Uhr mittags bis Mitternacht): 10 a.m. ist 10 Uhr vormittags, 10 p.m. ist 22 Uhr.

Das **Datum** schreibt man in der Reihenfolge Monat, Tag, Jahr: 11-27-2019 ist z.B. der 27. November 2019.

Zoll

Im Flugzeug wird ein Formular für den Zoll ausgeteilt. Zollfrei darf man kleine Mengen Alkohol (1 Liter), Zigaretten (200) und Geschenke im Wert bis zu $ 100 einführen.

Wurstbrote, Äpfel oder sonstige Verpflegung, die man von zu Hause dabei hat, lässt man besser im Flugzeug zurück, denn die Einfuhr von Pflanzen, Obst und Lebensmitteln ist streng verboten. Aktuelle Infos zu den US-amerikanischen Zollbestimmungen: https://de.usembassy.gov/de.

Bei der Rückreise dürfen Touristen pro Person Waren im Wert von € 430 zollfrei einführen (Jugendliche unter 15 J. € 175), in die Schweiz Waren im Wert von sFr 300. Achtung: Paare oder Familien können ihre Freigrenzen nicht bündeln und z.B. einen Laptop im Wert von € 700 gemeinsam kaufen. Wer höher liegt, dem schlägt der Zoll 13,5 % Steuern drauf. Wenn man im Zweifelsfall keine Rechnungen vorweisen kann, wird geschätzt, meist zum Nachteil des Reisenden.

Wer sich unsicher ist, kontaktiert die Info-Hotline des deutschen Zolls ✆ (03 51) 448 34-510, info.privat@zoll.de oder schaut online nach: www.zoll.de.

Großer Bahnhof: Alle Ostküstenstädte sind auch auf Schienen zu erreichen

Sprachführer

Mit britischem Schulenglisch kommt man in den USA gut zurecht. Es kann jedoch nicht schaden, die eine oder andere amerikanische Redensart zu kennen und zu wissen, wann und wo sie gebraucht wird. Dem Neuling in den USA fallen die vielen Floskeln auf, die man bei jeder Gelegenheit hört und auf die normalerweise eine entsprechende Antwort erwartet wird.

Ob am Schalter, im Aufzug oder bei sonstiger Annäherung – überall sind Sprachpuffer eingebaut: *Hi, how are you, how do you do, hello, thank you, my pleasure, you're welcome* (bitte, gern geschehen), *bye, see you* (bis später), *excuse me, I'm sorry, have a nice day* (schönen Tag noch). Die »Neue Herzlichkeit«, die inzwischen ja auch Europa erwärmt, ist in den USA schon lange im Schwange.

How would you like your eggs?
Im Labyrinth der Speisekarten

Bevor es im Restaurant etwas zu essen gibt, muss sich der Gast in der Regel einer kleinen sprachlichen Aufnahmeprüfung unterziehen. Meist steht am Eingang zum Speiseraum schon ein Schild: WAIT TO BE SEATED. Das heißt, man sollte nicht geradewegs auf den nächsten leeren Tisch zustürzen, sondern auf die Empfangsdame warten, die einem dann einen Tisch zuweist. Warten bereits andere Gäste, tritt eins der auffälligsten angelsächsischen Rituale in Kraft: das geduldige Anstehen, das *standing in line*. Wer's nicht tut, wird schon mal sanft angemahnt: *You have to stand in line*.

Während man die Speisekarte *(menu)* studiert, wird meist schon Kaffee angeboten: *You care for some coffee?* Schließlich: *Have you decided?* Oder: *Can I take your orders, please?* Dann, spätestens, ist es soweit! Wie bekommt man das gewünschte Frühstück? Das einfache Vorlesen der Dinge auf der Karte ist zwar schon ein Anfang – etwa beim unverfänglichen *French toast* (eine US-Version unseres alten »armen Ritters«), aber bei nahezu allen anderen Frühstückssorten wird mindestens an zwei Punkten unerbittlich nachgehakt: *How would you like your eggs?* und *What kind of bread?* Da hilft es nicht, so zu tun, als hätte man nichts verstanden. Da muss, auch wenn es noch früh am Morgen ist, linguistisch Farbe bekannt werden (vgl. Kasten rechts).

Man sollte auch den Unterschied zwischen *American* und *continental breakfast* kennen. Das erstere wird morgens landesweit verdrückt, das zweite bedeutet karge Kost am Morgen: ein Croissant, etwas Marmelade, Kaffee.

Abends im Restaurant fragt man Sie am Eingang als erstes nach der Reservierung: *Did you make a reservation?* Hat man nicht reserviert, kann man sich meist noch auf die Liste setzen lassen: *It'll be twenty minutes. You want me to put your name down?* wird gefragt. Also Zeit für einen Drink an der Bar. Am Tisch lautet die erste Frage meist: *Would you care for anything from the bar?* Bei Wein unterscheidet man zumindest zwischen *dry* (oder *on the dry side*) und *sweet*. Härtere Drinks werden *with ice* oder *with no ice* serviert.

Als nächstes geht es um die Vorspeise: *Would you care for an appetizer?* Das Hauptgericht heißt *entree*. Angesichts der meist üppig bemessenen Portionen ist es kein Problem, sich Gerichte zu teilen *(to share)*.

Um die Treffsicherheit bei der Auswahl zu erhöhen, hier eine kurze Liste der geläufigen **Nahrungsmittel:**

seafood	– Meeresfrüchte
sole	– Scholle
salmon	– Lachs
snapper	– Barsch bzw. Zackenbarsch
cod	– Kabeljau
lox	– geräucherter Lachs
swordfish	– Schwertfisch
halibut	– Heilbutt
bass	– Barsch
tuna	– Thunfisch
trout	– Forelle

mackerel – Makrele
shellfish – Schalentiere allgemein
clams – Muscheln
clam chowder – (gebundene) Muschelsuppe
crabs – Krebse
crab cake – Frikadelle aus Krebsfleisch
lobster – Hummer
prawns – Steingarnelen
shark – Hai
shrimps – Garnelen
scallops – Kammmuscheln
oyster – Auster
lamb – Lamm
veal – Kalb
pork – Schweinefleisch
beef – Rindfleisch
ham – gekochter Schinken
bacon – Schinkenspeck
chicken – Hühnchen
turkey – Puter
duck – Ente
prime rib – Hochrippe
prime rib steak – Hochrippe als Steak gebraten
yam – süße Kartoffel

eggs
- *scrambled* (Rührei)
- *over easy* (gewendet in der Pfanne, beide Seiten gebraten)
- *poached* (pochiert)
- *sunny side up* (Spiegelei)
- *boiled* (gekocht)

bread
- *onion roll* (Zwiebelweckchen)
- *coffee cake* (festes Küchlein, etwas süß)
- *English muffin* (eigentlich nicht übersetzbar: ein flaches, meist halbiertes Brötchen)
- *biscuit* (zwieback- oder keksartiges Gebilde)
- *bagel* (festes Brötchen mit Loch in der Mitte)
- *Danish* (Kleingebäck)
- *toast*
  - *wheat* (Weizen)
  - *rye* (Roggen)
  - *raisin* (Rosinenbrot)
  - *sourdough* (Sauerteigbrot)

Bei **Fisch** und **Fleisch** sollte man die **Zubereitungsarten** kennen:

boiled – gekocht
broiled – gebraten
fried – frittiert, meist paniert
sauteed – gedünstet
grilled – gegrillt
coated – im Schlafrock

Bei **Steaks** lautet die Standardfrage: *How would you like your steak cooked – rare, medium rare, medium, well done?*

Bei der Bestellung eines **Hauptgerichts** hat man in der Regel die Wahl zwischen *soup* und *salad*, bei den Beilagen zwischen *potatoes, rice oder grits.*

Bei der Machart von **Kartoffeln** unterscheidet man:

baked potatoes – in der Schale gebacken und meist mit saurer Sahne *(sour cream)* und Schnittlauch *(chives)* serviert
French fries – Pommes frites
hash browns – angebratene, geriebene Kartoffeln, eine Art Reibekuchen
mashed potatoes – Kartoffelbrei
potato salad – Kartoffelsalat
potato skins – Kartoffeln, ausgehöhlt und gefüllt mit Käse und/oder saurer Sahne oder nur so
potatoes au gratin – gratiniert
home fried potatoes – entsprechen unseren Bratkartoffeln
boiled potatoes – normale Salzkartoffeln
potato pancakes – Kartoffelpuffer

Nach einer Weile erkundigt sich häufig die Bedienung noch einmal nach dem Stand der Dinge: *How are we all doing?* Antworten: *Fine, thank you.* Oder: *Could we have some more bread, please?* Steakfreunde werden gefragt: *How is your steak?* Nun, es sollte *delicious, great, fabulous, excellent* sein. *Good* sollte man möglichst nicht sagen, denn das heißt soviel, als dass man's gerade noch essen kann.

Nächste Hürde: der **Nachtisch**. *Is there anything else you want tonight? What about one of our desserts? We got ...* (dann folgt das Sortiment vom Tage). Ist was Leckeres dabei: *Yes, I'll try ... the chocolate cake.*

Wen es zur **Toilette** drängt, der muss vielleicht fragen: *Where are (is) the restrooms (ladies room), please?*

Schließlich, wenn's ans **Bezahlen** geht: *Could we have the check, please.* Das Trinkgeld *(tip)* lässt man auf dem Tisch liegen, die Rechnung wird meist an der Kasse am Ausgang, aber auch am Tisch bezahlt. In beiden Fällen kann man sich erkundigen: *Do you take credit cards (or traveler's checks)?*

Wer im Restaurant nur etwas holen möchte, für den sind die FOOD TO GO-Schilder in den Fenstern interessant. Bei der Bestellung – auch bei einem Kaffee an der Theke – sagt man: *One coffee to go, please.*

No U-Turn – Autofahren

Bei den Verleihfirmen zückt man meist den im voraus bezahlten Gutschein *(voucher)*, die Kreditkarte, deren Nummer auf die Vertragspapiere kopiert wird, und den Führerschein *(driver's licence)*.

Einige Wörter rund ums **Auto:**

AAA (sprich: triple-A)	– Amerikanischer Automobilclub
air pressure	– Luftdruck
to accelerate	– beschleunigen
brake	– Bremse
bumper	– Stoßstange
Denver shoe	– Radkralle
engine	– Motor
fender	– Kotflügel
gas, gasoline	– Benzin
gear	– Gang
headlight	– Scheinwerfer
hood	– Motorhaube
licence plate	– Nummernschild
muffler	– Auspuff
rental car	– Leihwagen
seat belt	– Sitzgurt
spark plug	– Zündkerze
steering wheel	– Lenkrad
tire	– Reifen
transmission	– Antrieb
trunk	– Kofferraum
windshield	– Windschutzscheibe
wiper	– Scheibenwischer

Tankstellen *(gas stations)* haben oft zwei Zapfreihen, eine für *self serve* und eine (teurere) für *full serve*, wo u.a. auch das Öl nachgesehen wird *(to check the oil)* und die Fenster gesäubert werden. Hier lautet die Anweisung an den Tankwart normalerweise: *Fill it up, please.* Sprit *(gas* oder *fuel)* gibt es als unverbleites *(unleaded)* und verbleites Normalbenzin *(regular)* bzw. als Super *(premium)*. Nahezu alle Mietwagen laufen mit unverbleitem Benzin.

PAY FIRST steht angeschlagen, wenn man vor dem Zapfen erst mal bezahlen bzw. eine Kreditkarte hinterlegen muss.

Unterwegs liest man auf **Schildern:**

DEAD END oder NO THROUGH STREET	– Sackgasse
YIELD	– Vorfahrt beachten
RIGHT OF WAY	– Vorfahrt
WATCH FOR PEDESTRIANS	– auf Fußgänger achten
SLIPPERY WHEN WET	– Rutschgefahr bei Nässe
DIP	– Bodensenke
MPH	– Meilen pro Stunde
SPEED LIMIT	– Tempolimit
MAXIMUM SPEED	– Höchstgeschwindigkeit
MERGE	– einfädeln
U-TURN	– wenden
NO PASSING	– Überholverbot
ROAD CONSTRUCTION AHEAD	– Baustelle
FLAGMAN AHEAD	– Baustelle (Straßenarbeiter mit roter Warnflagge)
MEN WORKING	– Straßenarbeiten
DETOUR	– Umleitung
R.V.	– *recreational vehicle* (Camper)
ADOPT A HIGHWAY PROGRAM	– Diese Schilder zeigen (oder suchen) Schulen, Firmen etc., die sich freiwillig dazu bereit erklären, ein Stück der Straße sauber zu halten.
turnpike	– gebührenpflichtige Schnellstraße
parkway	– meist in den 1930er Jahren gebaute Autobahnen
toll plaza	– Mautstation

Geparkt wird meist am Straßenrand *(curb)*, dessen **Bordsteinkante** verschiedene Farben haben kann:

LOADING ZONE (gelb) –	Ladezone
PASSENGER LOADING ZONE (weiß) –	nur Ein- und Aussteigen
HANDICAPPED PARKING –	nur für Behindertenfahrzeuge
RESTRICTED PARKING ZONE –	zeitlich begrenztes Parken.

Bei Hydranten herrscht ein ebenso striktes Park-Tabu wie in den *tow away zones*, wo man nicht nur einen Strafzettel *(ticket)* bekommt, sondern abgeschleppt wird. Tickets sind auch fällig, sobald die Parkuhr *(parking meter)* abgelaufen ist *(expired)* und bei zu schnellem Fahren *(speeding)*.

In den Städten findet man häufig den Hinweis auf *public parking*, d.h. auf öffentliche und/oder gebührenpflichtige Parkplätze; oder es heißt schlicht PARK IN REAR (Parken im Hinterhof). Wenn dies was kostet, übernehmen die Firmen oft ganz oder teilweise die Gebühr *(they validate parking)*. Steht am Parkplatz VALET PARKING, dann parkt das Personal Ihren Wagen – gegen Gebühr und Trinkgeld, versteht sich.

Checking in? Hotels, B & Bs, Campgrounds

Zimmer – jedenfalls in den feinen Bed & Breakfasts – möglichst immer vorher reservieren. Telefonisch zum Beispiel: *I'd like to reserve a room* (bei Campingplätzen: *space) for next Tuesday, July 15. Two people, two beds, if possible. We'll be arriving …*

Ist man spät dran und muss befürchten, dass man nach 18 Uhr beim Hotel eintrifft, sollte man die Reservierung sicherheitshalber telefonisch bestätigen: *I'd like to confirm my reservation for tonight … We are running late and will be there around 8 p.m.* Muss man absagen: *I'm sorry, I have to cancel my reservation for tonight.*

Im Motel/Hotel geht man durch die *lobby* zur *reception (front desk): I've got a reservation for tonight. My name is … I'd like to check in now.* Hat man nicht reserviert, muss man sehen, was frei ist und was das kostet. Z.B.: *I'm looking for a room for tonight/for two nights. What are your rates?*

Die üblichen Rückfragen beim Check-in beziehen sich meist auf die Bettenform und die Anzahl der Gäste:

double	– Doppelbett
twin	– zwei getrennte Betten
Queen	– überdurchschnittlich großes Doppelbett
King	– überhaupt das Größte, was es gibt

Bezahlt wird meist im voraus *(to pay in advance; now)*, oder man hinterlässt die Spuren seiner Kreditwürdigkeit durch den Abdruck der *credit card* auf der offenen Rechnung, in die dann außer dem Übernachtungspreis alle Nebenkosten *(incidentals)* wie Frühstück, Bedienung auf dem Zimmer *(room service)*, Telefon etc. eingetragen werden.

Abreise und Schlüsselrückgabe bedeuten: *I'm checking out.*

Geläufige Abkürzungen

Amerikaner lieben Abkürzungen; hier eine Blütenlese:

asap	– *as soon as possible*
BLT	– *bacon, lettuce and tomato* (Schinken, Salat und Tomaten: populäres Sandwich)
BBQ	– *Barbecue*
BYO	– *bring your own* (Gepflogenheit in Lokalen, die keine Schankerlaubnis haben: Man muss sich selbst etwas zu trinken mitbringen.)
DAR	– *Daughters of the American Revolution* (patriotischer Frauenverein). Frauen spielen in den USA eine große Rolle bei der Erhaltung historischer Gedenkstätten (der Männer).
Dept.	– *department* (Abteilung)
DINK	– *double income, no kids* (kinderlose Doppelverdiener)
gym	– *gymnasium* (Sporthalle, Trainingsräume)
HBO	– *home box office* (größter Kabelsender in den USA für Spielfilme)
ID	– *identification* (Ausweis)
limo	– *Limousine* (nicht: Limonade)
PD	– *police department*
P.O. Box	– *Post Office Box* (Postfach)
WASP	– *White Anglo Saxon Protestant* (weiße Bevölkerungsgruppe; herrschende Kaste)
X-mas	– *Christmas* (Weihnachten)
X-ing	– etwas kreuzt die Straße: Enten, Kröten, Fußgänger

Fett hervorgehobene Seitenzahlen verweisen auf ausführliche Erwähnungen, *kursiv* gesetzte Begriffe und Seitenzahlen beziehen sich auf den Service von A bis Z. Folgende Abkürzungen werden verwendet:

Delaware – DE
Maryland – MD
New Jersey – NJ
New York – NY
North Carolina – NC
Pennsylvania – PA
South Carolina – SC
Virginia – VA

NORDAMERIKA bei VISTA POINT
Reiseregionen · Tagesetappen · Service
USA der Westen
Road Atlas
Go Vista City/Info Guides
Road Atlas
United States • Canada • Mexico
FLORIDA
KALIFORNIEN & SÜDWESTEN USA
NEW YORK
VISTA POINT Reiseführer
Alaska & Kanadas Yukon
Campmobil Guide West-Kanada
Florida
Great Lakes
Hawai'i
Kalifornien Südwesten USA
Neuengland
Nordwesten USA
Ost-Kanada
Ostküste USA
Rocky Mountains
Route 66
Ski Guide Nordamerika
Südstaaten USA
Texas
West-Kanada
www.vistapoint.de
© Fotolia/gzfz

Mathew Borkoski Photography: S. 181
Capital Region USA: S. 115
Fotolia/Ary: S. 16; Davidevison: S. 74; f11photo: S. 76 u., 79, 187; Zack Frank: S. 242 u.; Andrea Izzotti: S. 107; lspi138: S. 92; kenkistler1: S. 163 o.; Christopher Martin: S. 199; Frédéric Prochasson: S. 14; Spiritofamerica: S. 185; Jenny Thompson: S. 232
Franz Marc Frei, München: S. 28, 33
Hannah Glaser, Frankfurt/M.: S. 5/2. v. u., 12 u., 19.o, 20, 25, 26, 43, 44, 45, 47, 68, 77, 81, 83, 84, 91, 97, 99, 100, 118, 119, 120, 122, 124, 125, 127, 128, 129, 133, 136, 148, 166 o., 175, 177, 200, 201 o., 204, 206, 208, 210, 212, 217, 218, 221, 224 o., 228, 229, 231, 233, 237, 238, 239, 241, 249, 250, 253, 255, 256, 263, 265, 267, 269, 275, 281
Peter Ginter, Köln: S. 2/3
Goochland Drive-in Theater, Hadensville: S. 190
iStockphoto/Andipantz: S. 60; A_Carina: S. 34; Aimin Tang: S. 4, 96, 121; aimintang: S. 37, 67, 85, 105, 108, 112, 113 u., 161, 165 u., 196 o., 264; Oleg Albinsky: S. 153; andresr: S. 15; Aneese: S. 260, 272; AwakenedEye: S. 258 o., Michael Bagley: S. 123; Beklaus: S. 155; Joseph Binder: S. 113 o.; Bpperry: S. 146; BrianPIrwin: S. 158 u.; Joel Carillet: S. 184, 191; Isabelle Carpenter: S. 248; catnap72: S. 40 o.; chengjih: S. 86; chrisruch: S. 102; code6d: S. 69, 76 o.; Coast-to-Coast: S. 144, 159; coastalpics: S. 117 o.; csfotoimages: S. 234 u.; davidevison: S. 147 u.; Dean_Fikar: S. 12 o.; Designethic: S. 234 o.; Designheidi: S. 226; Dolphinphoto: S. 23; DRB ImagesLLC: S. 114; duncan1890: S. 53; Dwight Nadig: S. 111; Eurobanks: S. 214; EyeJoy: S. 109 (großes Bild); FilippoBacci: S. 24; Flio: S. 182; Robert Ford: S. 211; fotoguy22: S. 117 u., 216; franckreporter: S. 276; Galfordc: S. 195; GetUpStudio: S. 149; Paul Giamou: S. 18; Vanessa Goodrich: S. 5/2. v. o; 213; Gqxue: S. 173; gqxue: S. 5/1. v.o.; Gsheldon: S. 39; Oscar Gutierrez: S. 135; Jeff Hathaway: S. 222; Steven Heap: S. 285; Bartus Hendrikse: S. 21; Nancy Honeycutt: S. 220; Imagesbybarbara: S. 209, 219 o; iShootPhotosLLC: S. 261; Jens_Lambert_Photography: S. 236; JacobH: S. 163 u.; JohnMChase: S. 6 o.; Juanmonino: S. 4/2 v. o., 89, 93, 94/95, 154; Joseph C. Justice Jr.: S. 10; Kellyvandellen: S. 172 o.; Kickstand: S. 273; Kirkikis: S. 71; Larry Knupp: S. 9; Sheldon Kralstein: S. 48; Jill Lang: S. 247 o.; Catherine Lane: S. 40 u., 49, 207; Lauradyoung: S. 147 o.; Delmas Lehman: S. 88; Lovingav: S. 224/225; LUke1138: S. 141; Maogg: S. 50 o.; Mattiestudio: S. 266; Meinzahn: S. 62/63, 138 ; Aleksander Mirski: S. 66, 131; MizC: S. 8; Mixmotive: S. 132 u.; Montes-Bradley: S. 186; Paul Morton: S. 41; Christian Mueller: S. 19 u.; Nicolamargaret: S. 150; NorthShoreSurfPhotos: S. 235; North_Woodsman: S. 242 o.; Ogphoto: S. 157; Onnes: S. 30; Andrei Orlov: S. 29; Oktay Ortakcioglu: S. 58; Oscity: S. 22; Sean Pavone: S. 31, 268; Anna Pomaville: S. 219 u.; Qingwa: S. 166 u.; RiverNorthPhotography: S. 7, 143, 156; Pgiam: S. 4/1 v. o., 4/1 v. u., 73 o., 75, 130, 132 o.; PhotoSouth: S. 246Pkujiahe: S. 262; Renaschild: S. 61; rustyl3599: S. 42; rypson: S. 258 u.; SergeYatunin: S. 82; William Sherman: S. 5/1. v. u., 106, 109 (kleines Bild), 257; Skla: S. 46 o. ; Kevin Smart: S. 126; Ferran Traité Soler: S. 27; Glyn Spencer: S. 36; Daniel Stein: S. 261; Mark Stephenson: S. 172 u.; Sherry Talbot: S. 158 o.; thehuhman: S. 245; Lisa Thornberg: S. 168; Tomograf: S. 64; tonda: S. 170/171; Travelif: S. 70, 270 o.; traveler1116: S. 160, 165, 169, 176, 188, 189, 193, 194, 196 u., 203; Tupungato: S. 6 u., 134, 137; Michael Valdez: S. 279; Vapal: S. 38; Vilotti: S. 287; VisionsbyAtlee: S. 4/2 v. u., 104; Visionsofmaine: S. 202; Vladone: S. 11; Waklebang: S. 270 u.; Lee Walters: S. 183; Kenneth Wiedemann: S. 98; whit_photos: S. 13
Eszter Kalmár, Potsdam: S. 32 u.
Maryland Board of Tourism/Helen Norman: S. 252
mauritius images/Walter Bibikow: S. 192
mauritius images/age/Jeff Greenberg: S. 110
mauritius images/Alamy/AlamyBest: S. 244; Janice Hazeldine: S. 271; Jon Lovette: S. 72; Stuart Pearce: S. 152; Q-Images: S. 174; W. G. Murra: S. 197; Michael Ventura: S. 167; Wim Wiskerke: S. 178
Richmond Region Tourism: S. 201 u.
Horst Schmidt-Brümmer: S. 1 (Schmutztitel), 50 u., 51, 52, 54, 56, 57, 205
Andreas Schulz, Potsdam: S. 140
Virginia Tourism Corporation: S. 198

Virginia Tourism Corporation/Todd Wright: S. 251
Visit NC Digital Library: S. 243
Visit NC Digital Library/Bill Russ: S. 246; Chip Henderson: S. 247 u.
Visit Philadelphia/M. Edlow: S. 46 u., R. Kennedy: S. 283
VISTA POINT Verlag (Archiv), Potsdam: S. 280
Wikipedia/US National Archives: S. 59
Wikipedia (gemeinfrei)/Luestling: S. 73 u.; Para: S. 164

Titelbild: Das Kapitol in Washington DC bei Nacht, Foto: iStockphoto/uschools
Vordere Umschlagklappe (außen): Die »Rocky Steps« auf den Treppen des Philadelphia Museum of Art (Pennsylvania), Foto: Fotolia/f11photo
Vordere Umschlagklappe (innen): Übersichtskarte des Reisegebiets mit den eingezeichneten Reiserouten
Schmutztitel (S. 1): Spielendes Mädchen mit Ball, Foto: Horst Schmidt-Brümmer
Haupttitel (S. 2/3): Old Order Amish im Pennsylvania Dutch Country, Foto: Peter Ginter, Köln
Hintere Umschlagklappe (außen): Villen am Strand von Cape May (New Jersey), Foto: iStockphoto/Aneese
Umschlagrückseite: Amishmann in Pennsylvania Dutch Country, Foto: iStockphoto/Juanmonino (oben); Tryon Palace in New Bern (North Carolina), Foto: mauritius images/AlamyBest Alamy (Mitte); Der prächtige Strand von Ocean City (Maryland), Foto: Maryland Board of Tourism/Helen Norman (unten)

Reihenkonzeption: Horst Schmidt-Brümmer, Andreas Schulz
Lektorat: Kristina Linke
Bildredaktion: Bettina Hamann, Eszter Kalmár
Layout und Herstellung: Bettina Hamann, Sandra Penno-Vesper
Reproduktionen: Noch & Noch, Datteln
Kartografie: Kartographie Huber, München
Druckerei: Florjancic tisk d.o.o., Slowenien

ISBN 978-3-96141-076-7

An unsere Leser!
Die Informationen dieses Buches wurden gewissenhaft recherchiert und von der Verlagsredaktion sorgfältig überprüft. Nichtsdestoweniger sind inhaltliche Fehler nicht immer zu vermeiden. Für diese kann der Verlag keine Haftung übernehmen. Für Ihre Korrekturen und Ergänzungsvorschläge sind wir dankbar.

VISTA POINT Verlag
Rolandsecker Weg 30 · D-53619 Rheinbreitbach
Telefon: 02224/7795-0 · Fax: 02224/7795-100
www.vistapoint.de · info@vistapoint.de
www.facebook.de/vistapoint